昆山高新区（玉山镇）村志系列丛书

新生村志

XINSHENG CUNZHI

昆山高新区（玉山镇）村志系列丛书编纂委员会 编

苏州大学出版社
Soochow University Press

图书在版编目（CIP）数据

新生村志／顾立华主编；昆山高新区（玉山镇）村志系列丛书编纂委员会编. -- 苏州：苏州大学出版社，2023. 12
（昆山高新区（玉山镇）村志系列丛书）
ISBN 978-7-5672-4667-6

Ⅰ. ①新… Ⅱ. ①顾… ②昆… Ⅲ. ①村史—昆山 Ⅳ. ①K295. 35

中国国家版本馆 CIP 数据核字（2023）第 239755 号

新生村志

编　　者　昆山高新区（玉山镇）村志系列丛书编纂委员会
主　　编　顾立华
责任编辑　刘　俊
助理编辑　周　麒
装帧设计　刘　俊
出版发行　苏州大学出版社
地　　址　苏州市十梓街 1 号
邮　　编　215006
电　　话　0512-67481020
网　　址　http://www.sudapress.com
邮　　箱　sdcbs@ suda.edu.cn
印　　刷　苏州市越洋印刷有限公司
开　　本　787 mm×1 092 mm　1/16　插页 16　印张 35. 5（共两册）　字数 597 千
版　　次　2023 年 12 月第 1 版
印　　次　2023 年 12 月第 1 次印刷
书　　号　ISBN 978-7-5672-4667-6
定　　价　120. 00 元（共两册）

昆山市地方文献丛书编纂委员会

顾　　问：沈一平　单　杰

主　　任：朱建忠

副 主 任：吴　莺　苏　晔　程　知

成　　员：徐　琳　杨伟娴　何旭倩　杨　蕾

昆山高新区（玉山镇）村志系列丛书编纂委员会

总 顾 问：孙道寻

主　　任：陈青林

副 主 任：孔维华　沈跃新　范洪春　石建刚

委　　员：董文芳　王志刚　陈晓伟　刘清涛

毛伟华　陆轶峰

审定单位

昆山高新技术产业开发区管理委员会

昆山市地方志编纂委员会办公室

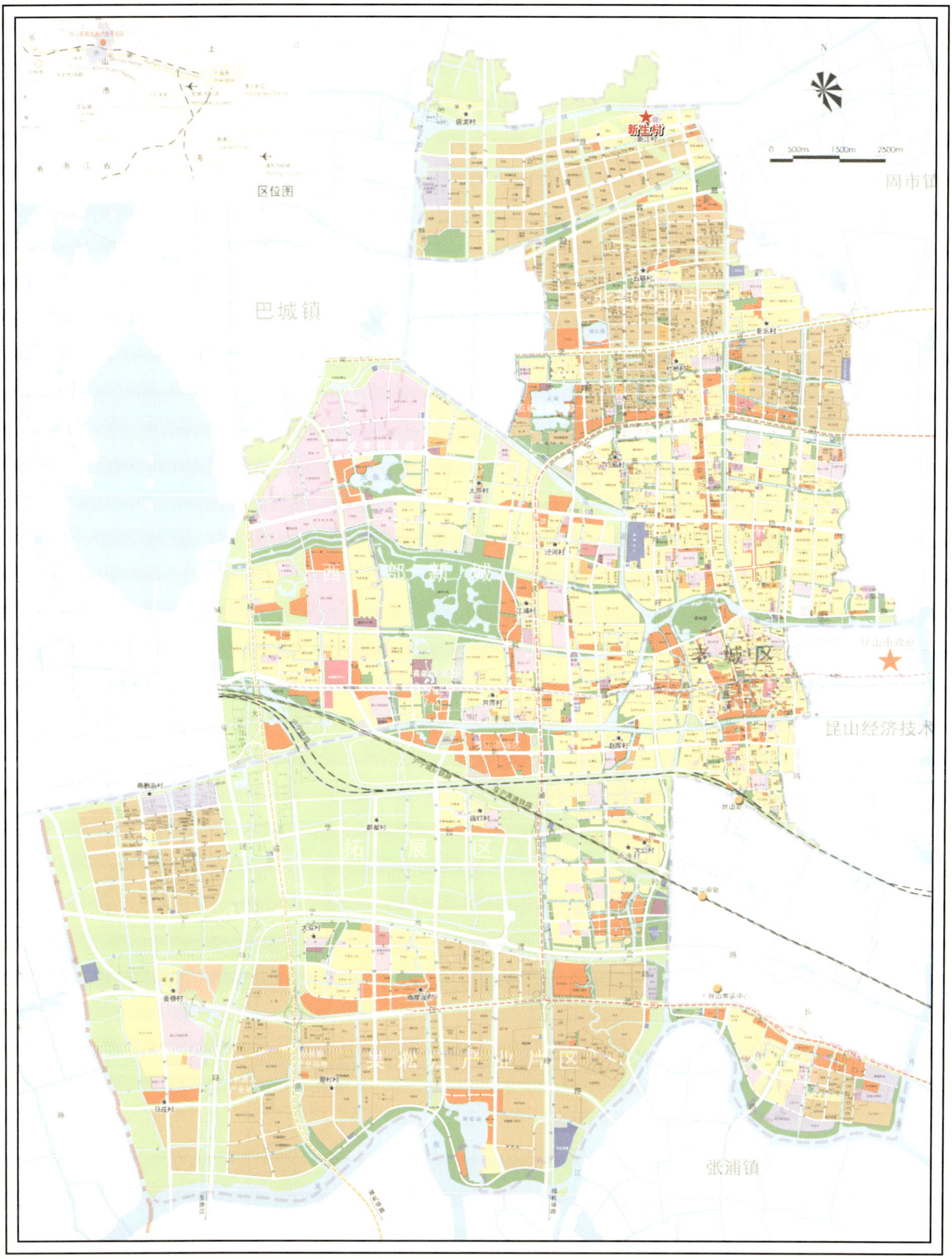

注：①本示意图由昆山高新区规划建设局提供（2020年）
　　②★表示新生村在昆山高新区（玉山镇）的位置

昆山高新区（玉山镇）区划示意图

上 村域水陆景观（2021年，吴舸摄）

上　村部办公地（2021年，吴舸摄）

下　村党群中心（2021年，钱伟明摄）

上左　美陆佳园·竹苑（2021年，吴舸摄）
下左　美陆佳园·枫苑（2021年，钱伟明摄）

上右　美陆佳园·兰苑（2021年，吴舸摄）
下右　澜漕自然村（2021年，钱伟明摄）

上左　澜漕自然村民宅（2021年，吴舸摄）
下左　村民农家院（2021年，钱伟明摄）

上右　北门路（2021年，吴舸摄）
下右　新生村公交首末站（2021年，钱伟明摄）

上 恒盛路北门路站点（2021年，吴舸摄）

中 杨林塘东桥（2021年，吴舸摄）

下 杨林塘西桥（2021年，吴舸摄）

上 新生北站闸（2021年，吴舸摄）

中 五号河站闸（2021年，吴舸摄）

下 高新区新生现代渔业产业园（2021年，吴舸摄）

上 农田保护区（2021年，吴舸摄）
中 小麦丰产田（2021年，吴舸摄）
下 水稻丰收景（2021年，吴舸摄）

上　昆山高新区娃哈哈看护点（2021年，钱伟明摄）

中　昆山高新区美陆小学（2021年，钱伟明摄）

下　郊野公园（2021年，钱伟明摄）

上 新生商业广场（2021年，钱伟明摄）

中 陆杨美食街（2021年，钱伟明摄）

下 新生农贸市场一角（2021年，钱伟明摄）

上 新生村“不忘初心 牢记使命”红色教育合影（2021年，新生村村委会提供）

中 新生唐龙联合党总支部换届选举大会（2021年，新生村村委会提供）

下 历任主要领导合影（2021年，新生村村委会提供）

上 新生村文艺活动（2021年，新生村村委会提供）

中 庆祝建党91周年党员大会（2021年，新生村村委会提供）

下 健身风采邀请赛新生村代表队（2021年，新生村村委会提供）

陆弟观家木面盆（2020年，《新生村志》编纂组提供）

陈雪元家水井（2020年，《新生村志》编纂组提供）

陆弟观家团匾（2020年，《新生村志》编纂组提供）

邹雪明家柴灶（2020年，《新生村志》编纂组提供）

陆巧兰家竹具（2020年，《新生村志》编纂组提供）

浦全根家铜壶（2020年，《新生村志》编纂组提供）

平启旺家酒壶（2020年，《新生村志》编纂组提供）

浦全根家脚锣烫壶（2020年，《新生村志》编纂组提供）

平启旺家锡壶（2020年，《新生村志》编纂组提供）

浦全根家铜面盆（2020年，《新生村志》编纂组提供）

浦全根家木茶盘（2020年，《新生村志》编纂组提供）

赵培兰家挽子（2020年，《新生村志》编纂组提供）

赵培兰家甏头（2020年，《新生村志》编纂组提供）

赵培兰家套桶（2020年，《新生村志》编纂组提供）

赵培兰家账台（2020年，《新生村志》编纂组提供）

浦全根家古钱币（2020年，《新生村志》编纂组提供）

平振华家木工工具（2020年，《新生村志》编纂组提供）

王金传家缝纫机（2020年，《新生村志》编纂组提供）

周建生家蜡烛钎（2020年，《新生村志》编纂组提供）

江苏省
民主法治示范村
中共江苏省委全面依法治省委员会
2018年11月

民主法治村
苏州市依法治市领导小组办公室
苏州市司法局 苏州市民政局
二〇〇八年十一月

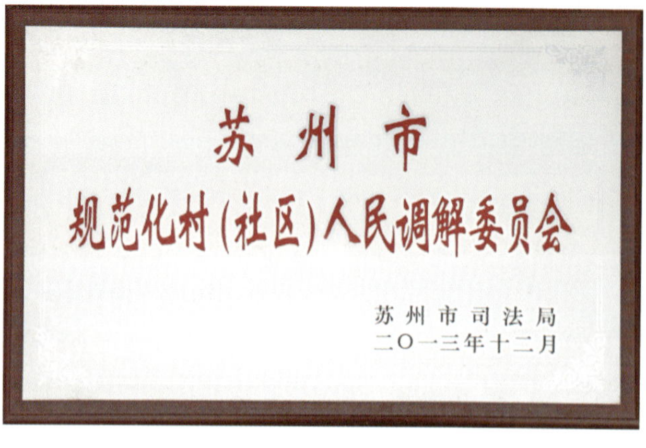
苏州市
规范化村(社区)人民调解委员会
苏州市司法局
二〇一三年十二月

2005年度司法行政工作
先进集体
中共玉山镇委员会政法委员会
二〇〇六年三月

昆山市2003－2005年度
先进人民调解委员会
昆山市司法局
二〇〇六年四月

二00五年度
先锋村
中共玉山镇委员会
玉山镇人民政府
二00六年三月

2003—2005年
先进基层党组织
中共昆山市玉山镇委员会
二〇〇六年六月

昆山市"民主法治示范村"

昆山市依法治市领导小组
二〇〇七年三月

2008-2010年度人口计生工作
单项先进集体
优质服务
玉山镇人民政府
二〇一一年三月

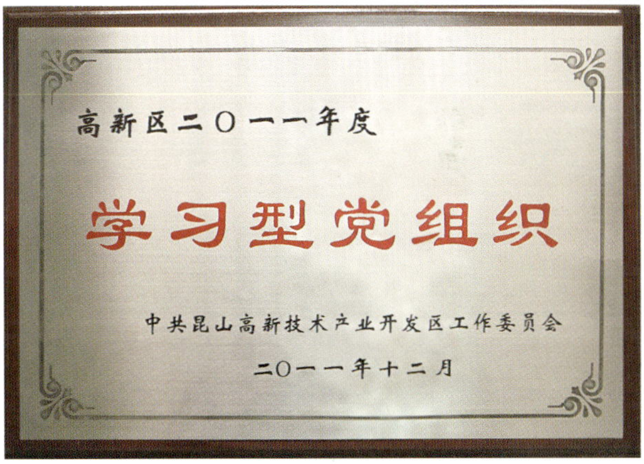
高新区二〇一一年度
学习型党组织
中共昆山高新技术产业开发区工作委员会
二〇一一年十二月

昆山市级
学习型社区
昆山市社区教育办公室
二〇一三年

“无黑”（村）社区
昆山市扫黑除恶专项斗争领导小组办公室
2020年12月

上 新生村现任干部合影（2021年，新生村村委会提供）

下 村籍民企老总访谈合影（2021年，新生村村委会提供）

上　编志工作会议（2021年，新生村村委会提供）

下　有关人员访谈会（2021年，新生村村委会提供）

上　村志纲目讨论会（2021年，新生村村委会提供）

下　《新生村志》编纂组合影（2021年，新生村村委会提供）

总 序

值此全面贯彻落实党的二十大精神的开局之年，欣闻“昆山高新区（玉山镇）村志系列丛书”之《大公村志》《南渔村志》《江浦村志》《广福村志》《新乐村志》《群星村志》《马庄村志》《燕桥浜村志》《新江村志》《新生村志》10部村志即将付梓。编修乡镇村志是落实国家“十四五”规划纲要，助力乡村文化振兴的一项重要内容，任务艰巨、意义重大。

2018年，昆山高新区（玉山镇）启动22个建制村的村志编修工作，这既为探索新型城镇化的发展经验、发展模式、发展道路提供历史智慧和现实借鉴，也是响应国家“学党史、学新中国史、学改革开放史、学社会主义发展史”的生动实践。村落是乡土文化赖以生存的土壤，活态地保存着各种村庄形态、传统民居、传统美食和民俗风情。村庄里的一座座祠堂、一本本家谱、一口口古井、一条条古道，无一不是村落文化的印记。那些反映宗族文化的家风家训、乡规乡约，反映村民声音的方言俚语，反映传统生活方式的手工技艺、民俗节庆等，对生活在这块土地上的村民来说，是难以割舍的精神滋养。

“昆山高新区（玉山镇）村志系列丛书”脉络清晰、内容丰富，既有理论又有实践，既有历史又有现实，客观再现了村民们在伟大历史进程中的奋进足迹和优异成绩。村志作为省、市、县三级志书的延伸和拓展，其丰富多彩的体裁形式在一定程度上体现了盛世修志工作的灵活性、包容性和多样性。

希望“昆山高新区（玉山镇）村志系列丛书”能讲好昆山高新区（玉山镇）乡村振兴的故事，并把故事和智慧传递得更远。希望全区广大干部和村民能够持续聚焦乡村振兴，做这一历史伟业的见证者、记录者和传承者。

在此，谨向在昆山高新区（玉山镇）发展改革进程中洒下汗水、做出重大贡献的先辈们致以崇高的敬意！向辛勤编纂“昆山高新区（玉山镇）村志系列丛书”的编纂人员表示衷心的感谢！

是为序。

中共昆山市委常委
昆山高新区党工委书记

2023 年 12 月

序

盛世修志，志载乡愁。在中共昆山高新区工作委员会、昆山高新区管委会的高度重视下，在昆山高新区社会事业局与相关部门的大力支持下，在昆山高新区村志编纂办公室的周密计划和精心指导下，经过两年半时间的辛勤工作与不懈努力，《新生村志》终于付梓。这是新生村发展史上具有里程碑意义的一件大事，同时也是村民们盼望已久的文化盛事，值得庆贺！《新生村志》是新生村社会文化事业建设和发展的一项重要成果，也是记载历史、传承文明、惠及后人的文化工程。

新生村村民历来有着勤劳淳朴、开放包容的优良传统。特别是在中华人民共和国成立后，村民们在党和政府的领导、关怀下，自力更生，奋发图强，立足农业，兴修水利，改造低产田。20世纪60—80年代，新生村成为陆桥人民公社（简称“陆桥公社”）及昆山县的农业生产典型，水稻亩产超千斤。改革开放后，全村上下团结一致，奋发有为，在改变乡村面貌、发展产业经济、走致富道路的进程中，创出许多佳绩。进入21世纪，村民们紧跟时代步伐，在建设社会主义新农村，走向率先全面建成小康社会奋斗目标的新征程中，群策群力，走上了富民强村之路。在城乡一体化建设中，新生村道路四通八达，服务设施布局合理，人居环境洁净优美，村民生活富裕安宁。

今天新生村的新面貌，充分彰显了中国特色社会主义制度的优越性。以史为鉴，可以知兴衰；以史为镜，可以明事理。《新生村志》是一部见证新生村成长、创业、奋进的翔实史，也是一本进行爱国主义教育、传统文化教育的乡土教材，更是新时代新生村人鉴古知今、面向未来的一座桥梁。愿新生村全体民众能够珍惜、读好这部带着家乡泥土芬芳的《新生村志》，不管走的距离有多远，离开的时间有多长，都能从志书中闻到故乡的味道，激起对故乡的情怀。让我们留住乡愁、不忘乡音、感恩乡情，不忘初心、不忘源头，为把家乡建设得更加美好，携手共同努力，再做奉献！衷心祝愿新生村明天更美好，新生村人民生活更幸福！

是为序。

昆山高新区（玉山镇）新生村
党总支部书记、村民委员会主任
2023 年 10 月

凡 例

一、本志以马克思列宁主义、毛泽东思想、邓小平理论、“三个代表”重要思想、科学发展观、习近平新时代中国特色社会主义思想为指导，坚持辩证唯物主义和历史唯物主义的立场、观点和方法，贯彻实事求是的原则，力求客观、公正、系统地记述新生村的发展历史和变化过程，突出反映时代特点及地域特色。

二、本志上限追溯事物发端，下限至 2020 年年底，大事记、图照等下限延至 2021 年。

三、本志记述的地域范围以 2020 年末新生村行政区划为限。因历史原因，对涉及与本志设定区域不同的时域内容，亦予适当记述。

四、本志采用述、记、志、传、图、表、录记录村史，以志为主；采用章、节、目、子目的结构形式，横排竖写，纵横结合。

五、全志采用现代汉语文体。志首设总序、序、图照、凡例、概述、大事记；主体设 14 章，主要介绍村域自然、政治、经济、文化、社会等方面的内容；志尾设编后记。概述、章下序有叙有议，叙议结合；大事记以编年体为主，结合运用纪事本末体。

六、本志行文中的地名、政区名及机构名等均使用当时称呼。名称多次运用时，首次出现用全称并括注简称，其后用简称。文中凡未用全称的“省”“县”“市”“镇”“区”，则分别专指江苏省、昆山县、昆山市、玉山镇、昆山高新区。

七、本志人物主要收录对本村有重大影响或有较大贡献者，亦记载少数对地方经济社会发展有较大影响的客籍人士。人物传略以卒年为序，人物简介和人物名录以生年为序，荣誉收录昆山市（县）级及以上的先进个人和先进集体。

八、1912年以前的纪年沿用朝代纪年，括注公元纪年。1912年以后一律用公元纪年。本志中的“解放前”“解放后”，以1949年5月13日昆山全境解放为界；凡称“党”又未注明何种党的，均指中国共产党；中华人民共和国成立指1949年10月1日；凡未注明所在世纪的年代，均为20世纪的年代。

九、本志计量单位，原则上采用法定计量单位。考虑到村民的使用习惯，记述中保留“亩”“斤”等的使用。

十、本志资料来源于昆山市档案馆和昆山高新区档案室的档案、史志资料，相关书籍、报刊及口述资料。文中有关统计数据，以昆山市和昆山高新区统计部门的数据为主，部分采用村委会档案中的统计数据。所有入志资料均考证核实选用，除必要外，一般不再注明出处。志前彩照及随文图片，除标明拍摄者姓名外，其余均由吴舸、钱伟明拍摄。

十一、本凡例未尽事宜，均在编后记中予以说明。

目　录

第三章 人 口

第四章 村级组织

第八章 新农村建设

第九章 精神文明建设

第十章 文教体卫

第十四章 村民忆事

概　述

“新生”这个村落地名并不是古有的，而是在中华人民共和国成立 10 周年时才命名的，至 2020 年已有 61 年历史。用“新生”两个字来命名，寄希望于一个新产生的村落能蓬勃发展！

新生村位于昆山高新区（玉山镇）北部，距昆山市城区 5.5 千米。村域东与周市镇陆桥村相邻，南与昆山高新区五联村相望，西与昆山高新区新江村相连，北与周市镇横娄村、陆桥村相接。自 1980 年至 2020 年，新生村先后获得江苏省级、苏州市级及昆山市级荣誉 20 多项。2020 年，村域面积 2.1 平方千米，下辖村民小组 19 个，有村民 415 户，户籍人口 1 456 人，常住人口2 104 人，村民均集中居住在美陆佳园（属于杨林社区）；全村居民纯收入总额 6 793 万元，村民人均纯收入 46 527 元；村民养老保险及基本医疗保险实现全覆盖。

一

村域在明清两代属积善乡。清雍正二年（1724），积善乡增设澜漕村，村域属之；清末至民国初期，村域属陆家桥乡；民国中后期村域分属三塘乡、周墅乡（镇）。1950 年 1 月划小乡后，村域分属关皇乡（也称关王乡）、换新乡。1956 年 3 月，昆山县并区并乡，村域属陆桥中乡；同年 8 月，昆山县撤区并乡，原陆桥乡撤并入周墅乡，村域属之。1958 年 9 月，村域属周墅人民公社（简称“周墅公社”）陆桥生产大队（简称“陆桥大队”）及渔业生产大队（简称“渔业大队”）；1959 年 6 月，分拆陆桥生产大队建新生生产大队（简称“新生大队”）。1962 年，陆桥公社成立，村域属陆桥公社新生大队、渔业大队。1983 年，农村体制改革、撤社建乡，生产大队改为建制村，村域属陆杨乡新生村及水丰村。2001 年 8 月，陆杨镇建制村区划撤并，水丰村并入新生村。2003 年 12 月，昆山市区划调整，新生村划归玉山镇。是年，陆桥村第 1 村民小组并入新生村。此后，新生村区划延至 2020 年隶属不变。

村域位于阳澄湖低洼圩区，大片土地属于“盆底田”，土壤保肥保水力差，耕地少沟无渠，常年涝灾严重，有“十年九涝”之说，加上圩堤低狭，堰坝简陋，灌溉手段原始，抗灾能力薄弱，生产力低微。中华人民共和国成立后，在党和政府的领导、关怀下，村民们自力更生，奋发图强，立足农业，兴修水利，改良土壤，调整耕作方式。1959 年，新生大队成立，先后建设了南北两座电灌站，兴修排灌水利工程，做高低田隔堤岸，改造低产田，逐步推行“一熟改二熟、籼稻改粳稻、早稻改晚稻”耕作制度。1963 年冬，新生大队因改造低产田小型农田水利工程成为昆山县先进典型。1964 年，新生大队第 12 生产队成为昆北低洼地区农业样板，粮油亩产列陆桥公社各生产队之首。1969 年，全大队推行双季稻种植，三熟制耕作达耕地面积的 70%。1973 年，村域全面实现机电灌溉，水稻亩产超千斤，成为陆桥公社及昆山县的农业生产典型。1979 年，新生大队第 1 生产队探索二熟制水稻种植获得成功，被江苏省人民政府评为“江苏省农业先进单位”。1980 年，新生大队农业生产单季稻田间管理实行定劳力、定任务、定质量、定时间、定报酬的“五定”包工法，被昆山县宣传推广。

农村实行家庭联产承包责任制后，新生村成立经济合作社，着力抓好水利、植保、种子等一条龙服务，确保旱涝保收；组织专业户规模经营，推进机械化耕作，使得水稻、小麦、油菜等农作物的栽培技术与经济效益持续提升。1993 年，村域粮食总产量 1 413 吨，为历史最高。进入 21 世纪，村域农业产业结构不断调整、优化，水产养殖快速成长。2003 年，水产养殖规模达到高潮，养殖面积2 039.7 亩（其中河沟面积 772.0 亩），村域 80%以上的责任田被开挖为精养鱼塘。随着昆山城市工业化的迅猛发展和城乡一体化建设的快速推进，农村土地被大量批租与征用，区域性产业结构与经济成分也随之发生根本性的变化，村域传统农业已经被第二产业、第三产业取代。2019 年，新生村启动建设现代渔业产业园项目，构建新型农业生产体系。

二

中华人民共和国成立前，村民以种田为业，兼经营一些家庭小作坊等副业。中华人民共和国成立后，经过农业结构调整和经济体制改革，村域农业、副业、工业（以下简称“农副工”）三业有了协调发展。60 年代后期，村域内第 12 生产队与邻近几个生产队联合开办了一个土窑厂，5 年后停业。70 年代中期，新生大队知青点在昆山县相关部门的支持下，创办陆杨农用机械配件厂，产品销售稳定，取得了良好的经济效益，成为陆桥公社社队办企业的典型。80 年代中期，随着农村经济体制改革的推进与深化，昆山县镇办、村办工业崛起，新生村在知青点企业的基础上，兴办了新生五金厂、新生钢窗厂、新星机械密封件厂、昆山隆祥香料厂、陆杨布厂新生分厂等集体企业，获得了一定的经济效益，改善了集体经济。90 年代起，村域企业技术落后、管理不科学，经营状况不良，出现亏损。1995 年起，新生村根据市场经济要求，将 6 家村办企业转制，采取租赁、拍卖的方式，全部转为民营企业。

进入 21 世纪，工业化、城镇化为村级经济发展带来了新的机遇，昆山市加大招商引资力度，新生村大批土地及自然村逐渐被征用、动迁。村党组织及村民委员会（简称“村委会”）抓住苏州率先实现小康目标的政策导向，动员村民紧跟“三有工程”，开发“房东经济”，增加家庭收入。同时，利用区位优势，拓展富民合作社，建设青淞打工楼、新生农贸市场、茅沙塘码头等第三产业，为村级集体经济发展铺垫新道路。2009 年，新生村可支配收入达 125 万元。2014 年起，村级经济收入有了突破性的发展，年可支配收入超过 300 万元。2020 年年底，新生村拥有青淞打工楼、新生农贸市场及唐龙现代渔业产业园（新生一期）等集体经济实体，有承包种植户 4 家、承包养殖户 7 家；村域内有世模投资有限公司、昆山嘉华电子有限公司、维联线束（昆山）有限公司等一定规模的入驻企业 18 家，有入驻个体工商户 780 多家，是昆山高新区贸易、工业、农业的新天地。

三

中华人民共和国成立前，村域内百姓靠天吃饭，农民以几亩田的微薄收入维持生计，渔民常年靠捕鱼捉虾养家糊口，碰到灾难，连基本生活都无法保障。中华人民共和国成立后，农民分得土地，当家作主，50—60年代，办农业生产合作社，建立人民公社，实行“按劳分配，多劳多得”的集体分配原则，基本生活有保障。70年代，随着集体生产粮食产量的提高，国家对粮油收购价格也有所调整，生产队年终分配水平不断上升，社员生活逐渐改善。同时，村域内的渔业生产、渔民生活也受到党和政府的高度重视。在党和政府的支持下，村域内建立了渔民协会，成立了渔业生产合作社，组建了渔业大队，逐步走上集体化道路。尤其是实行陆上定居后，国家调整产业政策，大力发展捕捞生产和水产养殖业，使渔民收入明显提高。

80年代，农村实行联产承包责任制，村域里的种田人生产积极性大大提高，家庭搞起种植养殖、小加工等副业，年收入逐步增加，生活质量不断提升。由此，村里开始修建石子路面公路，改善公共设施，村民翻建楼房进入高潮，并用上自来水。同期，村域内的渔业大队更名为水丰村，渔民期盼着水产品的丰收，将陆上定居地迁移、翻建，年轻的渔民与青年农民一样进厂务工、经商，生活发生质的变化。90年代，村民逐渐安装住宅电话，建成电话村，随之有线电视、移动网络进家庭，村级道路硬化通达工程逐步完善，各家各户的生活条件与70年代相比又发生了全新的变化。

进入21世纪之后，新生村村民大力发展多种经营，实施“人人有技能，家家有物业”的富民工程，家庭收入大幅度增长。2006年，随着昆山城乡一体化建设及新农村建设的不断推进，村民享受到改革开放的成果，村域落实养老保险、医疗保险、征地补偿、动迁安置补偿及最低生活保障等多项惠民政策。2008年起，全村陆续动迁，村民们先后被安置在美陆佳园的梅、兰、竹、菊、桂、枫、桦7个小区。小区内水、电、气、网络等公共设施完备，周边道路四通八达，学校、市场、医院、警务室等公共服务资源配备齐全。

四

中华人民共和国成立之前，村域内有4个村庄办过私塾，仅有殷实人家的子女能读得起书，一般农家孩子都不识字；村域内没有医生、郎中，百姓患小病扛着不看，患大病看不起就听天由命；村域内也无文化娱乐场所。中华人民共和国成立后，教育和医疗条件均得到改善，政府每年在百姓的基本医疗、基础教育方面有投入，使村域内的流行病、传染病得以控制。60 年代，有线广播普及到村庄农户。80 年代，村域响应国家号召，推行计划生育，提倡“一对夫妇只生一个孩子”。改革开放后，村民的教育、卫生及文化生活有进一步的保障与发展，精神文明建设也得到逐步加强。村民享有合作医疗、计划免疫、妇幼保健等社会保障，学龄期儿童 100% 入学，考取大学继续深造的学生不断增多。1983 年起，村域开展群众性精神文明创建活动，定期进行“五好家庭”及“新风户”的评比。随着村公益事业的不断完善，电影放映、群众文艺演出等娱乐活动进入村庄。全村学龄前儿童都进幼儿园，九年制义务教育入学率 100%。

进入 21 世纪，随着城乡一体化的推进，村域的文化教育、医疗卫生及群众娱乐等各项社会事业齐头并进，村民的精神面貌大变样，生活日益丰富多彩。2003 年，新生村通过“江苏省卫生村”考核。2008—2011 年，新生村先后获评玉山镇“人口计生工作先进集体”“人口计生工作优质服务先进集体”；村老年文体团队连续 7 次获玉山镇农村“一村一品”健身风采邀请赛优秀奖与农村文艺汇演表演奖。2013 年起，全村围绕经济、政治、法治、科技、文化、教育、民生等主题，开展新时代文明实践活动。2018 年，新生村获“昆山市优秀校外教育辅导站”“昆山市优秀业余文艺团队”等荣誉。2020 年，村域内有公办幼儿园、民办幼儿园、公办小学各 1 所，以及社区卫生服务站、老年活动中心、农家书屋、文化广场等。

五

勤劳的新生村人民在创造丰厚的物质财富的同时，在政治文明、生态文明、精神文明领域取得了诸多荣誉。1993 年，新生村被昆山市人民政府评为“集体经济脱贫致富先进村”，并获得“连续十二年无超生”荣誉。1994 年，新生村被苏州市委组织部评为“扶贫先进集体”。1998 年，新生村妇女联合会被苏州市妇女联合会评为“优秀妇女之家”；是年，新生村获“昆山市双文明建设先进村”称号。1999 年，新生村党支部被中共昆山市委表彰为“先进基层党组织”。2007 年，新生村被昆山市依法治市领导小组评为“昆山市民主法治示范村”。2008 年，新生村被苏州市依法治市领导小组办公室、苏州市司法局、苏州市民政局评为“民主法治村”。2010 年，新生村被昆山市司法局评为“昆山市人民调解工作先进集体”。2018 年，新生村被中共江苏省委全面依法治省委员会评为“江苏省民主法治示范村”。在改变乡村面貌、发展农业经济、走致富道路的进程中，新生村涌现出像陆弟观、赵建明等众人赞赏的乡贤人物。

如今的新生村，已经没有城镇与乡村之分：马路纵横交错，道路四通八达；住宅高楼林立，商店星罗棋布；有休憩的小公园，有娱乐的好去处。从空中俯瞰，村域地形图酷似“玉兔护宝”，东、西顾家潭似游离于玉兔之外的两件宝物，可提供丰富水产资源的现代渔业产业园在这里崛起。新生村全体民众将在中国共产党的领导下，紧跟时代步伐，在建设社会主义新农村、奔向第二个百年奋斗目标的新征程中，再创新业绩！

大事记

明朝—清朝

明正统六年（1441），昆山县开浚村域过境河流新塘河、杨林塘河及黄昌、鳗鲤两泾。

明嘉靖十七年（1538），积善乡在县西北，设有第一保、第二保。新生村域属昆山县积善乡第二保。

清康熙十三年（1674），村域内建木桥，称葑塘桥（亦称枫塘口桥），是通往石牌的要道。

清康熙十六年（1677），村域内建西澜漕石桥，后称新生东桥。

清雍正二年（1724），昆山县分置新阳县后，仍为 7 乡 14 保，村域曾为增设的澜漕村。昆、新两县同城分治，村域属新阳县积善乡。

清光绪六年（1880），昆、新两县在乡、保下各设 8 都，辖本县区、图、圩，村域属新阳县积善乡二都、三都辖地。

中华民国

1912 年，新阳县并入昆山县，全县 18 界（1 县 17 乡）未变。村域属陆家桥乡。

1921 年夏，村域内连降暴雨，低田稻田全部受淹致颗粒无收，农民激愤，闯入县署，要求免租。

1925 年，按清丈局实测资料统计，昆山县共有 7 个区 18 个图 80 多个圩。村域属陆家桥乡日区 26、45、47 图。

1929年8月，昆山县划为10个区39个镇339个乡。陆家桥、周墅两乡合划为第十区，村域属第十区陆家桥乡。

1934年6月，昆山县改划为8个区65个乡镇，村域属第八区周墅镇、三塘乡。

1942年，广东人肖汝坚在荷花溇置地50亩，四周起沟筑岸围成“广东公司”（村民俗称），植稻、养鱼、栽果树。

1949年初，昆山县实行“民众组训”，设5个督导区，辖1个镇26个乡。村域分属第一督导区周墅乡、三塘乡。

5月13日，昆山解放，昆山县人民政府成立。

是月19日，三塘乡、周墅乡人民政府宣告成立，废除保甲制度。村域分属巴城区三塘乡、周墅乡。

7月中旬至8月初，村域内遭2次台风暴雨袭击，致42%粮田失收，25%粮田仅收1~2成。

中华人民共和国

1949年

11月，昆山县划为10个区27个乡（镇），分巴城区置周墅区。村域分属巴城区三塘乡、周墅区周墅乡。

1950年

1月，昆山县改划27个乡（镇）为101个小乡。村域分属巴城区关皇乡及周墅区换新乡。

2月，昆山县政府在受涝重灾区进行修堤复圩工程，开始修筑村域内的澜漕河、枫塘河、常泾河（亦称盛泾河、长泾河）圩堤，至4月底竣工。

12月，村域开展扫盲识字教育活动。

是年，村域关皇乡农会成立，梅阿根任主任，会员有1 142名。

是年，村域内渔民协会成立，渔民均加入。

1951年

1月5日，村民赵友生（曾用名赵文元）加入中国人民解放军，参加抗美援朝。其间，荣立三等功1次，四等功1次。

7月中旬，阴雨连绵，台风袭击，吴淞水位猛涨到3.35米，村域大部分农田被淹。

10月，村域内宣传贯彻《中华人民共和国婚姻法》。

1952年

7月18日、8月17日、9月1日，昆山地区遭受3次台风暴雨，村域内农田被淹，洪涝严重。

1953年

12月20日，村域内粮食开始实行统购统销。

是年，中共关皇乡党支部建立，梅阿根任首任党支部书记。

1954年

5月18日至7月31日，昆山地区连续降雨66天，水位猛涨，村域2/3农田受淹，政府组织劳动力排涝抗灾。

9月，昆山县划为8个区111个乡（其中8个镇），村域属巴城区关皇乡辖区。

1955年

春，县、区政府改建村域孝仁塘水闸，增设前后护坦与挡水土墙。

春，村域内23户渔民户在周墅区建立渔业初级社；盛家村、王桐桥、孝仁塘自然村先后成立农业生产初级社。

11月18日，村域内粮食生产实行“三定一奖”，即定产、定购、定销，超产奖励到户。

1956年

2月27日，村域内盛家村、王桐桥、孝仁塘农业生产初级社合并，成立关皇乡王桐高级社、换新乡陆家桥高级社；渔民户并入各个农业高级社。

3月，昆山县并区并乡，巴城区、正仪区合并建立环城区，村域分属环城区陆桥中乡王桐高级社与陆桥高级社。

8月18日，昆山县撤区并乡，昆山县划为22个乡镇。原环城区陆桥乡撤并入周墅乡，村域分属环城区周墅乡王桐高级社、陆桥高级社。

1957年

2月，村域内开展第一次“整社”工作，推行“三包一奖”制度，即包工、包本、包产，超产降本奖励，至4月初结束。

冬至翌年春，村域内劳动力参加农田水利建设。

是年，村域内开展防治血吸虫病、灭钉螺运动。

1958年

4月，村域内掀起干河灭螺运动。

9月15日，村域所在的王桐高级社与陆桥高级社合并，建陆桥大队，属周墅公社。

是月，渔业大队成立。

11月，村域内各生产队办起公共食堂，吃饭不要钱，提出“鼓足干劲生产，放开肚皮吃饭”。

冬，村域内男女劳动力被调集参与拓浚茅沙塘、皇仓泾河等河道，翌年春收工。

是年，拓浚常泾河（村域东部）。该河南起新塘河，北至杨林塘，全长900米，河面宽30米。

1959年

6月，周墅公社划为19个生产大队，陆桥大队分拆为新生、陆桥2个生产大队，村域属周墅公社新生大队和渔业大队。

是月，顾勤生为中共新生大队首任党支部书记。

夏，村域遭严重干旱，6—9月降雨量仅为318.5毫米，稻田干裂，与1958年相比，水稻减产38.46%。

1960年

1—5月，周墅公社在村域内澜漕河南侧、孝仁塘河北段底建电灌站，取名新生站（后更名新生北站）。

6月7—10日，村域内连续降大雨、暴雨，降雨量达308毫米，外河水位由2.45米涨至3.43米，村域稻田受淹。

7月18—19日，降雨量达143.1毫米，稻田受涝，村域部分稻田抢排5天后脱险。

8月2—4日，7号台风过境，村域内降暴雨255毫米，外河水位涨至3.57米，村域水稻受涝。

9月，严士林任中共新生大队党支部书记；张可忍任新生大队大队长。

1961年

1月，胡仁福任中共新生大队党支部书记。

5月5日，村域内生产大队传达贯彻中共中央《农村人民公社工作条例（草案）》，即“农业六十条”，恢复农业“三包一奖”（包工、包本、包产量，超产奖励）。

是月，唐兴宝任新生大队大队长。

6月，按上级指示，村域内生产队公共食堂停办。

12月30日，村域内实行以生产队为基本核算单位。

1962年

3月15日，陆桥公社成立，新生大队从周墅公社划出，村域属陆桥公社新生大队和渔业大队。

9月5—7日，14号强台风袭境，村域内澜漕、枫塘圩堤洪水漫顶，农田大部分受淹。

12月，唐兴宝任中共新生大队党支部书记。

是年，顾阿文任新生大队大队长。

1963年

1月29日至3月22日，陆桥公社分3批开展社会主义教育运动，新生大队为先行单位。

4月，村域内成立大队俱乐部，由团支部负责办扫盲夜校。

11月16日，水利部太湖管理局、苏州专署水利局和昆山县水利局联合组成工作组，在村域内开展小型农田水利、改造低产田试点，推动一熟变两熟冬春农田水利建设，新生大队被树立为全县典型。

是年，陆桥公社党委将村域新生灌区定为样板圩，进行内河疏浚。

1964年

12月，村域内开办孝仁塘、王桐桥耕读小学2所。

是年，大虞塘南北两坝开通，新生灌区独立成为新生联圩。

是年，县政府在新生大队第8、第12生产队搞试点，种植世界稻。

是年，新生大队第12生产队为昆北低洼地区农业样板，粮油亩产列陆桥公社各生产队之首。

1965 年

2 月，张春国任中共新生大队党支部书记。

5 月 20 日下午，村域遭冰雹袭击，损失较重。

7 月，昆山县委派工作组进驻各生产队，开展“四清”运动（清政治、清思想、清组织、清经济），翌年 3 月结束。

9—10 月，村域荷花溇口建成昆山县第一座砖结构“T”形、一字门套闸，总造价为 4 568 元。

是年，村域试放农田绿萍 70 亩，增加土壤有机肥。

1966 年

4 月底，村域内渔民陆续进入东、西顾家潭，开始亦渔亦农的生产。

是月，陆桥公社农技站人员到新生大队第 8 生产队蹲点，进行种子、植保、栽培等推广工作。

7 月，村民平浦生参加陆桥公社首批“赤脚医生培训班”，为新生大队第一位赤脚医生。

10 月 22 日，陆桥公社广播放大站首次播音，新生大队每个生产队各安装 1 只高音喇叭，每户家庭安装 1 只低音喇叭。

11 月 26 日—12 月 2 日，陆桥公社党委在新生大队召开三级干部会议，传达贯彻县委冬春工作会议精神。参加会议的有 600 多人。

是年，村域内每个生产队均通电。

1967 年

是年，苏州地区工作组蹲点农技人员在新生大队第 6、第 8 生产队进行农业产量抽样调查。

1968 年

7 月，新生大队革命委员会（简称“革委会”）成立，中共新生大队党支部书记张春国兼任革委会主任。

是年，新生大队第 12 生产队与邻边生产大队合办窑厂，为新生大队第一个队办企业。

1969 年

是年，村域内实行稻麦三熟制，开始种植双季稻。

是年，村域实行农村合作医疗制度，建立卫生室，聘用“赤脚医生”为村民就诊治病。

是年，第 1 生产队购买手扶拖拉机 1 台，为新生大队之首。

1970 年

3 月 12 日晚，降大雪，致村域部分牛棚猪舍及绿萍保暖设施受损。

5 月，村域内建新生南站，配置 22 千瓦电动机、水泵一套。

8 月，村域北部建新阳西路。新阳西路东起友谊南路，西至茆沙塘大桥。村域段长 1 200 米，宽 7~10 米。

12 月 20 日，村域内民工参加由昆山县政府组织的拓浚西杨林塘上游段工程，拓浚东、西澜漕河 7. 5 千米，翌年 1 月竣工。

是年，新生大队在第 5 生产队翻建张新桥（民国初为永寅桥）。该水泥拱桥面宽 2 米、长 25 米。

是年，新生大队在第 6 生产队建孝仁塘北桥。该桥为水泥平桥，面宽 4 米、长 4 米。

是年，村域西杨林塘拓浚，沿两岸筑防洪圩堤，总长 1. 2 千米。

1971 年

是年，新生大队在第 11 生产队建造杨林塘新生中桥。该桥为水泥拱桥，面宽 2. 5 米、长 32 米。

1972 年

是年，陆桥公社在新生大队第 1 生产队蹲点试种 70 亩苏粳 2 号（从苏州地区农科所引进的新品种），秋收亩产达千斤。

是年，渔业大队开办 1 所渔业小学，招收 1~2 年级小学生。

1973 年

是年，新生大队在第 5 生产队成立副业队，种植蔬菜 20 亩、水产品养殖 8 亩，并养殖家禽。

是年，新生大队全面实现机电灌溉，水稻亩产超千斤，成为陆桥公社及昆山县的农业生产典型。

1974 年

10 月，陆桥公社在村域创办工业知青点，采取“集体安置，小型集中，户口到队，劳动在点”的形式，与城镇系统挂钩。

11 月，顾阿文任中共新生大队党支部书记。

是年，陆培良任新生大队大队长。

是年，新生大队第 12 生产队获昆山县政府奖励 5 吨挂机船，创全县之首。

1975 年

8—10 月，有 50 多名昆山下乡知青先后插队落户到新生大队知青点。

10 月，村域内建造知青点厂房、办公大楼，共 1 300 平方米。

11 月，新生大队革委会从孝仁塘搬迁至新办公地，地址为新阳西路 115 号。

是年，新生大队在第 9 生产队建造新生西桥。该桥为水泥拱桥，面宽 2. 8 米、跨度 32 米。

是年，村域内开办陆杨农用机械配件厂，负责人是魏天农，职工有 57 名。

1976 年

8 月 19 日，根据苏州地委防震抗震的广播会议精神，村域内村民普遍搭建防震棚，夜宿防震棚。

9 月 9 日，毛泽东主席逝世，村域内组织举行悼念活动。

10 月中旬，新生大队第 7 生产队被陆桥公社征用耕地 4 亩，建立公社种猪场。

是年，新生大队第 7 生产队张普生家庭建造“七路头”（7 根梁木）二上三下楼房，为陆桥公社农村第一家楼房户。

1977 年

秋，新生大队第 1 生产队购买孔雀牌 14 英寸黑白电视机 1 台，是新生大队首个有电视机的生产队。

1978 年

是年，新生大队试种杂交稻 634 亩，比单季粳稻增产 21. 4%。

1979 年

5 月，新生大队第 1 生产队作为陆桥公社试点，开展“不种双季稻”科研项目试验。

7—8 月，江苏农科院特约研究员、水稻专家陈永康先后两次到新生大队第 1 生产队指导单季晚粳稻肥水管理工作。

9 月 28 日，新生大队重新划分社员自留地，并确认社员对自留地的自主权。

12 月，新生大队在陆桥公社内率先建立大队广播室。

是年，新生大队第 1 生产队探索二熟制水稻种植试验获得成功，被江苏省人民政府评为“江苏省农业先进单位”，翌年 2 月领奖。

1980 年

3 月，新生大队第 1 生产队队长陆弟观被昆山县革委会评为“农业劳动模范”。

夏季，村域内对单季稻田间管理的部分农活实行“五定”包工到户，被昆山县宣传推广。

1981 年

12 月 16 日，陆桥人民公社更名为陆杨人民公社（简称“陆杨公社”），新生大队隶属未变。

秋，新生大队各生产队油菜实行“联产到劳”管理体制。

是年，村域内开展地名普查，翌年 5 月结束。

1982 年

1 月，王伯弟任新生大队大队长。

2 月，村域内开展“全民文明礼貌月”活动。

3 月，渔业大队更名为水丰大队。

7 月 29 日，苏州地委书记戴心思到新生大队检查工作，大队党支部书记顾阿文汇报农副工三业经济情况。

7 月，村域内开展第三次全国人口普查。

8 月 14 日，新生大队第 12 生产队水稻田 2.76 亩被征用给陆杨中学建学生宿舍及操场。

1983 年

1 月 5 日，陆杨公社党委、管委会出台关于“包干分配”的基本做法，村域内依此实行家庭联产承包责任制，分田到户。

2 月，新生大队首次向 60 岁以上老人赠送春节慰问品。

4 月 1 日，政社分设，陆杨公社改建为陆杨乡人民政府，生产大队改建为村民委员会，村域被分为新生村与水丰村。新生村作为体制改革试点村，成立村民委员会和村经济合作社。

是月，王伯弟任中共新生村党支部书记。

是年，陆弟观任新生村村民委员会主任。

5月19日，村域遭狂风伴着冰雹（直径15毫米左右）袭击，民房、油菜、小麦等受损严重，村域成为重灾区。

6月1日，新生村与陆杨工业公司、昆山涤纶制品厂联营开办涤纶布厂。

是年，新生村在茅沙塘建造新江联圩堤防，长度为12 492米。

是年，新生村在村域新塘河到杨林塘建造常泾河堤防，长度为900米，翌年完成。

是年，村域内新阳西路首次安装路灯。

是年，村域内不再种植双季稻，全部恢复两熟制。

1984年

1月1日，体制改革试点结束，村域启用“村民委员会”和“经济合作社”新印章，生产队改为村民小组。

是日，新生村农用配件机械厂并入陆杨五金厂，1986年11月15日收回。

1月28日，第7村民小组将耕地3.6亩租赁给陆杨五金厂。

是年，村域内开办新生五金厂，负责人是顾阿宜，职工有25名。

1985年

2月16日，村域内的65周岁以上男性和60周岁以上女性首次领到乡党委、政府发放的每人每年60元的养老金。

7月31日—8月1日，6号台风掠域，狂风暴雨致村域内部分房屋倒塌、进水，农田被淹。

1986年

7月11—12日，7号台风掠域，降雨量达179毫米，最高水位达3.26米，村域稻田受淹。

7月，顾阿文任中共新生村党支部书记。

是月，王宝林任新生村村民委员会主任。

12月，陆杨乡撤乡建镇，实行镇管村体制。村域属陆杨镇。

是年，村域内开办新生玻璃钢厂，厂长为陆益昌，职工有 13 名。

是年，村民顾福民承包经营土地 50 亩，是新生村首位种粮大户。

1987 年

4 月 28 日，陆杨镇政府发布《关于重申农村社员建房用地的若干规定》，村域内每户建房用地一律为 0.3 亩。

9 月 14 日，党支部换届选举，顾阿文当选中共新生村党支部书记。

10 月，昆山交通局工程管理处扩建新阳西路。新阳西路东起友谊南路，西至茅沙塘大桥，总长 4 500 米，村域内部分长 1.2 千米。翌年 11 月工程竣工。

1988 年

5 月 5 日，新生村在陆杨镇西开办昆山陆杨新生经营部，主营轻纺原料，负责人是陆弟观。

7 月，全见男任中共新生村党支部书记。

10 月 19 日，村域内老人在农历九月初九重阳节欢度第一个“中国老年节”。

1989 年

4 月 5 日，新生村第二届村民委员会选举，邹婉金当选村民委员会主任。

1990 年

1 月，新生村创办昆山隆祥香料厂，负责人是周友新，职工有 20 名。

7 月 1 日，村域内开展第四次全国人口普查。

12 月 30 日，党支部换届选举，全见男当选中共新生村党支部书记。

是年，新生村购买第一台中型拖拉机。

1991 年

3 月，新生村获昆山市妇女联合会授予的“四好”妇代会荣誉称号。

是月，新生村开办新星机械密封件厂，韩金观为厂长，职工有 50 名。

6—7 月，村域内连续降雨，降雨量达 602.5 毫米，村域内干部群众参加抗洪。市抗洪指挥部决定，对新塘河实行断航保堤。

是年，新生村完成饮用水改水工程，村民全部喝上自来水。

1992 年

5 月，新生村获昆山市人民政府授予的“外贸收购先进村”称号。

9 月 2 日，由陆杨镇政府出资拓宽新建桥至新生桥公路路面，路长 1 100 米，路宽由原来的6.25米拓宽至13.5米。

是年，老年协会及关心下一代工作委员会成立，由村民委员会主任邹婉金兼任主任。

1993年

5月，新生村获昆山市人民政府授予的“集体经济脱贫致富先进村”称号。

9月10日，党支部换届选举，全见男继续当选中共新生村党支部书记。

是月，新生村被昆山市人民政府授予“连续十三年无超生”荣誉。

是年，村域内建造小农场39亩，投资3万多元建造4间仓库（约160平方米）。

是年，陆杨镇投入资金，完成村域内市镇规划的新阳西路路面拓宽工程。

是年，陆杨镇政府投资筑圩堤石驳岸，村域内范围为新生桥向西至孝仁塘口，长度共计452米。

是年，在第4村民小组地域建造荷花溇西桥。该桥为水泥平桥，跨度4米、宽4米。

是年，新生村获昆山市“六有十无”（有固定场所、有统一标识、有专人负责、有工作制度、有活动项目、有实际效果，无矛盾激化、无群体事件、无安全事故、无涉邪活动、无重点人员失控、无刑事案件、无出租房违法出租、无涉毒案件、无黑恶势力、无环境污染）双文明村荣誉称号。

是年，村域内创办新生钢窗厂，承包人是张华明，职工有14名。

1994年

5月，陆杨镇投资，在村域新塘河上开工建造丁泾桥（也称新塘桥，至10月竣工）。该桥为水泥平桥，跨度40米、宽7米。

6月20日，陆杨镇出资在第2村民小组取土，筑建新塘桥引坡，工程共计3 445立方米。

6月，新生村党支部被苏州市委组织部评为“扶贫先进集体”。

是年，新生村获中共苏州市委组织部、农工部颁发的“整顿集体经济薄弱村”荣誉。

是年，新生村村办企业位列陆杨镇“三超”（产值超千万元，销售超500万元，利润超50万元）奖励名单。

是年，村域内创办新欣机械密封件厂，承包人是张炳泉，职工有10名。

1995 年

1 月，村民兵营长赵建明被昆山市人民政府、昆山市人民武装部评为 1994 年度“四有民兵”（四有指有理想、有道德、有文化、有纪律）。

是年，村域内建农场 210 亩，并开挖鱼塘。

是年，村域内复垦耕地 5.02 亩，获得补偿金 5 026 元。

是年，陆杨镇政府投资修筑石驳岸，共修筑村域内张新桥至服装厂石驳岸 286.4 米和友谊公园南、西两边石驳岸 83.7 米。

1996 年

9 月，新生村按照昆山市文件精神，对农户宅基地进行清理。

是月，村民委员会换届选举，赵建明当选新生村村民委员会主任。

1997 年

8 月，陆杨镇政府出台《关于加快陆杨镇民营经济发展的若干意见（试行）》，新生村原有的村办企业启动转制。

是年，新生村 270 户农户安装了电话机，成为“电话村”。

1998 年

2 月 8 日，陆杨镇政府发布《关于实施〈农村最低生活保障办法〉的通知》，村域内按《昆山市农村最低生活保障暂行办法》实施，保障资金由镇村各负担 50%。

是月，中共陆杨镇委员会发文，赵建明任新生村党支部书记。

4 月，新生村获昆山市人民政府“双文明建设先进村”荣誉称号。

7 月，新生村实行第二轮土地确权，按户籍人口调整责任田；297 户拿到了《农村集体土地承包经营权证书》。

9 月 21 日，中共新生村支部委员会换届选举，赵建明当选村党支部书记。

12 月，村妇女联合会获苏州市妇女联合会授予的“优秀妇女之家”称号。

是年，新生村、水丰村发放《宅基地使用证》《房产证》。新生村 277 户、水丰村 64 户领取《宅基地使用证》。

1999 年

6 月 28 日—7 月 1 日，连续降雨量达 238.5 毫米，外河水位升至 3.95 米，超过历史最高水位。村域内干部群众 300 人次参与抗洪抢险，取土 500 立方米，加固加高险工险段700多米。

7月，新生村党支部被中共昆山市委员会授予“先进基层党组织”称号。

9月29日，昆山市副市长俞寿金和市民政局领导走访慰问村域内1户特困村民。

是月，党支部书记赵建明被昆山市人民政府授予“昆山市劳动模范”称号。

是年，新生村在村域第4村民小组孝仁塘河建造孝仁塘南桥。该桥为水泥平桥，长4米、宽4米。

是年，新生村在村域第5村民小组地域建荷花溇东桥。该桥为水泥平桥，长4米、宽4米。

是年，村域卫生室，经昆山市卫生局验收，达到甲级卫生室标准。

是年，新生村维修村级公路3.5千米，小汽车通到家门口。

2000年

1月，中共昆山市委书记张卫国等领导到村域慰问2户困难家庭。

3月8日，渔业产业园排灌站建成，设施先进。

6月，村域居民开始安装有线电视。

11月1日，村域内开展第五次全国人口普查。

2001年

2月，党支部书记赵建明被苏州市司法局评为“2000年度苏州市人民调解先进工作者”。

4月，新生村在第1至第6村民小组间建造村级公路。该公路呈南北向，长1 700米、宽2.8米。

6月22—25日，受2号台风“飞燕”影响，降雨量达到250.3毫米，村域部分农田被淹。

是月，新生村在第10至第12村民小组间建造村级公路。该公路呈东西向，长1 600米、宽2.8米。

8月18日，新生村、水丰村（原渔业大队）两村合并，沿用“新生”为村名。

9月，新生村村民委员会换届选举，顾阿宜当选新生村村民委员会主任。

12月22日，村民饮用水由昆山自来水厂供应。

是月，党支部书记赵建明被中共昆山市委员会、昆山市人民政府评为“社会治安综合治理工作先进个人”。

是年，新生村在第1、第2村民小组沿新塘河建长1 200米的砖质防洪圩堤，沿南常泾河境内建长900米的楼板护坡防洪圩堤。

2002年

5月，新生村在第5至12村民小组间建造村级公路。该公路呈南北向，长1 200米、宽2.8米。

9月3日，民营企业昆山嘉华电子有限公司在玉杨路188号注册成立。

11月，新生村在第1、第2、第5村民小组硬化道路6 700平方米。

2003年

1月，东澜漕自然村改名为澜漕自然村，隶属陆杨镇新生村。

2月25日，新生村在第6至第9村民小组间拓宽绿化工程1 050平方米。

3月12日，陆杨镇党委、政府印发《关于农村承包土地流转补偿政策的实施意见》，村内失地村民得到用地补偿。

4月，陆杨镇推行农村养老保险政策，新生村成为试点村，当月村里有174名老人领到首批发放的养老金和养老证。

是月，新生村干部参加镇召开的防治“非典”紧急会议。该工作被列入村务工作重点。

7月10日，新生村对第4、第6、第10、第12、第13村民小组的通道浇筑水泥路，8月底结束。

12月21日，昆山市调整行政区域，将原陆杨镇皇仓泾河以西、杨林塘以南的3个建制村划入玉山镇，新生村属玉山镇。

是月，陆桥村第1村民小组并入新生村。区划调整时改名为新生村新阳西路自然村。

是年，新生村被评为“江苏省卫生村”。

是年，新生村在村域内完成改造北门路延伸段、模具区支路等绿化工程项目。

2004年

4月，玉山镇政府组织开工建造玉杨路，翌年4月竣工。该路东起北门路，西至茅沙塘，总长4 100米，村域段长1 200米。

12月2日，新生村第八届村民委员会选举，顾阿宜当选新生村村民委员会主任。

是月，昆山市农民医保与城镇职工医保并轨，新生村农民医保基金由每人每年60元提高到每人每年200元。

是年，玉山镇政府组织建造恒盛路，翌年竣工。该路东起友谊南路，西至茅沙塘，总长4 500米，村域段长1 500米。

是年，村内241.53亩鱼塘被昆山玉山民营科技工业园开发征用，新生村得补偿金额39.55万元。

是年，美陆佳园开工建设，2018年竣工。

是年，村域内建1座钢筋水泥平桥。该桥地处北门路跨新塘河，桥面宽30米、跨度30米。

2005年

7月31日，9号台风“麦莎”在浙江登陆，受台风外围影响，村域内降暴雨，雨量达143毫米，农田受淹。

8月，新生村对52位失地及部分失地村民实行转移折算，交纳社保养老金。

9月12日，玉山镇党委、政府举行首批失地农民进“城保”养老证发放现场会。村内被征地农民开始享受城镇居民的社会保障待遇。

是年，新生村390户村民安装报警器。

是年，新生村投资改造厂房2 000平方米。

是年，新生村在水丰新村枫塘河段筑建300多米的楼板护坡。

是年，玉山民营开发区国际模具城（简称“国际模具城”）开工建设，新生村开挖3号、5号河。

是年，新生村在荷花溇修建小机电站1座。

是年，新生村对水丰新村路接补、北门路接轨硬化，第6、第13村民小组及赵家湾小路浇混凝土。

是年，村域内建一座钢筋水泥平桥。该桥地处恒盛路跨孝仁塘河，桥面宽24米、跨度20米。

是年，村域内建一座钢筋水泥平桥。该桥地处玉杨路跨孝仁塘河，桥面宽24米、跨度20米。

2006 年

1 月，国家取消农业税政策，村域农民全部受益。

4 月，新生村调解委员会被昆山市司法局评为昆山市 2003—2005 年度“先进人民调解委员会”。

8 月，新生村成立残疾人协会（简称“残协会”），由村民委员会主任顾阿宜兼任主席。

10 月，新生村开工建造青淞打工楼。该工程总投资达 613.89 万元，建筑面积达 5 000 平方米，2009 年竣工。

12 月，新生村居家养老服务站成立。

是年，村域 70 岁以上老人开始每 2 年免费参加一次体检。

是年，昆山高科技工业园区成立。

2007 年

3 月，新生村被昆山市依法治市领导小组评为昆山市“民主法治示范村”。

5 月，新生村与昆山市农林局签订《昆山市渔业安全生产管理责任书》，具体内容有 11 条。

7 月 2 日，新生村党支部换届选举，赵建明当选中共新生村党支部书记。

10 月，新生村举行“廉洁文化进农村”广场文艺活动。

11 月 15 日，新生村第九届村民委员会换届选举，顾立华当选新生村村民委员会主任。

2008 年

1 月 26—29 日，昆山遭持续 72 小时暴雪，村域内部分房屋倒塌。

2 月，新生村获昆山市“闹元宵”老年人风采展演“琼花奖”。

3 月 12 日，新生村第一位进村大学生李翌婷到村民委员会报到就职。

4 月 13 日，新生村在美陆佳园广场举办迎奥运中老年广场文艺展示活动。

是月，昆山市公交公司在村域北门路北端，建“新生村公交首末站”1 路公交车站，翌年 10 月投入使用。

6 月，新生村将地处第 15 村民小组的枫塘桥改造成水泥平桥。该桥桥面宽 5 米、跨度 15.3 米。

9 月，村域内国际模具城扩建用地，居住在盛家村第 1、2 村民小组的 37 户民房拆迁。

11 月，新生村被苏州市依法治市领导小组办公室、苏州市司法局、苏州市民政局评为“民主法治村”。

是月，开发商殷学明带资投建新生村菜场。该工程总投资 600 万元左右，总面积 2 700 平方米，翌年 10 月竣工。

12 月 2 日，新生村 30 名村民代表参加村投资建造茅沙塘码头配套项目听证会。

是年，村域内北门路、龙生路交叉南侧 100 米建“国际模具城站”1 路公交车站停靠站点候车亭。

2009 年

1 月，平建明任中共新生村党支部书记。

4 月 29 日，新生村土地股份合作社成立。

5 月 26 日，新生村召开村资产及资源清理村民代表听证会。

6 月 10 日，玉山镇预防保健所到新生村开展老年人体检活动。

6 月 17 日，昆山市玉山镇新生村农地股份专业合作社注册成立，简称“农地股份合作社”，农民每年享受分红。

是月，村域内国际模具城及美陆佳园扩建用地，第 3、第 4、第 6、第 13 村民小组的 44 户村民房屋拆迁。

7 月 2 日，新生村召开改造杨林塘以南旧厂房村民代表听证会，30 人参加。

8 月 2 日，村域内突降暴雨，24 小时内降雨量超过 200 毫米，外河水位陡然涨高至 3.6 米，超过警戒水位 0.4 米。

9 月，新生村投资建设村公共服务中心，建筑面积 1 510 平方米，2011 年 5 月竣工，并投入使用。

是年，新生村利用边角空地建造 1 300 平方米厂房，10 月底竣工。

2010 年

5 月，玉山镇政府在村域内投资筑建兴盛路，7 月竣工。该路南起新塘河，北至龙生路，总长 851 米。

10 月，村民委员会主任顾立华被昆山市司法局评为“昆山市人民调解工作先进个人”。

11 月 1 日，新生村开展第六次全国人口普查。

12 月 18 日，新生村第十届村民委员会换届选举，顾立华当选新生村村民委员会主任。

是年，新生村人民调解委员会被昆山市司法局评为“昆山市人民调解工作先进集体”。

是年，新生村全面推行农村养老保险与城镇居民社会养老保险并轨，有 31 人补缴养老金。至 2018 年，农村与城镇养老保险全部并轨。

是年，新生村会计邹雪琴被江苏省第六次全国人口普查领导小组评为“江苏省第六次全国人口普查”先进个人。

是年，村民查永燕被苏州市第六次全国人口普查领导小组评为“苏州市第六次全国人口普查”先进个人。

2011 年

3 月 2 日，新生村在美陆佳园举办玉山镇群众文艺巡回演出。

6 月，新生村村民委员会办公地址从新阳西路 115 号搬迁至恒盛路 39 号村公共服务中心。

7 月 18 日，新生村召开村民代表会议，讨论 1 路公交车新生村首末站场地修建问题。

12 月 6 日，新生村举办“领导干部入村行”活动，昆山高新区党工委副书记黄健参加。

12 月 30 日，新生村获江苏省档案馆颁发的“江苏省机关团体企业事业单位档案工作规范”二星级标准称号。

是月，新生村党支部被中共昆山高新技术产业开发区工作委员会评为“学习型党组织”。

2012 年

1 月 14 日，新生村党支部组织党员参加冬训大会，并举行“双述双评”（村述民评、村述镇评。2012 年第一次举行，以后每年举行）暨“民主评议”大会。

1 月 18 日，昆山高新区党工委副书记、管委会副主任杜立新到村走访慰问困难户。

2月，村域内筑建龙生路，翌年3月竣工。该路为沥青路，总长2 150米，路面宽24米，为双向四车道。

4月16日，昆山市人口和计划生育委员会领导到村内开展“三访三解三促”（走访基层企业、走访基层组织、走访基层群众，了解民情民意、破解发展难题、化解社会矛盾，促进党群干群关系融洽、促进基层发展稳定、促进机关作风转变）活动。

4月24日，昆山高新区党工委副书记、管委会副主任杜立新到新生村开展“三访三解三促”走访活动。

是月，村域内开工建造昆山高新区美陆小学及附属幼儿园，翌年9月竣工。

11月，昆山市新生村农村社区股份专业合作社成立。

是月，村民委员会主任顾立华被昆山市司法局授予“昆山市‘百佳’人民调解员”称号。

是年，因杨林塘整治，新生村第8、第9、第11、第14村民小组居住的王桐桥自然村落整体动迁。

是年，因建造龙生路，村域内荷花溇河东段皇仓泾河至北门路段被填平。

是年，因美陆佳园扩建，新生村第10村民小组居住的赵家湾自然村落整体动迁。

是年，新生村疏浚村域东部孝仁塘河。该河南起新塘河，北至杨林塘，全长1 100千米，河面宽20米。

是年，杨林塘河道整治，村域两岸圩堤全部修筑石驳岸。

是年，村域内筑建泰科路，翌年竣工。该路南起新塘路，北至杨林塘，村域内段长600米。

是年，村域内建一座钢筋水泥平桥，地处龙生路跨孝仁塘河，桥面宽24米、跨度20米。

2013年

3月27日，新生村召开推进渔具拆除工作会议，对渔具拆除工作的核实登记、宣传发动、签协补偿等步骤进行具体部署。

6月19日，新生村党支部和唐龙村党支部合并，新生唐龙联合党总支成立，平建明任中共新生唐龙联合党总支书记。

9月16日，新生村党组织进行换届选举，平建明任中共新生唐龙联合党总支书记，顾立华任中共新生唐龙联合党总支副书记兼新生村第一党支部书记，徐勇兼任新生村第二党支部书记。

是月，新生村村民委员会开展创建“昆山市级学习型社区”活动。

12月8日，新生村举行第十一届村民委员会换届选举，顾立华继续当选村民委员会主任。

是年，新生村被昆山市社区教育办公室评为“昆山市级学习型社区”。

是年，村域内建一座钢筋水泥平桥。该桥地处泰科路跨五号河，桥面宽22米、跨度25米。

2014年

1月，玉山镇政府在村域内始建五号河站泵站，12月竣工。该泵站地处皇仓泾河新生段西侧，五号河东段底。

3月12日，昆山高新区在村域内开工建造5号河闸1座，11月竣工。该闸为直升式7米钢闸门。

3月27日，新生唐龙联合党总支召开党的群众路线教育实践活动动员大会。

6月27日，新生村举行“三严三实”（严以修身、严以用权、严以律己，谋事要实、创业要实、做人要实）专题教育。

11月，新生村干部李翌婷、邹婉金被昆山市精神文明建设办公室、昆山市关心下一代工作委员会授予“昆山市校外教育优秀辅导员”称号。

12月，新生村会计李翌婷被江苏省第三次全国经济普查领导小组评为“江苏省第三次全国经济普查先进个人”。

是年，村域内建伟控股集团在皇仓泾河与北门路间建造高9层的商业用房，命名为“建伟新天地商苑楼”，2016年竣工。

是年，村域内建一座钢筋水泥平桥，地处恒盛路跨常泾河，桥跨度30米、宽24米。

是年，村域内又建一座钢筋水泥平桥，地处北门路跨五号河，桥跨度20米、宽20米。

2015年

3月，新生村社区股份合作社完成第一次分红。

5月23日，新生村召开农村社区股份专业合作社股权固化工作听证会。

5月24日，新生村村民委员会办公楼由恒盛路39号搬迁至美陆佳园兰苑2号楼。

9月1日，新生村在原村委会办公地（恒盛路39号）设置“娃哈哈儿童看护点”，解决区域内外来人员适龄子女看护难题。

是年，村域内建一座钢筋水泥拱形公路大桥。该桥地处北门路跨杨林塘，桥面宽30米，全长210米，其中跨度70米。

2016年

2月4日，顾立华任中共新生村党总支书记。

4月29日，村党总支推选徐勇为昆山高新区社会事业局直属党委党员代表大会代表人选。

5月8日，村党总支选举顾立华为玉山镇第十四次党员代表大会代表。

5月28日，新生村党总支召开党员大会，进行“两学一做”（学党章党规、学系列讲话，做合格党员）学习教育动员部署大会及专题党课教育。

8月，美陆佳园五期动迁安置房交房，村内150户居民入住。

9月，水丰新村民房动迁工作开始。

10月20日，村党总支换届选举，顾立华任中共新生村党总支书记，徐勇兼任第一党支部书记，李翌婷兼任第二党支部书记。

12月10日，徐勇当选玉山镇第十九届人民代表大会代表。

12月27日，新生村第十二届村民委员会选举，徐勇当选新生村村民委员会主任。

是年，新生村建立志愿者服务队，由党总支书记兼任负责人。

是年，新生村在地处第12村民小组的常泾河上建钢筋水泥平桥，其跨度30米、宽8米。

2017年

4月，徐勇被昆山市司法局评为“2014—2016年度昆山市人民调解工作先进个人”。

11月11日，新生村召开村民代表听证会，通过医疗普惠（村民住院可以享受村里经济补助）补助实施方案听证事项。

12月2日，新生村召开社区股份合作社社员代表大会，通过了章程修改、第三方记账、“政”“经”分开等决议。

是年，新生村获昆山市依法治市领导小组等单位联合颁发的昆山市第十三批市级“民主法治示范村”称号。

2018年

1月，资产“政”“经”财务账户分割结束，原村民委员会账分设为村民委员会和社区股份合作社两本账，即“政”“经”分开核算。

2月3日，昆山高新区科技、文化、卫生“三下乡”活动在美陆佳园兰苑广场举办。

5月11日，新生村党总支组织全体党员进行党课学习，学习《习近平谈治国理政》(第二卷)。

10月29日，23名村民代表参加宅基地复垦事项听证会。听证会提议对王桐桥、赵家湾、孝仁塘、南长泾已拆迁的50亩宅基地进行复垦，赞成率100%。

11月9日，22名村民代表参加新生村茅沙塘码头整治拆除工程及农贸市场电箱增容工程事项听证会，赞成率100%。

是月，新生村被江苏省依法治理委员会评为“民主法治示范村”。

12月，新生村建立新时代文明实践站，设在村公共服务中心。

是月，新生村校外教育辅导站被昆山市精神文明办公室、昆山市关心下一代工作委员会评为“昆山市优秀校外教育辅导站”。

是年，新生村村民邹婉金被昆山市精神文明办公室、昆山市关心下一代工作委员会评为“昆山市校外教育优秀辅导员”。

是年，新生村文艺队被昆山市精神文明办公室、昆山市关心下一代工作委员会评为“昆山市优秀业余文艺团队”。

2019年

5月，新生村召开集体资产清理结果确认事项听证会，对村委会、社区股份合作社、农地股份合作社清产核资结果进行确认。

6月28日，新生村组织党员到苏州冯梦龙纪念馆等地开展“走基地、看成就、聚力量”主题宣传教育实践活动。

10月15日，新生村党总支下设支部换届选举，徐勇当选中共新生村第一党支部书记，李翌婷当选中共新生村第二党支部书记。

是月，唐龙现代渔业产业园（新生一期）工程开工，总投资750万元，翌年5月竣工。

11月，新生村始建渔业产业园排灌站，翌年3月建成。

12月，新生村会计李翌婷被江苏省第四次全国经济普查领导小组评为“优秀工作者”。

2020年

1月，新生村全面开展新型冠状病毒感染疫情防控工作，对各自然村进行封闭式管理。

5月22日，新生村党总支围绕“垃圾分类党员先行”开展主题党日活动。

是月，新生村开展盛家村一带农田的连片整治工程，对原高低不平的田块进行平整、挖排水沟及筑机耕路。

是月，《新生村志》编纂工作正式启动。

6月6日，新生村召开农村社区股份专业合作社成员代表大会，同意成立“昆山市玉山镇新生村股份经济合作社”，注销原“昆山市玉山镇新生村农村社区股份专业合作社”，并选举顾立华为理事长（法定代表人）。

7月，新生村现代渔业产业园一期建成，并通过农村产权交易平台，完成7户鱼塘及1户农田的线上交易招租。

9月10日，新生村党总支围绕“专题学习《习近平谈治国理政》（第三卷）”，开展主题党日活动。

9月27日，村党总支联合杨林社区、新江村、唐龙村开展“红管先锋迎中秋、和睦四邻情意浓”主题党日活动。

是月，新生农贸市场改造工程启动。

11月1日，新生村开展第七次全国人口普查。

12月，新生村被昆山市扫黑除恶专项斗争领导小组办公室授予“‘无黑’（村）社区”称号。

是年，村内新塘河圩堤水利工程改造，修筑石驳岸。

2021年

1月9日，新生村党总支召开党员大会进行换届选举，顾立华当选中共新生村党总支书记。

2 月 26 日，新生村联合杨林社区、新江村、唐龙村开展“红管先锋闹元宵、阖家团圆邻里亲”元宵节活动。

3 月 21 日，新生村召开第十三届村民委员会选举大会，顾立华当选新生村第十三届村民委员会主任。

4 月 15 日，新生村召开第十三次妇女代表大会，周萍当选新生村妇联主席。

4 月 30 日，新生村召开党员大会，选举顾立华为新生村党总支出席中国共产党玉山镇第十五次党员代表大会代表。

6 月 12 日，新生村组织党员到浙江嘉兴南湖参观革命纪念馆。

6 月 29—30 日，新生村党总支书记顾立华为张春国、吴小毛、徐伯根、唐小玉、李荣林 5 位 50 年以上党龄的老党员颁发中共中央统一制作的“光荣在党 50 年”纪念章。

10 月，新生村将拆迁的村民宅基地建成“美丽菜园”。

12 月 8 日，徐勇当选玉山镇人大代表，刘建华当选昆山市人大代表。

第一章　建置区划

新生村地处昆山高新区（玉山镇）北部，明清两朝属积善乡。清雍正二年（1724），积善乡增设澜漕村（非今新生澜漕自然村），村域属之。民国初期，村域属陆家桥乡。民国中后期，村域分属周墅镇、三塘乡。1950 年 1 月，昆山县将 27 个乡（镇）划为 101 个小乡，村域分属关皇乡、换新乡。1956 年 3 月，昆山县并区并乡，村域属陆桥中乡；同年 8 月，昆山县撤区并乡，村域属周墅乡。1958 年 9 月，人民公社建立时，村域分属周墅公社陆桥大队、渔业大队。1959 年 6 月，陆桥大队分拆为陆桥、新生大队。1962 年，陆桥公社成立，村域分属陆桥公社新生大队、渔业大队。1983 年，撤社建乡，大队改村。1984 年，生产队改村民小组，分属陆杨乡新生村、水丰村。2001 年 8 月，水丰村并入新生村。2003 年 12 月，新生村划归玉山镇。是年，陆桥村第 1 村民小组并入新生村，此后新生村区域范围延续未变至今。2020 年，新生村属昆山高新区（玉山镇），村域面积 2. 1 平方千米，下辖 19 个村民小组，共有 415 户，户籍人口 1 456 人。

第一节　建置沿革

明嘉靖十七年（1538），积善乡在县西北，有第一保、第二保，设村 21 个。村域属昆山县积善乡。

清雍正二年（1724），昆山县分置新阳县，实行同城分治。积善乡属新阳县，领第一、二保，村 22 个（增设“澜漕村”）。村域属新阳县积善乡第二保澜漕村。

清宣统元年（1909），昆、新两县推行地方自治。次年两县废乡、保、都，合划为 1 县 17 乡，始建陆家桥乡。村域属陆家桥乡。

1912 年，新阳县并入昆山县，1 县 17 乡未变。村域属陆家桥乡未变（陆家桥乡共有 7 个区 18 个图 80 多个圩）。村域属陆家桥乡日区 26、45、47 图。

1929 年，昆山县划为 10 个区 39 个镇 339 个乡。陆家桥、周墅两乡合划为第十区，村域属第十区陆家桥乡。

1934 年 6 月，昆山县改划为 8 个区 65 个乡镇，第八区辖 3 个镇 6 个乡：巴城镇、石牌镇、周墅镇、北六乡、环湖乡、新圩乡、三塘乡、苇舟乡、晚香乡。村域分属第八区周墅镇、三塘乡。

1949 年初，昆山县设 5 个督导区，辖 1 个镇 26 个乡。村域分属第一督导区三塘乡、周墅乡。5 月 4 日，三塘、周墅地区解放。5 月 19 日，三塘乡、周墅乡人民政府宣告成立，废除了保甲制度。村域分属巴城区三塘乡、周墅乡。

1949 年 11 月，昆山县划为 10 个区 27 个乡（镇）（乡镇区划未变），分巴城区置周墅区。村域分属巴城区三塘乡、周墅区周墅乡。

1950 年 1 月，区制不变（城区更名城郊区），昆山县改划 27 个乡（镇）为 101 个小乡（镇）。村域分属巴城区关皇乡、周墅区换新乡。

1954 年 9 月，昆山县划为 8 个区 111 个乡镇，村域属巴城区关皇乡辖区。

1955 年 10 月至 1956 年 2 月，高级社成立时，关皇乡有王桐、横娄、东江高级社；换新乡有陆家桥、新塘角、许家高级社。村域分属巴城区关皇乡王桐高级社、换新乡陆家桥高级社。

1956 年 3 月，昆山县并区并乡，巴城区、正仪区合并建立环城区，昆山县划为 5 个区 40 个乡（镇）。村域分属环城区陆桥中乡王桐高级社与陆桥高级社。

1956 年 8 月中下旬，昆山县撤区并乡（大乡），划为 22 个乡镇，环城区陆桥乡撤并入周墅乡。村域分属环城区周墅乡王桐高级社、陆桥高级社。

1958 年 9 月，人民公社建立，实行政社合一。同年 10 月，提倡军事化管理，将大队改为营（区划未变），营下设连，连下设排。村域分属周墅公社陆桥大队、渔业大队。

1959 年 6 月，周墅公社划了 19 个大队（其中 18 个农业大队、1 个渔业大队），分拆陆桥大队建新生大队（意为改变落后面貌，获得新生）。“新生”作为本区域的地名和行政建制单位一直沿用至今。第 1—14 生产队属周墅公社新生大队，第 15—18 生产队属周墅公社渔业大队，第 19 生产队属周墅公社陆桥大队。

1962 年 3 月，昆山县调整人民公社规模。从周墅公社划出 11 个农业大队和 1 个渔业大队，从巴城公社分出唐龙大队，建陆桥公社。今新生村第 1—14 村民小组属陆桥公社新生大队，第 15—18 村民小组属陆桥公社渔业大队，第 19 村民小组属陆桥公社陆桥大队。

1981 年 12 月，陆桥公社更名为陆杨公社。

1982 年 3 月，渔业大队更名为水丰大队。今新生村第 1—14 村民小组属陆杨公社新生大队，第 15—18 村民小组属陆杨公社水丰大队，第 19 村民小组属陆杨公社陆桥大队。

1983 年 4 月，政社分设，陆杨公社改建为陆杨乡人民政府，生产大队改建为村民委员会。

1984 年，生产队改名为村民小组。今新生村第 1—14 村民小组属陆杨乡新生村，第 15—18 村民小组属陆杨乡水丰村，第 19 村民小组属陆杨乡陆桥村。

1986 年 12 月，陆杨乡改建为陆杨镇，实行镇管村体制，直属于昆山县。村域隶属陆杨镇。

2001 年 8 月 18 日，水丰村并入新生村，沿用“新生”为村名。村域第 1—18 村民小组属陆杨镇新生村，第 19 村民小组属陆杨镇陆桥村。

2003 年 8 月，原陆杨镇（杨林塘河以南）的新生、新江、唐龙 3 个村划归玉山镇。12 月，昆山市委、市政府发文，撤销正仪镇、陆杨镇建制，原正仪镇娄江河以南区域和原陆杨镇杨林塘以南、皇仓泾河以西区域并入玉山镇。是月，原陆杨镇陆桥村 1 组并入新生村。新生村隶属玉山镇，辖 19 个村民小组。

2006 年，经省政府批准、国家发改委核准，昆山市玉山镇建立省级开发区——昆山高科技工业园区；2010 年 9 月，经国务院批准，昆山高科技工业园区升级为全国首家县级市国家高新技术产业开发区（简称“昆山高新区”），玉山镇建制仍然保留。村域属昆山高新区（玉山镇），村民小组区划不变。

杨林社区（2020 年，钱伟明摄）

2020 年年底，新生村属昆山高新区（玉山镇），下辖 19 个村民小组。新生村村民委员会和村域内的杨林社区共用办公用房，实现管理资源共享。

第二节 行政区划

一、建制村

新生村地处昆山高新区（玉山镇）北部，距昆山市政府驻地 11 千米，距玉山镇政府驻地 7 千米，区域面积为 2.1 平方千米，东依常泾河、皇仓泾河，与周市镇陆桥村相邻；南临新塘河，与昆山高新区五联村相望；西有三号河，与高新区新江村相接；北达枫塘河，与周市镇横娄村、陆桥村相连。在主辖地之外，新生村另有东、西顾家潭两块水域。该地东、南均与周市横娄村相邻，北与陆杨水产养殖场、巴城联民村相靠，西、南与昆山高新区唐龙村相接，共有 196.25 亩水面，其中东顾家潭 74.55 亩、西顾家潭 121.7 亩。

新生村域，中华人民共和国成立前没有独立建制或命名。1958 年 9 月，人民公社成立，村域内分属周墅公社陆桥大队与渔业大队。是年，渔业大队下辖 3 个生产队。

1959 年 6 月，周墅公社将陆桥大队分拆，新建一个农业生产大队，取名为“新生”，下辖 12 个生产队，农田面积为 2 531 亩。大队部驻地在第 6 生产队孝仁塘自然村。

1962 年 3 月，昆山县调整人民公社规模，新生大队归属新建的陆桥公社，大队部驻地仍设在孝仁塘自然村，总人口为 604 人，其中劳动力 235 人，耕地总面积为 2 564 亩。是年，渔业大队归属陆桥公社，下辖 3 个渔业小队，共 40 户渔民。

1968 年，陆桥公社决定，渔业大队所属的 44 户渔民进入跃进绿萍场（周市横娄村区域）定居，成立大队革委会，设固定办公地在陆杨乡河东老街（公社广播站）。

1975 年 11 月，新生大队革委会搬迁至新生农用厂办公，地址为新阳西路 115 号。

1981 年 12 月，陆桥公社改名为陆杨公社，新生大队、渔业大队均隶属陆杨公社。

1982 年，新生大队辖 14 个生产队、1 个蔬菜队；有 2 个大队办厂，机耕队、电灌站各 1 个；有村民 251 户、1 008 人，2 188.7 亩可耕地；农副工收入 87.3 万元，人均分配 336 元。是年 3 月，渔业大队更名为水丰大队，辖 4 个生产队，共 53 户、223 人。

1983 年 3 月 11 日—4 月 19 日，昆山县委体改工作组进驻陆杨公社，进行农村人民公社体制改革试点工作，实行政社分设，恢复乡村体制。新生大队作为村体制改革试点，将大队改为行政村，选举产生新生村村民委员会。是年，水丰大队完成政社分设，改名水丰村，渔民从绿萍场搬迁到陆桥村枫塘口定居。

2001 年 8 月 18 日，经昆山市村域调整工作领导小组审核，昆山市人民政府同意，撤销水丰村，整体并入新生村，沿用“新生”村名。两村撤并前的 2000 年统计资料反映：新生村有 14 个村民小组，农户 301 户，人口 886 人，其中劳动力 527 人；耕地面积 632 亩，粮食总产量 557 吨，油菜籽总产 32 吨；国内生产总值 718 万元，其中工业产出 170 万元，人均国内生产总值 9 703 元。水丰村有 4 个村民小组，渔农 78 户，人口 274 人，其中劳动力 177 人；国内生产总值 65 万元，无工业产出，人均国内生产总值 7 222 元。

2003 年 8 月，昆山市行政区划调整，新生村划归玉山镇。是年 12 月，原陆杨镇陆桥村 1 组并入新生村。2004 年，新生村有耕地面积 702 亩，下辖 8 个自然村、19 个村民小组，总户数 415 户，总人口 1 300 人。

2011 年 6 月，新生村村民委员会办公地址从新阳西路 115 号搬迁至村公共服务中心，地址为恒盛路 39 号，位于恒盛路南侧，北门路东侧。

2015 年 5 月 24 日，新生村村民委员会搬迁至美陆佳园兰苑 2 号楼，与新江村、杨林社区共用办公楼。办公和活动服务用房有 2 700 平方米，内有便民服务大厅、医疗卫生站、图书阅览室等便民服务配套设施。是年，新生村有 19 个村民小组，415 户村民，户籍人口 1443 人，常住人口 1828 人。1972—2020 年，村域人口情况如表 1-1 所示。

表 1-1　1972—2020 年新生村域内村民小组（生产队）人口情况选年表

1972 年			1982 年			2020 年		
队别	户数	人数	队别	户数	人数	组别	户数	人数
新生 1	25	76	新生 1	23	83	1 组	22	97
新生 2	24	92	新生 2	21	91	2 组	20	97
新生 3	20	69	新生 3	18	63	3 组	16	71
新生 4	21	83	新生 4	17	77	4 组	16	70
新生 5	24	84	新生 5	26	84	5 组	30	107
新生 6	22	72	新生 6	10	45	6 组	12	46
新生 7	16	56	新生 7	18	62	7 组	20	77
新生 8	29	116	新生 8	18	67	8 组	21	95
新生 9	24	88	新生 9	22	92	9 组	29	153
新生 10	17	70	新生 10	18	69	10 组	16	73
新生 11	15	59	新生 11	19	73	11 组	30	148
新生 12	20	74	新生 12	21	76	12 组	32	141
—	—	—	新生 13	14	45	13 组	12	55
—	—	—	新生 14	20	73	14 组	22	115
渔业 1	—	—	水丰 1	17	75	15 组	20	92
渔业 2	—	—	水丰 2	10	41	16 组	11	53
渔业 3	—	—	水丰 3	19	78	17 组	26	105
—	—	—	水丰 4	7	29	18 组	10	44
陆桥 1	—	—	陆桥 1	—	—	19 组	29	133

说明：本表人口数据来源于村保存的年报资料，不是派出所户籍统计。

2020 年，新生村有 19 个村民小组，共 415 户，户籍人口 1 456 人，留村劳动力 750 人；集体总收入 474 万元，其中经营性收入 40 万元；农用地面积 455 亩，其中高标准农田面积 113 亩，集体经营性建设用地 19.4 亩；粮食种植面积 153 亩，蔬菜种植面积 84.7 亩。1972—2020 年，村域各村民小组（生产队）耕地面积情况如表 1-2 所示。

表 1-2　1972—2020 年新生村域内村民小组（生产队）耕地面积情况选年表

单位：亩

1972 年		1982 年		2020 年	
队别	耕地面积	队别	耕地面积	组别	耕地面积
新生 1	189.0	新生 1 队	186.5	新生 1 组	—
新生 2	225.0	新生 2 队	223.2	新生 2 组	—
新生 3	177.0	新生 3 队	174.2	新生 3 组	—
新生 4	209.5	新生 4 队	207.0	新生 4 组	—
新生 5	159.5	新生 5 队	132.5	新生 5 组	—
新生 6	192.0	新生 6 队	91.4	新生 6 组	—
新生 7	146.0	新生 7 队	137.5	新生 7 组	—
新生 8	302.0	新生 8 队	147.6	新生 8 组	55.4
新生 9	204.5	新生 9 队	204.0	新生 9 组	34.7
新生 10	179.0	新生 10 队	178.0	新生 10 组	—
新生 11	152.5	新生 11 队	150.0	新生 11 组	122.6
新生 12	133.5	新生 12 队	109.0	新生 12 组	—
—	—	新生 13 队	96.4	新生 13 组	—
—	—	新生 14 队	151.4	新生 14 组	51.1
渔业 1	—	水丰 1 队	—	新生 15 组	—
渔业 2	—	水丰 2 队	—	新生 16 组	—
渔业 3	—	水丰 3 队	—	新生 17 组	—
—	—	水丰 4 队	—	新生 18 组	—
陆桥 1	—	陆桥 1 队	—	新生 19 组	—

新生村域全景（2020 年，钱伟明摄）

二、村民小组

第 1 村民小组 位于村域西南隅，新塘河北岸，原盛家村自然村西部，西与昆山高新区新江村相邻。1959 年 6 月新生大队成立时，为第 1 生产队；1984 年至今，为新生村第 1 村民小组。2008 年，因国际模具城扩建用地整体动迁，村民搬入美陆佳园。2020 年，村民有 22 户、97 人，其中男 51 人、女 46 人。

第 2 村民小组 位于村域西南隅，新塘河北岸，原盛家村自然村东部。1959 年 6 月新生大队成立时，为第 2 生产队；1984 年至今，为新生村第 2 村民小组。2008 年，因国际模具城扩建用地整体动迁，村民搬入美陆佳园。2020 年，村民有 20 户、97 人，其中男 51 人、女 46 人。

第 3 村民小组 位于村域南部，孝仁塘河两岸，原孝仁塘自然村南部，新塘河北岸。1959 年 6 月新生大队成立时，为第 3 生产队；1984 年至今，为新生村第 3 村民小组。1998 年，因 50 万伏高压线工程，有 8 户村民动迁至玉山镇陆杨澜漕自然村，2019 年第二次动迁至美陆佳园。2008—2009 年，因国际模具城扩建用地，有 8 户村民动迁至美陆佳园。2020 年，村民有 16 户、71 人，其中男 33 人、女 38 人。

第 4 村民小组 位于村域中部偏南，孝仁塘河两侧岸，原孝仁塘自然村中部，第 3 村民小组北面。1959 年 6 月新生大队成立时，为第 4 生产队；1984 年至今，为新生村第4村民小组。2008—2009年，因国际模具城用地整体动迁，村民搬入美陆佳园。2020年，村民有16户、70人，其中男31人、女39人。

第5村民小组 位于村域东南隅，原南长泾自然村。1959年6月新生大队成立时，为第5生产队；1984年至今，为新生村第5村民小组。2011年，村民动迁至美陆佳园。2020年，村民有30户、107人，其中男49人、女58人。

第6村民小组 位于村域中部，孝仁塘河两岸，原孝仁塘自然村北部。1959年6月新生大队成立时，为第6生产队；1979年，分拆为第6生产队与第13生产队；1984年至今，为新生村第6村民小组。2008—2009年，因美陆佳园建设用地整体动迁，村民搬入美陆佳园。2020年，村民有12户、46人，其中男24人、女22人。

第7村民小组 位于村域中偏东，杨林塘河南岸，原澜漕自然村西部。1959年6月新生大队成立时为第7生产队；1984年至今，为新生村第7村民小组。2012年，因杨林塘航道整治工程，村民整体动迁，搬入美陆佳园。2020年，村民有20户、77人，其中男33人、女44人。

第8村民小组 位于村域中部偏北，杨林塘河两岸，原王桐桥自然村中部。1959年6月新生大队成立时为第8生产队；1980年分拆为第8生产队与第14生产队；1984年至今，为新生村第8村民小组。2012年始，因杨林塘航道整治工程整体动迁，除1户村民外，其余均搬入美陆佳园。2020年，村民有21户、95人，其中男49人、女46人。

第9村民小组 位于村域西北部，杨林塘河两岸，原王桐桥自然村西部，西、北均与周市横娄村相邻。1959年6月新生大队成立时，为第9生产队；1984年至今，为新生村第9村民小组。1998年，因50万伏高压线工程，有5户村民动迁至玉山镇陆杨澜漕自然村，其中2户于2019年第二次动迁，搬入美陆佳园。2012年，因杨林塘航道整治工程，24户村民整体动迁，搬入美陆佳园。2020年，村民有29户、153人，其中男77人、女76人。

第10村民小组 位于村域西部，原赵家湾自然村，西与新江村相邻。1959年6月新生大队成立时，为第10生产队；1984年至今，为新生村第10村民小组。2011—2012年，村民整体动迁，搬入美陆佳园。2020年，村民有16户、73人，其中男35人、女38人。

第 11 村民小组 位于村域北部，原王桐桥自然村东部，杨林塘河两侧偏北。1959 年 6 月新生大队成立时，为第 11 生产队；1984 年至今，为新生村第 11 村民小组。2012 年，因杨林塘航道整治工程，村民整体动迁，搬入美陆佳园。2020 年，村民有 30 户、148 人，其中男 72 人、女 76 人。

第 12 村民小组 位于村域东部，澜漕自然村东部，杨林塘河南侧，东邻周市陆桥村。1959 年 6 月新生大队成立时，为第 12 生产队；1984 年至今，为新生村第 12 村民小组。2012 年，因杨林塘航道整治工程，村民整体动迁，搬入美陆佳园。2020 年，村民有 32 户、141 人，其中男 64 人、女 77 人。

第 13 村民小组 位于村域中部，孝仁塘河两岸，原孝仁塘自然村北部。1959 年 6 月新生大队成立时，属第 6 生产队；1979 年，由第 6 生产队分拆新建；1984 年至今，为新生村第 13 村民小组。2008—2009 年，因美陆佳园建设用地整体动迁，村民搬入美陆佳园。2020 年，村民有 12 户、55 人，其中男 25 人、女 30 人。

第 14 村民小组 位于村域中部偏北，杨林塘河两岸，原王桐桥自然村中部。1959 年 6 月新生大队成立时，属第 8 生产队；1980 年，由第 8 生产队分拆新建；1984 年至今，为新生村第 14 村民小组。2012 年，因杨林塘航道整治工程，村民整体动迁，搬入美陆佳园。2020 年，村民有 22 户、115 人，其中男 57 人、女 58 人。

第 15 村民小组 位于村域东北隅，原水丰新村自然村。1968 年，陆桥渔业大队定居跃进绿萍场，时属第 1 生产队。1982 年渔业大队改名水丰大队，仍属第 1 生产队。1983 年搬迁至陆桥枫塘口（后定名为水丰新村自然村）定居。1984 年为水丰村第 1 村民小组。2001 年水丰村并入新生村后，为新生村第 15 村民小组至今。2016—2017 年因水丰新村危房整体动迁，村民搬入美陆佳园。2020 年，村民有 20 户、92 人，其中男 41 人、女 51 人。

第 16 村民小组 位于村域东北隅，原水丰新村自然村。1968 年，陆桥渔业大队定居跃进绿萍场，时属第 2 生产队。1981 年分拆为第 2 生产队与第 4 生产队。1982 年渔业大队改名水丰大队后，仍属第 2 生产队。1983 年搬迁至陆桥枫塘口定居。1984 年为水丰村第 2 村民小组。2001 年水丰村并入新生村，为新生村第 16 村民小组至今。2016—2017 年因水丰新村危房整体动迁，村民搬入美陆佳园。2020年，村民有11户、53人，其中男25人、女28人。

第17村民小组 位于村域东北隅，原水丰新村自然村。1968年陆桥渔业大队定居跃进绿萍场，时属第3生产队。1982年渔业大队改名水丰大队后，仍属第3生产队。1983年搬迁至陆桥枫塘口定居。1984年为水丰村第3村民小组。2001年水丰村并入新生村后，为新生村第17村民小组至今。2016—2017年因水丰新村危房整体动迁，村民搬入美陆佳园。2020年，村民有26户、105人，其中男50人、女55人。

第18村民小组 位于村域东北隅，原水丰新村自然村。1981年分拆陆桥渔业大队第2生产队为第2生产队和第4生产队。1982年渔业大队改名水丰大队后，属第4生产队。1983年搬迁至陆桥枫塘口定居。1984年为水丰村第4村民小组。2001年水丰村并入新生村，为新生村第18村民小组至今。2016—2017年因水丰新村危房整体动迁，村民搬入美陆佳园。2020年，村民有10户、44人，其中男22人、女22人。

第19村民小组 位于村域东偏北，常泾河西，东与周市陆桥村为邻，居原新阳西路自然村。2003年12月，陆桥村1组划归新生村后，列为新生村第19村民小组至今。因杨林塘航道整治工程和危房动迁，2014年始陆续有19户村民动迁，搬入美陆佳园。2020年，村民有29户、133人，其中男61人、女72人。

第三节 自然村

一、盛家村

盛家村因早年有一户盛姓人家在此建房居住而得名，该名称于1949年5月前由当地村民约定俗成。80年代末，村庄面积为0.02平方千米，村民有37户，户籍人口141人，其中男67人、女74人。姓氏中有陆姓18户、吴姓11户、周姓2户、姚姓1户、徐姓1户、许姓1户、廖姓1户、龚姓2户。村民主要从事农业，种植水稻、三麦（小麦、大麦、元麦）和油菜。

盛家村在新塘河两岸南北相近位置，南岸人家房屋沿新塘河由东向西延伸，北岸人家房屋沿新塘河由西向东延伸，俯瞰村庄两岸似牌九中的长三图案，故村民称之盛（长）家村。新塘河北盛家村隶属新生村，南盛家村隶属五联村。新生村盛家村为第1、第2小组村民居住的原自然村落，地处村域南部，东为孝仁塘河，南靠新塘河，西接新江村，北有玉杨路。村庄沿新塘河北岸呈东西走向。原盛家村村东有新塘河公路桥，2012年因国际模具城扩建，桥梁被拆除。村北、村东有天然河流伍千溇，2006年因国际模具城建设被填埋，原址为国际模具城用地，有平谦国际（昆山）现代产业园、维联线束（昆山）有限公司。2008年，因国际模具城扩建用地，自然村整体动迁，村庄消失。村民迁往恒盛路两侧的美陆佳园集中居住。

二、孝仁塘

孝仁塘因沿孝仁塘河而得名。“孝”意为孝顺，“仁”意为仁义，传说村中出了孝子，故称孝仁塘，村民曾称“孝人塘”。该名称于1949年5月前由当地村民约定俗成。80年代末，村庄面积为0.03平方千米，村民有44户，户籍人口155人，其中男73人、女82人。姓氏中有赵姓6户、周姓4户、李姓9户、唐姓4户、张姓1户、顾姓7户、戴姓1户、王姓2户、徐姓3户、吴姓5户、陆姓1户、戚姓1户。村民主要从事农业，种植水稻、三麦和油菜。

孝仁塘为第3、第4、第6、第13小组村民居住的原自然村落，地处村境中部，东有北门路，南为新塘河，西有泰科路，北为杨林塘。村庄沿孝仁塘河两岸呈南北走向。1962—1975年，孝仁塘为新生大队办公所在地。1964年，村内有耕读小学1所，1968年停办。村东有东西向天然河流荷花溇，2008年起，逐渐被填平；村南有孝仁塘河放水闸，是新生南站原址；村西有东西向天然河流掘龙浜，2005年被填埋；村北，孝仁塘河与杨林塘交叉口，有新生村第一座电灌站——新生北站。2008—2009年，因国际模具城以及美陆佳园扩建用地，村庄整体动迁消失，村民迁往恒盛路两侧的美陆佳园集中居住。原村落地址上建有国际模具城，美陆佳园桦苑、桂苑、兰苑、梅苑小区及美陆小学、国际模具城管理中心。

三、南长泾

村庄因沿南常泾河而得名，村名于1949年5月前由当地村民约定俗成。80年代末，村庄面积为0.01平方千米，村民有32户，户籍人口96人。村民主要从事农业，种植水稻、三麦和油菜。

南常泾河景观（2013年，村档案室提供）

南长泾，又称南盛泾、南常泾（昆山方言“长”“盛”“常”三字同音）。第二次全国地名普查时，该村登记为“南长泾”。南长泾为第5小组村民居住的原自然村落，地处村境东南部，东为皇仓泾河（皇仓泾河新生段又称南常泾河），南为新塘河，西有北门路，北有五号河。村庄沿皇仓泾河西岸呈南北走向。南常泾河上有座张新桥，早年是石桥，70年代被翻建成水泥拱桥。60—80年代初，南长泾村西北有新生大队副业队。2009—2011年，因村庄动迁而消失，村民迁往恒盛路两侧的美陆佳园集中居住。原址有公交1路国际模具城站、建伟新天地商苑及三盛璞悦商住小区。

四、澜漕

澜漕自然村因地处澜漕河而得名，“澜”意为大波，“漕”意为河渠。80年代末，村庄面积为0.03平方千米，村民有60户，户籍人口221人，常住人口377人。村民主要从事农业，种植水稻、三麦和油菜。2012年始因杨林塘航道整治工程，村庄部分动迁；至2020年年底，2/3的村民迁往恒盛路两侧的美陆佳园集中居住。

乾隆《昆山新阳合志》在积善乡下辖村中出现了“澜漕村”记载，以后历部县志均有“澜漕村”记载。1970 年澜漕河拓浚，成为西杨林塘河的一部分，澜漕村名继续保留，但其区域范围明显小于清代所指的澜漕村。《陆杨镇志》记载，清嘉庆、道光年间，陆杨镇区所在区域也是澜漕村的一部分。2003 年前，澜漕村分东、西澜漕村，东澜漕村属新生村；2003 年起，东澜漕自然村改名为澜漕自然村。澜漕为第 7、第 12 小组村民居住的原自然村落，地处村域东部，东靠皇仓泾河，南有五号河，西跨孝仁塘河，北为杨林塘河，村庄呈直角折线形。澜漕村庄内的第 12 村民小组杨林塘河上，清代时曾有石桥一座。70 年代初该石桥被翻建成水泥拱桥，取名新生东桥，2012 年被拆除。2012 年始因杨林塘航道整治工程，村庄部分动迁。2020 年止，2/3 的村民迁往恒盛路两侧的美陆佳园集中居住。原址有北门路陆杨公路大桥、恒盛路及美陆佳园枫苑、桂苑小区。

澜漕景观（2013 年，村档案室提供）

五、王桐桥

村庄因位于澜漕河（1970 年拓浚后改称西杨林塘）上的王桐桥两侧而得名。该名称早在 1949 年 5 月前由当地村民约定俗成。80 年代末，村庄面积为 0.04 平方千米，村民有 101 户，户籍人口 368 人。村民主要从事农业，种植水稻、三麦和油菜。

王桐桥为新生村第 8、第 9、第 11、第 14 小组村民居住的原自然村落，地处村域中北部。村庄东有孝仁塘河，南有恒盛路，西为新江村，北为周市镇横娄村。村庄沿杨林塘河两岸呈东西走向。王桐桥是新生村户籍人口最多的自然村落。1964 年，村内有耕读小学 1 所，1968 年停办。1970 年，杨林塘河北岸建有新生村域内第 1 条公路（新阳西路）。该公路曾经历 2 次翻建拓宽，至今仍为村域主要交通要道。民国初期的澜漕河上有一座王桐桥。该桥 70 年代初被改建成

王桐桥景观（2013 年，村档案室提供）

水泥拱桥，取名新生中桥，2012 年被拆除。域内第 9 村民小组杨林塘河上建有水泥拱桥。该桥取名新生西桥，2012 年被拆除。2012 年，因杨林塘航道整治工程，自然村整体动迁，村民迁往恒盛路两侧的美陆佳园集中居住。原址有美陆佳园兰苑小区、新生村村民委员会办公地、昆山高新区陆杨郊野公园等。

六、赵家湾

村庄因沿赵家湾河而得名，村名于 1949 年 5 月前由当地村民约定俗成。80 年代末，村庄面积为 0.01 平方千米，村民有 17 户，户籍人口 71 人。村民主要从事农业，种植水稻、三麦和油菜。

赵家湾为第 10 小组村民居住的原自然村落，地处村域西部，村庄东有泰科路，南有龙生路，西为新江村，北为杨林塘。村庄呈南北走向。村庄内有开口向东的“C”字形天然河流赵家湾河，东有南北向天然河流俞家泾河。两条河均于 2011 年被填埋。2011—2012 年，因美陆佳园扩建，自然村整体动迁，村民迁往恒盛路两侧的美陆佳园集中居住。原址复垦为农田。

七、水丰新村

水丰新村的前身是渔业大队，村民主要从事渔业捕捞和水产养殖。

原陆杨公社渔业大队地处玉山镇北部，南距镇政府驻地 6.4 千米。区域东至常泾河，南至陆桥村，西至王桐桥，北至枫塘河。1958 年 9 月，人民公社成立时，属周墅公社渔业大队。1962 年 3 月，昆山县调整人民公社规模，建陆桥公社渔业大队，大队下辖 3 个渔业小队。1968 年，陆桥公社决定，渔业大队所属的 44 户渔民搬入跃进绿萍场定居。1983 年农村体制改革，大队改为行政村，水丰大队完成政社分设，改名“水丰村”（寓意渔民期盼水产丰收），并从绿萍场搬迁到陆桥村枫塘口定居。2001 年 8 月 18 日，水丰村归入新的新生行政村建制，改名为水丰新村自然村，区划续编为第 15、16、17、18 村民小组，居住村落地处新生村域东北部，村庄东靠常泾河，南邻陆桥村，西接王桐桥，北跨枫塘河。村落内枫塘河上有村域内历史记载最早的桥梁——枫塘口桥（也称葑塘桥）。该桥建于清康熙十三年（1674），新中国成立后有 3 次重建改造，保存至今。2016—2017 年，因危房治理，村庄动迁，村民迁往恒盛路两侧的美陆佳园集中居住。2020 年，村址复垦为农田。

水丰新村一角（2013 年，村档案室提供）

水丰新村景观（2016 年，村档案室提供）

八、新阳西路

村庄因房屋分布在新阳西路两侧得名。90 年代末，村庄面积为 0.03 平方千米，村民有 35 户，户籍人口 92 人。

新阳西路景观（2013 年，村档案室提供）

2003 年区划调整，陆桥村 1 组划归新生村，改名新阳西路自然村，属新生村第 19 村民小组。村庄地处村域东部偏北，东为常泾河，南为杨林塘河，西为王桐桥自然村，北为周市镇陆桥村。2012 年，因杨林塘河整治和危房治理，村庄动迁，村民迁往美陆佳园集中居住。2020 年，村域内有 105 路公交新生站、北门路陆杨公路大桥。

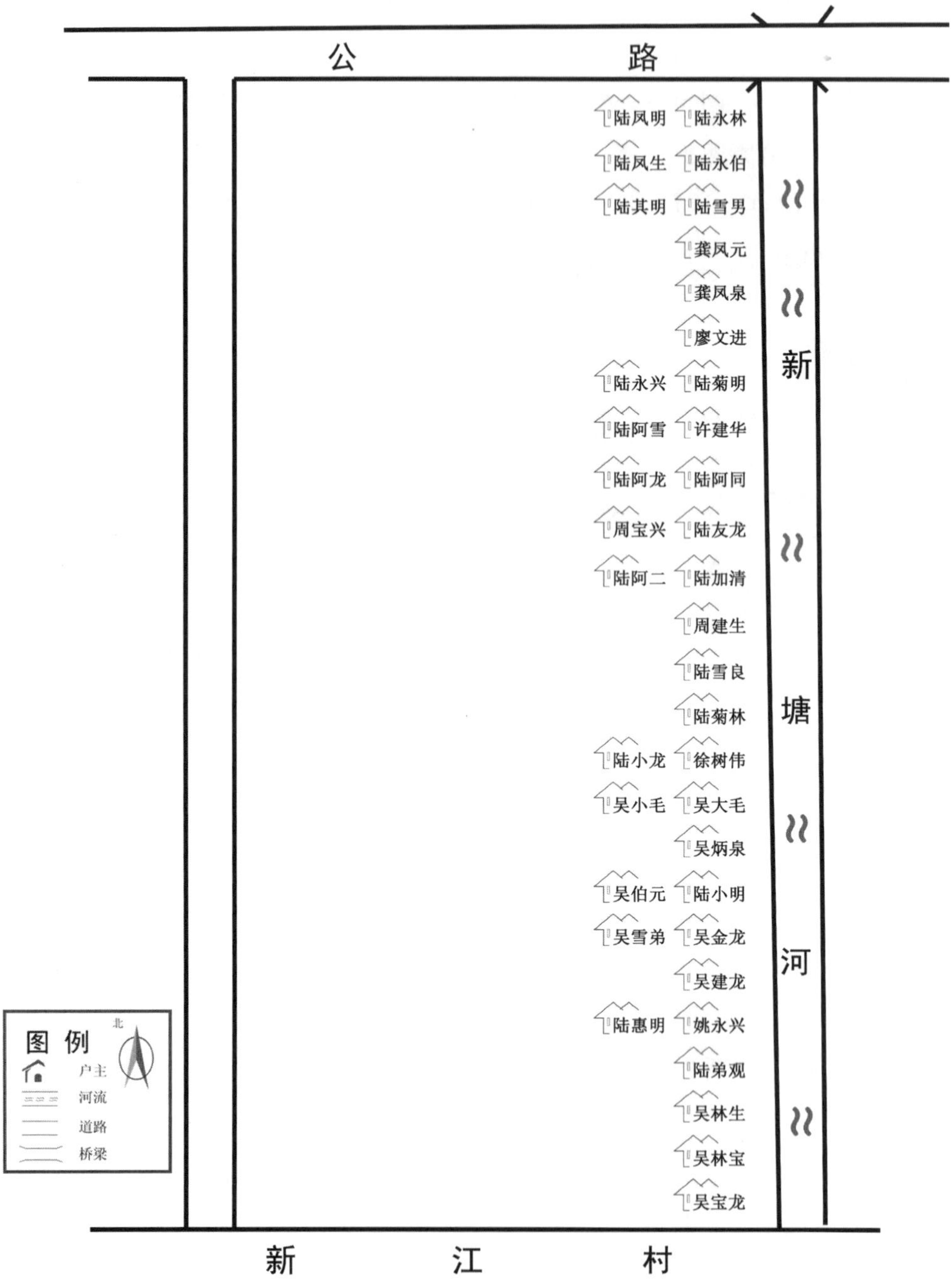

盛家村住户分布示意图

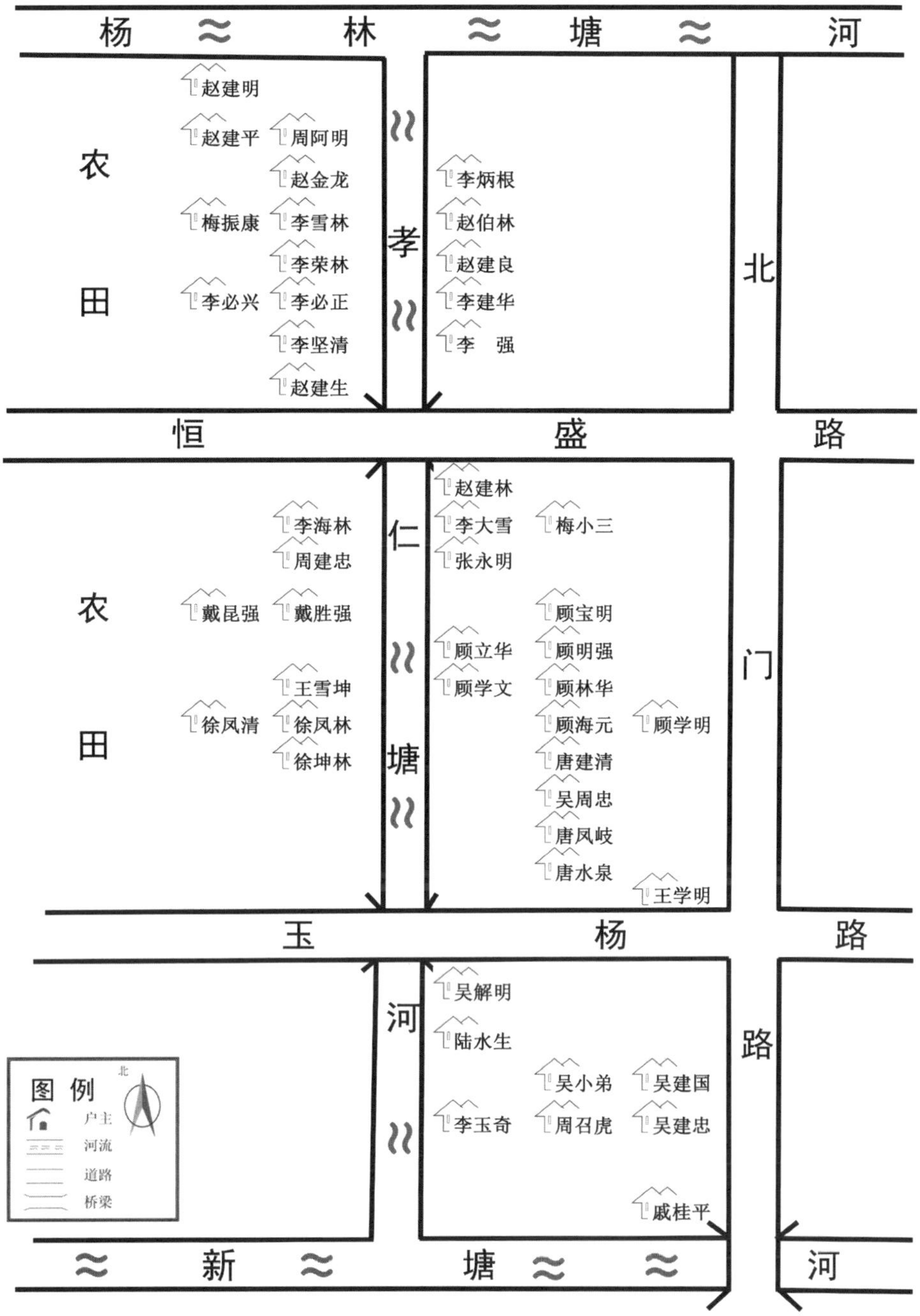

杨 林 塘 河
农田
赵建明
赵建平
周阿明
赵金龙
梅振康
李雪林
李荣林
李必兴
李必正
李坚清
赵建生
孝
李炳根
赵伯林
赵建良
李建华
李 强
北
恒 盛 路
赵建林
李大雪
梅小三
张永明
仁
李海林
周建忠
农田
戴昆强
戴胜强
王雪坤
徐凤清
徐凤林
徐坤林
顾宝明
顾立华
顾明强
顾学文
顾林华
顾海元
顾学明
唐建清
吴周忠
唐凤岐
唐水泉
王学明
门
塘
玉 杨 路
吴解明
河
陆水生
吴小弟
吴建国
李玉奇
周召虎
吴建忠
戚桂平
路
图例
北
户主
河流
道路
桥梁
新 塘 河

孝仁塘住户分布示意图

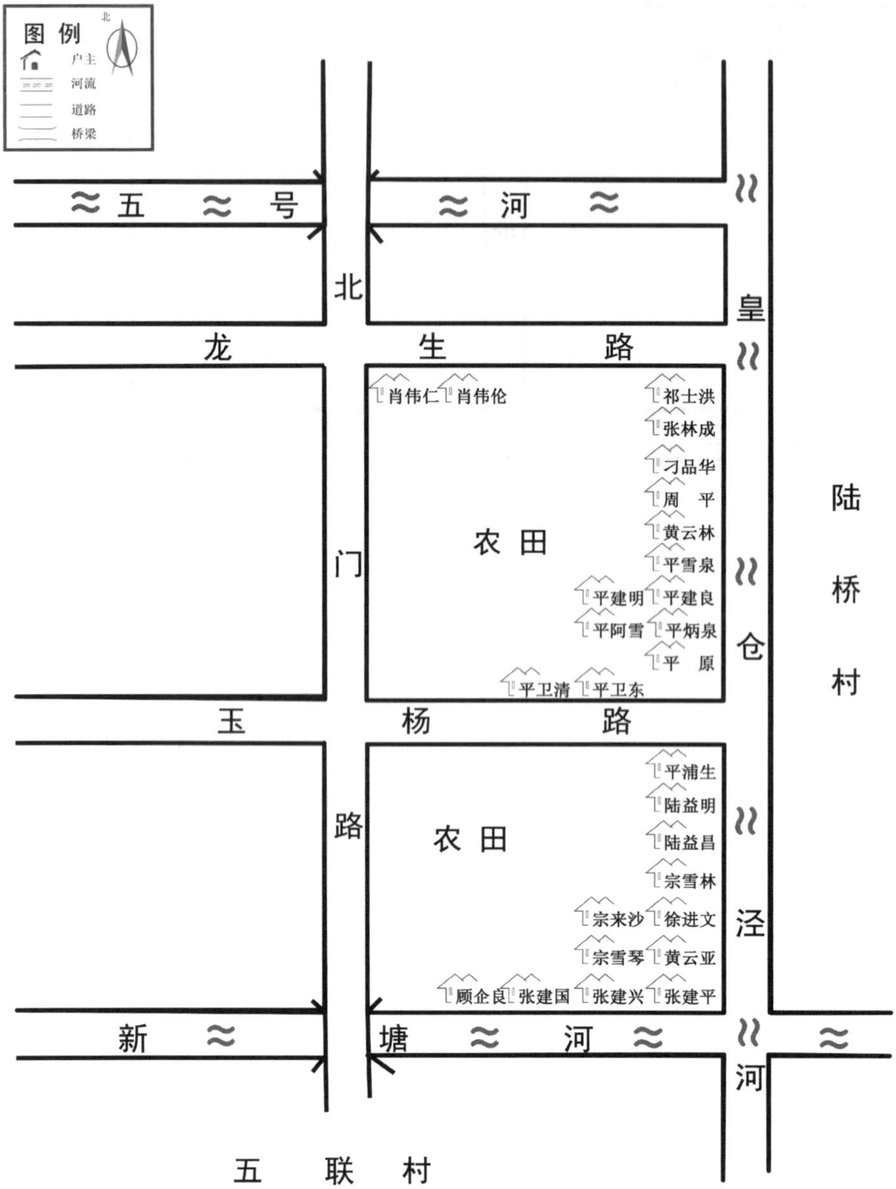
图例
北
户主
河流
道路
桥梁
五号河
北门路
龙生路
皇仓泾
陆桥村
农田
肖伟仁
肖伟伦
祁士洪
张林成
刁品华
周 平
黄云林
平雪泉
平建明
平建良
平阿雪
平炳泉
平 原
平卫清
平卫东
玉杨路
平浦生
陆益明
陆益昌
宗雪林
宗来沙
徐进文
宗雪琴
黄云亚
顾企良
张建国
张建兴
张建平
新塘河
河
五联村

南长泾住户分布示意图

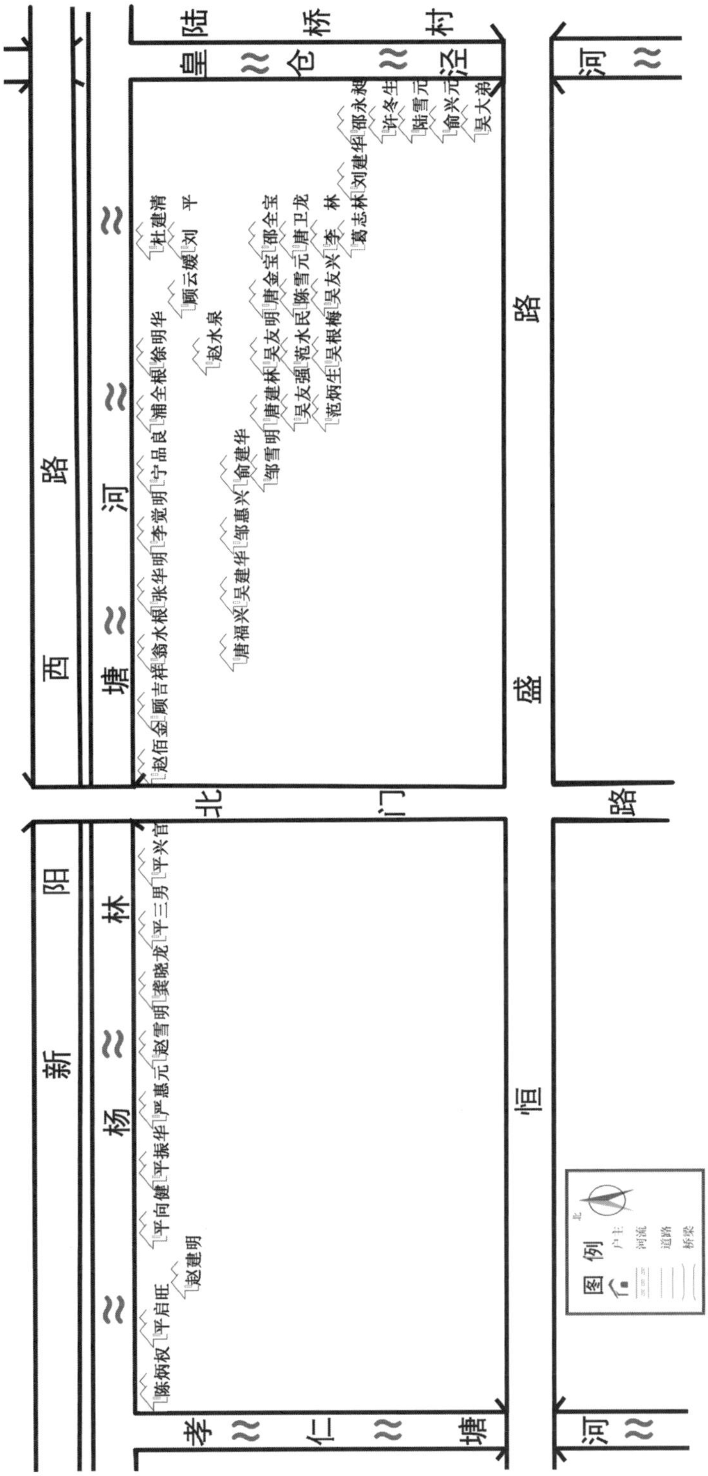

澜漕住户分布示意图(孝仁塘河东部分)

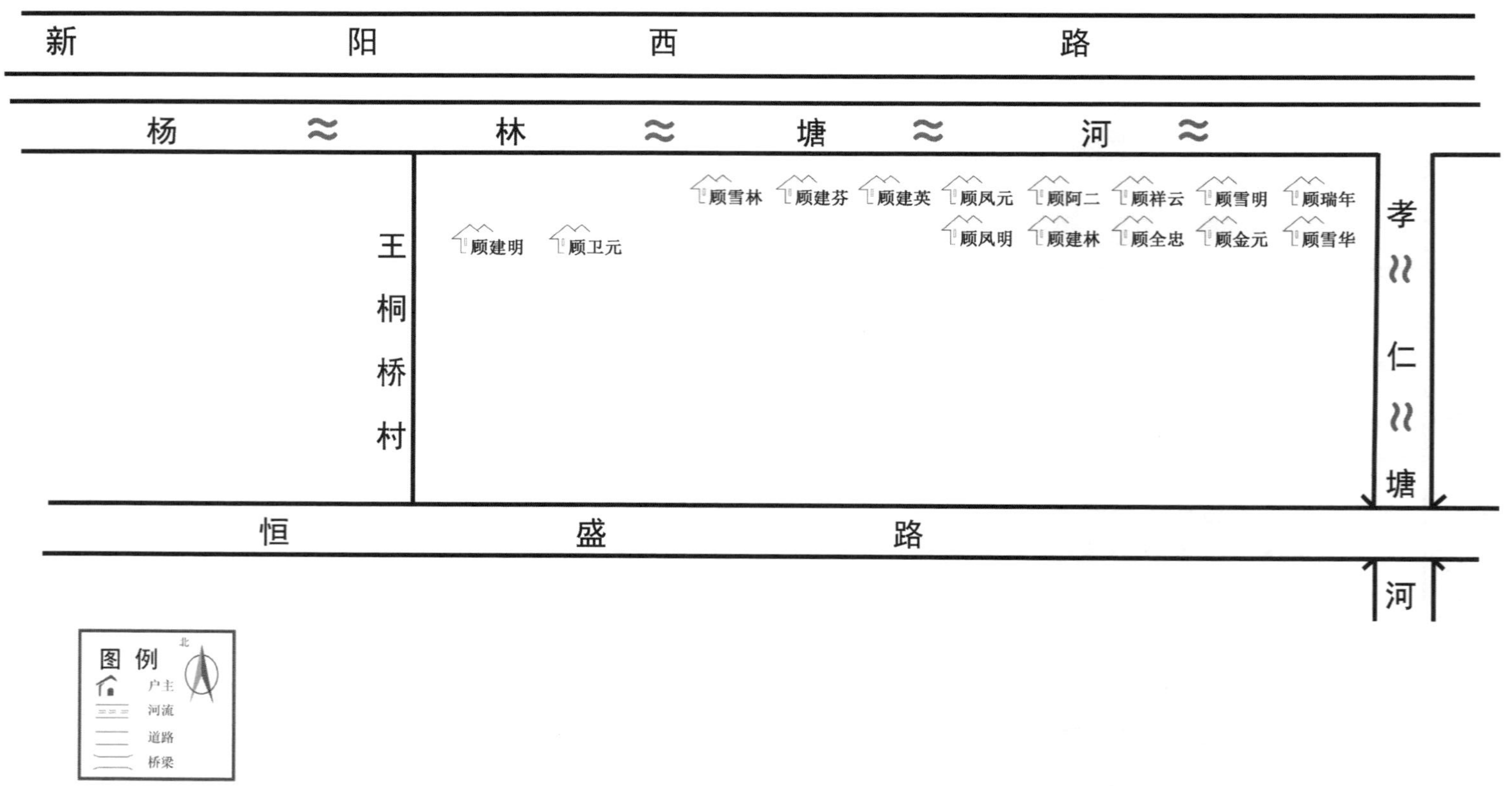

澜漕住户分布示意图（孝仁塘河西部分）

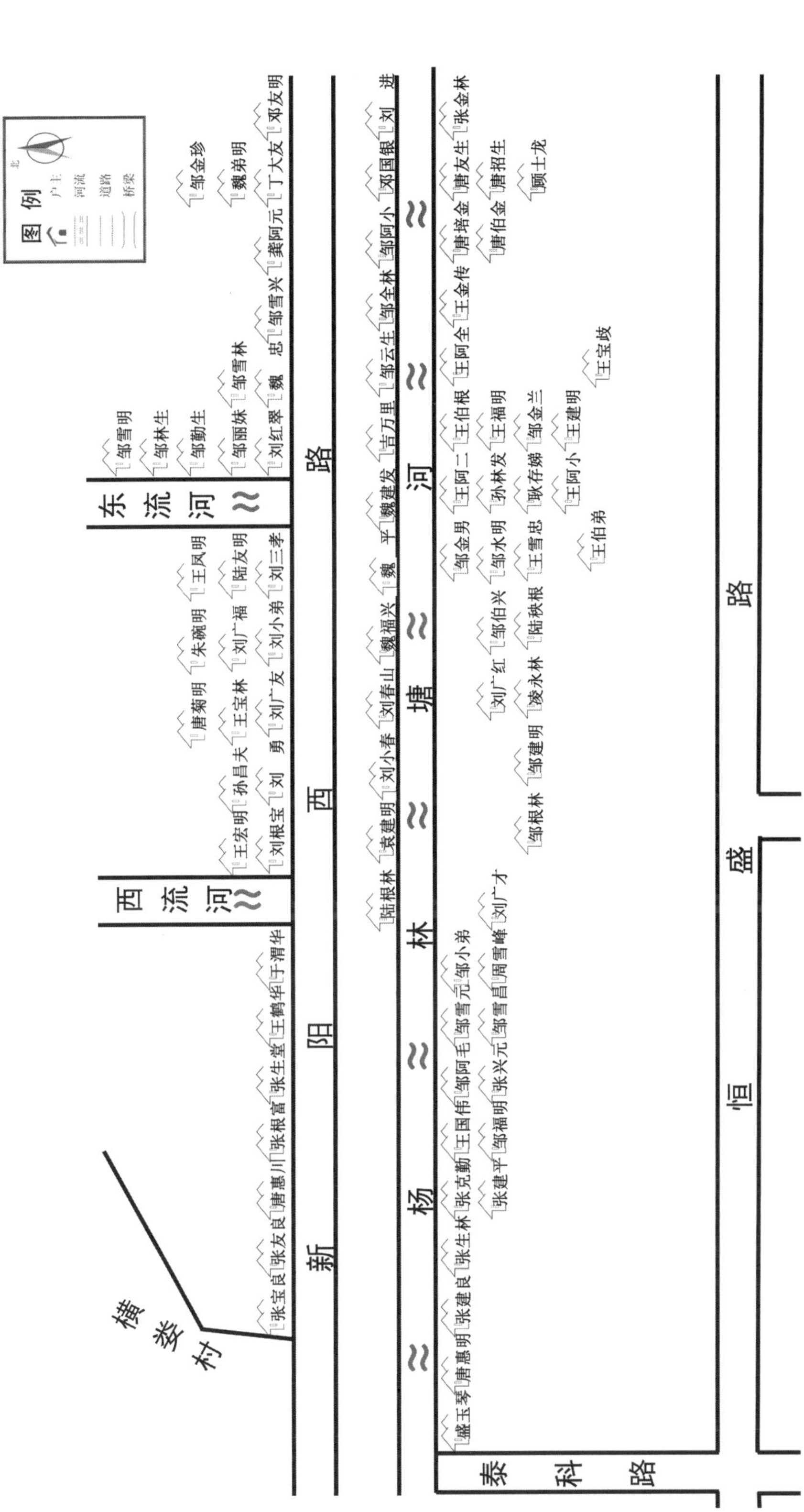
图例
户主
河流
道路
桥梁
北
东流河
西流河
新阳西路
杨林塘河
恒盛路
泰科路
横娄村
张宝良 张友良 唐惠川 张根富 张生堂 王鹤华 于渭华
刘根宝 刘 勇 刘广友 刘小弟 刘三孝 刘红翠 魏 忠 邹雪兴 龚阿元 丁大友 邓友明
王宏明 孙昌夫 王宝林 刘广福 陆友明 邹丽妹 邹雪林 魏弟明
唐菊明 朱婉明 王凤明 邹勤生 邹金珍
邹林生 邹雪明
陆根林 袁建明 刘小春 刘春山 魏福兴 魏 平 魏建发 吉万里 邹云生 邹全林 邹阿小 邓国银 刘 进
盛玉琴 唐惠明 张建良 张生林 张克勤 王国伟 邹阿毛 邹雪元 邹小弟
邹金男 王阿二 王伯根 王阿全 王金传 唐培金 唐友生 张金林
张建平 邹福明 张兴元 邹雪昌 周雪峰 刘广才
刘广红 邹伯兴 邹水明 孙林发 王福明 唐伯金 唐招生
邹根林 邹建明 凌永林 陆秋根 王雪忠 耿存娣 邹金兰 顾士龙
王阿小 王建明 王伯弟 王宝政

王桐桥住户分布示意图

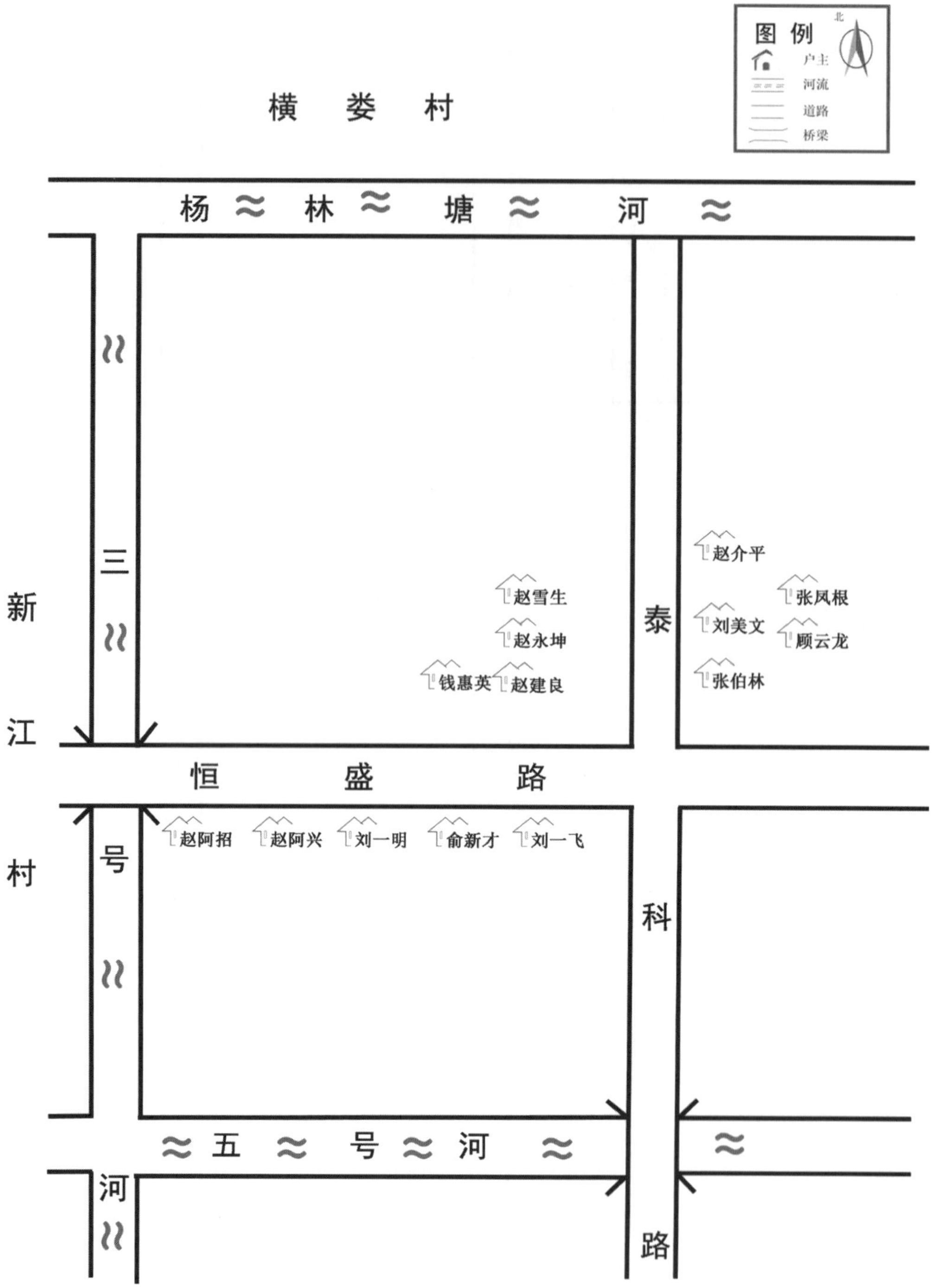
图例
北
户主
河流
道路
桥梁
横娄村
杨林塘河
新江村
三号河
泰科路
恒盛路
五号河
赵介平
张凤根
刘美文
顾云龙
张伯林
赵雪生
赵永坤
钱惠英
赵建良
赵阿招
赵阿兴
刘一明
俞新才
刘一飞

赵家湾住户分布示意图

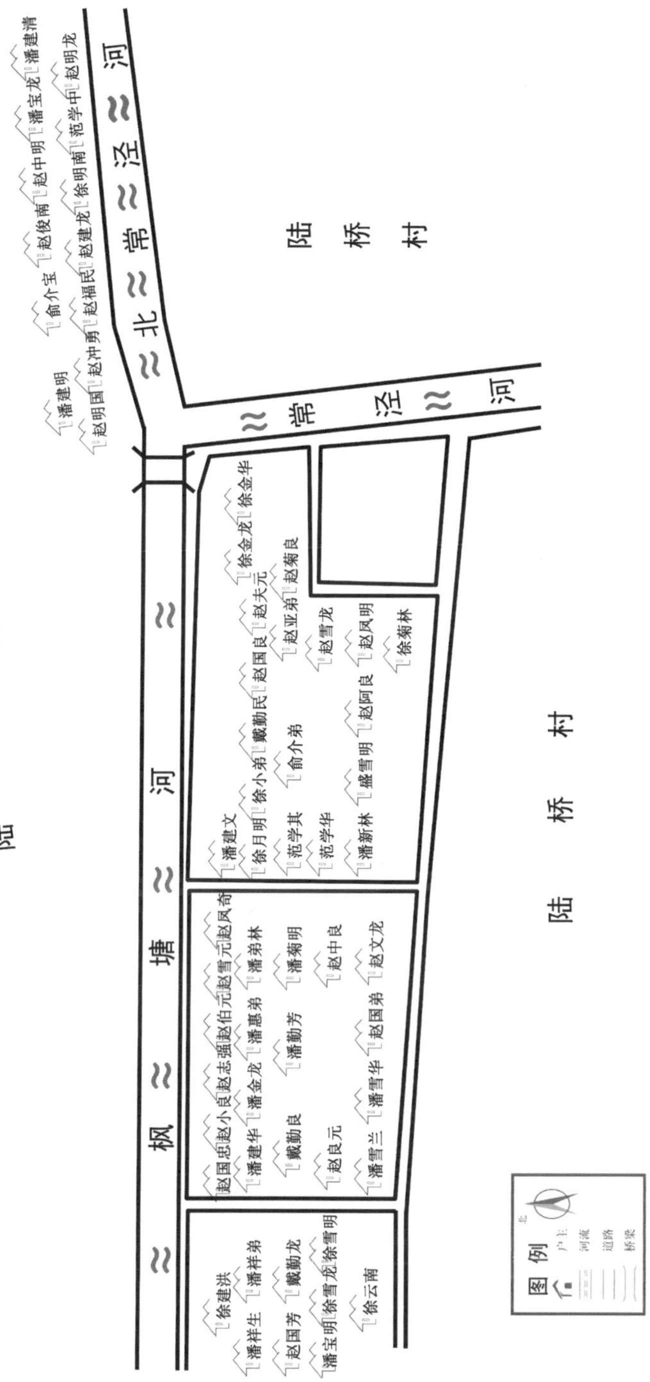

永丰新村住户分布示意图

说明：上述 8 幅示意图是凭村干部记忆制作的 21 世纪初的村庄及村民住房分布概况，地理方位中的道路、河流、村庄等，均以 2020 年为准。

第二章　自然环境

新生村位于北纬 31°26′10″～31°30′01″、东经 120°54′06″～120°58′48″，地处昆山北部阳澄湖低洼圩区，东西最大直线距离 1.2 千米，南北最大距离 1.9 千米，总面积 2.1 平方千米。村域位于北亚热带和中亚热带过渡地带，气候温和湿润，四季分明，日照充足，雨量充沛。据 2000 年昆山气象站记载，新生村年平均气温 17.18 ℃，平均降水量 1 185.03 毫米，平均日照时间 1 809.66 小时，平均无霜期 242 天。境内动植物资源丰富，种植有水稻、小麦、油菜等农作物，养殖有鱼、虾、蟹等水产品；水资源丰富，主要源自天然降水和过境客水。2020 年，村域内有大小河流 13 条，水域面积 0.32 平方千米，占村域面积的 15.2%。

第一节　地貌　土壤

一、地貌

村域位于阳澄湖以东，属低洼圩区。从空中俯瞰，村域地形图酷似“玉兔护宝”。“玉兔”面西卧坐于新塘河上，朝西北向注视东、西顾家潭。中华人民共和国成立以前，新生村被称为昆山北乡低田区。境内田面高程大部分在3.2米以下。遇江潮倒灌或阳澄湖西部高片区客水下泄，下游排水不畅，外河水位常高于地面，从而形成涝害。据1963年资料，新生大队的荷花淒圩堤、下民圩堤，地面高度只达“吴淞标准”零上2.5~2.9米之间，地下水位经常保持“吴淞标准”零上2.5米以上。遇日降雨量60毫米以上，这两个圩就要受涝，致水稻减产，夏熟作物难有收获。

2003年，村域内全面征地动迁前，8个自然村分布在“玉兔”的各个部位，盛家村居前足，南长泾居后足，王桐桥居头，赵家湾居嘴，孝仁塘居身，水丰新村居耳，新阳西路和澜漕居脊梁与臀部。东、西顾家潭似游离于“玉兔”之外的2件宝物，可提供丰富的水产资源。2020年，有7个自然村全部动迁，还有1个澜漕自然村搬迁2/3，动迁村民搬至恒盛路两侧的美陆佳园，小区分布在“玉兔”的中心位置。

2002 年新生村主辖区示意图（图中“美路佳园”后定名为“美陆佳园”）

二、土壤

旧时，新生大队耕地土壤大多保水、保肥力差，涝灾威胁严重。1964 年，集体水田有 2 352 亩，其中有青土 646 亩、小粉土 619 亩、白土 281 亩、漏筋土 162 亩。这 4 种土壤占水田总面积的 72. 62%，土壤特征表现为田性冷、通气差、水湿重，不利于作物生长发育。是年，全大队有冬闲田 1 028 亩，水稻亩产 300 斤左右。新生大队通过兴修水利设施、实行电力灌排、降低地下水位、增积有机肥料等手段，不断改良土壤状况，逐步实行“沤改旱，一熟改二熟”的耕作制度。

70 年代，新生大队继续加强对土壤的改良工作。1979 年，新生大队第 1 生产队放养水花生、水浮莲、水葫芦及绿萍，割青草，在草塘泥中加入鲜绿肥，积好有机肥料，另外采取稻草还田措施，增强土壤有机肥力；通过增施氮磷钾肥，改良土壤营养成分。用机犁加深耕作层，加厚熟土层，深耕晒垡，增强土壤通透性和活力。完善沟渠系统，确保排水畅通，降低内河水位，提高土壤温度，增加土壤团粒结构分化。

1982 年，昆山县进行第二次土壤普查。新生大队土壤有水稻土（2 193.7 亩）、潮土（173.1 亩）两大土类。水稻土土类主要有青紫土和青泥土。潮土土类分别有菜园土、园林土、旱地黄土和堆叠土。1982 年，新生大队土壤状况如表 2-1 所示。

表 2-1　1982 年新生大队土壤状况表

土类	土种	形成和分布特征	村域分布位置
水稻土	青紫土	成土母质为湖积物，分布于湖荡区和低洼圩区	南部、东部、北部水田
	青泥土	成土母质为湖积物，分布于湖荡区和低洼圩区的三进田、锅底田	西部水田
潮土	菜园土	村庄周围旱地，常年种植蔬菜，部分原为水稻土，60 年代改种蔬菜	各小队旱地，副业队用地
	园林土	零星旱地种植果树、桑树或其他树木	竹园基等
	旱地黄土	村庄附近，大塘两岸的零星高地，常年种植旱作物	自然村附近
	堆叠土	主要分布在新开河道两岸，挖土堆叠，平整后种植旱作物	杨林塘堤岸

随着区域经济不断发展，特别是 2003 年新生村划归昆山高新区（玉山镇）后，因国际模具城开发，域内企业用地，小区、道路、桥梁等公共设施建设用地增多。2020 年，新生村累计被征用土地 2 735 亩，保存水稻土地面积 300 亩。

第二节 气候

新生村属亚热带季风海洋性气候。四季寒暑分明，无霜期长，日照充足，雨量充沛，湿润温和，气候宜人。近20年，冬季暖冬、夏季高温现象时有发生，全年日照时间相对往年减少。

杨林塘景观（2016年，村档案室提供）

常泾河景观（2017年，村档案室提供）

一、四季特征

春季 连续5天日平均气温稳定在10~22 ℃为入春。春季历年（1959—1999年，本节下同）平均在4月1日至6月5日，有66天。春季气温渐上升，偶有“倒春寒”，平均降雨量288毫米，占全年总雨量的27%。

夏季 连续5天日平均气温稳定在22 ℃以上为入夏。夏季历年平均在6月6日至9月15日，有102天。夏季雨水平均比春季增加近一倍。初夏有集中降水时段，称为“梅雨期”，一般在6月中旬入梅，7月上旬末出梅。7、8月受副热带高压控制，日照强烈，常出现35 ℃以上的高温天气。1959—2019年，夏季低于 35 ℃的年份仅有 4 次，分别是 1968、1981、1982、1989 年。1959—1999 年，夏季出现 37 ℃以上极端高温的有 10 个年份；2000—2019 年，夏季出现 37 ℃以上极端高温的有 18 个年份，其中有 2 年出现 40 ℃以上高温。7—8 月也是台风季节，台风与热带风暴会造成大风、暴雨危害。

秋季　连续 5 天日平均气温稳定在 22 ℃以下为入秋。秋季历年平均在 9 月 16 日至 11 月 19 日，有 65 天。秋季气温逐渐下降，雨水减少，个别年份有秋旱发生。秋季前期由于副热带高压仍较强，有时出现“秋老虎”天气，气温在 35 ℃以上，但高温持续时间不长；后期由于冷空气开始活跃，气温会明显下降。

冬季　连续 5 天日平均气温在 10 ℃以下为入冬。冬季历年平均在 11 月 20 日至 3 月 31 日，有 132 天。冬季最冷时段在 12 月下旬至 2 月上旬，1959—1999 年，有的年份出现-5 ℃以下低温，其中 1959、1967、1969、1970、1977、1986 年的极端最低气温在-8 ℃以下。2000—2019 年，有的年份出现-5 ℃以下低温，仅 2016 年极端最低气温达-8 ℃。

二、气温

村域气温呈上升趋势。1959—1999 年，年平均气温 15.4 ℃；2000—2009 年，年平均气温 17.07 ℃；2010—2019 年，年平均气温 17.29 ℃。2013 年 8 月 7 日，出现极端最高气温 40.6 ℃；1977 年 1 月 31 日，出现极端最低气温-11.7 ℃。1960—2019 年村域分阶段年平均气温情况如表 2-2 所示。

表 2-2　1960—2019 年分阶段年平均气温对照表

年份	1960—1969	1970—1979	1980—1989	1990—1999	2000—2009	2010—2019
年平均气温/℃	15.45	15.33	15.07	16.05	17.07	17.29
最高气温 10 年平均/℃	36.21	36.12	35.56	36.38	37.99	38.49
最低气温 10 年平均/℃	-6.05	-6.87	-6.56	-5.37	-4.65	-4.45

三、降水

村域年降水量 2011 年以来比 2010 年之前多。1959—2019 年，平均降水量为

1 113.54 毫米，最多年降水量达 1 669.0 毫米（2015 年），最少年降水量为 667.1 毫米（1978 年）。年平均总降水日数为 128 天，最多达 166 天（1997 年），最少仅 96 天（1971 年）。月降水日数最多的是 6 月，最少的是 1 月。1960—2019 年村域分阶段年平均降水情况如表 2-3 所示。

表 2-3 1960—2019 年分阶段年平均降水对照表

年份	1960—1969	1970—1979	1980—1989	1990—1999	2000—2009	2010—2019
年平均降水量/毫米	1 052.32	1 006.74	1 105.67	1 159.21	1 139.25	1 230.80
年平均降水日数	123	129	127	134	123	131

2000—2019 年，年平均相对湿度 73%，各年变化差异不大，最大 77%（2001、2019 年），最小 69%（2005、2013 年）。

四、日照

村域内日照条件优越，但年日照时数有逐年减少趋势。1960—2019 年，年平均日照时间 2 000.6 小时，最多年日照时间 2 461 小时（1978 年），最少年日照时间 1 544.9 小时（2015 年）。一年之中，夏季白天长达 13~14 小时，日照最充裕，冬季白天长 8~10 小时，日照较少。1960—2019 年村域分阶段年平均日照情况如表 2-4 表示。

表 2-4 1960—2019 年分阶段年平均日照时间对照表

年份	1960—1969	1970—1979	1980—1989	1990—1999	2000—2009	2010—2019
年平均日照时间/时	2 121.4	2 207.6	2 147.5	1 906.8	1 890.8	1 729.3

五、风、霜、雪

风 1959—1999 年，年平均风速 3.6 米/秒，2001—2019 年，年平均风速 2.3 米/秒，风速比往年有减小趋势。2—8 月风较大，9—10 月风较小；8 级（风速 17.2 米/秒）以上大风一年四季都有发生，3、4 月和 7、8 月大风出现次数偏多，10月偏少。春夏多刮东南或偏南风，秋季多刮东北或偏北风，冬季多刮西北或偏北风。

霜　1959—1999年，年平均初霜日为11月15日，终霜日为3月30日。平均无霜期为229天，最长为256天（1976—1977年），最短为199天（1978—1979年）。2000—2019年，年平均初霜日为11月18日，终霜日为3月22日。平均无霜期为242天，最长为278天（2018年），最短为220天（2000年），近20年平均无霜期比往年延长13天。

雪　降雪天气较少，降雪量不大。1964、1970、1977、1984、2008年为较大降雪年份，积雪量为16~20厘米，使供电、通信、交通和农副业生产受到影响。2016年1月20—22日一次性降雪量较大，积雪量为3~5厘米。

第三节　自然资源

一、土地资源

50—70年代，村域耕地面积基本稳定。1983年，据昆山县土地补偿基数统计，新生村共有土地2 947.7亩，其中集体土地2 845.6亩、村民自留地102.1亩。1999年，新生村土地总面积3 055亩，水丰村土地总面积7.6亩。2020年，新生村村域面积3 150亩，已被征用土地累计2 735亩，尚有集体耕地212.7亩。

（一）耕地

耕地面积　1962年，新生大队有水田2 564亩，其中自留水田128亩；有旱地84亩，其中自留旱地56亩；累计耕地总面积2 648亩。（表2-5）1964年，新生大队耕地主要分布于澜漕河两岸8个围圩内，分别属12个生产小队（后分为14个村民小组）所有。20世纪60年代至2020年，耕地面积历年呈减少趋势。

60—90 年代，耕地面积减少趋势相对平缓。其中，60—70 年代，耕地面积减少主要原因为农田水利建设，生产队铺公场、建仓库、造猪棚、搭蘑菇房和社员出宅建房等；80—90 年代，耕地面积减少主要原因为农房翻建、道路建设、开办企业等。

耕地位于俞家泾东，澜漕河（杨林塘）南，孝仁塘西，掘龙浜北，属6队（1979年拆分为6队、13队）、7队、8队（1980年拆分为8队、14队）所有。

1964 年新生大队耕地示意图一（本图由昆山市档案馆提供，文字由编者后加）

1964 年新生大队耕地示意图二（本图由昆山市档案馆提供，文字由编者后加）

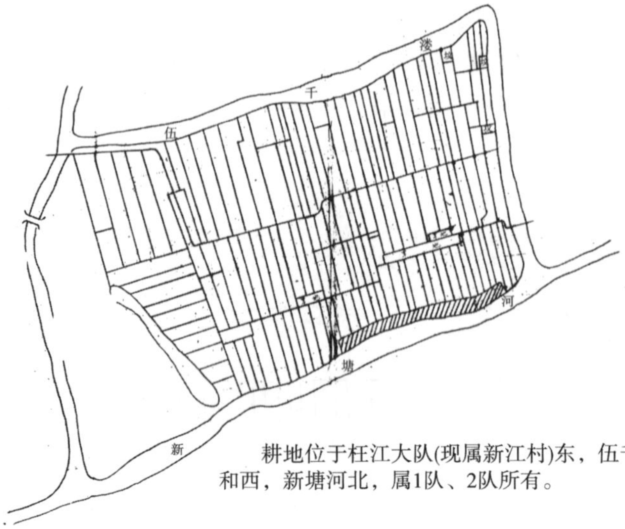

1964 年新生大队耕地示意图三（本图由昆山市档案馆提供，文字由编者后加）

耕地位于杠江大队（现属新江村）东，澜漕河（杨林塘）南，俞家泾西，杠江大队北，属10队所有。

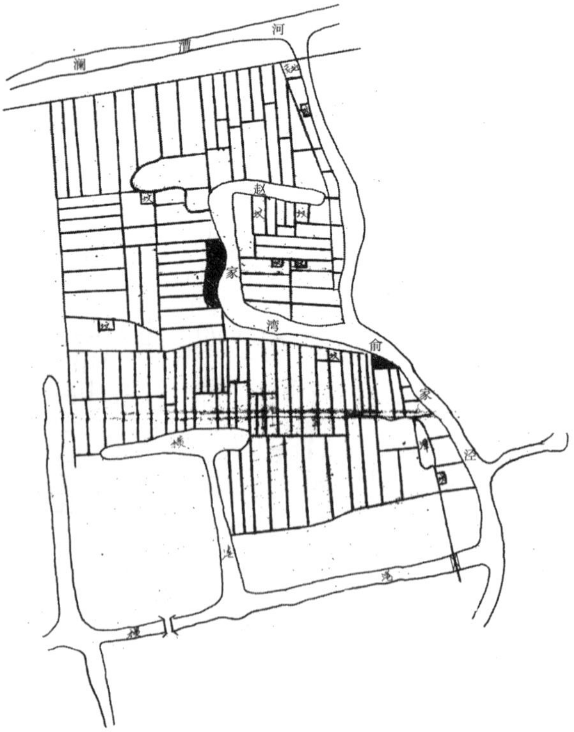

1964 年新生大队耕地示意图四（本图由昆山市档案馆提供，文字由编者后加）

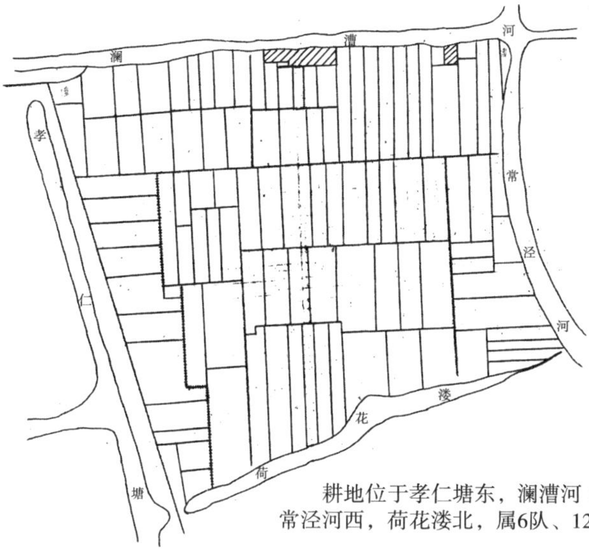

1964 年新生大队耕地示意图五（本图由昆山市档案馆提供，文字由编者后加）

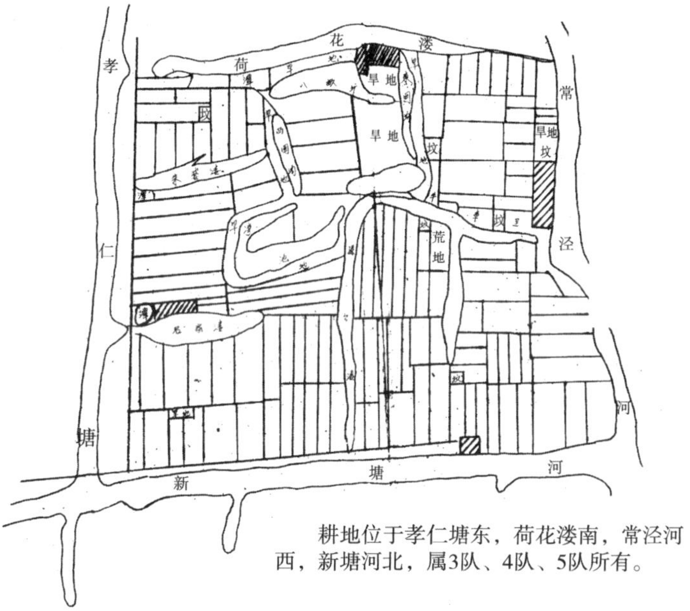

1964 年新生大队耕地示意图六（本图由昆山市档案馆提供，文字由编者后加）

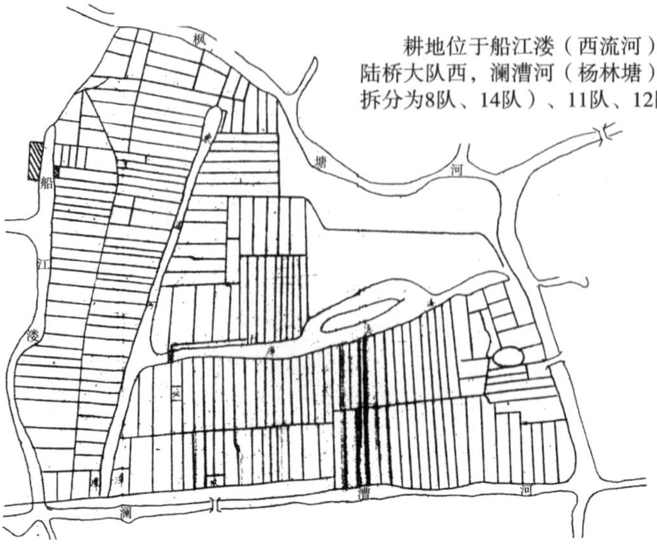

1964 年新生大队耕地示意图七（本图由昆山市档案馆提供，文字由编者后加）

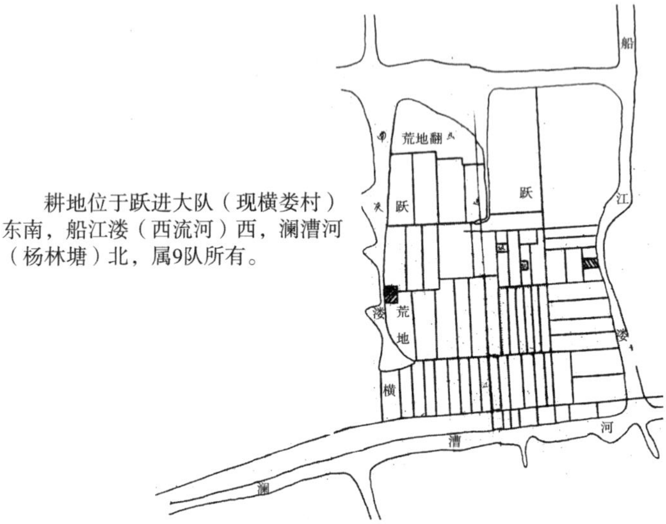

1964 年新生大队耕地示意图八（本图由昆山市档案馆提供，文字由编者后加）

表 2-5 1962—1997 年新生村（大队）耕地情况选年表

单位：亩

年份	耕地总面积	集体部分			自留部分		
		小计	水田	旱地	小计	水田	旱地
1962	2 648.0	2 464.0	2 436.0	28.0	184.0	128.0	56.0
1964	2 457.0	2 352.0	2 352.0	—	105.0	105.0	—
1972	2 457.8	2 269.5	2 269.5	—	188.3	150.7	37.6
1973	2 440.3	2 253.0	2 253.0	—	187.3	150.2	37.1
1983	2 366.8	2 193.7	2 193.7	—	173.1	158.4	14.7
1984	2 338.1	2 165.0	2 165.0	—	173.1	158.4	14.7
1987	2 280.4	2 107.3	2 107.3	—	173.1	158.4	14.7
1997	1 788.9	1 645.0	1 645.0	—	143.9	128.7	15.2

1998 年，新生村耕地土地确权发证时面积为 1 898.6 亩（含鱼塘 430.8 亩），发放确权证的有 1 467.8 亩（鱼塘面积未确权）。1999 年，新生村有耕地 1 528 亩。2000 年，耕地面积 632 亩，大幅度减少，主要原因是农业产业结构调整，大量开挖鱼塘。2003 年，新生村农户种养面积 1 709.35 亩，其中鱼塘面积 1 267.7 亩、种植面积 441.65 亩。2017—2020 年，新生村年耕地总面积保持 734 亩，其中常用耕地（确权耕地）面积 264 亩，临时性耕地面积 470 亩。（表 2-6）

表 2-6 1999—2020 年新生村耕地面积统计选年表

单位：亩

年份	1999	2000	2002	2003	2004	2007	2011	2014	2017	2018	2020
面积	1 528	632	652	685	702	752	752	735	734	734	734

复垦 即垦荒。1942 年，在村域荷花溇南，广东人肖汝坚置地 50 亩，四周起沟筑岸，围成“广东公司”，开办垦殖农场，种稻、养鱼、栽果树。50—70 年代，新生村响应上级号召，大搞拆坟、填潭平沟、围垦荒田，增加 10 亩左右耕地面积。80 年代，落实陆杨乡政府土地复耕会议精神，凡修圩筑渠、做机耕道、挑新宅基等所挖废耕地，必须填平，增加粮田。1988 年，根据昆山县政府《关

于稳定粮田面积，复耕闲散土地的通知》和昆山县土地管理局《关于复垦闲置土地的初步实施办法》，实施耕地复垦补偿的优惠政策。凡复垦成粮田的每亩补偿720元（县、乡各半），复垦成旱地的每亩补偿360元；1993年起，补偿标准提高，复垦成粮田的每亩补偿1 000元，复垦成旱地的每亩补偿500元。1995年，新生村复垦耕地5.02亩，获得补偿金5 026元。2002年，复垦耕地200亩，获补偿金27万元。2003—2007年，累计复垦耕地206亩。2015年复垦耕地15亩。2018年，对原王桐桥、赵家湾、孝仁塘、南长泾自然村已拆除房屋的宅基地进行耕地复垦，计50亩。2020年，复垦耕地33亩。

村域农田鸟瞰（2020年，吴舸摄）

农田保护　1995年，陆杨镇印发《关于下达基本农田保护区保护面积的通知》，新生村耕地开始被纳入基本农田保护范围。2001—2004年，为防止耕地抛荒，确保农田有效利用，由农户自愿要求，土地被流转给村里集体耕种，2004年集体耕种水稻270亩。2020年，新生村启动现代渔业园区建设，实施高标准农田整治，整治面积113亩。

（二）宅基地

60年代，新生大队社员翻建房屋、增添宅基地，生产队集体讨论同意即可；若占用自留地，则由集体补足。1974年，新生大队执行县革委规定，社员建房新增宅基地占用集体水稻田面积，每户不得超过0.15亩。是年2月，第8生产队2户王姓社员的老宅基地被安排给别家使用，生产队讨论同意另安排集体水稻田每户0.2亩用于建房；陆杨公社批复，每户至多安排不超过集体水稻田0.15亩。是年8月，第8生产队邹姓社员，兄弟分宅，生产队同意安排土地建房；陆杨公社批复，尽量利用原宅基和旱地，不占用水稻田，若确实要占用水稻田，按县革委规定不超过0.15亩。1986年，新生村出现农房翻建高峰（表2-7）。是年，全村有38户（3户合宅）翻建新房，其中增宅14户；新增宅基地5.2亩

（占粮田 4.5 亩），每户宅基地占地 0.38 亩。1987 年 4 月 28 日始，新生村落实陆杨镇政府《关于重申农村社员建房用地的若干规定》，每户建房用地一律 0.3 亩。是年，新生村有 36 户（3 户合宅）翻建新房，其中增宅 16 户（3 户合宅）；新增宅基地 5.7 亩（占粮田 3.9 亩），每户宅基地占地 0.3 亩。

表 2-7　1983—2003 年新生村村民建房宅基地统计表

年份	建房户数	宅基地面积/亩	增宅户数	新增宅基地面积/亩
1983	6	2.4	—	—
1984	14	5.3	4	1.3
1985	25	10.4	9	3.8
1986	38	14.4	14	5.2
1987	36	11.9	16	5.7
1988	18	5.3	7	2.1
1989	25	7.8	11	3.3
1990	10	3.0	4	1.2
1991	15	4.5	4	1.2
1992	7	2.4	3	0.9
1993	2	0.6	—	—
1994	8	2.4	3	0.9
1995	7	2.1	1	0.3
1996	6	1.8	2	0.6
1997	2	0.4	2	0.4
1998	—	—	—	—
1999	3	0.9	1	0.3
2000	1	0.3	1	0.3
2001	1	0.3	0.0	0.0
2002	—	—	—	—
2003	5	1.5	4	1.2

注：1983 年数据为 9—12 月数据。

1992 年，水丰村农户建房 18 户，宅基地占粮田 2.7 亩。1997 年，水丰村农户建房 2 户，宅基地占粮田 0.6 亩。2000 年，水丰村农户建房 2 户，宅基地占粮田 0.3 亩。

1996 年 9 月，新生村按照昆山市政府办公室《批转市委农工部、土地管理局“关于开展农村宅基地和自留地调整工作的实施意见”的通知》文件精神，对农户宅基地进行清理。1998 年，新生村为 277 户村民发放《宅基地使用证》，登记土地总面积 67 102.08 平方米，其中确权面积 53 334.88 平方米，超标面积 13 767.20 平方米。因“农转非”、另有住房或异地建房，有 4 户村民暂缓登记发证，涉及土地面积 924.60 平方米。是年，水丰村为 64 户村民发放《宅基地使用证》，登记土地总面积 8 104.61 平方米，其中确权面积 7 798.93 平方米，超标面积 305.68 平方米。是年，新生、水丰两村宅基地总计 76 131.29 平方米，合 114.2 亩。

2020 年，全村 95%以上村民宅基地被征用。

（三）征用土地

70—90 年代，域内征用土地规模较小。70 年代，第 12 生产队耕地（现新阳西路路南）被陆桥公社房管部门征用，建“五路头”平房 2 排，每排 15 间。1976 年 10 月中旬，第 7 生产队耕地 4 亩被陆桥公社征用，建立公社养猪场。1982 年 8 月，经昆山县人民政府发文批复，第 12 生产队水稻田 2.76 亩被陆杨中学征用，用于建学生宿舍及操场，第 12 生产队因此得到补偿金 4 399.5 元。

进入 21 世纪后，域内征用土地规模扩大。2004 年，新生村鱼塘养殖面积 241.53 亩被玉山民营科技工业园开发征用，得补偿金 39.55 万元。2009 年，新生村被征用土地 256.8 亩，获一次性补偿金 147.2 万元。2014 年，新生村被征用土地 18.47 亩，获一次性补偿金 31.03 万元。至 2020 年，全村累计被征用土地 2 735 亩。

（四）土地管理

中华人民共和国成立后，土地改革工作队对域内土地全面丈量，登记造册，按人分地，按户发放土地证，实行耕者有其田。1956 年农业合作化后，土地归高级社集体所有。60 年代，社员建房用地，由所在生产队集体讨论决定。70 年代初，社员建房用地由新生大队审批决定。1974 年起，农村个人、集体使用土地须经公社同意；国家用地，由使用单位提出书面申请，经新生大队同意，送公社主管领导签字、盖印章，报主管部门审查，批复后使用。1979 年秋，根据国家政策规定，昆山县农村重新划分社员自留地，9 月底确认社员对自留地的自主权。1981 年，新生大队受陆桥公社经营管理办公室专人指导土地管理工作。1988 年 6 月，陆杨镇成立土地管理所（简称“土管所”）。该土管所负责指导新生的土地管理工作，村民委员会主任兼土地管理员。2003 年，新生村划归玉山镇后，玉山镇国土分局指导新生村土地管理工作。2019 年 3 月起，昆山市自然资源和规划局高新区分局指导新生村土地管理工作，村委会做相关协助工作。

二、水资源

新生村水资源来自充沛的雨水和阳澄湖上游的过境河水，村域河道众多。1964 年，村域内有大小河流 24 条（含边境河流）。澜漕河呈东西向贯穿全境，南有赵家湾、沉泉溇、俞家泾、伍千溇、合婆溇、掘龙浜、孝仁塘、石家溇、朱婆溇、荷花溇、湾池、八亩塘、西围沟、东围沟、孙公溇、牛车基，北有船江溇（西流河）、东溇河（东流河）、库东溇（洋白塘）。四周边境有新塘河、常泾河、枫塘河、横溇河。2020 年，新生村有大小河流 13 条（含过境河流和边境河流），总长 9 千米，水域面积 480. 31 亩，占村域面积的 15. 22%。西杨林塘河呈东西向贯穿全境，南有五号河、孝仁塘河，北有东、西顾家潭和东、西流河及洋白塘。村域四周有新塘河，皇仓泾河新生段、常泾河、枫塘河、三号河。因为半个世纪来不断地治理、疏通，虽然与 1964 年相比，村域有 11 条河流消失，但泄洪排涝能力更强。2010—2020 年，新生村未发生洪涝灾害。

（一）域内河流

新生村有域内河流 4 条，分别是孝仁塘河、东流河（东溇）、东顾家潭、西顾家潭。

孝仁塘河 因贯穿原孝仁塘自然村而得名，位于新生村东部，河道呈南北流向，南起新塘河，北至杨林塘，为自然河流。1959 年，新生大队成立时，孝仁塘河为域内主要河流。1963 年，孝仁塘河北段曾拓宽和挖深，2012 年整河段疏浚。河道全长 1.1 千米，河面宽 20 米，河底高程-0.5 米，主要功能为泄洪。

东流河 又称东溇，为自然河流，位于新生村北部，南起杨林塘，北至枫塘河，呈南北走向，河道长 850 米。1959 年新生大队成立时，东流河即为域内河流。

东、西顾家潭 位于新生村西北部，为自然河浜，历史上是渔民野生鱼捕捞生产地。1966 年 4 月，陆桥公社渔业大队进入东、西顾家潭，开始放养鱼种，进行水产养殖。1974 年，东、西顾家潭分别为渔业大队第 1、第 4 生产队养殖生产地。1988 年，水丰村组织渔民对东、西顾家潭进行水面承包养殖。2001 年，水丰村整体并入新生村，东、西顾家潭为新生村村域河流。其中：东顾家潭又称荷花溇，东南靠周市镇横娄村，西接西顾家潭，北至陆杨水产养殖场，呈南北走向，似半椭圆形，南北长 550 米，水面面积 74.55 亩；西顾家潭又称徐介潭，东接东顾家潭，西南临唐龙村，北靠巴城联民村农田，呈南北走向，南北长 1 000 米，水面面积 121.7 亩。

（二）过境河流

西杨林塘景观（2020 年，钱伟明摄）

新生村有过境河流 4 条，分别是西杨林塘、五号河、西流河、洋白塘。

西杨林塘 为杨林塘上游段，东接太仓东杨林塘，因该河道于杨林口入长江而得名。河道贯穿新生村中部偏北，呈东西流向，东起周市斜塘，西至巴城鳗鲤湖，全长 19.5 千米，过境段长 1.2 千米（东起皇仓泾河，西至新江村）。西杨林塘是阳澄湖区主要泄引河道。1970 年 12 月，昆山县政府调集民工 1.5 万人，对东、西澜漕河，温焦泾及清水港、鳗鲤湖的部分河段进行拓浚，截弯取直。新生境内澜漕河拓浚标准：河面宽 31 米，河底宽 12 米，河底高程为吴淞零点，边坡 1∶2，堤顶高程 4.5 米。拓浚后的澜漕、温焦泾等老河，统一改名为西杨林塘。2012年2月，西杨林塘河拓浚整治，历时3年，河道宽由原来的31米拓宽到70米，底宽不小于45米，水深不小于3.2米，河道由原来的七级航道提升为标准三级航道，可通航500吨级船舶。

五号河 贯穿新生村中部，呈东西流向，东起皇仓泾河新生段，西至茆沙塘，全长4千米，过境段长0.8千米（东起皇仓泾河，西至新江村），河面宽25米。2005年，因国际模具城建设，五号河开挖。2014年昆山高新区对五号河进行综合整治，建造五号河闸1座，五号河北门路桥1座，延伸开挖北门路至皇仓泾河新生段河道200米。

皇仓泾河与五号河（2020年，钱伟明摄）

西流河 又称西溇、船江溇，位于杨林塘北，呈南北流向，南起新阳西路，向北流入周市横娄村，全长0.8千米，过境段长0.4千米。

洋白塘 又称杨白塘，位于杨林塘北，东西流向，东起常泾河，到新生村第11村民小组，全长0.5千米，过境段长0.3千米。

（三）边境河流

新生村有边境河流5条，分别是新塘河、皇仓泾河新生段、常泾河、枫塘河、三号河。

新塘河 西起张家港，东至周市镇，全长11千米，呈东西流向。新生村与五联村，南向以新塘河为界，边界长1.1千米（东起皇仓泾河，西至新江村）。新塘河平均宽30米，底宽18米，系昆北地区东西向老泄水通道，属内河七级航道。新塘河于明正统六年（1441）开浚。70年代前，新生大队3队与城北公社丁泾大队（现并入五联村）之间的新塘河上有孝仁塘渡口，城北一老渔民摇小木船摆渡，新生附近村民可由此徒步到昆山县城。随着昆北公路建成通车，渡口自行消失。

皇仓泾河新生段 即南常泾河，又称南长泾河、南盛泾河，《陆杨镇志》

《昆山县水利志》把它作为常泾河南段部分。2016年，第二次地名普查时，该河道以“常泾河”名称登记，村民习惯俗称“南长泾河”。河道呈南北流向，南起新塘河，北至杨林塘，全长0.9千米，河面宽30米，河底高程-0.5米，主要功能为泄洪。新生村与周市陆桥村东向以该河道为界。1958年，该河道曾拓浚，为昆山通往陆杨、周市和太仓的主要航道，也是县境内东北片引排水干河。2003年，新生村划归玉山镇后，自新塘河往北至杨林塘的南常泾河，作为皇仓泾河向北延伸部分，因位于新生村境内，故称皇仓泾河新生段。

常泾河 该河道北接杜河泾（黄太守庙），南与西杨林塘“十”字相交，杜河泾至枫塘河口段为东西流向，枫塘河口至西杨林塘段为南北流向，全长1.3千米，平均面宽30米。新生村分别在枫塘河口、西杨林塘河口隔常泾河与陆桥村相邻，边界长150米。

枫塘河 贯穿新生村东北境边缘，东西流向，西起茆沙塘，东出常泾河。全长4.5千米，河道东端与周市陆桥村北向隔河相邻，边界长350米（东起常泾河，西至横娄村）。河面宽15米，底宽5米，为村域北部东西向主要排水干河。

三号河 呈南北流向，南起新塘河，北至杨林塘，全长1.2千米。新生村与新江村西向以三号河北段为界，边界长0.3千米（北起杨林塘，南至新江村），河面宽25米。2005年，因国际模具城建设，三号河开挖。

（四）消失河流

新生村域内由于农田复垦、开发建设等原因，至2020年，历史上有记载的15条河流均已消失，其中有4条河是在50—60年代被填埋的。这15条河流分别是荷花溇、掘龙浜、伍千溇、俞家泾、赵家湾、石家溇、孙公溇、湾池、牛车基、朱婆溇、西围沟、东围沟、八亩塘、合婆溇、沉泉溇，其中村民记忆深刻的有5条，即荷花溇、掘龙浜、伍千溇、俞家泾和赵家湾。

荷花溇 该河道因荷花生长茂盛，故取名“荷花溇”，位于新生村中部，呈东西流向，东起皇仓泾河新生段，西至孝仁塘河。河道全长590米，河面宽19.4米，河底高程0.5米，河坡为土坡，河道主要功能为泄洪。1963年，荷花溇西稍开阔加深，工程标准：河底高程0.5米，底宽2.5米，坡度1∶1。2008年，因国际模具城扩建用地，北门路至孝仁塘河的荷花溇西段被填平；2012年，因建造龙生路，皇仓泾河新生段至北门路的荷花漤东段被填平。

掘龙浜　位于新生村中部，形似卧龙，呈东西流向，东起孝仁塘，西至第4、6村民小组农田。河道全长800米。2005年，因国际模具城开发，河道被填埋。

伍千漤　位于新生村西南部，形似直角，呈东西转南北流向，南起新塘河，北至第3村民小组农田，再西转直角至郭家港。河道全长1 230米。1963年，伍千漤东稍开阔加深，工程标准：河底高程0.5米，底宽2.5米，坡度1∶1。2006年，因国际模具城开发，河道被填埋。

俞家泾　位于新生村西部，呈南北流向，南起第10村民小组农田，北至杨林塘。河道全长300米。2011年，因建企业厂房和修筑道路，河道被填埋。

赵家湾　位于新生村西部，为开口向东的"C"字形，呈南北流向，南起俞家泾，北至第10村民小组农田，全长200米。2011年，因复垦农田，河道被填埋。

三、动植物资源

新生村气候温和，四季分明，动植物资源种类繁多。

（一）栽培植物

粮食类　籼稻、粳稻（含香粳）、糯稻（含香血糯），小麦、元麦、大麦，玉米，甘薯（山芋）等。

油料类　油菜、花生、大豆（黄豆）、芝麻、蓖麻等。

豆类　蚕豆、豌豆、赤豆、绿豆、红豆、刀豆、扁豆等。

蔬菜类　青菜（含小白菜）、大白菜、卷心菜（包菜）、花菜、雪里蕻、榨菜、大头菜、菠菜、蓬蒿、苜蓿（金花菜）、芹菜（含水芹、药芹）、韭菜、大蒜、胡葱、苋菜、蕹菜（空心菜）、紫角叶、莴苣、茄子、青椒、辣椒、西红柿（番茄）、马铃薯（洋山芋）、慈菇、茭白、藕等。

瓜果类　南瓜、冬瓜、西瓜、香瓜、黄瓜、丝瓜、桃、梨、橘、石榴、柿子、枇杷、葡萄、草莓、荸荠、菱、莲子等。

花卉类　鸡冠花、一串红、菊花、莲花、万年青、葱兰、美人蕉、桂花、山茶花、杜鹃花、夹竹桃、广玉兰、白玉兰、栀子花、金丝桃、梅花、桃花、海棠、紫薇、芙蓉、石榴花、樱花、蜡梅、紫荆、月季、玫瑰等。

林木类 银杏、梧桐、泡桐、榉树、杨树、朴树、刺槐、楝树、枫杨、垂柳、香樟、冬青、女贞、大叶黄杨、黄杨、石楠、月桂、海桐、珊瑚树、橡皮树、白皮松、黑松、罗汉松、雪松、南洋杉、刺柏、侧柏、水杉、池杉、金钱松等。

竹类 燕笋竹、红头笋竹、蒲基笋竹、五月季竹、慈好竹、石竹、淡竹(篾竹)、凤尾竹等。

(二) 野生植物

芥菜、马兰头、马齿苋、枸杞、金银花、石蒜、菖蒲、甘蒿、野艾、野蔷薇、野菊花、蒲公英、车前子、半边莲、紫花地丁、金钱草、益母草、芦苇、蒲草、水花生、水浮莲、水葫萝、绿萍、浮瓢、浮萍、芡实等。

(三) 饲养动物

畜类 猪、羊、牛、兔、猫、狗等。

禽类 鸡、鸭、鹅等。

水产类 青鱼、草鱼、鲢鱼（白鲢)、鳙鱼（花鲢)、鳜鱼、鳖、龟、虾、蟹、蚌等。

(四) 野生动物

飞禽类 麻雀、燕子、白头翁、喜鹊、乌鸦、猫头鹰、野鸡、野鸭等。

哺乳类 黄鼠狼、田鼠、家鼠、水獭、野兔、蝙蝠等。

爬行类 水蛇、青梢蛇、水火赤链、旱火赤链、蝮蛇、秤星蛇、竹叶青、壁虎等。

水生类 鳑鲏鱼、串条鱼、塘鳢鱼、乌鳢（黑鱼)、鲤鱼、红白丝、鳜鱼、昂刺鱼、鲶鱼、鳗鲡、黄鳝、泥鳅、虾、蟹、蟛蜞等。

昆虫类 蜂、蝶、蝇、蚊、螳螂、蜻蜓、蜘蛛、蚂蚁、蝉、蝈蝈、纺织娘、蝼蛄、萤火虫、天牛、蚱蜢、蝗虫、螟蛾、飞虱、蟋蟀、蜈蚣（百脚）等。

软体类 蜗牛、河蚌、螺蛳、田螺、蚯蚓、水蛭等。

第四节　自然灾害

一、水灾

中华人民共和国成立前，村域内因地势低洼，河道狭小、弯曲、淤浅，泄水不畅；堤岸、堰坝低狭单薄；戽水工具简陋、排涝能力薄弱，洪涝灾害频繁。明、清两代，累计有67年发生水灾；1919—1949年，累计有9年发生水灾。1949年7月中旬—8月初，村域内遭两次台风暴雨，水位陡然涨至3.65米，农田一片汪洋，致42%粮田失收，25%粮田仅收1~2成。荷花漤、下民两圩受灾最为严重，618亩农田中，290亩颗粒无收，328亩平均产量仅有100斤。

中华人民共和国成立后，在1951—2010年中，村域内共发生21次洪涝。由于水利设施不断完善，抗灾能力不断增强，灾害时间缩短，灾情渐轻，粮食减产现象较少。

50—70年代，有4年发生的水灾对村域影响较大。1951年7月中旬，受台风雨涝危害，水位上涨到3.35米，大片农田被淹。1952年7月18日、8月17日、9月1日，村域内遭遇3次台风暴雨和21天连续阴雨，降水量达339.9毫米，水位上涨到3.57米，大部分农田被淹，成熟的早稻损失严重。1954年5月18日至7月31日，连续阴雨，降雨量达781.2毫米，7月水位猛涨至3.88米，高水位持续126天。村民奋力抗灾，抢修圩堤，持续3个月抗灾。是年，受灾损失小于1949年，颗粒无收面积不足30%，约25%面积减产五成以上，其余减产3~5成。1960年6月降雨量达308毫米，稻田受淹，部分低洼田被水淹5~7天；7月18—19日降雨量达143.1毫米，又有稻田受涝，部分稻田抢排5天未脱险；8月2—4日又降暴雨，降雨量达255毫米，水位涨至3.57米，稻田再次受淹，抢救时间6~8天。

80—90年代，有4年发生的水灾对新生村有影响。1985年7月31日晚至8月1日，6号台风掠域，部分房屋倒塌、进水，有农田受淹，至8月2日还有农田尚未脱险。1986年7月11日，7号台风过境，11日晚至12日晨降雨，降雨量达179毫米，有稻田受淹2天。1991年6月降雨348.1毫米，7月1日至7日又降雨，降雨量达254.4毫米，外河水位达3.8米，有部分低田受淹3天。因抗洪救灾措施到位，受害影响不大。1999年，6月8日至27日降雨，降雨量达368.5毫米；6月28日至7月1日又降暴雨，降雨量达238.5毫米，圩外水位由2.8米涨到3.95米，圩外农宅进水，险情严峻。新生村组织人员积极抢险，加固境内圩堤、闸门，既无决堤又无溢水，部分圩心田受淹2~3天。

进入21世纪，有2年发生的水灾对新生村农田有影响。2001年6月22日至25日，正值梅雨季节且恰逢2号台风"飞燕"影响，降雨量达到250.3毫米，部分农田被淹。2005年7月31日，9号台风"麦莎"在浙江登陆，村域受台风外围影响，瞬时间最大风力达11级以上。台风带来暴雨，雨量达143毫米，有农田受淹。

2009年8月2日，域内突然暴雨，24小时内降雨量超过200毫米，外河水位陡然涨高至3.6米，超过警戒水位0.4米。由于防洪设施到位，域内没有发生农田受淹情况，真正实现了灾年变丰年的美好愿景。

二、旱灾

新生村域旱灾少于水灾。史载，在明、清两代，村域内有32年发生旱灾；在民国期间有6年发生旱灾。1934年夏，大旱，域内澜漕河干枯显底，禾苗枯萎者2/5。

中华人民共和国成立后，依据江苏省水利厅界定的6—9月降雨量小于370毫米为旱年，村域共有9次旱灾，分别发生在1953、1959、1967、1968、1971、1972、1978、1988、2003年。其中1959年夏，域内遭严重干旱，大部分稻田靠"三车"（人车、牛车、风车）供水，稻田干裂，稻苗滞长，杂草丛生，形成草荒。与1958年相比，水稻减产38.46%。

三、风灾

新生村临近长江口，属台风影响范围。1960年8月2日至5日，7号台风过域，暴雨成灾，降雨255毫米，外河水位涨至3.57米，水稻受涝，致夏季粮油减收。1962年9月5日至7日，域内遭14号台风袭击，暴雨过后，农田受淹。新生村下民圩89亩稻田遭受损失，亩产仅150多斤。1977年7号、8号台风，1978年6号、15号台风，1979年9号、10号台风，1980年15号台风，1981年8号、14号台风，1982年11号台风，均与杂交水稻的孕穗、抽穗灌浆期相遇，导致水稻减产。1985年7月31日至8月1日的6号台风刮倒村域三线（输电线、电话线、广播线）电杆，毁坏民房。2005年7月31日，9号台风在浙江登陆。受台风外围影响，域内降暴雨，瞬间最大风力达11级以上，有大棚被吹坏，电杆被折断。

四、雹灾

中华人民共和国成立后，村域内偶尔有雹灾。1965年5月20日下午，域内遭冰雹袭击，损失较重。1983年5月19日中午，陆杨乡西部偏北落下冰球，一般直径约15毫米，大的直径约45毫米，持续时间15分钟，继而下雨。遭冰雹袭击的三麦、油菜茎秆被折断，已播种的秧田被砸毁。新生村为陆杨乡受害最重的七个行政村之一，三麦、油菜普遍减产，有部分颗粒无收。1999年5月10日下午4时30分，域内出现瞬时冰雹，部分油菜、小麦受到轻微伤害。2003年7月22日晚6时许，域内遭龙卷风、暴雨夹冰雹袭击，无农作物伤害。2004—2020年，村域无雹灾发生。

五、雪灾

1970年3月12日晚，昆山普降大雪，积雪16毫米，输电线、电话线、广播线被压断，部分牛棚、猪舍被压塌，绿萍保暖设施被压坏。2008年1月26—29日，持续72小时的暴雪致域内部分房屋倒塌。

六、虫灾

宋熙宁五年（1072），明嘉靖八年（1529）、崇祯十四年（1641），清康熙十八年（1679）、咸丰六年（1856），1925、1926、1928、1929年，域内都有蝗虫灾害。

1935年螟虫危害严重，粳稻失收七八成。1961年螟害猖獗，域内粳稻2 287. 5亩，其中2. 9%颗粒无收，21. 8%减产五成以上，31. 98%减产二至四成。

1964年稻苞虫危害大暴发，新生大队部分田块虫口密度每亩达万头，水稻减产20%～30%。

1968、1975、1985年稻飞虱（灰飞虱）暴发成灾，村域稻田受不同程度危害，其中1968年受害最重，中稻成片被毁。1981年，灰飞虱传播病毒，致水稻条纹叶枯病，为害成灾。村域单季粳稻平均减产五成之多，其中昆农选16粳稻减产七八成，第9生产队单季粳稻亩产减少至330斤左右。

第三章　人　口

中华人民共和国成立前，村域内早婚、多育现象较为普遍，生育处于无计划状态。1950 年 5 月，《中华人民共和国婚姻法》颁布，废除封建婚姻，规定男、女结婚年龄。新生村内大力宣传，早婚现象逐渐消失。70 年代，村域响应国家号召，加强计划生育工作，提倡晚婚晚育、少生优生，1979 年起推行“一对夫妇只生一个孩子”。1982 年，计划生育被列为基本国策，村域认真落实，控制出生数量。1993 年，新生村被昆山市人民政府授予“连续十三年无超生”的荣誉称号。2001 年 8 月，行政村区域调整，新生、水丰二村合并为新生村，户籍总人口 1 311 人，人口自然增长率控制在 8.36‰。2006 年至 2010 年，新生村连续被玉山镇人民政府评为“人口计划生育工作先进集体”。2015 年 12 月 31 日，中共中央、国务院发文，决定实施全面两孩政策。2016 年村开始实施两孩政策。2018 年全村户籍总人口 1 448 人。因农户拆迁，部分自然村消亡，其人员户籍划归杨林社区。2020 年末，新生村统计总人口 1 456 人（含杨林社区），派出所归口户籍人口 641 人（不含杨林社区）。

第一节　人口总量

一、户籍人口

1959 年，新生大队成立，有 6 个自然村，总人口 890 人。1982 年，村域总户数为 265，户籍总人口 1 000 人，其中男性 486 人，女性 514 人。1991 年，村总户数为 271，户籍总人口 1 058 人。2000 年总户数为 301，户籍总人口 886 人。1977—1983 年，新生村（大队）户籍人口情况如表 3-1 所示。1991—2000 年，新生村户籍人口情况如表 3-2 所示。

表 3-1　1977—1983 年新生村（大队）户籍人口统计表

年份	户数	总人口数	男性人数	女性人数
1977	320	1056	523	533
1978	307	1055	517	538
1979	235	959	468	491
1980	235	966	466	500
1981	252	1001	484	517
1982	265	1000	486	514
1983	270	1001	489	512

表 3-2　1991—2000 年新生村户籍人口统计表

年份	户数	总人口数	年份	户数	总人口数
1991	271	1 058	1996	302	999
1992	272	1 018	1997	301	979
1993	272	1 006	1998	301	979
1994	278	1 018	1999	301	979
1995	302	999	2000	301	886

1958 年，渔业大队成立，下辖 3 个生产队，40 户渔民，200 人；1982 年，渔业大队总户数为 53，户籍总人口 227 人，其中男性 107 人、女性 120 人。1991 年，水丰村总户数为 80，户籍总人口 246 人；2000 年，总户数为 78，户籍总人口 274 人。1977—1983 年，水丰村（渔业大队）户籍人口情况如表 3-3 所示。1991—2000 年，水丰村户籍人口情况如表 3-4 所示。

表 3-3　1977—1983 年水丰村（渔业大队）户籍人口统计选年表

年份	户数	总人口数	男性人数	女性人数
1977	47	208	100	108
1978	49	216	103	113
1979	49	223	—	—
1981	53	221	97	124
1982	53	227	107	120
1983	60	236	112	124

表 3-4 1991—2000 年水丰村户籍人口统计表

年份	户数	总人口数	年份	户数	总人口数
1991	80	246	1996	83	269
1992	82	251	1997	83	269
1993	79	259	1998	79	272
1994	79	259	1999	78	272
1995	79	259	2000	78	274

2001 年 8 月，新生、水丰二村合并为新生村，户籍总人口 1 311 人。2010 年，新生村总户数为 389，户籍总人口 1 409 人。2020 年末，据派出所提供的信息，新生村保留户籍 203 户（部分村民户籍已经转入杨林社区），户籍人口 641 人，其中男性 285 人、女性 356 人。2001—2020 年，新生村户籍人口情况如表 3-5 所示。

表 3-5 2001—2020 年新生村户籍人口选年表

年份	户数	总人口数	男性人数	女性人数
2001	—	1 311	—	—
2003	354	1 145	—	—
2004	415	1 300	—	—
2005	372	1 311	619	692
2006	395	1 386	649	737
2007	393	1 395	654	741
2008	391	1 401	653	748
2009	389	1 410	649	761
2010	389	1 409	647	762
2011	390	1 412	649	763
2012	390	1 414	654	760
2013	392	1 427	661	766

续表

年份	户数	总人口数	男性人数	女性人数
2014	397	1 443	672	771
2015	398	1 450	676	774
2016	408	1 453	675	778
2017	407	1 448	677	771
2018	410	1 448	676	772
2019	208	664	293	371
2020	203	641	285	356

注：2003—2004 年数据来源于《昆山统计年鉴》，2001 年、2005—2020 年数据来源于派出所户籍档案，其中 2019—2020 年统计数据不包括社区户籍。

二、常住人口

20 世纪 80 年代，村域只有户籍人口，无常住人口。1990 年，据陆杨镇全国人口普查领导小组办公室（以下简称“人普办”）资料，村域内新生村常住人口 989 人，水丰村常住人口 237 人。据《昆山统计年鉴》统计资料，2004 年，新生村常住人口 1 324 人。据陆杨镇人普办资料，2010 年，新生村常住人口 4 155 人。据《玉山镇农村年鉴》资料，2014 年新生村常住人口 5075 人，2015 年新生村常住人口 4 315 人。据新生村统计资料，2020 年末新生村常住人口 2 104 人。1990—2020 年，新生村户籍与常住人口情况如表 3-6 所示。

表 3-6　1990—2020 年新生村户籍与常住人口选年表

单位：人

年份	村名	户籍人口	常住人口
1990	新生	1 055	989
	水丰	243	237
2004	新生	1 300	1 324
2010	新生	1 658	4 155
2014	新生	1 375	5 075

续表

年份	村名	户籍人口	常住人口
2015	新生	1 382	4 315
2020	新生	1 456	2 104

注：表中户籍人口数据来源《昆山统计年鉴》。

三、流动人口

人口普查资料记载，80 年代开始，外来人员陆续进驻昆山县。据昆山市人普办资料，1990 年，村域内新生村流动人员 66 人，水丰村流动人员 5 人；2000 年，新生村流动人口 36 人。据陆杨镇人普办资料，2010 年，新生村流动人员 3 402 人。据新生村统计资料，2020 年，新生村流动人员 1 165 人。

四、人口变动

人口变动除自然增减外，还有婚迁、购买城镇户口、农房拆迁、调干等原因。据统计资料，1977 年新生大队有 320 户，共 1 056 人，其中男性 523 人，女性 533 人；渔业大队有 47 户，共 208 人，其中男性 100 人，女性 108 人。1978—1980 年，新生大队人口出生率下降，自然增长率大幅下降。1981 年，村域内新生大队人口自然增长率最高 23. 98‰。1982 年，水丰大队最高 30. 84‰。1983 年，新生村人口自然增长率下降到 0。新生村 1992 年与 1995 年两年总户数增加，而人数明显减少，主要原因是部分村民购买城镇户口。据村档案资料，新生村有 74 人购买城镇户口。2006—2018 年，户籍人口总量总体趋于平稳，仅小幅波动。2008 年，新生村人口自然增长率最低，降至-4. 28‰，其原因是死亡人数较多。2019—2020 年，新生村总户数大幅度下减，户籍人口总量大幅减少，原因是农户拆迁，部分自然村消亡，其户籍人口划归杨林社区。1977—1983 年新生村（大队）人口变动情况如表 3-7 所示。1977—1983 年部分年份水丰村（渔业大队）人口变动情况如表 3-8 所示。2005—2020 年新生村人口变动情况如表 3-9 所示。

表 3-7 1977—1983 年新生村（大队）人口变动情况表

年份	户数	人口数	男性人数	女性人数	出生		死亡		迁入人数	迁出人数	自然增长	
					人数	出生率/‰	人数	死亡率/‰			人数	增长率/‰
1977	320	1 056	523	533	19	17.99	2	1.89	38	10	17	16.10
1978	307	1055	517	538	11	10.43	6	5.69	12	17	5	4.74
1979	235	959	468	491	8	8.34	3	3.13	5	4	5	5.21
1980	235	966	466	500	8	8.28	3	3.11	5	4	5	5.18
1981	252	1 001	484	517	27	26.97	3	3.00	11	5	24	23.98
1982	265	1 000	486	514	8	8.00	6	6.00	8	12	2	2.00
1983	270	1 001	489	512	4	4.00	4	4.00	6	3	0	0.00

表 3-8　1977—1983 年水丰村（渔业大队）人口变动表

年份	户数	人口数	男性人数	女性人数	出生		死亡		迁入人数	迁出人数	自然增长	
					人数	出生率/‰	人数	死亡率/‰			人数	增长率/‰
1977	47	208	100	108	3	14. 42	0	0. 00	1	3	3	14. 42
1978	49	216	103	113	4	18. 52	0	0. 00	3	0	4	18. 52
1979	49	223	—	—	—	—	—	—	—	—	—	—
1981	53	221	97	124	7	31. 67	2	9. 05	2	3	5	22. 62
1982	53	227	107	120	8	35. 24	1	4. 41	1	1	7	30. 84
1983	60	236	112	124	0	0. 00	0	0. 00	9	0	0	0. 00

表 3-9　2005—2020 年新生村人口变动情况表

年份	户数	人口数	男性人数	女性人数	出生		死亡		迁入人数	迁出人数	自然增长	
					人数	出生率/‰	人数	死亡率/‰			人数	增长率/‰
2005	372	1311	619	692	11	8. 39	11	8. 39	10	0	0	0. 00
2006	395	1386	649	737	9	6. 49	5	3. 61	6	1	4	2. 89
2007	393	1395	654	741	7	5. 02	4	2. 87	6	0	3	2. 15
2008	391	1401	653	748	8	5. 71	14	9. 99	7	0	−6	−4. 28
2009	389	1410	649	761	14	9. 93	8	5. 67	3	1	6	4. 26
2010	389	1409	647	762	4	2. 84	8	5. 68	5	0	−4	−2. 84
2011	390	1412	649	763	10	7. 08	9	6. 37	6	0	1	0. 71
2012	390	1414	654	760	12	8. 49	8	5. 66	1	1	4	2. 83
2013	392	1427	661	766	16	11. 21	9	6. 31	3	1	7	4. 91
2014	397	1443	672	771	20	13. 86	8	5. 54	0	0	12	8. 32
2015	398	1450	676	774	14	9. 66	8	5. 52	5	0	6	4. 14
2016	408	1453	675	778	11	7. 57	10	6. 88	3	0	1	0. 69
2017	407	1448	677	771	11	7. 60	8	5. 52	2	0	3	2. 07
2018	410	1448	676	772	11	7. 60	13	8. 98	3	1	−2	−1. 38
2019	208	664	293	371	9	13. 55	3	4. 52	3	0	6	9. 04
2020	203	641	285	356	1	1. 56	7	10. 92	0	0	−6	−9. 36

注：数据来源于派出所，2019—2020 年人口不包括杨林社区人口。

第二节　人口结构

一、性别构成

1977 年，村域内新生大队户籍总人口 1 056 人，其中男性 523 人，女性 533 人，男性占总人口的 49.53%，女性占 50.47%；渔业大队总人口 208 人，其中男性 100 人，女性 108 人，男性占总人口的 48.08%，女性占 51.92%。

1982 年，《陆杨镇志》记载新生大队户籍总人口 1 001 人，其中男性 485 人，女性 516 人，男性占总人口的 48.45%，女性占 51.55%。渔业大队总人口 223 人，其中男性 105 人，女性 118 人，男性占总人口的 47.09%，女性占 52.91%。

1990 年，《陆杨镇志》记载新生村总户数 278，户籍总人口 1125 人，其中男性 557 人，女性 568 人，男性占总人口的 49.51%，女性占 50.49%。水丰村总户数 67，户籍总人口 236 人，其中男性 113 人，女性 123 人，男性占总人口的 47.88%，女性占 52.12%。

1999 年，《陆杨镇志》记载新生村总户数 285，户籍总人口 916 人，其中男性 453 人，女性 463 人，男性占总人口的 49.45%，女性占 50.55%。水丰村总户数 77，户籍总人口 270 人，其中男性 129 人，女性 141 人，男性占总人口的 47.78%，女性占 52.22%。

2000 年，第五次人口普查，新生村总户数 314，户籍总人口 1 106 人，其中男性 543 人，女性 563 人，男性占总人口的 49.10%，女性占 50.90%。

2010 年，新生村总户数 389，户籍总人口 1 409 人，其中男性 647 人，女性 762 人，男性占总人口的 45.92%，女性占 54.08%。

2020 年，新生村统计户籍 415 户，总人口 1 456 人，其中男性 675 人，女性

781 人，男性占总人口的 46.36%，女性占 53.64%。

1977—2020 年，40 多年来，村域内人口性别女性稍多，比例基本平衡。

二、年龄构成

随着计划生育政策的贯彻落实，村域人口出生率得到有效控制。进入 21 世纪，村域人口趋向老龄化。据第五次人口普查资料，2000 年新生村 1 106 名户籍人口中，0~5 岁的有 47 人，占比 4.25%；6~14 岁的有 131 人，占比 11.84%；15~64 岁的有 810 人，占比 73.24%；65 岁以上的有 118 人，占比 10.67%。据新生村资料，2020 年 1 456 位村民中，0~5 岁的有 64 人，占比 4.40%；6~14 岁的有 104 人，占比 7.14%；15~64 岁的有 975 人，占比 6.96%；65 岁以上的有 313 人，占比 21.50%。与 2000 年第五次人口普查相比，2020 年村民的年龄结构发生了很大变化，0~5 岁人员的占比从 4.25%上升至 4.40%；6~14 岁人员的占比从 11.84%下降到 7.14%，15~64 岁人员的占比从 73.24%下降至 66.96%；65 岁以上人员的占比从 10.67%上升至 21.50%，其中 80 周岁以上老人有 82 人，老龄化趋势明显。2020 年新生村 80 周岁以上老人信息如表 3-10 所示。

表 3-10　2020 年新生村 80 周岁以上老人信息一览表

姓名	性别	出生年月	组别	姓名	性别	出生年月	组别
陆菊兰	女	1940 年 12 月	1	徐伯根	男	1938 年 11 月	4
胡杏妹	女	1936 年 11 月	1	徐素珍	女	1938 年 7 月	4
陆弟观	男	1937 年 2 月	1	徐水英	女	1938 年 2 月	4
龚梅英	女	1937 年 2 月	1	顾小妹	女	1937 年 9 月	4
陆菊良	男	1937 年 9 月	2	王永福	男	1940 年 5 月	4
唐彩珍	女	1933 年 10 月	2	顾爱金	女	1937 年 12 月	4
陆阿二	男	1936 年 6 月	2	王才生	男	1937 年 2 月	4
吴伯良	男	1931 年 10 月	3	平小妹	女	1937 年 1 月	5
吴云宝	女	1940 年 5 月	3	平金男	男	1938 年 9 月	5
吴三宝	女	1939 年 7 月	3	陆阿桃	女	1938 年 3 月	5
唐后生	男	1937 年 2 月	4	黄连喜	女	1936 年 12 月	5

续表

姓名	性别	出生年月	组别	姓名	性别	出生年月	组别
赵小妹	女	1936 年 10 月	6	赵巧英	女	1937 年 12 月	12
赵伯林	男	1932 年 2 月	6	周大宝	女	1940 年 9 月	12
赵爱玲	女	1932 年 1 月	6	陆三宝	女	1939 年 8 月	13
张春国	男	1936 年 4 月	6	王伯弟	男	1940 年 3 月	14
赵培兰	女	1934 年 8 月	6	陆水根	男	1923 年 9 月	14
顾凤英	女	1938 年 7 月	7	赵和福	男	1929 年 3 月	15
龚阿金	女	1939 年 12 月	7	赵露仙	女	1940 年 11 月	15
顾阿玉	男	1930 年 6 月	7	赵林妹	女	1932 年 5 月	15
顾阿翠	女	1933 年 9 月	7	许桃花	女	1933 年 5 月	15
顾妹珍	女	1938 年 10 月	7	殷菊妹	女	1940 年 11 月	16
邵大妹	女	1934 年 12 月	8	潘章妹	女	1924 年 11 月	17
朱小扣	女	1934 年 4 月	8	潘弟明	男	1934 年 9 月	17
邹金兰	女	1940 年 8 月	8	俞六妹	女	1937 年 7 月	17
唐根宝	男	1935 年 7 月	9	俞妹姐	女	1935 年 2 月	17
张瑞娣	女	1937 年 4 月	9	范士民	男	1933 年 12 月	17
张克勤	男	1940 年 12 月	9	范金花	女	1934 年 7 月	17
于渭华	男	1936 年 5 月	9	赵亦南	男	1937 年 3 月	17
于五金	女	1938 年 2 月	9	赵根妹	女	1937 年 2 月	17
李春娣	女	1935 年 2 月	10	潘士林	男	1930 年 1 月	18
张伯林	男	1940 年 8 月	10	戴秀英	女	1932 年 9 月	18
徐小妹	女	1937 年 10 月	10	潘白妹	女	1940 年 6 月	18
唐小玉	女	1937 年 5 月	11	高爱生	男	1937 年 11 月	19
魏妹英	女	1934 年 1 月	11	包凤英	女	1940 年 4 月	19
王扣宝	女	1937 年 8 月	12	金彩珍	女	1940 年 12 月	19
顾云媛	女	1939 年 7 月	12	傅元英	女	1939 年 9 月	19
唐爱林	女	1940 年 4 月	12	朱纪宗	男	1937 年 12 月	19
顾金娥	女	1937 年 7 月	12	苏锦龙	男	1934 年 12 月	19

续表

姓名	性别	出生年月	组别	姓名	性别	出生年月	组别
陈梅英	女	1940 年 1 月	19	周小弟	男	1936 年 10 月	19
孙桂芳	女	1937 年 8 月	19	朱小妹	女	1939 年 7 月	19
苏栋良	男	1940 年 12 月	19	陆小妹	女	1934 年 5 月	19

三、文化构成

中华人民共和国成立后，党和政府十分重视教育事业，为提高群众文化水平，举办冬学民校，在群众中开展扫盲识字教学，使文盲、半文盲人数逐年减少。60 年代，新生大队社员文化水平低，在 170 户、共 632 名社员中，文盲占 60%，具有初中文化的社员仅有 2%。1964 年村域内办起了耕读小学。70 年代中期发展了初中教育。80 年代中期普及了九年制义务教育。进入 90 年代，90%以上的初中毕业生能进入高一级学校学习。

1982 年第三次全国人口普查时，水丰大队户籍总人口 223 人，其中 6 周岁以上人口 199 人，其文化程度为初识字 91 人、小学 99 人、初中 9 人，分别占 6 周岁以上人口的 45.73%、49.75%、4.52%。

2000 年第五次全国人口普查时，新生村户籍总人口 1 106 人，其中 6 周岁以上人口 1 057 人，其文化程度为初识字 85 人、小学 411 人、初中 449 人、高中（中专）106 人、大专以上 6 人，分别占 6 周岁以上人口的 8.04%、38.88%、42.48%、10.03%和 0.57%。

2020 年 12 月，新生村总人口 1 456 人，其中 6 周岁以上人口 1 392 人，其文化程度为小学 390 人，初中 432 人，高中（中专）220 人，大专及本科以上 350 人，分别占 6 周岁以上人口的 28.02%、31.03%、15.80%和 25.14%。

四、职业构成

中华人民共和国成立前，新生村历来以从事农业生产为主，水丰村（渔业大队）以从事捕捞为主，从事工业、商业及自由职业者极少。中华人民共和国成立后，人口职业状况发生了较大变化。据新生村统计资料，2020 年全村总户数 415，总人口 1456 人；从业人员 882 人，其中，从事农林牧副渔业的有 65 人，从事工业的有487人、从事建筑业的有41人，从事交通运输仓储和邮政业的有32人、从事信息技术计算机服务和软件业的有31人，从事批发与零售业的有60人，从事住宿和餐饮业的有48人，从事金融保险业的有20人，从事房地产与社会服务业的有46人，从事卫生体育和社会福利业的有16人，从事文化教育艺术和广播电视事业的有17人，从事科学研究和综合技术服务事业的有5人，从事乡经济组织管理的有9人，从事其他职业的有5人。

五、姓氏构成

2020年，据派出所统计资料，新生村在册户籍人口650人，共有姓氏78个，均为单姓。排名前三的姓氏是赵、潘、陆，人数分别为82人、53人、42人，有28个姓氏均为1人。各姓氏按人数多少排列情况如表3-11。

表3-11　2020年新生村户籍人口姓氏人数分布情况表

姓氏	人数	姓氏	人数	姓氏	人数	姓氏	人数	姓氏	人数	姓氏	人数	姓氏	人数	姓氏	人数
赵	82	范	19	杨	8	魏	4	邵	2	章	1	陶	1	傅	1
潘	53	周	18	许	8	孙	4	祁	2	郁	1	束	1	冯	1
陆	42	邹	15	黄	8	葛	4	戚	2	殷	1	施	1	费	1
徐	36	平	15	沈	7	项	3	彭	2	姚	1	宁	1	房	1
顾	36	俞	14	钱	7	田	3	缪	2	宣	1	倪	1	邓	1
王	35	朱	11	宗	6	荣	3	蒋	2	谢	1	莫	1	仇	1
吴	24	戴	11	龚	6	凌	3	杜	2	夏	1	茅	1	查	1
唐	23	陈	11	于	5	金	3	董	2	翁	1	罗	1	包	1
李	22	刘	9	苏	5	袁	2	丁	2	闻	1	焦	1		
张	21	胡	9	蔡	5	余	2	曹	2	韦	1	高	1		

第三节 人口管理

一、计划生育

1962年12月18日，中共中央、国务院发出《关于认真提倡计划生育的指示》，要求生育问题逐渐走向有计划状态。1963年，各大队根据上级要求，向村民宣传计划生育，并提倡晚婚晚育、优生优育，使村民认识计划生育的重要意义。1973年，推行晚婚、晚育和计划生育，提出“结婚晚一点、间隔稀一点、生得少一些、养得好一点”的要求，提倡每对夫妇生育两个孩子为宜，两胎间隔48个月以上，并号召党员、干部带头实施节育措施。是年，规定晚婚年龄为男25周岁、女23周岁，女24周岁以上生育为晚育。其间，村域在开展计划生育工作中，建立大队计划生育协会，由党政领导、妇女主任、团书记及各队办企业负责人等任协会理事，各生产队妇女队长及妇女积极分子等为协会组成人员。妇女主任具体负责计划生育工作，团书记及各队办企业负责人等分别加强各条线及单位的计划生育工作，落实责任制。妇女队长及妇女积极分子分工联系本生产队已婚育龄妇女，挨家挨户进行国策的宣传。1973年至1978年这一阶段，村域内着重推行“晚、稀、少”生育政策。1978年，国家将“提倡和推行计划生育”写入宪法。1979年至1982年，计划生育工作的重点转移到“一对夫妇只生一个孩子”上来。1980年9月25日，中共中央发表《关于控制我国人口增长问题致全体共产党员、共青团员的公开信》。1982年9月，计划生育被列为基本国策。当年，新生大队人口自然增长率从1981年的23.98‰下降到1983年的0。1992年7月，陆杨镇成立人口学校，村内婚前恋爱青年、已婚妇女、独生子女家长、中学生、外来人员受到计划生育、优生优育教育。1997年9月，新生村贯彻《昆山市计划生育暂行办法》。1999 年，陆杨镇建育龄妇女信息管理系统，村内育龄妇女信息被上传至该管理系统。

在执行计划生育工作过程中，陆杨乡政府制定了一些奖惩措施，1979 年 10 月，推行“一对夫妇只生一个孩子”，对愿意终生只生一个孩子，并落实节育措施的夫妇，经公社批准，领取“独生子女证”的，每年发给独生子女保健费 30 元。1982 年，独生子女保健费增至每年 40 元，从获证当年发放至小孩 14 周岁止。根据上级（省、市）文件精神，新生大队对领有“独生子女证”夫妇的独生子女，其自留地按双份划给，并对独生子女入托、入学、医药费等方面均予以优惠；对持证夫妇双方可优先安排一个进社队企事业单位就业，对按计划生育的育龄妇女，给予 56 天产假；对实行节育手术的育龄妇女，给予适当的休息日；对男女双方均为晚婚者，各增加婚假一周，照发工资；对晚婚者在规定产假的基础上增加 15 天；对难产者延长产假至 66 天，产假期间工资照发，不影响全年评奖。持“独生子女证”的夫妇，年老丧失劳动力、生活困难者，由所在单位予以适当照顾。新生村实行避孕药具免费供应，对晚婚、晚育者给予奖励，实施节育手术的按规定给予休息时间且免收一切手术费。1990 年，按照江苏省有关规定，实行晚婚晚育的农民，可减免本人当年的义务工。2004 年，根据《江苏省人口与计划生育条例》，新生村对晚婚优待做了调整，除给予国家规定的婚假外，延长婚假 10 天。夫妻双方晚婚的，双方享受；一方晚婚的，一方享受。再婚夫妇，初婚一方达到晚婚年龄的，除享受国家规定的婚假外，延长婚假 10 天，再婚一方则不再享受。新生村对晚育的，包括生育双（多）胞胎和再婚家庭领取生育证的初产妇，除给予国家规定的产假外，延长女方产假 30 天，给予男方护理假 10 天。1981 年后，根据昆山市（县）政府的文件规定，新生村对违反计划生育及有计划外生育的村民，视情况予以行政、经济、纪律等方面处罚。对党、团员、干部不按计划生育者，除经济惩罚外，不做干部安排工作，情节严重的，给予党纪、团纪、政纪处分。自有关规定颁布后，新生村认真贯彻，每年进行入户宣传，使计划生育工作开展顺利。1993 年 9 月，新生村被昆山市人民政府授予“连续十三年无超生”的荣誉称号；2008 年 3 月，获玉山镇人民政府、玉山镇人口与计划生育工作领导小组授予的“2006—2007 年度人口计生工作先进集体”称号；2011 年 3 月，被玉山镇人民政府授予“2008—2010

年度人口计生工作优质服务”荣誉。

表 3-12　2010—2020 年新生村计划生育情况一览表

年份	育龄妇女数	已婚育龄妇女数	出生人数	计划生育率/%	一孩率/%	独生子女领证率/%	节育率/%
2010	371	294	20	100	65	100	100
2011	375	297	17	100	76	100	100
2012	374	289	14	100	50	100	100
2013	375	294	20	100	50	100	100
2014	337	261	12	100	66. 7	100	100
2015	326	254	17	100	41	100	100
2016	313	241	14	100	57	100	100
2017	287	220	16	100	37. 5	100	100
2018	261	209	14	100	64	100	100
2019	256	198	14	100	57	100	100
2020	250	186	6	100	83	100	100

二、二孩政策

1980 年后，新生大队（村委会）根据上级文件规定，对确有实际困难的夫妇给予照顾生育二孩，可批准条件：独生子女有非遗传性残疾，不能成为正常劳动力或可能严重影响婚配；丧偶家庭，另一方系初婚或未生育的；再婚家庭，再婚前一方只有一个孩子（含收养），另一方系初婚或未生育的；婚后五年未育，经过批准收养一个孩子，后自己又怀孕的；夫妇一方两代单传或夫妇双方均为独生子女，只有一个孩子的；农村夫妇一方为独生子女，只有一个孩子的；农村有女无子户，一女招婿，只有一个女孩的；农村有一女一子户，其子只有一个女孩的；农村中兄弟两个以上，只有一个生育一个孩子，其他兄弟均无生育条件的。

1989 年 11 月，《昆山市计划生育实施细则》出台，规定再生一孩的女方年龄及相关手续。根据《江苏省人口与计划生育条例》有关规定，新生村对擅自领养孩子的问题进行清理。1994 年，做好“再生一孩”的有关审批手续，接受群众监督。对符合照顾生二孩的村民，村计生协会把好调查关，审批手续坚持本人申请，由 5 名以上群众评议，上报镇计生办核定。

1997 年 9 月，《昆山市计划生育暂行办法》中对符合规定可再生一个孩子的夫妻，女方要达到晚婚年龄 26 周岁或者再婚家庭女方未生育，由夫妻双方申请经批准后，方可再怀孕生育。此后，上级计生部门又增加下列可再生一个孩子的规定：一方为二等乙级因公致残的军人、武装警察、治安民警、见义勇为人员，或者一方为烈士的独生子女只有一个孩子；夫妻为主要从事种植业或养殖业的农村居民，一方被县级以上医疗鉴定机构认定为非遗传性一级或者二级肢体残疾，只有一个女孩的；夫妻双方均为归侨或者中国香港特别行政区、中国澳门特别行政区、中国台湾地区居民，回内地定居不满六年且只有一个孩子，或者夫妻双方所生育的孩子均不在内地定居的；外省迁入昆山市公民，迁入前已取得当地县（市、区）人口和计划生育部门批准再生育一个孩子的证明并已怀孕的允许其生育，若在办理迁移手续时尚未怀孕，即使持有其户籍地所发再生一个孩子证明，该证明也不再有效；符合《江苏省人口与计划生育条例》规定可再生一孩的，应按法律程序申请办理领取生育证后方可再生育。同时，对符合病残儿再生一个孩子的也作出相应规定。2010 年起，新生村每年 3 月开展计生工作“春风宣传教育”活动。

2015 年 12 月 31 日，中共中央、国务院发布《关于实施全面两孩政策　改革完善计划生育服务管理的决定》。2016 年，新生村按照文件精神开始实施两孩政策。实行生育登记服务制度，对生育两个以内（含两个）孩子的，不实行审批，由家庭自主安排生育。2000—2020 年，新生村共有六对夫妻生育二孩，其中 2020 年只有一对夫妻。

三、服务管理

新生村计划生育服务管理工作是在贯彻落实计划生育基本国策的过程中开展起来的。随着计划生育工作的不断深入和群众对生育、避孕节育方面服务需求的日益增长，服务范围迅速扩大。寓管理于服务之中，将管理与服务融为一体，成为提高全村计划生育工作水平和内涵质量的有效途径。

（一）生育管理

80 年代，避孕药品种增多，已婚育龄夫妇可自由选择避孕方法，通常有服用避孕药、放置节育环、使用避孕膜（套）、结扎四种方法。在国家提倡“一对夫妇只生一个孩子”后以放环为主，已有二孩及二孩以上的夫妇主要做结扎绝育手术，辅之以其他避孕方法。90 年代，从试点到开展避孕节育措施知情选择工作，落实各种避孕节育措施逐步成为育龄群众的自觉行动。1991 年起，对外省市婚进的育龄夫妇、使用药具的夫妇和离开户籍地做工、经商、运输的夫妇，新生村村民委员会与本人签订生育、节育合同后上报镇政府。对流动人口和人户分离人员的管理，在专项治理的基础上，增加出租户、挂靠户、再婚家庭的计划生育担保合同。通过单位、雇主、房屋出租户分别与流动人员本人签订计划生育合同。2002 年起，以层层签订计划生育目标责任书形式进行依法管理。

1993 年，村内育龄妇女得到孕情、节育措施检查。新生村建立定期服务日制度，开展早孕诊断、节育措施监护、优生咨询，产后 42 天上环、新型环使用、皮下埋植避孕，控制意外怀孕等项目服务。1994 年，新生村建立育龄妇女管理信息系统，以推广以“母体乐”“T 型”“官型”为主的新型环。1995 年，上级条线开设“不孕症专家门诊”，医院技术人员经常入村，为育龄妇女进行 B 超、透环、早孕检查，制定了药具管理责任制。1996 年，新生村提高优质服务水平，开展“知情选择”，至 2010 年，知情选择率 98%以上。1997 年，在微机实行联网的基础上，建立宣传教育、技术服务、统计信息为一体的传输网络，通过微机及时提示村开展随访服务的对象和服务内容，注重终止和变更措施对象服务。2003 年后，建立 OA 系统，建成人口和计划生育综合信息平台，建立以居住地为主的全员人口基础信息库，实行人口信息动态管理。同时，实施阳光计生行动，提供网上办事、便民服务，公开人口计生政策法规、计生奖励、办事程序，严格把好再生一孩审批关，不断完善行政权力网上运行机制和计划外孕情有奖举报制度。

（二）计生服务

新生村开展随访服务、计生科技服务、知情选择服务、生殖健康服务、生育“五关怀”零距离服务等，为广大计划生育家庭和育龄群众提供多样化的优质服务。新生村建有计划生育服务室，开展利益导向帮扶服务。1999 年，开展“婚育新风进万家”活动，在住宅小区开设宣传橱窗或板报，引导群众树立科学、文明、进步的婚育理念，动员夫妇共同参与计划生育，普及有关优生、优育、生殖保健的知识。2012 年，新生村计生协会每月开展 1 次工作例会，多次举办活动。是年 3 月，在居民小区举办人口计生广场咨询活动，接受育龄妇女关于计生政策及相关问题的咨询，并向群众发放计生用品；举办计划生育“春风行动”，向群众发放计生宣传资料 110 份，发放避孕药具 60 份，接受相关咨询；在村委会进行妇女疾病普查活动。5 月，参加昆山高新区人口计生办（服务站）组织的计生特扶家庭免费体检。9 月，在美陆佳园小区广场进行“9・25”广场咨询活动。10 月，在美陆佳园小区广场进行“10・28”男性健康日广场咨询活动；召开计划生育恳谈会，密切关注育龄妇女的孕情。利用户外电子屏做好计划生育宣传工作，组织村民参加镇计生服务站组织的新婚期、避孕期、孕产期培训，参与“关注人口、服务家庭”——幸福家庭“千字秀”征文活动。2013 年起，计生协会每年 9 月 25 日举行优生优育广场咨询或建设幸福家庭座谈会。

开展计生宣传（2012 年，村档案室提供）

春风行动宣传（2013 年，村档案室提供）

建设幸福家庭座谈会（2013 年，村档案室提供）

2006—2020 年，在上级部门完善提高独生子女父母奖励金、低保独生子女困难家庭最低生活保障求助标准的基础上，新生村相继出台利益导向帮扶服务的一系列文件，文件内容有完善计划生育后遗症病人投保制度，为后遗症病人购买商业补贴保险，每人每月提高50元保险金；提高部分计划生育家庭奖扶标准，由原来每月50元增加到60元；完善持证企业退休独生子女父母一次性奖励制度和农保转社保独生子女父母奖励政策；创建生育关怀服务平台，全面开展生育关怀行动，创办计划生育“爱心超市”，实现计划生育困难家庭帮扶经常化、人性化和社会化。2015—2020年，共有低保对象17人，累计发放低保资金8 500元；独生子女父母共计1 178人，发放奖励3.53万元（每人每年30元）；退休人员独生子女父母共计283人，一次性奖励101.88万元；领取农保退休金、独生子女父母奖励金的有5人，共领取3.07万元。

四、流动人口计划生育管理服务

随着村级经济的发展，流入新生村的外来人员增多，给计划生育工作带来新的挑战。按照1992年9月和1997年6月昆山市政府先后出台的《关于加强流动人口计划生育管理的意见》要求，新生村对村的管理职责做了明确规定，本着“谁主管谁负责，谁用工谁负责，谁的属地谁管理，谁得益谁管理”的管理原则，由以往以户籍地管理为主转变为以工作单位或居住地管理为主，理顺管理关系，明确责任归属，健全考核机制，按人员流向从业性质和属地情况进行归口管理，制定措施，落实责任。1992年起，新生村与外来人员签订计划生育合同，建立外来人员计划生育账册，坚持依法管理，把外来人员计生工作列入村的目标管理中，在综合考评先进时实行一票否决制。实行流动人口计划生育证明查验，对无计生证明的流入人员要求回原籍及时办理婚育证。2012年，新生村进行流动人口计生专项整治，在村域悬挂计划生育宣传横幅82条、张贴流动人口计划生育宣传画83幅、发放服务卡87份；针对重点人群及流动人口，发放宣传资料和依法生育告知书50余份，发放《致新昆山人的一封信》60余份，发放“一法三规”（一法：《中华人民共和国人口与计划生育法》。三规：《流动人口计划生育工作管理办法》《计划生育技术服务管理条例》《社会抚养费征收管理办法》）79份，发放《给外来人口一封信》等资料200份。是年，新生村有新昆山人1 752人，其中育龄妇女数374人，已婚育龄妇女277人，查验《婚育证明》70 人次；为符合条件的已婚育龄妇女办理昆山市《非户籍人口计划生育管理服务卡》共 38 张，办理《生育联系卡》；开展新昆山人“心连心”结对交友活动，村民志愿者结对 5 名，然后以滚动方法再结对，扩大新昆山人计划生育“心连心”朋友。

2003 年起，新生村根据上级计生部门的要求，先后组织开展各种宣传系列服务活动：发放各类计生小知识折页；开展结对交友“小手牵大手”“六个一”等主题教育活动；为流动人口提供免费技术服务；等等。持《苏州市非户籍人口计划生育管理服务卡》，享有“六免一奖”权利：一年两次孕情、环情检查；上（取）环、皮埋、结扎；人工终止妊娠术；两年一次生殖道感染普查（RTI）；免费发放避孕药具；计划生育手术并发症诊治；在苏落实避孕节育长效措施获取奖励，还可得到平时免费随访服务。2010 年，新生村村民委员会引导流动人口自觉实行计划生育、自我服务、自我管理；同年又创新双向管理服务机制，推行“四同”（同宣传、同管理、同服务、同考核）服务管理模式，实现流动人口基本公共服务均等化，增强流动人口对新生村的认同感和归属感。

第四章　村级组织

中华人民共和国成立初期，新生村尚未建制。1959年6月，陆桥大队分拆出6个自然村，成立新生大队，组建大队党支部、大队管理委员会。“文化大革命”期间，新生大队成立革委会，群团组织涣散，各项工作受挫。1969年，新生大队党支部恢复组织生活，落实“抓革命，促生产”，开展农业学大寨运动。1983年4月，新生大队改为新生村村民委员会，建立新生村党支部。2001年8月，水丰村（原渔业大队）并入新生村。2003年12月，新生村划归玉山镇。2013年6月，新生村与唐龙村联合成立党总支，村级领导力量得到整合。2016年2月，撤销新生唐龙联合党总支，成立新生村党总支。2020年12月，新生村党总支下设2个党支部，有党员68名，其中女性10名。

第一节　基层党组织

一、新生大队党支部

中华人民共和国成立初期，新生村尚未建制，村域时属关皇乡。1950 年，关皇乡成立农会，梅阿根任农会主任。1953 年，中共关皇乡支部成立，梅阿根任党支部首任书记，开始创办农业生产合作社。1956 年 2 月，村域内建立王桐高级社，合并周边初级社，顾勤生担任主任，隶属环城区陆桥中乡。是年 8 月，村域并入周墅乡。1958 年 9 月，村域属周墅公社陆桥大队。1959 年 6 月，陆桥大队分出南长泾、盛家村、王桐桥、孝仁塘、赵家湾、澜漕 6 个自然村，建立新生大队，由原陆桥大队干部顾勤生担任党支部书记。

1960 年 9 月，周墅公社农村党支部人事调整，中共周墅公社党委决定，从外村抽调严士林任新生大队党支部书记。1961 年 1 月，严士林回原村工作，中共周墅公社支部又从外村抽调胡仁福任新生大队党支部书记。

1962 年 3 月，行政区划调整，新生大队归属陆桥公社。是年 12 月，中共陆桥公社党委任命唐兴宝（新生 4 队）为新生大队党支部书记。

1965 年 2 月，中共陆桥公社党委任命张春国为新生大队党支部书记。

1969 年 5 月，新生大队恢复党的组织生活，并重建党支部，由张春国、张阿泉、李伯根同志组成支部委员会（缺 2 名支委），由张春国任支部书记，有张春国、魏品来、唐兴宝、陆梅林、徐伯根、吴小毛、李大雪、李伯根、张阿泉、邹纪良、王伯民 11 名党员。

1974 年 8 月 23 日，魏天农、陆培良被增补为新生大队党支部委员。同年 11 月，张春国被调到陆桥公社手工业联社任职，顾阿文任新生大队党支部书记。

二、新生村党支部

1983年4月，新生大队改建为新生村村民委员会，成立中共新生村支部委员会，由王伯弟任党支部书记。

1986年7月，顾阿文任新生村党支部书记，陆弟观、李必正任支部委员。

1988年7月，全见男任新生村党支部书记。

1990年12月，全见男任新生村党支部书记，邹婉金任副书记，陆弟观、顾金元任委员。

1993年9月10日，全见男任新生村党支部书记，邹婉金任副书记，陆弟观、赵建明任委员。是年，陆阿龙荣获陆杨镇“十佳优秀共产党员”称号。

1995年9月18日，全见男任新生村党支部书记，陆弟观、韩金官、赵建明任新生村党支部委员。

1998年9月21日，中共新生村支部委员会换届选举，赵建明任新生村党支部书记，顾阿宜、邹雪琴任委员。是年，村有党员32名，其中女性2名。

1959—2001年新生村党支部正、副书记任职情况如表4-1所示。

表4-1　1959—2001年新生村（新生大队）党支部正、副书记任职表

姓名	性别	职务	任期
顾勤生	男	书记	1959年6月—1960年9月
严士林	男	书记	1960年9月—1961年1月
胡仁福	男	书记	1961年1月—1962年12月
唐兴宝	男	书记	1962年12月—1965年2月
张春国	男	书记	1965年2月—1974年11月
顾阿文	男	书记	1974年11月—1983年4月
王伯弟	男	书记	1983年4月—1986年7月
顾阿文	男	书记	1986年7月—1988年7月
全见男	男	书记	1988年7月—1998年2月
赵建明	男	书记	1998年2月—2001年8月
顾阿文	男	副书记	1972年—1974年11月

续表

姓名	性别	职务	任期
陆培良	男	副书记	1974年—1982年1月
张勤芳	女	副书记	1974年—1975年6月
邹婉金	女	副书记	1990年12月—1993年9月

三、水丰村（渔业大队）党支部

1968年，渔业大队革委会成立时，渔业大队有1名党员，被纳入横娄大队党支部，参加组织生活。

1976年，中共渔业大队支部委员会成立，倪小柄任首任党支部书记，党员有倪小柄、潘新林、潘姚妹、赵和福4名。

1978年10月，潘新林任党支部书记，党员有潘新林、潘姚妹、赵和福3名。

1983年政社分设，水丰大队（渔业大队）更名为水丰村，潘新林任水丰村党支部书记。

1985年10月，唐小毛任党支部书记，党员有唐小毛、潘新林、潘姚妹、赵和福4名。

1990年12月30日，严永兴任党支部书记，党员有严永兴、潘新林、潘姚妹、赵和福4名。

1995年9月18日，潘姚妹当选党支部书记。

1976—2001年水丰村（渔业大队）党支部书记任职情况如表4-2所示。

表4-2　1976—2001年水丰村（渔业大队）党支部书记任职表

姓名	性别	任职支部	任期
倪小柄	男	渔业大队	1976年—1978年10月
潘新林	男	渔业大队	1978年10月—1985年10月
唐小毛	男	水丰村	1985年10月—1990年12月
严永兴	男	水丰村	1990年12月—1995年9月
潘姚妹	女	水丰村	1995年9月—2001年8月

四、新生村党总支部

2001年8月，水丰村（原渔业大队）整体并入新生村。8月24日，中共陆杨镇委员会发文：赵建明任新生村党支部书记，潘姚妹任新生村党支部副书记，顾阿宜任新生村党支部委员，邹雪琴任新生村党支部委员。

2007年7月2日，中共昆山市玉山镇委员会发文：赵建明任新生村党支部书记，顾立华任新生村党支部纪检委员，邹雪琴任新生村党支部组织委员，徐勇任新生村党支部宣传委员。

2009年1月，平建明任村党支部书记，顾立华、邹雪琴、徐勇任党支部委员。

2013年6月19日，中共昆山高新区工作委员会决定：新生村党支部和唐龙村党支部合并，成立新生唐龙联合党总支部委员会，平建明任党总支书记。9月，农村党组织进行换届选举，中共昆山高新区工作委员会发文公布：平建明任新生唐龙联合党总支书记；顾立华任新生唐龙联合党总支副书记，兼新生村第一党支部书记；陈建华任新生唐龙联合党总支副书记，兼唐龙村党支部书记；陈剑任新生唐龙联合党总支副书记；李翌婷任新生唐龙联合党总支组织委员；徐勇任新生唐龙联合党总支纪检委员，兼新生村第二党支部书记；徐隽任新生唐龙联合党总支宣传委员；邹雪琴任新生唐龙联合党总支委员；沈亚萍任新生唐龙联合党总支委员。

2014年3月，新生唐龙联合党总支按照上级党委部署，在党内开展“党的群众路线教育实践活动”，并以“三严三实”（严以修身、严以用权、严以律己，谋事要实、创业要实、做人要实）专题教育为切入点，解决损害群众利益问题。

2016年2月4日，中共昆山高新区工作委员会发文：撤销新生唐龙联合党总支，成立新生村党总支，顾立华任新生村党总支书记。4月29日，新生村党总支推选徐勇为昆山高新区社会事业局直属党委党员代表大会代表人选。5月8日，新生村党总支选举顾立华为玉山镇第十四次党代会代表。

2016年10月，昆山高新区行政村基层党组织换届选举，中共昆山高新区工作委员会发文：顾立华任新生村党总支书记，李翌婷任新生村党总支组织委员兼第二党支部书记，徐勇任新生村党总支纪检委员兼第一党支部书记，周萍任新生村党总支宣传委员。是年，第一党支部有党员 33 名，第二党支部有党员 35 名。

2019 年 10 月 15 日，中共昆山高新区工作委员会发文：徐勇任新生村第一党支部书记，邹雪琴任新生村第一党支部组织委员兼纪检委员，赵建明任新生村第一党支部宣传委员；李翌婷任新生村第二党支部书记，周萍任新生村第二党支部组织委员兼纪检委员，邹成益任新生村第二党支部宣传委员。是年，新生村党总支共有党员 68 名，其中：第一党支部党员 35 名，大多为退休老党员；第二党支部党员 33 名，大多为在职党员及个体经营户。新生村党组织领导班子成员，至 2020 年年底无变动。2001—2020 年，新生村党组织情况如表 4-3 所示。

表 4-3　2001—2020 年新生村党组织情况一览表

姓名	职务	任期
赵建明	书记	2001 年 8 月—2009 年 1 月
潘姚妹	副书记	2001 年 8 月—2006 年 2 月
顾阿宜	委员	2001 年 8 月—2007 年 7 月
邹雪琴	委员	2001 年 8 月—2013 年 9 月
顾立华	委员	2007 年 7 月—2013 年 9 月
徐　勇	委员	2007 年 7 月—2013 年 9 月
平建明	书记	2009 年 1 月—2013 年 6 月
平建明	总支书记	2013 年 6 月—2015 年 4 月
顾立华	副书记兼新生村第一党支部书记	2013 年 9 月—2016 年 2 月
徐　勇	总支委员兼新生村第二党支部书记	2013 年 9 月—2016 年 10 月
邹雪琴	总支委员	2013 年 9 月—2016 年 10 月
李翌婷	总支委员	2013 年 9 月—2016 年 10 月
顾立华	总支书记	2016 年 2 月—2020 年 12 月
徐　勇	总支委员兼第一党支部书记	2016 年 10 月—2020 年 12 月
李翌婷	总支委员兼第二党支部书记	2016 年 10 月—2020 年 12 月

续表

姓名	职务	任期
周 萍	总支委员兼第二党支部委员	2016 年 10 月—2020 年 12 月
赵建明	第一党支部委员	2019 年 10 月—2020 年 12 月
邹雪琴	第一党支部委员	2019 年 10 月—2020 年 12 月
邹成益	第二党支部委员	2019 年 10 月—2020 年 12 月

五、党务工作

中华人民共和国成立初期，村域基层党支部的中心工作是执行上级指示，完成抗美援朝动员及各项宣传任务，巩固新建的人民政权，引导农民走农业合作社化道路。1953 年，国家开始实行第一个五年计划，基层党组织动员农民响应中央号召，实行粮食统购统销，农民粮油实施定产、定购、定销的新模式。

进入 60 年代，国家对发展国民经济和各项社会事业提出了一系列的方针、政策。新生大队党支部坚定贯彻党中央及上级党委的指示，带领党员艰苦奋斗，在修建水利、改良土壤、抓好农业生产方面发挥战斗堡垒作用。

1963 年 3 月，新生大队党支部积极响应党的号召，开展社会主义教育运动，被陆桥公社评为“社教运动”先行单位。是年 12 月，新生大队有党员 9 名，其中正式党员 7 名、预备党员 2 名。

1966 年 11 月下旬至 12 月初，陆桥公社党委在新生大队召开三级干部会议，集中各大队干部、贫协组长、学“毛选”积极分子等共 600 多人，传达贯彻县委冬春工作会议精神。

1969 年 5 月，新生大队党支部重建，大队“两委会”按照上级部署，开展“一打三反”运动（打击现行反革命破坏活动，反对贪污盗窃、反对投机倒把、反对铺张浪费），培养积极分子、搭建群团组织、贯彻计划生育等齐抓并进，带领广大社员投入农业学大寨运动。

1978 年 12 月，党的第十一届三中全会召开，全会确定的“解放思想、开动脑筋、实事求是、团结一致向前看”的指导思想很快传达到基层党组织。1979 年春，新生大队党支部组织党员认真学习、领会，总结历史教训，跟上改革步伐，按照上级要求把工作重点转移到经济建设上。是年，新生大队有党员 23 名。

在随后的几年中，党支部贯彻执行中央改革开放战略及有关农村、农业文件精神，带领干部、群众实行家庭联产承包责任制，发展多种经营，走致富之路。

80年代是中国拨乱反正、全面改革、治理整顿的重要阶段，党和国家出台了一系列的大政方针。新生村党支部贯彻“以经济建设为中心，坚持改革开放，坚持四项基本原则”的方针，做好整党整风，完成“统一思想、整顿作风、加强纪律、纯洁组织”四项任务，建立“党员之家”，引导村民在完成家庭联产承包责任制的基础上，发展多种经营，创办乡村企业，号召全体党员做诚实劳动致富的带头人。

90年代，国家进入抓住机遇、深化改革、全面发展阶段，中共中央印发《关于加强农村基层组织建设的通知》。新生村党支部在组织党员认真学习贯彻的基础上，依据中共苏州市委提出的做到“五个领先”（村级经济总体水平领先、产业现代化程度领先、人口素质领先、生活水准领先、环境质量领先）的要求，紧抓党员的思想作风建设，先后开展“三讲”（讲学习、讲政治、讲正气）主题教育及“双思”（致富思源、致富思进）教育活动，每年与陆杨镇党委签订《党风廉政建设责任书》，按照昆山市委确立的奔小康“两个率先”（率先全面建成小康社会、率先基本实现现代化）的目标，尽力办好惠民工程。1992年，新生村获昆山市人民政府授予的“外贸收购先进村”称号。1993年，新生村获昆山市人民政府授予的“集体经济脱贫致富先进村”称号。1994年，新生村获苏州市委组织部“扶贫先进集体”荣誉。1999年，新生村党支部荣获中共昆山市委授予的“先进基层党组织”称号。

进入21世纪，新生村党支部按上级党委要求，组织党员认真学习、贯彻实践邓小平理论、“三个代表”重要思想和科学发展观，先后开展学习“三个代表”重要思想、“保持共产党员先进性”等主题教育，推进富民工程和“三有”（人人有技能、个个有工作、家家有物业）工程。2005年，新生村被中共玉山镇委员会、玉山镇人民政府评为“先锋村”，2008年获“苏州市民主法治村”称号。

2011年，新生村党支部被中共昆山高新区工作委员会评为“学习型党组织”。

2012年起，新生村党支部按照上级党委要求，利用冬训组织党员开展“双述双评”（村述民评、村述镇评）民主评议、“两学一做”（学党章党规、学系列讲话，做合格党员）学习教育及“不忘初心、牢记使命”等主题教育，督促党员增强政治意识，坚定理想信念，对党忠诚，发挥先锋模范作用，带领全体村民攻克难关，建设美丽乡村。2013 年 7 月，结合党总支换届选举，对党员进行忠诚教育。2014 年起，每年组织举行党日活动。

党员冬训大会（2012 年，村档案室提供）

联合党总支部换届选举动员会
（2013 年，村档案室提供）

联合党总支组织生活会
（2014 年，村档案室提供）

2020 年，新生村党总支以抓好党组织建设、增强班子凝聚力为主线，书记切实履行党建“第一责任人”职责。在党员冬训期间，村党总支在开展线上学习教育的同时，将党员冬训课堂移到疫情防控第一线，组织党员参加疫情防控志愿活动，发挥党员的先进性；根据上级要求，举

村党群服务中心（2020 年，钱伟明摄）

办“垃圾分类，党员先行”、专题学习《习近平谈治国理政》第三卷等主题党日活动，促使党员干部自觉加强党性修养和党性锻炼，争当“红管先锋”；制定党建“三张清单”（责任清单、问题清单及整改清单），围绕“落实党建工作责任、深化联系服务群众、创新党建工作方式”落实党建目标责任，年末实施“双述双评”暨基层党建专项述职。2020年新生村党员情况如表4-4所示。

表4-4　2020年新生村党员情况一览表

姓名	性别	出生年月	入党时间
徐伯根	男	1938年11月	1959年10月28日
张春国	男	1936年4月	1964年12月17日
唐小玉	女	1937年5月	1965年12月25日
吴小毛	男	1946年11月	1965年12月25日
赵和福	男	1929年3月	1966年2月20日
李荣林	男	1948年9月	1970年7月30日
邹小弟	男	1950年12月	1972年10月1日
顾阿宜	男	1953年11月	1972年10月30日
李必正	男	1951年12月	1973年3月1日
平金男	男	1938年9月	1974年4月3日
高爱生	男	1937年11月	1974年8月10日
张生堂	男	1952年7月	1976年3月1日
潘姚妹	女	1949年11月	1976年9月12日
苏泉龙	男	1954年6月	1976年10月2日
陆阿龙	男	1950年1月	1977年2月1日
陆弟观	男	1937年2月	1977年2月2日
王伯弟	男	1940年3月	1977年2月21日
陆惠明	男	1955年7月	1977年3月4日

续表

姓名	性别	出生年月	入党时间
戚桂平	男	1945年10月	1978年3月1日
邹阿小	男	1947年2月	1978年6月1日
李觉明	男	1955年12月	1979年6月1日
顾企良	男	1942年8月	1980年8月1日
张伯林	男	1940年8月	1981年1月30日
刘　进	男	1961年5月	1983年4月23日
刘　勇	男	1961年3月	1983年6月26日
顾金元	男	1962年6月	1985年7月1日
邹雪明	男	1965年4月	1985年7月9日
王宝林	男	1963年12月	1985年10月1日
戴奎元	男	1963年1月	1986年5月1日
陆雪元	男	1946年10月	1988年5月6日
刘广才	男	1955年3月	1988年5月27日
吴友明	男	1962年3月	1988年11月14日
魏　平	男	1965年11月	1989年3月1日
顾学文	男	1969年1月	1990年9月1日
王宝歧	男	1956年6月	1990年12月6日
赵建明	男	1956年10月	1991年7月1日
韩金观	男	1943年10月	1993年6月10日
张华明	男	1963年1月	1994年6月20日
邓友宝	男	1973年11月	1994年10月1日
张建新	男	1964年10月	1994年11月1日
邓友华	男	1973年11月	1995年3月26日
邹雪琴	女	1964年9月	1996年5月28日
周　清	男	1975年1月	1996年7月1日

续表

姓名	性别	出生年月	入党时间
葛裕春	男	1972 年 2 月	1998 年 1 月 5 日
顾立华	男	1967 年 9 月	1998 年 3 月 1 日
张　震	男	1976 年 3 月	1998 年 10 月 1 日
虞汉松	男	1966 年 4 月	1999 年 1 月 1 日
刘建华	男	1978 年 5 月	1999 年 10 月 1 日
邹　洁	女	1978 年 7 月	1999 年 12 月 1 日
龚永芬	女	1962 年 8 月	2000 年 7 月 1 日
徐　勇	男	1975 年 5 月	2000 年 8 月 1 日
王月芬	女	1970 年 3 月	2001 年 7 月 1 日
陆　芳	女	1982 年 3 月	2003 年 2 月 1 日
刘　平	男	1985 年 3 月	2005 年 10 月 1 日
李翌婷	女	1985 年 11 月	2005 年 11 月 1 日
平建明	男	1964 年 11 月	2006 年 6 月 1 日
刘晓刚	男	1985 年 7 月	2006 年 7 月 1 日
唐建峰	男	1984 年 12 月	2006 年 10 月 1 日
邹成益	男	1981 年 1 月	2008 年 6 月 28 日
李　健	男	1987 年 9 月	2008 年 12 月 1 日
陆敏嫵	女	1987 年 9 月	2009 年 5 月 14 日
唐建清	男	1971 年 1 月	2010 年 1 月 20 日
顾晓峰	男	1990 年 7 月	2012 年 6 月 4 日
陆会中	男	1964 年 9 月	2012 年 6 月 7 日
周　萍	女	1984 年 2 月	2012 年 6 月 30 日
陆文菘	男	1991 年 11 月	2013 年 12 月 16 日
邓　杰	男	1993 年 11 月	2014 年 11 月 1 日
王志鹏	男	1990 年 5 月	2020 年 9 月 29 日

第二节 村行政组织

一、新生大队管理委员会

1959 年 6 月，周墅公社从陆桥大队分出 6 个自然村，建立新生大队，由陆水根任大队长。当年实行农业生产军事化管理，以营为生产单位，办集体食堂。

1960 年，张可忍任新生大队大队长。早春，周墅公社在新生大队域内建造排灌站，后称新生北站，承担 1 100 亩农田排灌任务。

1961 年 5 月起，唐兴宝任新生大队大队长。根据上级指示，新生大队贯彻执行中共中央《农村人民公社工作条例（草案）》（简称《农业六十条》），成立大队管理委员会，先后实行以生产小队为核算单位、停办食堂、恢复农业“三包一奖”（包工、包本、包产量，超产奖励）的政策，调动农民生产积极性。

1962 年 3 月，昆山县陆桥公社成立，新生大队从周墅公社划出，隶属陆桥公社。1962 年至 1974 年，顾阿文任新生大队大队长。

1963 年 11 月，陆桥公社在新生大队组建水利样板工程指挥部，开展以小型农田水利为主的改造低产田试点，发动一熟变两熟（一年种植稻麦二季作物）的冬春农田水利设施改造运动。由此新生大队的农业生产及水利建设成为陆桥公社各生产大队的典型：1964 年秋，开通了大虞塘南北两坝，建立新生联圩；1965 年 9 月，在荷花漤口建成了昆山县第一座砖结构套闸；1966 年 4 月，陆桥公社农技站到新生大队第 8 生产队蹲点，进行良种植保、栽培推广；1967 年，苏州地区农科所到新生大队第 6 生产队蹲点，进行农产品产量测方、抽样调查实验；1969 年，新生大队全面推广三熟制，种植双季稻；1970 年 5 月，新生大队建造新生南站，灌溉水稻面积 474.4 亩。

二、新生大队革命委员会

1968年7月，按上级指示新生大队成立革委会；各生产队建立革命生产领导小组，简称“革生组”。张春国兼任新生大队革委会主任。1969年2月9日，新生大队革命委员会由张春国为主任，张阿泉、顾阿文为副主任，李伯根、平阿龙、邹婉金为委员。

1971—1972年，新生大队先后在辖区内的第5、6、11、12队等建造了五座机耕桥，既方便了农业生产，又改善了农民生活。

1971年10月16日，陆桥公社党委发文：魏天农任新生大队革委会委员、大队会计；1972年，陆桥公社农科站在新生大队第1生产队蹲点，试种70亩从苏州地区农科所引进的水稻新品种苏粳2号，当年亩产达千斤。

1973年，新生大队在第5生产队划地建立副业队，种植蔬菜、饲养家禽、养殖水产，搞多种经营。

1974年，第12生产队获得昆山县政府奖励一艘5吨挂机船。10月，陆桥公社在新生大队创办工业“知青点”。

1975年10月，“知青点”农用机械配件厂投产，当年有盈利。

1976年9月9日，人民领袖毛泽东逝世。是月18日下午，新生大队组织干部群众，各自在生产队收听收看首都天安门广场举行的追悼大会的实况转播。

1978年，新生大队试种634亩杂交水稻，亩产502.4公斤，比单季粳稻增产21.4%。1979年7月至8月，江苏省农科院特约研究员、水稻专家陈永康先后两次到新生大队第1生产队指导水稻肥水管理。是年，第1生产队被陆桥公社选择为“不种双季稻”农科项目试验点。

1980年，新生大队第1生产队被评为“江苏省农业先进单位”，队长陆弟观被昆山县革委会评为“农业劳动模范”。

1982年7月，新生大队按照上级部署，在辖区开展第三次全国人口普查工作，统计时有户籍总人数为1 000人。

三、新生村村民委员会

1983年3月，昆山县全面实施乡镇体制改革，政社分设。新生大队被陆杨公社列为试点，3 月 26 日，召开全体选民大会，选举产生第一届村委会及经济合作社班子；3 月底建好调解、治保、公共卫生三大制度及《昆山县陆杨乡新生村民委员会工作条例试行》；4 月 1 日，新生村党支部向陆杨乡党委上报体制改革总结材料。体改后，生产队改为村民小组，设联队会计。

1983 年 4 月 27 日，陆杨乡人民政府公布新生村村民委员会选举结果：陆弟观任村民委员会主任，李荣林、邹婉金任委员；吴大弟任新生村经济合作社社长，顾企良、顾勤生任副社长。是年，陆杨乡农村体制改革全面完成。从 1984 年 1 月 1 日起，新生村启用“村民委员会”及“经济合作社”新印章。

1986 年 7 月，新生村村委会人事调整，王宝林任村民委员会主任。

1989 年 4 月 5 日，陆杨镇党委公布各村第二届村民委员会选举结果：邹婉金任新生村村民委员会主任，陆弟观任副主任，陆永伯、刘一飞任委员。

1992 年 4 月，陆杨镇公布第三届村民委员会名单：邹婉金任新生村村民委员会主任，陆弟观任副主任，陆永伯、赵建明任委员。

新生村原办公室（1994 年，村档案室提供）

1999 年 1 月 27 日，新生村第五届村民委员会选举结果：赵建明任新生村村委会主任，邹雪琴任副主任兼妇女主任，陆永伯任委员兼村会计，顾立华任民兵营长兼团支书，唐水泉兼农业会计。

2000 年 12 月，陆杨镇党委组织办对新生村三套班子领导进行考察及干部民主测评，主要内容是思想品德、工作能力、廉洁自律、民主作风、工作实绩等，考察方式：班子人员面对面谈话、召集有关人员座谈、发表格民主测评。考核结果：满意度为 98%。

2001 年 8 月，水丰村（原渔业大队）与新生村合并，沿用“新生”村名，同时新生村进行第七届村民委员会换届选举。9 月 25 日，陆杨镇人民政府公布选举结果：顾阿宜任新生村村委会主任，邹雪琴、顾立华、平波生任委员。

2003 年 12 月，昆山市乡镇行政区划调整，新生村从陆杨镇划出，归属玉山镇。2004年12月2日，新生村第八届村民委员会选举结果：顾阿宜当选主任，邹雪琴、潘姚妹、平波生当选委员。

2007年11月15日，昆山市玉山镇人民政府公布新生村第九届村民委选举结果：顾立华任新生村村民委员会主任，邹雪琴、徐勇任新生村村委会委员。是年，村里决定增加投资300万元，建造“青淞打工楼”。

2009年12月24日，根据上级民主评议村干部要求，新生村平建明、顾立华、邹雪琴、徐勇、李翌婷5位主要领导，分别从“德、能、勤、绩、廉”五个方面，各自向党员及村民代表报告一年来所做的工作成绩，同时找出工作中的不足与存在问题。是年，徐勇、邹雪琴获“玉山镇先进个人”。

2010年12月与2013年12月，新生村先后成功举行第十届、十一届村民委员会换届选举：顾立华当选村民委员会主任，徐勇当选村民委员会副主任，邹雪琴、李翌婷、周萍先后当选新生村村民委员会委员。

2016年12月27日，昆山市玉山镇人民政府公布新生村第十二届村民委员会选举结果：徐勇当选新生村村民委员会主任，李翌婷、周萍当选新生村村民委员会委员。是年，徐勇当选玉山镇第十九届人民代表大会代表。

村务公示栏（2020年，钱伟明摄）

2018年11月，新生村获评江苏省“民主法治示范村”。

2020年，新生村按照上级要求，重点在发展社会事业、改善村民生活上下大力气。1—3月，全力投入新冠病毒感染疫情的防控工作，对居民小区实行封闭式管理。4—5月，完成盛家村区域的农田连片整治及筑建机耕路。6月起，开展农村人居环境治理及安全、消防、“331”专项行动。下半年，实施唐龙现代渔业园新生一期建设项目，完成对原有的鱼塘和农田进行改造的发包及新生农贸市场改造工程。1957—2020年，新生村（大队）历任正、副大队长、村民委员会主任、经济合作社社长任职情况如表4-5所示。2020年新生村村民小组组长名单如表 4-6 所示。

表 4-5　1957—2020 年新生村（大队）历任正、副大队长、村民委员会主任、经济合作社社长任职表

姓名	性别	职务	任职时间
陆水根	男	大队长	1957 年—1960 年
张可忍	男	大队长	1960 年—1961 年
唐兴宝	男	大队长	1961 年—1962 年
顾阿文	男	大队长	1962 年—1974 年
陆培良	男	大队长	1974 年—1982 年 1 月
王伯弟	男	大队长	1982 年 1 月—1983 年 4 月
陆弟观	男	村民委员会主任	1983 年 4 月—1986 年 7 月
王宝林	男	村民委员会主任	1986 年 7 月—1989 年 4 月
邹婉金	女	村民委员会主任	1989 年 4 月—1996 年 9 月
赵建明	男	村民委员会主任	1996 年 9 月—2001 年 9 月
顾阿宜	男	村民委员会主任	2001 年 9 月—2007 年 11 月
顾立华	男	村民委员会主任	2007 年 11 月—2016 年 12 月
徐　勇	男	村民委员会主任	2016 年 12 月—2020 年 12 月
王伯根	男	副大队长	1959 年—1960 年
赵志军	男	副大队长	1965 年 1 月—1968 年 11 月
陆弟观	男	副大队长	1982 年 1 月—1983 年 4 月
吴大弟	男	社长	1983 年 4 月—1985 年 4 月
陆弟观	男	社长	1985 年 4 月—1997 年 6 月
赵建明	男	社长	1997 年 6 月—1998 年 2 月
顾阿宜	男	社长	1998 年 2 月—2006 年 9 月
平建明	男	社长	2010 年 12 月—2012 年 12 月
徐　勇	男	社长	2012 年 12 月—2018 年 12 月

表 4-6　2020 年新生村村民小组组长名单

组别	姓名	性别	组别	姓名	性别
1	陆弟观	男	11	邹全林	男
2	陆阿龙	男	12	浦全根	男
3	吴阿雪	男	13	陆惠琴	女
4	唐水全	男	14	王伯弟	男
5	平浦生	男	15	赵福民	男
6	陆惠琴	女	16	赵福民	男
7	顾凤元	男	17	潘建华	男
8	王伯弟	男	18	潘建华	男
9	邹雪琴	女	19	高爱生	男
10	赵阿招	男			

四、水丰村（渔业大队）村民委员会

渔民协会　1949 年 5 月后，村域建立渔业小组，地址设在周墅。1950 年，周墅成立渔民协会，潘新林任会长；陆桥成立渔民协会分会，潘弟明、潘祥生先后任分会会长，陆桥分会有会员 80 人。1956 年，35 户渔民分别加入村域高级社，走上生产合作社道路。1957 年，渔民协会分会会长改名为分会主任，受公社贫下中农管理委员会（以下简称“贫协会”）领导，随着公社贫协会活动的停止，渔民协会也自行消失。

渔业大队管委会　1958 年 9 月渔业大队成立。当时有 3 个生产队，其中 1 个生产队在陆桥地区。1962 年 3 月陆桥公社成立，分拆原渔业大队建陆桥公社渔业大队，成立渔业大队管理委员会。

1968 年，渔业大队革委会成立，主持全大队生产和经营管理等行政工作。设立正、副队长和会计，潘新林任渔业大队革委会主任兼大队长，徐祥生任副大队长，赵和福任委员。第 1、2、3 生产队队长分别由潘祥宝、赵福民、徐云南担任，第 1、2、3 生产队副队长分别由徐菊生、赵中明、范士民担任。1976 年渔业大队开办村办厂，范士民、赵银福为第 3 生产队正、副队长。1979 年第 2

生产队分拆为2个生产队，即第2生产队、第4生产队。

水丰村村民委员会 1983年4月，政社分设，公社管委会撤销，陆杨乡人民政府恢复。渔业大队管委会改为水丰村村民委员会，潘祥宝负责生产和经营管理等行政工作，徐祥生任会计。村民委员会办公地址设在河东老街原陆杨镇广播站处。2001年8月，根据昆山市政府对建制村区划调整的规定，水丰村村民委员会撤销，与新生村合并建立新生村村民委员会。从此，水丰村居民纳入新生村建制管理。水丰村4个村民小组并入新生村后，第1村民小组改为新生村第15村民小组，第2村民小组改为新生村第16村民小组，第3村民小组改为新生村第17村民小组，第4村民小组改为新生村第18村民小组。1969—2001年，水丰村（渔业大队）主要干部及会计任职情况如表4-7、表4-8所示。

表4-7 1969—2001年水丰村（渔业大队）主要干部任职表

姓名	性别	职务	任职时间
潘新林	男	渔业大队大队长	1969年—1978年10月
徐祥生	男	渔业大队副大队长	1969年—1978年10月
潘祥宝	男	渔业大队大队长	1978年10月—1985年10月
潘祥宝	男	渔业村社长	1985年10月—1991年3月
潘姚妹	女	水丰村村民委员会主任	1991年3月—1994年3月
赵福民	男	水丰村村民委员会主任	1994年3月—2001年8月
徐明南	男	水丰村社长	1994年3月—2001年8月

表4-8 1969—2001年水丰村（渔业大队）会计任职表

姓名	任职单位	任职时间
戴惠林	渔业大队	1969年—1978年10月
徐祥生	渔业大队（水丰村）	1978年10月—1994年3月
潘美玉	水丰村	1994年3月—2001年8月

水丰村治保组织 渔业大队的治保主任与民兵营长基本上是一肩挑的。1969年，赵和福担任治保主任；1978年10月，赵明国兼任治保主任；1991年3月，潘雪华兼任治保主任；1994年3月，又由赵明国兼任治保主任至2001年。

治保组织积极配合公安派出所、司法所、渔政、工商、城管等执法部门做好治理、打击违法行动等工作。同时，治保组织主动做好大队、村里的治安管理和民事纠纷调解工作，维护渔民安居乐业。

第三节　村合作社

一、经济合作社

1983 年 3 月，农村实行体制改革，结束以生产队为单位的核算分配，将农田划分到户，实行家庭联产承包责任制。昆山县实行政社分设，生产大队改为行政村，组建村民委员会及经济合作社。新生村经济合作社于 1983 年 4 月正式成立，第一任社长吴大弟，副社长顾企良、顾勤生，主要职责是抓好农副业生产经营管理，对农户进行农作物种植及畜禽、水产养殖技术辅导，收缴“两金一费”。1984 年 1 月 1 日起，新生村启用“经济合作社”新印章，并实行经济核算。

1984 年 5 月 26 日，中共昆山县委农工部文（84）第 161 号《关于联营投资的批复》：同意新生村经济合作社第 1—5 生产队、第 7—11 生产队、第 13、第 14 生产队与陆杨工业公司联营投资 5.6 万元办厂；股息分红 12%，每年年底由厂方分配支付给生产队，经营亏损全都由厂方负责。

1988 年秋，农民承包土地做调整，村经济合作社把握“大稳定，小调整”的方针，2 个月内全部划分完成。

1992 年，根据上级部署，新生村经济合作社按照“六统一”（统一作物布局、统一供应良种、统一机械化作业、统一灌溉排水、统一防治病虫害、统一肥药供应）要求建立农业综合服务站，为农户实施配套服务。

1998年9月，根据中央的文件精神，新生村经济合作社将本村297户农民的1 467.8亩土地承包确权证全部发放到位。

进入21世纪，农业生产转向规模经营，农户手中的承包责任田逐渐流转，由大农户（种田能手）集中种植，同时进行产业结构调整，经济合作社管理职能也因此发生转变，部分职责由乡镇农业服务中心承担。新生村经济合作社的重点工作是土地发包、收租金、结算分配及产业调整规划与服务。

2001年9月27日，中共陆杨镇委员会发文：顾阿宜兼任新生村经济合作社社长。至2006年9月，新生村村民委员会主任及经济合作社社长由顾阿宜一人担任。

2010年12月11日，昆山市玉山镇党委发文：平建明任新生村经济合作社社长。至2012年12月，新生村党支部书记与经济合作社社长由平建明一人担任。

2012年12月，村民委员会人事变动，由徐勇兼任经济合作社社长，至2018年12月。

2014年10月31日，中共昆山高新区工作委员会发文：李翌婷任昆山高新区新生村经济合作社会计。1957—2020年，新生村历任村（大队）会计任职情况如表4-9所示。

表4-9 1957—2020年新生村历任村（大队）会计任职表

姓　名	性别	任职时间
邹荷生	男	1957年—1958年
王伯根	男	1958年—1960年
吕伯琴	男	1961年—1962年
赵林生	男	1962年—1964年
王平生	男	1964年—1965年
谢　靖	女	1965年—1971年10月
魏天农	男	1971年10月—1976年8月

续表

姓　名	性别	任职时间
王伯弟	男	1976 年 8 月—1982 年 1 月
陆永伯	男	1982 年 1 月—2001 年 10 月
董云开	男	2001 年 10 月—2003 年 8 月
邹雪琴	女	2003 年 8 月—2014 年 10 月
李翌婷	女	2014 年 10 月至今

二、农地股份合作社

2005 年，农业农村部正式出台《农村土地承包经营权流转管理办法》，鼓励土地逐步向种田能手集中，大批农田纷纷被流转、出让。2007 年 7 月，《中华人民共和国农民专业合作社法》正式实施。新生村按照依法办事原则，允许农民以多种形式流转土地承包经营权，实行自愿有偿，并于 2009 年 6 月，注册成立昆山市玉山镇新生村农地股份专业合作社（简称“农地股份合作社”）。有入社村民有 99 户，入股土地 282. 3 亩。农民当上股东，每年享受分红。2020 年 12 月止，农地股份合作社有入股村民 100 户，总资产 284. 48 万元。

三、社区股份合作社

2012 年 11 月，新生村级集体经济组织（村经济合作社）进行社区股份合作制改革，注册成立昆山市玉山镇新生村农村社区股份专业合作社（简称“社区股份合作社”）。社区股份合作社净资产 936. 41 万元，享受股权村民 1 572 人。社区股份合作制改革后，经济合作社基本职能是生产服务、资产经营、资产管理、资产积累和收益分配，2015 年总资产为 2 144. 61 万元。

2018 年 1 月起，新生村集体资产实施“政”“经”分割结算，原村民委员会账户分设为村民委员会及社区股份合作社两本账，各自独立核算。2019 年 5 月，新生村召开集体资产清产核资结果确认事项听证会，对村民委员会、社区股份合作社、农地股份合作社清产核资结果进行确认。

2020 年 6 月 6 日，新生村农村社区股份专业合作社成员代表大会通过决议：

新成立“昆山市玉山镇新生村股份经济合作社”，注销原“昆山市玉山镇新生村农村社区股份专业合作社”；选举顾立华为理事长（法定代表人）；修订合作社章程；确认社员身份，股权设置仍按原来不变；新选举产生的理事会、监事会及合作社社员代表。是年，资产总额 1 842.77 万元。社区股份合作与杨林社区合署办公。

杨林社区办公地（2020 年，钱伟明摄）

第四节 民兵组织

一、新生村民兵营（连）

中华人民共和国成立后，党和政府为了巩固人民政权、维护社会稳定，十分重视地方武装建设。1951 年 4 月，中共昆山县委成立人民武装部，各乡区建立民兵中队，防敌、防特，保障人民的胜利果实。1959 年 6 月，新生大队建立，赵友生担任民兵营长（1951 年 1 月参加抗美援朝的志愿军，1956 年 4 月复员回家），是新生村的第一任民兵营长，兼治保主任，直到 1965 年。

1958 年 5 月，根据党中央的号召，全国掀起办人民公社高潮。8 月，全国又掀起“大办民兵师”的热潮，昆山县掀起全民武装的高潮，农业生产搞“大兵团作战”。在随后的两年时间里，新生大队按照上级指示，发动群众报名参加民兵，建好民兵营、连、排、班组织，将17~25岁的男女青年及30岁以下的复员退伍军人编入基干民兵，并分批组织参加公社人武部的军事训练，开展劳动竞赛，鼓励他们争当“五好民兵”（政治思想好、“三八”作风好、生产劳动好、训练执勤好、团结互助好）。

1961年12月，中共中央、国务院颁布《民兵工作条例》。翌年昆山县进行民兵整组，精简民兵队伍。新生大队按照民兵工作“三落实”（组织落实、政治落实、军事落实）要求，整顿民兵组织，每月召开一次点检会议，并利用夜校进行扫盲、学习、上政治课，参与维护社会秩序。

1963年3月，毛泽东主席发出“向雷锋同志学习”的号召后，新生大队民兵营组织民兵开展学习活动，做好人好事不留名，还利用俱乐部学唱革命歌曲，排文艺节目，向社员汇报演出。

1965年至1974年，张阿泉任新生大队民兵营长。1975年，李荣林任新生大队民兵营长。

1976年10月，民兵工作开始走上轨道，在重大活动时参与执勤任务。1978年，武装民兵队伍开始调整。1981年年底，新生大队基干民兵的武器全部集中由陆桥公社人武部保管。1983年，农村体制改革，新生村按照“四有”（有理想、有道德、有文化、有纪律）标准选准基干民兵。为兼顾上班与训练，基干民兵多数是在村办企业青年职工中挑选的，以确保军事训练任务完成。

1984年4月，刘一飞任新生村民兵营长兼治保主任。按照新《中华人民共和国兵役法》规定，新生村将18~35岁的男性（除现役军人外），均编入民兵组织服预备役登记。

1990年5月，赵建明任新生村民兵营长。1991年7月，昆山遭受特大洪涝灾害，新生村民兵营组织基干民兵投入抗洪抢险，加固堤坝。1993年，新生村民兵营按照“八个一”（一块牌子、一间办公室、一张办公桌、一组资料橱、一本工作台账、一间阅览活动室、一套工作制度及一卷归档资料）标准建设到位。

1996年9月，顾立华任新生村民兵营长。是年，按照中共中央、国务院、中央军委的决定，昆山市人武部归军队建制。1997年，新生村根据陆杨镇人武部要求，将基干民兵编入应急分队、专业技术分队。1999年7月，昆山遭特大洪涝灾害，新生村民兵营组织青年突击队，在营长顾立华的带领下，与8组村民一起奋战三天三夜，排除险情，使水稻免受损失。

2002 年，赵建明任新生村民兵营指导员，顾立华任营长。是年，新生村有基干民兵 10 名，普通民兵 20 名，退伍军人（29~35 岁）10 名。新生村民兵应急分队共有民兵 12 名，专业技术分队共有民兵 10 名，步兵分队共有民兵 20 名。

2007 年 2 月，徐勇任新生村民兵营长。是年，新生村有基干民兵 6 名（其中退伍军人 4 名），普通民兵 20 名（其中退伍军人 3 名）；28 岁以下的退伍军人 3 名，29~35 岁的退伍军人 7 名。新生村按照《兵役法》规定，做好应征青年登记及服预备役登记。

2016 年 4 月 15 日，昆山高新区人民武装部发文：顾立华任新生村民兵连指导员，徐勇任新生村民兵连连长。

2020 年 4 月 30 日，昆山高新区人民武装部发文：邹成益任新生村民兵连连长。是年，基干民兵有 3 名。新冠病毒感染防控期间，党员唐建清、周清等民兵，积极响应村委会号召，志愿参与卡口防疫工作。新生村（大队）历任民兵营（连）长任职情况如表 4-10 所示。

表 4-10　新生村（大队）历任民兵营（连）长任职表

姓名	任职时间	姓名	任职时间
赵友生	1959 年 6 月—1965 年	赵建明	1990 年 5 月—1996 年 9 月
张阿泉	1965 年—1974 年	顾立华	1996 年 9 月—2007 年 2 月
李荣林	1975 年—1984 年 4 月	徐　勇	2007 年 2 月—2020 年 4 月
刘一飞	1984 年 4 月—1990 年 5 月	邹成益	2020 年 5 月至今

二、水丰村民兵营（连）

渔业大队民兵组织于 1969 年建立，营长由赵俊南担任；1978 年 10 月，营长由赵明国担任；1991 年 3 月，营长由潘雪华担任；1994 年 3 月，营长由赵明国担任至 2001 年 8 月。渔业大队（水丰村）民兵有 25 名左右，且较为分散。营长克服困难，按期组织开展爱国主义教育，积极做好民兵训练、整组、预备役登记及征兵工作。平时，民兵还是捕捞作业、水面养殖多种经营生产的突击手和骨干力量。

三、民兵训练

中华人民共和国成立初期，民兵训练主要对象是中队长以上的民兵干部，在冬季集中操练队列、步枪射击及手榴弹投掷等军事科目。1955年以后，由昆山县人武部组织，民兵干部每年在冬季进行15天集训。60年代起，新生大队民兵营组织各生产队民兵排长，在冬春两季集中一段时间搞持枪出操、刺杀、队列训练；陆杨公社人武部每年组织部分基干民兵，到车塘后泥山进行射击打靶、手榴弹投掷等实弹训练。

1965年起，新生大队民兵营贯彻“三落实”指示，分批选派基干民兵参加公社人武部组织的射击、投弹、刺杀、土工作业及利用地形地貌等五大战术训练；还组织民兵挖防空洞、筑反修滩、防原子弹爆炸、防化学武器训练；响应中央号召，建立“召之即来、来之能战、战之必胜”的地方武装力量，发扬既是生产队又是战斗队的作风，提高警惕，随时准备组织民兵参军参战，保卫祖国。

进入80年代，武装民兵调整后，按照平时民兵训练与战时兵员动员相结合的方针，新生村民兵营每年做好预备役登记及专业技术人员登记，组织基干民兵学政治、学军事、学文化、学经营管理本领，做“四有”民兵。

从2002年起，新生村基干民兵数量一直保持在10人左右，其中退伍军人占50%，每年训练任务完成率都在90%以上，考核合格率100%。在2020年开展新冠病毒感染疫情防控过程中，基干民兵发挥了主力军作用，他们立足本职做贡献，成为两个文明建设及乡村振兴的骨干力量。

四、征兵工作

50年代初，朝鲜战争爆发，中共中央发出“抗美援朝，保家卫国”号召，昆山县委、县政府紧跟党中央的战略部署，全面动员广大人民参战。当时，村域内的适龄青年纷纷报名参军，赵友生、陆阿三、范炳荣3位年轻人自告奋勇，体检合格后入伍，加入志愿军赴朝参战。

1955年后，国家实施义务兵役制，因昆山地区受血吸虫病危害严重，应征青年感染率高达85.5%。1957年，国家规定对昆山县辖区农村连续7年免征兵役。

1967 年起，国家恢复对昆山农村的征兵任务。由此，新生大队积极响应国家号召，每年组织动员青年报名、体检，参军入伍。

2004—2005 年，因新生村民兵预备役及征兵工作有成效，民兵营长顾立华被玉山镇人武部评为先进个人。2006—2007 年，因民兵预备役及征兵工作出色，新生村获“玉山镇人民武装工作先进单位”荣誉。2008 年，新生村民兵营长徐勇被玉山镇人武部评为先进个人。2019—2020 年，新生村有 3 名青年经严格筛选应征入伍。至 2020 年年底，新生村内健在的退伍军人有 37 名。

第五节 群团组织

一、中国共产主义青年团

1957 年 5 月，中国新民主主义青年团改称中国共产主义青年团，简称“共青团”。1959 年 6 月，新生大队成立时，王伯弟担任团支部书记。2 年后，吴伯年担任团支部书记。当年团支部的中心工作是做好党支部的得力助手，开展扫盲教育，组织青年突击队，参加低产田改造及水利建设。1963 年 3 月 5 日，毛泽东主席向全国人民发出“向雷锋同志学习”的号召，团支部按照上级指示，发动青年学雷锋、做好事，利用办夜校、办俱乐部等方式学唱雷锋歌曲、讲雷锋故事，并且出快报以表扬好人好事。1973 年春，共青团昆山县第七次代表大会召开，基层团组织逐渐恢复、正常展开工作。1974 年 10 月 23 日，陆桥公社党委研究同意：吴解明任新生大队团支部书记，唐金珍任新生大队团支部副书记。1978 年 12 月，中共十一届三中全会召开后，各项工作全面推进。80—90 年代，新生村团支部围绕培养“四有”新人，争当新长征突击手，持续开展“五讲四美三热爱”（五讲：讲文明、讲礼貌、讲卫生、讲秩序、讲道德；四美：心灵美、语言美、行为美、环境美；三热爱：热爱祖国、热爱社会主义、热爱中国共产党）活动，要求共青团员在实行计划生育及创建文明新风户等行动中起示范作用。

2005年1月17日，共青团玉山镇委员会发文：顾立华任新生村团支部书记。当时顾立华在村办企业担任车间主任，注重在青年职工中发展团员。

2010年1月，新生村团员有10名，分别是李翌婷、周萍、张方、周燕、李志英、邹敏、刘晓梅、周清、顾毅杰、龚魏康。是年，新生村团支部开展创新工作“帮助优秀学生申请奖学金”——为本村大四学生邹晨怡申报纬创奖学金3 000元，当年11月发放。

2012年12月14日，共青团昆山高新区工作委员会发文：李翌婷任新生村团支部书记。

2015年以来，新生村团支部组织团员开展志愿者活动，参与村区人居环境整治及新时代文明实践站体验，协同妇联、关工委对辖区内青少年学生开展诚信教育、孝敬教育、勤劳节俭教育。2020年，新生村团支部书记为李翌婷，支部委员有3名。1959—2020年新生村（大队）历任团书记任职情况如表4-11所示。

表4-11　1959—2020年新生村（大队）历任团书记任职一览表

姓　名	性别	任职时间	姓　名	性别	任职时间
王伯弟	男	1959年—1961年	吴大弟	男	1977年5月—1983年4月
吴伯年	男	1961年—1965年	顾立华	男	1988年10月—2007年2月
吴小毛	男	1965年—1969年	徐　勇	男	2007年2月—2012年12月
张勤芳	女	1972年—1974年	李翌婷	女	2012年12月至今
吴解民	男	1975年—1977年5月			

水丰村（渔业大队）共青团组织　1976年10月成立，赵俊南任团支部书记；1978年10月，民兵营长赵明国兼任团支部书记；1991年3月，民兵营长潘雪华兼任团支部书记；1994年3月，民兵营长赵明国兼任团支部书记至2001年8月。水丰村（渔业大队）团员一直在10名以下。团支部坚持组织活动，当好

党组织的得力助手。

二、妇女联合代表会

1958年人民公社建立后，各农业生产大队建立妇女联合代表会（简称“妇代会”）。1959年6月新生大队成立时，第一任妇女主任是陆梅林。60年代，生产大队妇联发动妇女撑起“半边天”，在生产劳动时与男人同工同酬；动员育龄妇女响应国家号召，实行晚婚晚育，做好节育措施，移风易俗，简办婚事。70年代，新生大队妇联带领妇女骨干，在种双季稻、农业学大寨及消灭血吸虫病等运动中，发挥妇女突击队作用。80年代，农村实行家庭联产承包责任制，妇女劳动力充分解放。新生村妇联引导青年妇女参加文化读书班，学习专业知识，发展多种经营，走农工副多渠道就业之路，争当“三八红旗手”。1991年3月，村妇代会被昆山市妇联评为“四好”妇代会；1998年12月，被苏州市妇联授予“优秀妇女之家”称号。

进入21世纪，新生村妇代会根据昆山市提出的“富民强市”战略目标，鼓励妇女走科技增收致富之路，围绕培养“种田能手”“种植能手”“养殖能手”及创建“巾帼示范岗”等，因地制宜地开展“双学双比”“巾帼建功”等竞赛活动。新生村妇代会有工作台账，建有考核制度、例会制度、学习制度及文明家庭标准、学习型家庭标准、健康家庭标准等。2005年新生村妇代会主任为邹雪琴，委员有吴秀英、平巧囡、徐凤珍、潘美玉、潘姚妹。是年，开展活动学习、会议6次，扶持项目1个，扶贫助学1人。年内开展文明新风户评比，全村总户数354（人口1 219人，其中18岁以上的妇女540名），参评户数354（获评354户），参评率与获评率均为100%。新生村5组平浦生家庭的“文明新风户事迹”受到村里的公认与推荐，列为玉山镇表彰户。

2008年7月，李翌婷任新生村妇代会主任。2012年3月，昆山高新区党群工作部发文，李翌婷获“昆山高新区十佳妇女工作者”称号。

2016年2月29日，昆山高新区妇女联合会发文：周萍任新生村妇代会主任。随后，新生村妇联依托道德讲堂，开展对居家妇女的公民道德教育及垃圾分类、居住环境整治等讲座；依托“文明和谐家庭”“好儿媳”评选，宣传妇女儿童权益保护法；设立“善行义举榜”，组织扶贫帮困活动，成立文体活动业余团队，每年开展丰富多彩的文化活动。2020年，村妇联主任周萍，妇代委员15人。新生村（大队）历任妇女主任任职情况如表4-12所示。

表4-12 新生村（大队）历任妇女主任任职表

姓名	任职时间	姓名	任职时间
陆梅林	1957年—1960年10月	唐丽萍	1991年5月—1994年5月
顾金凤	1960年10月—1962年12月	邹雪琴	1994年5月—2008年7月
陆梅林	1963年1月—1974年12月	李翌婷	2008年7月—2016年2月
邹婉金	1975年1月—1991年5月	周　萍	2016年2月至今

水丰村妇代会　于1969年建立，潘姚妹任渔业大队妇女主任。1983年，潘姚妹任水丰村妇女主任；1994年3月，潘美玉任水丰村妇女主任至2001年8月。其间，妇代会认真做好维权、敬老、婚姻、卫生、妇女病防治、计划生育、爱心助学等工作。

三、关心下一代工作委员会

新生村关心下一代工作委员会（简称“关工委”）于1992年下半年成立，由村民委员会主任邹婉金兼关工委主任，由村老年人管理协会副会长兼副主任，配有3名委员。村关工委以“五老”[老干部、老党员、老教师、老先进、老复员（退伍）军人]人员为主体，积极配合党政有关部门和群团组织开展工作，在培养教育青少年工作中相互支持、通力合作，共同为辖区青少年健康成长创造良好社会环境。

90年代，新生村关工委工作是负责动员、组织、协调村里的老同志为辖区青少年学生提供校外辅导和寒暑假政德教育。新生村连续九年开展返乡中小学生暑期讲座活动，对他们进行法治宣传与爱国主义教育。

2008年12月3日，新生村关工委制订《开展未成年人零犯罪工作规划》，成立由6名成员组成的工作领导小组，组建由18名“五老”人员组成的辅导员、网吧监督队伍。2013年以后，新生村校外辅导站每年有暑期活动总结，图文并茂。2014年11月，新生村关工委主任邹婉金获“昆山市校外教育优秀辅导员”称号。

2018 年 8 月 28 日，新生村校外辅导站组织 50 名青少年在村多功能厅观看红色电影《闪闪的红星》及参加“我爱家乡”主题绘画活动，受到玉山镇关工委表扬。

2020 年，新生村关工委在年度工作总结中提到三个方面的成绩，其中一方面就是在疫情防控期间，村老年协会成员主动参与维护、关心照顾待家（学校放假）孩子。

第五章　农业生产

中华人民共和国成立前，新生村农田少沟无渠，灌溉手段原始，抗灾能力薄弱，生产力低下。1959 年，新生大队成立后，逐步推行“一熟改二熟、籼稻改粳稻、早稻改晚稻”耕作制度。1960 年，新生村始建第一座电灌站。1963 年冬，新生大队改造低产田小型农田水利工程，成为昆山县先进典型。1964 年，新生大队第 12 生产队树立昆北低洼地区农业样板，粮油亩产列陆桥公社各生产队之首。1969 年，村域全面推行双季稻种植，实行三熟制。1973 年，村域全面实现机电灌溉，水稻亩产超千斤。1979 年，新生大队第 1 生产队试验探索二熟制，获得成功，获得江苏省人民政府嘉奖。1980 年，新生大队单季稻田间管理“五定”包工法被昆山县宣传推广。1993 年，新生村粮食总产量 1 413 吨，为历史最高。20 世纪末，村域农业产业结构调整，水产养殖快速增长，至 2003 年水产养殖面积 2 039. 7 亩（含河沟养殖 772 亩）。2019—2020 年，新生村建设昆山高新区唐龙现代渔业产业园项目，构建新型农业生产体系，步入发展现代农业轨道。

第一节　农村生产关系

一、土地私有制

1950 年土地改革前，村域土地归私人所有。地主、富农人少，拥有大量土地；贫农、雇农人多，无田少地。地主、富农向贫农、雇农出租土地，收取高额地租。租种土地的贫农、雇农称为佃农，须交纳地租（俗称“还租米”）。贫困佃农为保租田，举债还租，到期还不清债务，则利上滚利。借债无门的佃户无米还租，被迫上县衙“吃租米官司”。

二、土地改革

1950 年 8 月，村域所在关皇乡被巴城区列为第一期土地改革行政乡。9 月，在土地改革工作队指导下开展土地改革工作，依法没收地主剥削所得的全部土地，以及大部分耕牛、农具和多余的房屋、家具。10 月，按先分土地后分财物的次序，贫、中农分到土地；富农土地，以人口定论，多的则被征收。1951 年 5 月，土地改革工作复查，土地改革工作队按户发放土地证。9 月，土地改革工作结束。

三、农业合作化

土地改革结束后，村域分得土地的一些贫农，由于家底薄弱，缺乏生产资料和资金，生产、生活困难，人口多、劳力少、负担重的家庭，其情况更为严重，由此出现卖田、当雇工或借高利贷现象。为防两极分化，经乡政府组织引导，在土地所有权不变的基础上，村域内成立生产互助组，开展爱国增产运动。

1955 年春，盛家村、王桐桥、孝仁塘自然村先后成立初级社。是年 11 月，国家对粮食生产实行定产、定购、定销，超产奖励到户的政策，调动了村域合作社农民的生产热情。1956 年 2 月 27 日，盛家村、王桐桥、孝仁塘初级社合并，成立关皇乡王桐高级社，入社农户 176 户，共 635 人（其中劳动力 331 人），土地 2 452 亩。1957 年 2 月，村域开展第一次整社工作，推行“三包一奖”（包工、包本、包产，超产降本奖励）制度，至 4 月初结束。

四、人民公社

1958 年 9 月 15 日，村域王桐高级社与陆家桥高级社合并，建陆桥大队，属周墅公社。10 月，村域实行公社一级核算，搞半供给制。1959 年 6 月，村域 6 个自然村从陆桥大队拆分，成立新生大队，是年开始实行公社、大队二级核算。

1962 年 3 月 15 日，陆桥公社成立。根据中共中央《农业六十条》和《关于改变农村人民公社基本核算单位问题的指示》，确立三级（公社、大队、生产队）所有，以生产队为基本核算单位的管理体制。新生大队以 13 个生产队为基本核算单位，改进原有劳动管理体制，坚持按劳分配；按规定划分自留地、饲料地，提留饲料粮，供社员发展养猪等家庭副业。是年，新生大队粮食总产 438. 14 吨，社员分配人均 67. 28 元，比 1961 年分别增长 78. 61%和 21. 42%；农副业总收入 10. 59 万元，比 1961 年增长 21. 8%。

五、家庭联产承包责任制

1978 年，中共十一届三中全会后，新生大队取消“大寨式”评工记分，推行“定额包工、按件记工、小段包工、死分活评”的劳动管理方法。1980 年 7 月初至 8 月中旬，新生大队在单季稻田间管理中采用“五定”（定劳力、定任务、定质量、定时间、定报酬）包工办法，激发社员参加田间管理的积极性。是年，陆桥公社党委专门在新生大队召开现场会，推广“五定”包工办法。9 月，昆山县委宣传部以《干群齐称好　农活质量高　新生大队实行包工到户成效显著》为题，专门编写一期《宣传工作情况》，印发给全县各公社党委及有关单位宣传学习。1981 年秋，新生大队联产到劳（把产量与劳动力的收益结合起来）的承包办法迅速铺开。1982 年联产到劳的 11 个生产队，油菜单产比上年增长 29.73%，而大组联产（把产量与生产作业组的收益结合起来）的 3 个生产队，油菜单产比上年下降 6.64%，两种劳动管理形式的生产效果差别明显。1981—1982 年新生大队油菜联产到劳产量情况如表 5-1 所示。

表 5-1　1981—1982 年新生大队油菜联产到劳产量对比表

年份	联产到劳（生产队 11 个）			大组联产（生产队 3 个）		
	面积/亩	单产/斤	总产/斤	面积/亩	单产/斤	总产/斤
1981	509	281.2	143 131	128	292.1	37 389
1982	587	364.8	214 138	161	272.7	43 905

1983 年春，新生村 266 户农户、水丰村 60 户农户全部实行家庭联产承包责任制。是年，新生村有耕地 2 366.8 亩（水田 2352.1 亩，旱地 14.7 亩），其中社员自留田 173.1 亩（水田 158.4 亩，旱地 14.7）；水丰村有耕地 76.5 亩，全部为水田。家庭联产承包责任制实行后，土地仍归集体所有，承包户只有耕种权，无权买卖。1987 年，由于劳动力的变化，村域内开始出现“田多劳少”困难户，影响农业生产稳定发展。新生村按“大稳定、小调整”方针，将承包田做了相应调整。

六、土地确权登记

1998 年，新生村开展第二轮土地承包，进行承包土地确权登记。以村民小组为单位，按在队人口均分土地，其中口粮田每人 0.5 亩，余为责任田，采用“动账不动田”的方式，结算到户。8 月 30 日前，村域完成《农村集体土地承包经营权证书》的确权登记。全村有 14 个村民小组，农户 297 户，人口 963 人，集体耕地 1 467.8 亩，其中口粮田 536 亩、责任田 931.8 亩。农户自愿出让责任田 879.2 亩给规模经营户耕种。规模经营户中，承包大户 19 户，耕种 658.7 亩；镇级丰产方 1 个，耕种 92.5 亩；村办农场 1 个，耕种 128 亩。

七、土地规模经营

1986 年，乡村工业迅猛发展，农村劳动力向非农行业转移，村域内出现农业生产专业化、土地经营规模化现象。是年，新生村村民顾福明办起家庭农场，规模经营耕地 50 余亩，成为新生村历史上第一位种粮大户。1989 年，新生村出现土地规模经营的另一种形式，流转村民责任田 39 亩，办起村办农场。1993 年该农场土地流转给陆杨镇农业公司，作为全镇的粮种基地，主要种植水稻、小麦。1995 年，新生村流转责任田 200 多亩，集中规模经营，建集体村办农场，主要种植水稻、小麦。1997 年新生村实行口粮田由农户种、责任田由大户或农场耕种的土地经营模式。1999 年，因农村产业结构调整，村办农场停办，农场原有耕地调整成鱼塘。1997 年新生村土地规模经营情况如表 5-2 所示。

表 5-2　1997 年新生村土地规模经营情况表

经营类型	数量	劳动力人数	粮食产量			油菜产量/公斤	种植面积/亩
			总量/公斤	小麦/公斤	稻谷/公斤		
村办农场	1 个	2	23 398	3 978	19 420	1 243	124. 5
本市农户	3 户	6	140 036	19 280	120 756	3 391	329. 7
外市农户	6 户	12	237 345	32 678	204 667	5 740	558. 8

注：本表粮油产量为当年合同中约定的国家任务数。

2006—2008 年，随着工业化、城镇一体化的快速推进，新生村大量土地被征用，耕地面积大幅减少，与八九十年代相比，土地规模经营的面积小，种粮大户减少。2006 年，3 户种植大户，经营 273 亩复耕地，平均每户 91 亩，主要种植粮油作物。2007 年，4 户大户种植水稻 227. 8 亩，占全部种植面积的 74. 71%，平均每户 56. 95 亩。2008 年，4 户大户种植水稻 220. 1 亩，占全部种植面积的 83. 5%，平均每户 55. 03 亩。

2009 年 4 月 29 日，新生村土地股份合作社成立。6 月 15 日推进土地规模化经营，由土地股份合作社与种田大户签订承包合同，种田大户自主经营。是年，土地股份合作社入社农户 99 户，入股土地面积 282. 3 亩（第 8 村民小组 55. 44 亩，第 9 村民小组 53. 20 亩，第 11 村民小组 122. 60 亩，第 14 村民小组 51. 06 亩），入股土地由 6 位农户实行土地规模化经营，其中：花卉种植 1 户，经营面积 51 亩；瓜果蔬菜种植 2 户，经营面积 94. 6 亩，水产养殖 3 户，经营面积 136. 7 亩。土地股份合作社监督指导，种田大户自主经营的土地规模经营模式一直沿袭至2019年。

冬日休耕农田（2020年，吴舸摄）

农业丰产方（2020年，吴舸摄）

第二节　农作物种植

一、耕作制度和作物布局

中华人民共和国成立前，村域耕地98.5%为水田，其中一熟水田占4/5，素有“阳澄湖圩区锅底”之称，农作物以水稻为主，三麦（小麦、大麦、元麦）和油菜种植极少。中华人民共和国成立后，三麦、油菜种植面积逐渐增加。1959年，新生大队成立，村域2 531亩耕地，三麦、油菜种植面积961亩（三麦801亩，油菜160亩），占耕地总面积37.97%。之后，通过改变水利、土壤、肥料条件，村域内逐步实行沤改旱措施，推行以“三改”（一熟改二熟、籼稻改粳稻、早稻改晚稻）为主要内容的耕作制度改革。1963年，晚稻种植面积超过水稻种植面积一半，占52.3%。1964年，二熟耕种面积超过耕地面积一半，夏熟面积占55.0%（其中三麦34.0%，青蚕豆9.0%，油菜6.3%，绿肥5.7%）。60年代后期，随着水利建设的进一步发展，村域粮油作物的复种指数不断上升，稻、麦（或油菜、绿肥）二熟耕作制度得到普及。

1969 年，村域内全面推行双季稻种植。随后几年，双季稻三熟制面积迅速扩大，有在大元麦与早油菜茬口上种双季稻的三熟制，有在绿肥茬口上种双季稻的三熟制，合称“双三制”。1973 年，新生大队集体耕地面积 2 253 亩，双季稻面积 1 793. 6 亩（前季稻 845. 6 亩，后季稻 948. 0 亩），前季稻和后季稻种植比例分别为 37. 53%和 42. 08%，粮油复种指数达 233. 46%。1979 年，新生大队第 1 生产队试验探索二熟制种植途径（即不种双季稻），得到水稻专家陈永康的现场指导，获得好收成。全队 186. 5 亩水稻平均亩产 530. 6 公斤，社员分配比大队平均水平高出 34. 5%。是年，第 1 生产队被评为“江苏省农业先进单位”（1980 年 2 月颁奖）。此后，试验成果在陆桥公社推广，双三制比例逐年削减。1982 年，新生大队集体耕地面积 2 188. 7 亩，双季稻面积 437. 3 亩（前季稻 241. 3 亩，后季稻 196 亩）。1983 年，村域不再种植双季稻，全部恢复二熟制。90 年代，土地实行规模经营，一些大农户秋熟种水稻，夏熟种小麦，逐年压缩油菜种植面积，有的甚至淘汰油菜。1991 年新生村油菜种植面积 839 亩，而 1998 年油菜种植面积仅 171. 43 亩。

进入 21 世纪，由于经济建设不断发展，耕地不断被征用缩减，水稻、小麦种植面积随之缩减。2000—2009 年，新生村仅零星种植大麦、元麦，至 2010 年大麦、元麦、油菜停种。2014 年，村域恢复种植油菜，面积达 200 亩。2015—2017 年油菜种植面积均为 10 亩。2018 年油菜再次停种。2020 年，新生村秋熟水稻面积 153 亩，西瓜 68. 6 亩，另有 60 亩农田休耕，由昆山高新区水利站平整后实施发包，夏熟小麦面积 68. 6 亩，秋播小麦面积 286 亩。

成熟的小麦田（2020 年，吴舸摄）

农业生态园（2020 年，吴舸摄）

二、作物栽培

村域栽培的农作物主要为水稻、小麦、油菜。

（一）水稻

育秧 60年代，推广通气秧田，以干耕、干耙、干开沟的方法做秧田。秧板宽2米。施肥后干捣秧板，上水验平，用木板将秧板推光。当时，新生大队推广培育壮秧技术，着力抓好泥水选种、药剂处理，落谷稀、泥浆落谷，精选秧田、精细整地，肥水管理和秧田除草五个育秧环节。60年代末至70年代，双季稻育秧采用田间尼龙育秧、场地育秧、地窖育秧和温室育秧。1979年，新生大队第1生产队进行不种双季稻试验，以培育壮秧为前提，针对不同水稻品种，在育秧播种、秧田施肥等方面进行科学把关（1979年新生大队第1生产队各品种水稻育秧播种及基肥情况见表5-3、表5-4）。1986年起，应用“天膜”“地膜”的双膜育秧方法培育机插秧秧苗。90年代初，使用特制561孔塑料育秧盘培育抛秧秧苗。1994年，推广肥床、旱育、稀植栽培技术，采用旱秧田育秧。进入21世纪，随着直播稻技术的成熟和全面推行，村域水稻不再进行育秧。

表5-3　1979年新生大队第1生产队各品种水稻育秧播种情况表

水稻品种	种植面积/亩	秧田面积/亩	总播种量/斤	秧田亩均用种/斤	秧大田用种比	播种日期
国际661	4.87	0.60	45	75	1∶8	4月底
杂优稻（汕优2号）	77.51	7.63	185	24.2	1∶10	5月20日左右
苏粳2号	72.53	12.91	1 200	93	1∶5.6	5月中旬
昆稻2号	31.59	6.11	650	106	1∶5	5月15日前

表 5-4 1979 年新生大队第 1 生产队水稻秧田亩均基肥用量表

基肥类型	优质草塘泥	菜饼	氨水	碳铵	磷肥
施肥量/担	10 000. 0	100. 0	50. 0	50. 0	50. 0
折标准肥/斤	33. 0	20. 0	12. 5	33. 0	—

移栽 水稻栽插安排在小满至芒种进行。50 年代，村域推行由江苏省水稻种植专家陈永康创造的小株方形密植法，始用经绳莳秧，把行头固定，亩栽 2 万余穴。60 年代后期到 70 年代，单季粳稻移栽，一般 6 月底栽完大田，7 月初结束秧田；双季前作稻移栽，从 5 月初开始至 5 月底结束；后季稻移栽，为避高温，都栽夜落秧（下午三点起插秧），从 7 月 25 日左右开始至 8 月初结束。1966 年起，栽插密度增加，双季前作、后作稻，亩栽 5 万穴；而杂交稻稀插，亩栽 1. 5 万穴左右。1979 年新生大队第 1 生产队进行不种双季稻试验，针对不同品种水稻，因地制宜地采用不同的移栽规格要求和不同的大田施肥标准，国际 661、杂优稻（汕优 2 号）、苏粳 2 号、昆稻 2 号 4 个水稻品种，大田亩均施标准肥分别达到 136 斤、128 斤、120 斤、166 斤，满足水稻各生长期对肥力的需求，为试验水稻夺取高产打好基础。80 年代，单季稻移栽一般在 6 月 18 日至 25 日，移栽密度回落，亩栽 2. 5 万穴。90 年代，新生大队推行高产群体质量栽培，亩栽 1. 8 万穴左右。（1979 年新生大队第 1 生产队各品种水稻移栽及大田施肥情况见表 5-5、表 5-6）

表 5-5 1979 年新生大队第 1 生产队各品种水稻移栽情况表

水稻品种	移栽期	秧龄/天	秧苗规格	移栽规格	亩栽/穴
国际 661	5 月底	36 左右	6～7 叶，苗高 6～7 寸，平均单株带蘖 1～2 枝	4 寸×6 寸	2. 5 万
杂优稻（汕优 2 号）	6 月中旬	25～30	5～6 叶，苗高 8 寸，平均单株带蘖 1. 5～2. 5 枝	4 寸×7 寸或 4 寸×8 寸	1. 8 万～2 万

续表

水稻品种	移栽期	秧龄/天	秧苗规格	移栽规格	亩栽/穴
苏粳2号	6月下旬	40~42	6~7叶，苗高6~7寸，平均单株带蘖1~2枝	3寸×5寸	4万左右
昆稻2号	6月20日左右	37~39	6~7叶，亩高6~7寸，平均单株带蘖1.5~2枝	4寸×5寸	3万

表5-6　1979年新生大队第1生产队各品种水稻大田亩均施肥情况表

水稻品种	基肥	追肥
国际661	优质草塘泥100担，折标准肥33斤；野草塘泥30担，折标准肥15斤；面肥碳铵50斤，折标准肥33斤。亩均标准肥81斤	栽后5天发棵肥，施碳铵30斤（折标准肥20斤）；7月10日捉黄塘接力肥，施标准肥10斤；7月底穗肥，施标准肥25斤。亩均标准肥55斤
杂优稻（汕优2号）	优质草塘泥80担，折标准肥27斤；猪灰20担，折标准肥20斤；面肥碳铵40斤，折标准肥26斤。亩均标准肥73斤	栽后5~7天发棵肥，施标准肥20斤；8月5日穗肥，施标准肥25斤。亩均标准肥55斤
苏粳2号	优质草塘泥80担，折标准肥27斤；倒绿萍30担，折标准肥33斤。亩均标准肥60斤	7月20日发棵肥，施猪灰2000斤（折标准肥20斤），另施标准肥10斤；8月8日捉黄塘接力肥，施标准肥20斤；8月25日穗肥，施标准肥10斤。亩均标准肥60斤
昆稻2号	优质草塘泥80担，折标准肥27斤；野草塘泥30担，折标准肥15斤；面肥碳铵50斤，折标准肥33斤。亩均标准肥75斤	7月18日发棵肥，菜饼100斤（折标准肥20斤），加碳铵40斤（折标准肥26斤）混合肥田；7月25日捉黄塘接力肥，施标准肥5斤；8月5日穗肥，施标准肥25斤，8月20日穗肥，施标准肥15斤。亩均标准肥91斤

人工直播　90年代起村域采用人工直播稻，随后几年全面推广。人工直播稻的大田准备与常规移栽稻相同，待田面沉实后直播。直播稻的生育进程迟于移栽稻，收割前的断水日也相应推迟。2020年，村域水稻仍保持人工直播方式。

成熟水稻（2020 年，钱伟明摄）

高产水稻（2020 年，钱伟明摄）

优良品种（2020 年，钱伟明摄）

（二）小麦

中华人民共和国成立前，村域地势低洼、土质黏重、土壤含水量高，小麦限种于较高田块，面积不多，产量很低，亩产仅 25 公斤左右。50 年代，种麦改为阔坨狭沟，坨宽 2～2.5 米，坨形做成“鲫鱼背”式（中间高，坨边低）；麦田耕耙以牛力为主，人工坌田作业主要是做坨头和斩麦籽，露籽麦有所减少；施足基肥，腊肥普遍施河泥，春肥使用少量化肥。

60 年代，小麦栽培注重提高播种质量，精细耕作，播后细斩泥块盖没露子。麦田施肥提倡“早施苗肥、重施腊肥、普施春肥”；沤改旱的低田施磷肥。三叶期施苗肥，都采用河泥浆加氨水；腊肥一般施猪窠再浇河泥浆；春肥在二月中旬采用大粪或氨水。1964 年，新生大队第 12 生产队 40 亩小麦，每亩平均施麦柴泥 30 担作基肥，每亩追肥 2 次，是年亩产 172 斤，位于陆桥公社各生产队首位。

1972 年，陆桥公社第 1 生产队（现新生村 19 组）请沙洲塘桥师傅高良宝来示范，推广塘桥种麦方法。1973 年，陆桥公社第 1 生产队小麦亩产 265 公斤。以此为样板，陆桥公社全面推广塘桥种麦方法。70 年代末，推广陆桥公社吴江板田麦种麦方法，种麦不再耕翻。由于用工量未省，种板田麦的不多。80 年代初期，陆桥公社推广套播麦，村域始种稻田套种麦，俗称“懒扑麦”（懒扑，本地方言，意为懒惰）。1989 年陆桥公社普及套播麦。

2005 年始，村域实行中拖翻耕种麦。先把麦种撒播在收获后的稻田里，然后中型拖拉机开沟、翻耕、露籽麦覆盖一次性完成，播种效率大大提高。2020 年，新生村秋播小麦 286 亩，全部采用中拖翻耕播种方式。

（三）油菜

油菜栽培分育秧与移栽两个阶段。60 年代前，培育油菜壮秧标准是“矮脚四叶齐”，使用旱地和零星隙地作苗地，寒露前播种。60 年代，甘蓝型油菜扩大种植，提倡培育“矮脚六叶齐”菜秧，菜秧地与大田的面积比例为 1∶10 左右，播种期安排在 9 月底 10 月初。70 年代，推广太仓璜泾公社新华大队经验，油菜育秧面积扩大，秧大田面积比例为 1∶6 或 1∶7。90 年代后，菜秧田普遍施用复合肥。

村域历史上油菜移栽时间在立冬之后。农业合作化前，油菜采用打潭移栽，亩栽油菜 4 000 棵左右。农业合作化后，打潭移栽提倡合理密植，亩栽增加到 5 000 棵左右。1966 年始，油菜移栽采用套勒刀栽。种油菜提倡阔垅深沟，垅宽增加到 1.7~2 米，沟宽 33 厘米，沟深 20 厘米，亩栽油菜 5 000~6 000 棵。70 年代，推广“新华经验”，种油菜改横套勒为竖套勒，缩小株距，亩栽油菜 8 000 棵左右。油菜移栽期安排在三麦播种之后，有的至 12 月初才能将油菜种完。80 年代，村域内开始种植免耕油菜，俗称板田菜子。为确保菜秧苗适龄移栽，移栽期提前到 11 月上旬。移栽时稻板田不再耕翻，直接用铁锹撬缝种植。一般先种油菜后开沟，多雨年份先开部分沟，等田干爽后，再种油菜。油菜依水稻行向竖种，亩栽 8 000~10 000 棵。每 3~4 条（行）油菜开一条竖沟，横头开横沟，中间开腰沟，形成高畦，沟泥坌细壅根。进入 21 世纪，村域内继续种植免耕油菜。2018 年始，村域停种油菜。

三、肥料和种子

肥料　中华人民共和国成立前，村域农作物肥料主要是河泥、家畜粪肥、大粪等有机肥料。50年代除种红花草作青绿肥外，村域还种部分蚕豆、豌豆作青绿肥，用大粪作秧田肥料、油菜麦田追肥。60年代起，用河泥积造草塘泥，用草塘泥做水稻基肥；开始用水花生、水葫芦、水浮莲和绿萍做绿肥；普遍用氨水（有称“母液”，均工业废水）肥田；首先在沤改旱田施磷肥种绿肥，使红花草等绿肥产量成倍增长。1962年起，新生大队划分饲料地，分配饲料粮，鼓励社员养猪积肥。1963冬到1964春，新生大队通过草塘泥沤制，开展大积水稻基肥运动。采用二翻手（冬天稻草塘泥，春天绿肥翻塘），三搭配（每亩稻草100斤，搭配过磷酸钙10~30斤和绿肥500~800斤），就地开潭，就地沤制，这种草塘泥制作办法，成为陆桥公社推广的农业样板经验。当时全大队开潭496个，沤制69 250担草塘泥，解决1 385亩（每亩50担）水稻基肥。1965年后，油菜基肥、抽薹肥，三麦苗期、水稻秧田普施磷肥；1969年起，双季早稻必施磷肥。70年代，将猪窠与草皮泥堆置成堆肥，作麦田随籽肥；县环卫所发粪票供生产队，装粪肥田；用菜饼作水稻秧田肥、晚粳长粗肥和油菜的基肥；用碳酸氢铵增施双季稻田肥。1973年，新生大队集体耕地面积2 253亩，红花草种植面积958亩，占集体耕地面积42.52%。另外，新生大队还鼓励社员在自留地种植红花草留收种子，1公斤花草籽向集体换2公斤粮食。是年，新生大队绿肥产量4 287担，其中199.5亩红花草留收种子，单产45.1公斤，总产9 000公斤。当时陆桥公社是昆山县红花草籽重点产区，1公斤红花草籽可换2公斤化肥，按是年新生大队红花草籽产量，可调换化肥18 000公斤，占全公社的12.95%。80年代，尿素供应量增加，村域不再有硫铵、氯化铵供应；村域推广机插秧，用河泥作水稻育秧床土，但取河泥费工又费力，故河泥不再作为主要有机肥使用，草塘泥也不再积造；为弥补耕地有机质不足，村域实行秸秆还田。90年代后，化肥敞开供应，肥田以尿素为主，碳铵一般用在插秧前施用；村域提倡按比例搭配肥料三要素（氮、磷、钾），复合肥开始普遍使用。21世纪，秸秆还田为耕田增强有机肥力的主要形式，复合肥为无机化肥的常见种类。

种子　中华人民共和国成立后，政府推广良种，号召农民开展选种留种。

50年代，推广陈永康经验，普遍进行片选和穗选，但品种混杂，缺种现象依然存在。1955年，村域内实行“籼改粳”，1960年实行“中改晚”，1963年晚稻种植过半。1964年，昆山县政府在新生大队搞试点，示范种植矮秆晚粳农垦58，新生大队第8生产队、第12生产队分别试种（第8生产队33亩，第12生产队13.9亩），获得丰收。随之该稻在陆桥地区推广。是年，新生大队中稻品种有处暑黄、农林29号、八一稻；晚稻品种有苏稻1号、农垦58号、农垦44号、老来青。1966年起，生产队普遍设立种子田，以穗选或调进的良种作种子田种子，以自繁自留种子为主，辅以调剂。是年4月，新生大队8队作为陆桥公社蹲点队，负责种子、植保、栽培等推广工作。70年代，水稻单、双季稻并存，小麦推广扬麦1号品种。1972年，新生大队第1生产队为陆桥公社蹲点队，试种从苏州地区农科所引进的水稻新品种苏粳2号，面积70亩，当年单产达千斤，所产稻谷全部留种，供全公社各生产队调用。苏粳2号后取代农垦58，成为陆桥公社水稻当家品种。1973年，陆桥大队第1生产队（现新生19组）种植扬麦1号小麦品种（亩产达到265公斤），发挥品种高产性能，之后推广到陆桥公社全境。1978年，新生大队634亩杂交稻平均亩产502.4公斤，比单季粳稻增产21.4%。1979年，新生大队第1生产队试验探索二熟制种植途径（即不种双季稻），获得成功。当时水稻主要品种是杂交优质稻（籼优2号）、苏粳2号、昆稻2号。1980年，大队实行供种，大队确立一个生产队为种子队，由大队农技员协助队长抓好种子生产，提供本大队种子需要，消除品种多、乱、杂现象，改善种子纯度。1982年，新生大队第2生产队杂交制种稻15亩，单产1 507.4斤，总产2.26万斤。1985年杂交稻制种停止。1988年开始，村域农作物种子接受陆杨镇级供种。1993年，新生村建造小农场39亩，投资3万多元建造4间种子仓库。1994年，陆杨农业公司综合实验场（新生村域有54.8亩）建成，辟种子繁殖基地240亩，村域农作物种子来自该综合实验场。进入21世纪，农作物种子由玉山镇农业技术推广站统一协调供种。

四、作物产量

村域处昆北阳澄湖地区低洼圩区，中华人民共和国成立前，由于水涝严重，土质差，农作物产量较低，1949年，水稻亩产不足100公斤，三麦亩产25公斤左右，油菜亩产15公斤上下，属典型的低产地区。对新生村荷花漤一带农田，当时曾流传俗语："荷花漤，荷花漤，一发水就要打脱饭碗头，只见秧船去，少见稻船归。"中华人民共和国成立后，村域兴修水利、改善生产条件，推行"三改"（一熟改两熟、籼稻改粳稻、早粳改晚粳），推广优良品种，增施有机肥料，改进植保技术，农作物产量不断提高（见表5-7）。1964年，新生大队第12生产队搞昆北低洼地区农业样板生产，粮油产量大幅提升（见表5-8），亩产列陆桥公社各生产队首位，成为全县农业低产变高产典型。1971年，昆山县对水稻亩产千斤大队、小队登记，新生1队成功入围。是年，该队水稻种植面积187亩，亩产500.25公斤，比1970年增产12.1%，比陆桥公社平均水稻亩产高出27.29%。1973年，新生大队水稻亩产超千斤（见表5-9）。1982年，新生大队油菜平均亩产172.5公斤，居全县之首，获省政府嘉奖。是年，新生大队全年实收粮食1 110.26吨（见表5-10）。90年代之后，粮油产量多项指标创造历史纪录（表5-11）。1993年是粮食总产最高年份，产量达1 413吨。2011年是三麦亩产最高年份，亩产380.0公斤。2013年是水稻亩产最高年份，产量达710.8公斤。2017年最后一年种植油菜，亩产150公斤，是1959年的4.29倍。2020年，新生村三麦亩产300公斤，水稻亩产500公斤，分别是1959年的3.16倍和3.25倍。

表5-7　1959—1964年新生大队粮油产量统计表

年份	三麦			水稻			油菜籽		
	面积/亩	亩产/公斤	总产/吨	面积/亩	亩产/公斤	总产/吨	面积/亩	亩产/公斤	总产/吨
1959	801	95.0	76.10	2 531	154.0	389.77	160	34.9	5.59
1960	1023	63.3	64.78	2 537	140.1	355.56	347	20.1	6.98
1961	1082	44.2	47.86	2 288	96.5	220.74	119	10.0	1.19
1962	964	53.5	51.57	2 436	160.0	389.76	151	11.8	1.78
1963	761	47.2	35.92	2 352	216.5	509.21	147	15.4	2.27
1964	807	73.5	59.31	2 352	281.5	662.09	168	46.5	7.81

注：1959年新生大队成立前，为相应范围内的统计数据。

表 5-8 1958—1964 年新生大队第 12 生产队粮油产量选年表

单位：公斤

作物	1958 年	1960 年	1961 年	1962 年	1963 年	1964 年
水稻	200.0	137.5	73.5	152.5	246.0	356.0
三麦	60.0	37.5	30.0	19.5	43.5	98.5
油菜	35.0	25.0	15.0	9.0	21.0	61.5

表 5-9 1973 年新生大队各生产队粮油产量统计表

队别	三麦			水稻			油菜籽		
	面积/亩	亩产/公斤	总产/吨	面积/亩	亩产/公斤	总产/吨	面积/亩	亩产/公斤	总产/吨
1	77	121.3	9.34	189	565.1	106.81	26	88.1	2.29
2	85	118.4	10.06	225	482.5	108.56	32	65.3	2.09
3	72	88.9	6.40	176	451.8	79.51	23	113.0	2.60
4	82	87.2	7.15	209	490.9	102.60	26	90.8	2.36
5	65	118.0	7.67	153	492.6	75.37	22	86.8	1.91
6	78	108.2	8.44	190	502.5	95.48	28	76.1	2.13
7	59	120.2	7.09	146	537.7	78.51	21	78.6	1.65
8	113	100.9	11.40	300	500.9	150.26	42	59.0	2.48
9	84	67.1	5.64	204	481.0	98.13	26	48.1	1.25
10	68	107.5	7.31	179	492.5	88.16	25	72.4	1.81
11	62	101.0	6.26	152	501.5	76.23	22	97.3	2.14
12	54	81.3	4.39	130	484.6	63.00	23	59.6	1.37
总计	899	101.4	91.15	2 253	498.3	1 122.62	316	76.2	24.08

表 5-10　1982 年新生大队各生产队粮食产量统计表

队别	三麦			水稻		
	面积/亩	亩产/公斤	总产/吨	面积/亩	亩产/公斤	总产/吨
1	90.0	306.7	27.60	186.5	415.0	77.40
2	94.0	284.0	26.70	223.2	395.8	88.35
3	73.0	262.5	19.16	174.2	365.0	63.58
4	91.5	259.8	23.77	207.0	384.3	79.54
5	66.5	361.4	24.03	132.5	425.9	56.43
6	40.0	312.0	12.48	91.4	314.7	28.76
7	57.0	279.1	15.91	137.5	413.1	56.80
8	61.6	276.5	17.03	147.6	391.6	57.80
9	92.0	309.2	28.45	204.0	347.6	70.91
10	79.0	251.0	19.83	178.0	343.8	61.20
11	70.0	299.7	20.98	150.0	352.3	52.84
12	51.3	312.3	16.02	109.0	393.6	42.90
13	45.0	280.2	12.61	96.4	366.5	35.33
14	66.0	300.2	19.81	151.4	356.9	54.04
合计	976.9	291.1	284.38	2 188.7	377.3	825.88

表 5-11　1990—2020 年新生村三麦、水稻、油菜籽产量选年统计表

年份	三麦			水稻			油菜籽		
	面积/亩	亩产/公斤	总产/吨	面积/亩	亩产/公斤	总产/吨	面积/亩	亩产/公斤	总产/吨
1990	1 011	271	273	2 248	523	1 176	850	112	95
1991	1 010	271	273	2 245	519	1 165	839	110	92
1992	1 012	277	281	2 213	500	1 107	844	137	116
1993	982	277	272	2 264	500	1 132	629	124	78
1994	953. 8	260	248	1 965	515	1 012	558. 1	43	24
1995	880. 4	276	243	1 661	525	872	617	141	87
1996	1 000	307	307	1 726	510	880	400	145	58
1997	1 088. 3	317	345	1 773	502	890	299. 3	147	44
1998	1 228. 6	140	172	1 759	582	1 024	171. 4	70	12
1999	1 000	270	270	1 350	500	675	496. 4	137	68
2000	600	250	150	747	509	380	227	141	32
2009	205	351. 2	72	175	622. 9	109	14	142. 8	2
2010	146	349. 3	51	109	596. 3	65	—	—	—
2011	50	380. 0	19	262	606. 9	159	—	—	—
2012	327	376. 2	123	318	622. 6	198	—	—	—

续表

年份	三麦			水稻			油菜籽		
	面积/亩	亩产/公斤	总产/吨	面积/亩	亩产/公斤	总产/吨	面积/亩	亩产/公斤	总产/吨
2013	465	350.5	163	325	710.8	231	—	—	—
2014	297.8	342.5	102	138	485.5	67	200	50	10
2015	297.8	349.2	104	86	639.5	55	10	150	1.5
2016	286.2	293.5	84	101	633.6	64	10	150	1.5
2017	156	352.6	55	86	639.5	55	10	150	1.5
2018	156.2	352.1	55	86	627.9	54	—	—	—
2019	156	339.7	53	86	639.5	55	—	—	—
2020	68.6	300	20.6	153	500	76.5	—	—	—

注：2001—2008 年空缺，因数据不全、无法能满足表式。

第三节　多种经营

一、家畜养殖

养猪　养猪是村域农户传统副业。中华人民共和国成立前后，农户养猪多以青糠、麸皮和豆饼等为猪饲料。苗猪是本地种，养殖成本高，生长慢，数量少，收益微。农业合作化时期，村域王桐高级社办起集体养猪场。60年代，社员年终分配时，提留猪饲料粮，鼓励社员养猪积肥。1964年，新生村域养猪264头。1973年，新生村域年末圈存生猪809头，上交国家肉猪441头。1976年，新生大队第7生产队6亩耕地（4亩种植饲料）被陆桥公社征用，办公社养猪场，建猪舍等用房37间，饲养母猪41头、公猪3头，繁殖苗猪。80年代初，因乡镇企业用地需要，养猪场停办。1982年，新生大队养猪业达到顶峰，年末圈存生猪807头，其中母猪54头，肉猪753头。是年出售肉猪1 216头，苗猪870头，全年用去饲料粮126.24吨，其中奖励性饲料粮107.61吨。1985年起，多种经营门路增多，生猪收购价格和饲料供应价变化，加上种田以化肥为主，减少了农家肥的需求，养猪业下降。是年，新生村全年肉猪出栏669头，年末圈存生猪301头，其中母猪13头。90年代，新生村的养猪规模继续缩小。1990—1992年，新生村域年末圈存生猪数量分别为143头、174头、205头，出栏肉猪数量分别为257头、265头、243头。2004年，新生村帮助2户贫困家庭养猪，脱贫致富。2007年，村域内停止养猪。

养牛　中华人民共和国成立前，村域种田较多的农户饲养耕牛。中华人民共和国成立后，耕牛被称作“农家宝”。政府号召农民养好耕牛、繁殖耕牛，保证农业生产有足够的畜力。1964年6月，新生大队饲养耕牛29头，其中母牛13头，不能犁田的小牛有6头。1973年，饲养耕牛36头，其中不能犁田的小牛5

头。随着拖拉机的日渐普及，耕牛需求量逐年减少。1982 年，新生大队饲养耕牛 12 头。80 年代末，村域无耕牛。

养羊 村域农民不习惯养羊，中华人民共和国成立前后，少数农户饲养 1~2 只山羊。60—70 年代，提倡圈养绵羊，采毛出售，有的农户自制羊毛绒线织衣。1973 年，新生大队社员自养绵羊 12 头。90 年代，随着人民生活水平的提高，人们视羊肉为冬令进补佳肴，喜食羊肉的人渐增，山羊的饲养量有增无减。1997 年，新生村域年末圈存山羊 120 头，出栏 130 头。2004 年，圈存山羊 130 头，出栏 95 头。以后山羊饲养规模逐渐减小，2007 年，村域内停止养羊。

养兔 中华人民共和国成立前，村域农户养兔稀少。50 年代，有农户饲养菜兔。60 年代，农户将养兔当作家庭副业。70 年代，饲养安哥拉长毛兔。1973 年，新生村域养兔 125 只。1983 年始，新生村村民开始饲养西德长毛兔。由于收益好，村民积极性高，1985 年，养殖长毛兔的村民接近 60 户，为历史最多。1986 年，长毛兔饲养开始回落。1987 年长毛兔饲养继续减少。是年，村域长毛兔出栏 435 只，年末存栏兔子 128 只，年产兔毛 48.5 公斤，有 8 个村民小组的农户当年停养。1988 年，村域全部停养长毛兔。

二、家禽养殖

村域农户素有饲养家禽习惯，主要饲养鸡、鸭、鹅。中华人民共和国成立前，农户饲养少量家禽，一般雄的用于食用，雌的产蛋，苗禽由自己土法繁育；低田区部分农户饲养群鸭产蛋出售。1973 年，新生村域农户饲养家禽 996 羽。1982 年，新生村域集体饲养家禽 2 395 羽。1987 年，农户家禽年末存栏 3 138 羽，肥禽出栏 5 500 羽。1997 年，农户饲养家禽 20 000 羽，其中，年末存栏 4 000 羽，肥禽出栏 16 000 羽；禽蛋年产量 2.8 吨，其中鸡蛋和鸭蛋数量各半。2003 年，有农户养鸽子 150 羽。2004 年，新生村帮助 4 户村民开展养鸡就业，脱贫致富。是年，新生村域出产禽蛋 3.56 吨，其中鸡蛋 1.84 吨，鸭蛋 1.72 吨；喂养鸽子 130 羽。2007 年，村域停止养殖家禽。

三、水产养殖

村域水产养殖，有利用河道、溇、浜等水域的河沟（河道）养殖，有利用低洼农田开挖鱼塘的精养塘（池塘）养殖。

50年代，村域所在的王桐高级社进行河沟养鱼，放养花鲢、白鲢、草鱼。1962年始，陆桥公社渔业大队（现新生村15~18组）承担全公社的水面养殖任务。1962—1964年，渔业大队养鱼面积分别为1 300.5亩、1 185亩、1 487亩，产鱼量分别为13.99吨、10.51吨、17.13吨。1964年，由于管理不便，渔业大队将部分内河退还给农业大队。是年新生大队养鱼面积16亩，养鱼2 600尾（第3生产队10亩，600尾；第6生产队6亩，2 000尾）。

1984年，村域首次调整农业产业结构，支持农民开塘养鱼。1985年，水丰村（即渔业大队）开精养塘58.5亩，养殖青、草、鳙、鲢、鳊、鲫、鲤等鱼种。是年，新生村水产品产量10吨，水丰村水产品产量173吨。1987年，新生村鱼产量17吨，其中村集体产量10吨。90年代前期，水丰村渔民赵亚弟、潘勤明承包陆杨镇水产实验场（超英村西泾河以西），进行水产养殖。

由于种植业效益下降，1997年秋后，村域再次调整农业产业结构，鼓励耕田调整为精养鱼塘。是年，新生村水产养殖总面积257亩，产量184.3吨。其中，养鱼面积147亩，产量180吨；养虾面积50亩，产量2.5吨；养蟹面积60亩，产量1.8吨。1999年，新生村在满足村民开塘养殖的基础上，通过向外招标，开挖鱼塘，将累计180亩耕地调整为精养鱼塘，超额70亩完成当年镇政府下达任务。是年，新生村有养殖户23户，河沟养殖面积110亩，精养塘养殖面积519.9亩。全年水产养殖产量206.5吨，其中鱼类202吨，虾蟹类4.5吨，全年水产养殖产值183.80万元。

2001—2003年，新生村农工副三业总收入268.6万元，其中水产养殖收入115万元，占42.81%，水产养殖成为新生村的主要产业。2001年，全村分6个水产养殖片，由村干部分片包干服务，鼓励养殖户引进南美白对虾、黑鱼和甲鱼，开展特种水产养殖。2002年，新生村重点抓好水产养殖规模化经营。是年，新生村水产养殖面积为1 580亩，其中精养塘面积1 230亩，河沟面积350亩，共有养殖户65户，当年鱼塘上交收入36.20万元，占全村农副工三业总收入的34.48%。2003年，水产养殖面积2 039.7亩，其中精养塘面积1 267.7亩，河沟面积772亩。是年，新生村水产养殖总产量达471吨，其中鱼产量397吨，虾产量44吨，蟹产量30吨。

2003 年新生村划归玉山镇管辖，之后的几年中开发建设力度加大，鱼塘被征用，水产养殖规模逐渐回落。2004 年，昆山民营科技工业园征用新生村朱姓养殖户养蟹鱼塘 32.73 亩，用于开发建设。是年 6 月，新生村与昆山民营科技工业园签订征地补偿协议，新生村鱼塘养殖面积 241.53 亩被开发征用。2018 年，村域河沟养殖停止，精养塘养殖面积 206.4 亩。2019 年，因昆山高新区唐龙现代渔业产业园（新生一期）建设项目对原鱼塘改造，206.4 亩鱼塘停养。2020 年，新生村有精养塘 171 亩。

四、经济作物

中华人民共和国成立前后，各个自然村农户习惯在零星杂边地上种植一些蔬菜瓜果，自产自用，多余部分腌制咸菜、萝卜干、瓜条储存备用。蔬菜种植品种较多，冬春有青菜、塌菜、雪里蕻、菠菜、韭菜、莴苣等，秋夏有茄子、豇豆、毛豆、扁豆、黄瓜、菜瓜、丝瓜、茭白等。村域无成片果园，少数农户在宅基地周围种植 1~2 棵桃树、枇杷或柿树。

60—70 年代，社员在自留地上种植一些传统蔬菜瓜果，也有社员尝试种植一些新品种，如，60 年代村民顾勤生在自留地首次引进种植芋头，获得成功。1964 年，新生大队有集体果园 3 亩，各生产队放养菱角 101 亩，其中第 6 生产队有 3 亩水面还进行鱼、菱同养。60 年代中期至 70 年代初，社员自留田种植的蔬菜瓜果供自家食用。为提高集体副业收入，壮大集体经济，70 年代初，新生大队从各小队抽调部分劳动力，组建副业队，种植各类蔬菜瓜果，面积 20 余亩。当时，副业队发挥专业种植优势，批量种植大白菜。70 年代末，新生大队各生产队集体种植蘑菇，4~5 年之后，蘑菇销售市场不景气，蘑菇种植消失。80 年代初，新生大队副业队开始种植冬瓜，以此示范推广，冬瓜成为陆杨地区种植的主要菜用瓜。1983 年新生大队副业队停办。

80—90 年代，新生村经济作物主要是蔬菜，农户还种植少量水果（桃子、橘子）、芝麻。进入 21 世纪，新生村经济作物品种日趋丰富。外来专业户进村开展蔬菜大棚种植，实行规模化经营。2003 年，新生村蔬菜（含菜用瓜）种植面积 50 亩，总产 150 吨；瓜类（西瓜、甜瓜、香瓜）种植面积 8 亩，总产 12 吨；芝麻种植面积 12 亩，总产 0.75 吨；橘子种植 3 亩，产量 2 吨；桃子种植 4

亩，产量3吨；葡萄种植3亩，产量2.2吨；菱角产量4吨，藕产量2吨。2006年，新生村经济作物面积173亩，其中蔬菜地面积80亩、瓜类10亩、花木8亩、藕20亩，其他55亩。新生村有蔬菜种植规模经营户1户，苗木种植户3户，莲藕种植户1户。2009年有花卉规模种植户1户（种植面积12亩），蔬菜规模种植户1户（种植面积18亩）。2018年，经济作物种植面积175.63亩，其中蔬菜85.72亩，瓜类70.2亩，花木19.71亩。2019—2020年，其他经济作物停种，村民只种植蔬菜。

第四节　农田水利

一、土地平整

中华人民共和国成立前，村域土地大小不等，田埂弯曲、坟地凌乱，头近田高、二近田低，“天井田”“锅底田”居于小圩之中，影响农田排灌和耕作。三麦、油菜处于荒芜状态，一年一熟的水稻亩产量在一百公斤左右徘徊。50年代中期，在政府的号召下，村域内劳动力每年冬春均参加农田水利建设。

60年代，新生大队掀起农业学大寨高潮，结合小型水利工程，削坟填浜潭，大搞土地平整。1963年冬，新生灌区兴修排灌结合工程，在荷花溇、下民二个围圩，投放617个劳动力，完成2 186个土方，开挖半挖半填的排灌渠道11条（长3 039米），做高低田隔堤岸4条（长1 094米）。工程对以前挖废的土地、低洼潭进行填土平整，扩大耕地面积2亩。1966年秋，新生大队第8生产队将上民圩、下民圩整成南北向田块（长90~95米，宽15米）；又把东溇、西溇的耕地整成东西向两片田，长100~110米，宽15米，形成丘灌丘排、灌排分开的规格化农田。60年代末，新生大队坟地平整为耕地的有24处，荒地平整为耕地的有 4 处。

70 年代，国家提出耕地“园田化”，按“土地平整，格田成方，灌排分开，丘灌丘排，自立门户，互不影响”六条标准建设吨粮田，新生大队掀起平整耕地热潮。结合整田，开排水沟（4 块田宽开 1 条沟），通过填废浜潭，新生联圩回收耕地面积 22.6 亩。1979 年，新生大队有集体耕地 2 223 亩，稻麦亩产达到“双纲”（亩产 800 公斤），实现稳产高产、旱涝保收的土地平整目标。

90 年代到 21 世纪，新生村土地平整主要内容是土地复垦复耕（详见本志第二章第三节）。

二、河道疏浚

1958 年，村域常泾河（皇仓泾河新生段）拓宽浚深，河道全长 0.9 千米，河面宽 30 米，河底高程-0.5 米，为昆北地区主要泄洪通道。1963 年，新生灌区被陆桥公社定为样板圩，要求三麦生长期的内河水位控制在吴淞高程 1.6 米，地下水位降到田面以下 0.8 米。于是，村域对圩内孝仁塘北段，五千溇东稍、荷花溇西稍开阔加深，将河底高程达到 0.5 米，河底宽 2.5 米，坡度 1∶1。

1970 年 12 月，昆山县政府对村域澜漕河进行拓浚，截弯取直。河面宽 30 米，河底宽 12 米，河底高程为吴淞零点，边坡 1∶2，堤顶高程 4.5 米。拓浚后的澜漕河成为西杨林塘的一部分，增强了泄引能力，改善了通航条件。1975、1977、1978 年冬，村域内青壮年社员在新生大队统一组织下，分别参加村域外浏河、娄江、吴江太浦河的水利拓浚工程，完成上级下达的挑挖土方任务。

2002 年 4 月，新生村在第 1、2 组所在地开挖一条出水河，解决了第 1、2 组农田出水难问题。2005 年，村域新开挖五号河一条。2012 年，杨林塘疏浚，航道整治工程启动，将河道由原来的 30 米拓宽为 75 米，整治后提升为标准三级航道，底宽不小于 45 米，转弯半径不小于 480 米，水深不小于 3.2 米，可通航 500 吨级以上的船舶，排涝泄洪能力进一步加大。是年，孝仁塘河疏浚，全长 1.1 千米，河面宽 20 米。2014 年，新生村整治五号河，开挖北门路桥到皇仓泾河新生段河道 200 米。

三、农田灌溉

五六十年代农耕牛水车（资料翻拍）

三车灌溉 中华人民共和国成立前，村域农田全部使用水车戽水灌溉。水车动力可来自人力（手牵、脚踏）、畜力（牛拉）、风力，相应的水车分别称为人车、牛车和风车，合称“三车”，这种灌溉农田的方式称为三车灌溉。50—60年代，村域内开始有机电排灌，但由于灌溉配套设施限制，不能满足所有农田机电灌溉需求，三车灌溉仍有沿用。1964年6月，新生大队拥有三车19台，其中风车2台，牛车2台，人力车15台。1966年，新生大队拥有三车15台。70年代，三车灌溉消失。

泵站灌排 1960年5月，新生电灌站（后简称“新生北站”）建成，配置30千瓦电动机、水泵一套，负担灌溉面积1 100亩。1963年，新生北站实灌水稻面积1 723亩，排涝面积1 794亩。1964年，新生大队有2 457亩耕地，其中2 252亩采用电灌（电动机带动水泵灌排）、100亩采用机灌（用内燃机带动水泵灌排）。1970年5月，新生机电灌排站（简称“新生南站”）建成。1973年，新生大队2 253亩集体耕地全部实行水电灌溉，实现旱涝保收。1983年2月，新生北站重建，灌溉面积1 100亩。1985年4月，新生南站重建，灌溉面积474.4亩。2005年，新生村在荷花溇修建小机电站1座，为村里50亩复耕复种耕地提供灌溉保障。2012年荷花溇填平，荷花溇站拆除。2014年7月，新生北站重建，不再承担农田灌溉任务，主要负责排涝。是年，新生南站拆除，保留南站节水闸。之后，因村域杨林塘河南耕地面积极少，农田排灌由农户自己购买小型水泵自行处理。

自60年代始至2003年，杨林塘河北的新生村所属农田灌溉任务，由周市镇、陆杨镇跃进联圩的跃进、洋白塘2个排灌站承担。2019年11月，新生村始建渔业产业园排灌站。2020年3月，渔业产业园排灌站建成，负担村域杨林塘河北 384 亩农田的灌排任务。

开挖水沟 中华人民共和国成立前，村域自然小圩内很少有排水沟，积水没有去路。麦和油菜以抡沟形式种植，排水能力有限，湿害常存，产量很低。50 年代，为防止圩心田积水成涝，村域始开排水沟。1963 年，荷花溇和掘龙浜北面的 690 亩低田中，仅有排水沟 4 条，长 600 米。是年 11 月，新生大队在荷花溇、下民和五千溇两岸开挖主、支排水沟 13 条，降低地下水位，使 675 亩一熟田变成二熟田，三麦、水稻单产都超过历史最高水平，故称排水沟为“丰产沟”。1964 年，新生大队第 12 生产队，40 亩三麦共 10 块田，块块开好排水沟，每隔一抡一条深沟，二头有横沟，达到沟沟相通、雨停田干，减轻病害，确保三麦的增产。是年三麦亩产 197 斤，创历史最高纪录，为陆桥公社之首。1965 年，新生大队在第 1、12 生产队埋设砖质地下暗管 35 亩，埋管深度 0.8 米，用于田间排水，后因此法不适应水稻田间排水要求，未做推广。70 年代，村域麦田先用本地方锹开第一锹，再用塘桥锹开第二锹，使沟深达到 60~70 厘米。这种沟不仅排除地面水，又排地下水，有效地控制了渍害的发生。1976 年，村域全面开展治水改土，开挖大排水沟，防渍能力进一步提高。80 年代始，村域有开沟机开挖麦田内的排水沟。2020 年，村域建成昆山高新区唐龙现代渔业产业园（新生一期），建设高标准农田。农田排水采取沟渠初级沉淀措施，通过一级、二级净化，放至三级净化塘和生态塘，实现环保生态排放。

修筑渠道 1960 年，村域渠道工程与电灌站建设同时起步。1963 年，新生灌区有干渠 2 条，长 2 035 米，支渠 7 条，渠道节制闸 2 座，支门 6 个，渡漕 1 条 3 节。1963 年年底，新生大队学习常熟任阳公社陆泾站地下渠道先进做法，在陆桥公社内首先将高渠改成低渠，改挖和新挖地下渠道，其中：改挖渠道 3 条，长 1 600 米，工程土方 1 050 立方米；新挖渠道 2 条，长 1 000 米，工程土方 580 立方米。地下渠道实行灌排两用，后陆桥公社其他大队向新生大队学习，全面推广。1972 年，村域内有电灌站 2 座（新生北站、新生南站），干、支两级渠道系完备，实现灌排分开，达到百日无雨保灌溉，采用“以水调温、以水调气、以水调肥”的科学农田灌溉用水方法。1999 年，新生北站灌溉区有干渠 2 条（长3 500 米），支渠 11 条（长 1 200 米），倒虹吸 4 条；新生南站灌溉区有干渠 2 条（长 1 180 米），支渠 4 条（长 1 840 米），倒虹吸 1 条。

四、圩堤建设

圩堤　1950年春，昆山县人民政府在周墅、巴城等地区进行大规模修堤复圩工程，重点加固加高大塘岸堤。村域西澜漕河、常泾（皇仓泾河新生段）、枫塘河的大塘岸堤得到修筑，堤顶高程达到3.98米，顶宽1米；圩内中塘堤岸加高至3.9米，堤顶宽0.6米。1963年11月16日，水利电力部、苏州专署水利局和昆山县水利局联合组成工作组，在新生大队开展以小型农田水利为主的改造低产田试点（又称样板水利工程）。陆桥公社成立水利工程指挥部，新生大队也成立相应指挥组织。工程于当月20日开工，是年12月底完工，投入劳动力130人，开挖沟渠、拓浚河道、整修防洪堤（表5-12）。为保护圩堤，一律禁止在圩堤种植什边地和耕翻。此后，每年冬春都整修大塘圩岸，直至60年代末（新生大队样板水利工程被收录在《昆山解放60周年大事记》中）。1964年，昆山农田水利管理站对新生样板圩除涝规划要求，圩内全部河岸、溇岸高出低田田面50厘米以上，岸顶高程达到3.0米以上。1970年，村域西杨林塘拓浚，沿两岸筑防洪圩堤各1条，各长1.2千米。1983年始，新生村修筑外河防洪圩堤，1984年建成，堤顶宽3.2~7.7米，高3.96~5.03米，总长3.3千米。80年代末到21世纪，村域多处大塘圩堤加固维修。1993年，杨林塘东新生桥向西至孝仁塘口修筑圩堤石驳岸452米。2001年，新生村第1、2组新塘河建砖质防洪圩堤（长1.2千米），南常泾河（皇仓泾河新生段）建楼板护坡防洪圩堤（长0.9千米）。2005年，新生村在水丰新村枫塘河圩堤筑300多米楼板护坡。2012年，杨林塘河道整治，两岸圩堤全部修筑石驳岸。2020年，新塘河圩堤水利工程改造，修筑石驳岸。

表5-12　1963年新生样板水利工程一览表

圩堤名称	顶宽/米	内坡比	堤顶高/米	长度/米	工程量/米^3
新塘河北堤	2	1∶1.5	4.5	1 500	700
常泾河西堤	2	1∶2	4.8	1 000	1 500
西澜漕南堤	1.5	1∶1.5	4.5	1 500	1 500

注：本表中的常泾河现为皇仓泾河新生段。

新江联圩堤防景观（2016年，村档案室提供）

联圩　1958年人民公社建立时，村域属澜漕联圩。澜漕联圩西起茆沙塘，东至常泾河，南抵新塘，北达枫塘，总面积18 473亩。1960年，新生北站建成，在澜漕联圩成立新生灌区，灌区东起常泾河（皇仓泾河），西达郭家港，南自新塘河，北至西澜漕，内有孝仁塘、五千溇、掘龙浜、荷花溇等主要河道。1963年，灌区总面积2 800亩，其中水稻面积2 432亩（新生大队11个生产队2 158亩、陆桥大队1个生产队61亩、杠江大队4个生产队213亩）。1964年，大虞塘南北两坝拆除，新生灌区独立成为新生联圩。是年，新生灌区总面积减少到2 625亩，其中水稻面积2 070亩，水面积172.5亩（内有死河面积70.5亩），其他面积382.5亩（包括宅基、竹园、水潭渠道、旱地等）。灌区内地势低洼，田面高程在（吴淞零点，以下同）2.5米左右的有104亩，高程在2.7~2.9米的有1 650亩，高程在3.0~3.1米的有316亩。1983年，新生村在村域新塘河到杨林塘之间建造常泾河堤防，至翌年完成，堤防长度为900米。1999年，新生村域分属新生、跃进2个联圩（详见表5-13）。2006—2010年，为缩短防洪堤岸长度，减轻防汛压力，减少圩口控制建筑物工程，节约建设资金，新生联圩和新江联圩合并为新的新江联圩，新的联圩分属昆山高新区新生、新江、唐龙3个行政村，总面积9 658亩。此后至今，村域分属新江、跃进2个联圩。

表5-13　1999年新生村域所在联圩基本情况表

联圩名称	联圩分属行政村	总面积/亩	耕地/亩	圩内水面/亩	其他用地/亩	圩堤总长/千米
新生	新生、杠江、陆桥	4 514	3 318	285	911	7.8
跃进	唐龙、横溇、杠江、新生、陆桥	7 798	4 400	942	2456	10.5

堰闸　堰闸是圩区的咽喉、防洪的配套建筑物。中华人民共和国成立前，各小圩通向外河的主河口筑有堰坝，汛期封堰，汛去开坝。1955 年春，县、区政府改建孝仁塘水闸，增设前后护坦和挡土墙。1963 年，新生灌区有排灌节制闸门 2 座。1965 年，新生联圩荷花溇建成全县第一座砖结构“T”字形、一字门套闸。套闸又称船闸，可方便农船通航。荷花溇闸孔宽 3 米，可通行 5 吨水泥船。外闸顶高 4. 3 米，内闸顶高 3. 5 米；外闸顶设 1 米宽的人行便桥。该工程 9 月动工，10 月下旬竣工，总造价 4 568 元。1987 年 1 月，荷花溇套闸重建，套闸孔径 4 米，外闸顶高 4. 43 米，内闸顶高 4 米。2008 年，因国际模具城扩建用地，西荷花溇北门路至孝仁塘河段被填平，荷花溇闸停用报废。2014 年 3 月始，昆山高新区五号河综合整治工程开工建造五号河闸，至 2014 年 11 月竣工。该闸为直升式 7 米钢闸门。2016 年，新生北站闸工程也建设完工。

五号河站闸（2020 年，钱伟明摄）

新生北站闸（2020 年，钱伟明摄）

五、防洪抗旱

村域属阳澄湖低田圩区，史载：明洪武二十三年（1390）至中华人民共和国成立前，洪涝致特大涝灾的有 68 年次。中华人民共和国成立后，随着水利设施的不断完善，成灾年景渐少，80 年代以来，村域无严重水灾危害。

1954 年 5 月 18 日至 7 月 31 日，阴雨连绵，雨日 66 天，降水量达 781. 2 毫米，外河水位涨至 3. 88 米，村域 2/3 农田尽成泽国。在县区乡政府带领下，村域群众树立抗灾保产信心，抢修圩堤，集中全部三车（人车为主），投入排水。经持续 3 个月抗灾，灾情轻于 1949 年（1949 年外河水位 3. 65 米）。

60年代，机电排灌事业迅速发展，村域抗洪能力大大增强。1962年9月4—5日，14号台风压境，两日降雨量272毫米，外河水位高达3.67米，受淹面积占88%，积水0.3~0.5米，部分圩心田水深0.5米以上。新生北站和抽水机船投入排涝，第10天排尽积水。1963年，新生灌区排灌结合工程完工，实现日降雨量200毫米以内，农作物不再受降雨影响，彻底解决低洼田内涝问题；若日降雨量在200毫米以上，35个小时内排除内涝。1964年6月24—27日降雨量204毫米，新生大队地势最低的荷花漤田圩，排涝2天脱险；以后连续干旱83天，农田又确保灌溉，达到旱涝保收。

70年代，新生联圩有电力灌排站3座（新生大队2座），汛期全面封闭闸门，预降内河水位，抗排能力有保障，防洪抗灾重点转为圩堤险段抢修。1985年，新生联圩有电力排灌站4座（新生村2座），排灌流量为2.4立方米每秒。

1991年，6月1日—7月6日，村域内连续降雨，降雨量达602.5毫米，外河水位超过3.6米。村干部带头组织人员用树棍、毛竹、草包、编织袋加固险工段，使损失降到最低。1999年6月28日至7月1日，降雨量达238.5毫米，外河水位急升至3.95米。新生村动员劳动力300人次，连续奋战4天4夜，加固加高险工险段，排除多处重大险情。在抗击洪水的过程中，村干部带头，村民积极响应，各家各户提供塑料编织袋用于抢修圩堤，支援救灾。由于村民齐心防洪，措施得力，村域未发生溢水和决堤现象。部分圩心低田仅受淹2天，7月2日排尽积水，水稻生长未受影响。

进入21世纪，村域排涝站新建、重建，抗洪排涝能力大大加强。2014年1月，村域在皇仓泾河新生段西侧、五号河东段底开工建五号河站，11月竣工。该站向皇仓泾河排涝，可调节村域五号河水位，装机流量为3.2立方米每秒。2014年7月，村域在杨林塘南侧、孝仁塘河北段底重建新生北站，2015年3月竣工。该站向杨林塘排涝，可调节村域孝仁塘水位，装机流量为3.2立方米每秒。2015年，新生村域装机排涝流量达6.4立方米每秒，是1985年新生联圩排涝流量的2.67倍。

第五节 农具农机

一、传统农具

按照播种、灌溉、收割、运输等农耕过程的不同作业，村域村民历史上曾使用过的传统农具有多种，如：罱网、塘扒、粪桶、粪勺、土埭、牵婆（匙形木掀装上竹柄）等积肥农具，菜花柱（菜花郎柱）、沉豆棒等移栽播种农具，耥、小搪耙、锄头等除草农具，稻勾绳（担绳）、木扁担、农船（木船、水泥船）、山笆、栲栳（挽子）、麻袋、斛子、簸箕（畚箕）、栈条等装运农具，木砻、臼（摇臼、椿臼）等碾米农具。有些农具功能多，既用于收割，也可作用播种，还可以作除草农具。有些农具还一直沿用或保存至21世纪。

耕翻农具 耕翻农具最常用的是铁搭（俗称铁拉），少数养得起牛的农户用犁耕田。铁搭按齿形分，有小齿、大齿、满封、扳齿、茭白齿和尖齿等类型，在水田、旱田均可使用。犁分旱犁、水犁，分别用于旱田、水田；平整田面有百耖、耖耙；碎土使用装有刀齿的弯耙、直耙，将块泥耙碎。

开沟农具 中华人民共和国成立前，农民无专用的开沟农具。麦和油菜的垅沟用铁搭坌地而成，或用牛犁头超田成沟。中华人民共和国成立后，开沟始有专用方铁锹，锹身长20厘米，宽13厘米，装上木柄使用。70年代，开沟使用塘桥卷筒锹，锹长50~60厘米，宽8厘米，装在木柄上使用。清理沟底碎泥用铲。

灌溉农具 1960年前，村域农田灌溉和排涝主要靠三车（人车、牛车、风车）。人车有脚踏水车、手牵水车两种，村域主要使用脚踏水车。1949~1954年排涝都使用人力水车，称“车大棚”。1966年新生大队有三车15台。70年代，三车消失。

收割脱粒农具 中华人民共和国成立前，镰刀是唯一农作物收割农具。稻签子（由3根长3米的竹竿扎成1撮签子）是村域农户必不可少的晾稻用具，家家备有数百、千余撮。脱粒用稻床、稻桶。稻床是场头脱粒工具，由四方木框架串成脚再与多根细竹竿连接组成，呈龟背状，形似“甲”，一端搁在长凳上，用稻（麦）把拍打稻床。这种脱粒方法称“掼稻（麦）”。稻桶由木板构成，呈四方形，上口大、底板小，是在水稻田里脱粒的工具。50年代末，随着脱粒机广泛应用，稻签子、稻床、稻桶被淘汰。

稻谷、麦粒清扬依靠自然风力，少数农户置有木制手摇风车将谷扇净。60—70年代，集体生产队有手摇风车，80年代后，电力扬谷风扇普及，风车消失。

农用风车（2020年，编者摄）

鞭盖（连盖、盖）是另一种脱粒农具。蚕豆、黄豆、三麦等农作物的荚或穗成熟后，在场上晒干。用盖柄抖动盖轴、转动盖扇，由盖扇敲打荚或穗脱粒。70年代，鞭盖消失。

二、农业机械

耕作农机 50年代，村域土地耕翻以牛犁为主。1962年，因牛力不足，村民租借崇明、海门、启东等县耕牛犁田。1966年，新生大队有电犁4台。电犁又叫电力绳索牵引机，是用电动机来驱动绞盘，由绞盘上的钢丝绳拖带其他农具进行田间耕作的农业机械。1969年，新生大队第1生产队首先购买手扶拖拉机1台。1973年，新生大队有手扶拖拉机4台（第1、2、6、10生产队各1台），有机引犁（双铧犁）4台。是年，全大队可机耕农田面积2 208亩，实际机耕面积1 256.5亩，实际机耕率56.91%。1982年，新生村拥有14台手扶拖拉机。1990年，由于原有手扶拖拉机的设备老化、技术落后，新生村购买第1台中型拖拉机。1991—1993年，每年购买中型拖拉机1台。截止到1993年，新生村拥有中型拖拉机4台，为历史最多；拥有手扶拖拉机14台。20世纪末，由于农村产业结构调整，农机服务需求锐减，新生村出卖部分中型拖拉机，1999年1月，还有中型拖拉机2台。是年秋后，又出卖中型拖拉机1台。2002年后，新生村不再专门配备耕作农机，农户根据自身耕作需求，临时向外雇用机耕服务。

排灌农机　1973年，新生大队有农用排灌机械汽油机7台、有电动机28台、有农用混流水泵7台。1983年2月，新生北站设泵1台。1985年4月，新生南站设泵1台。2005年，新生村荷花溇修建小机电站1座。2012年，荷花溇被填平，小机电站报废。2014年，新生北站电灌站改建为排涝站，新生南站电灌站被拆除，之后杨林塘河南农田排灌由农户小型水泵承担。2020年3月8日渔业产业园排灌站建成，负责村域杨林塘河北农田灌排。

收获农机　初级社成立后，村域普遍使用人力脚踏的双人轧稻机脱粒稻麦。1964年，新生大队拥有电动脱粒机3台、人力脱粒机19台、牛力脱粒机2台。1966年，新生大队12个生产队全部用上电动脱粒机，每个生产队1台，共12台。1973年，新生大队共有35台脱粒机，其中，万能脱粒机7台，机动脱粒机28台，各个生产队还配备数量不一的电动机、柴油机、扬谷扇等。1983年，全村农户家家有一台3人电动脱粒机。1992年，新生村拥有3台中型拖拉机挂带收割机，除了满足本村农户需求外，还帮助兴化姚家村当地农户农忙收割，搞集体创收。进入21世纪，由于粮食种植面积减少，自备大型收获农机成本较高，村域农户采取自主雇用大型联合收割机，实现收割、脱粒、装袋、入库一步到位。

其他农机　1973年，新生大队第1、2生产队各有5吨1条12马力的挂浆机船，第1生产队有1台1.7千瓦的打浆机，大队集体有1台28千瓦的粉碎机，全大队有人力喷粉机23部、人力喷雾机28部。1974年，新生大队第12生产队因农业生产成绩突出，被昆山县政府奖励1条5吨挂机船，为全县首个获奖的基层生产队。70年代末至80年代初，新生大队有手拖开沟机7台、插秧机1台。

三、农机具管理与维修

60—70年代，农机均为生产队集体所有。大队有农机管理员，接受公社机电管理站业务培训，负责全大队的农机管理与维修。生产队配备拖拉机手，负责拖拉机使用、维修、保养，一般还兼管柴油机、挂浆机的使用、维修、保养；生产队还配备业余电工和机修员，负责电动机、电风扇和农用电路的管理、维修、保养。重大故障一般由大队农机管理员、公社农机管理服务站专业人员或专业修配工厂处理。

1983 年，新生村实行家庭联产承包责任制，村经济合作社实行机耕专业化管理，建立机耕队，拖拉机由村统一经营，村民小组安排使用，农忙时为农户服务，农闲时兼营其他。农用挂浆机船、脱粒机及配套脱粒设备，作价到户，由社员自愿结合，联户使用。是年，村域内的农机驾驶人员接受培训、考核，持证操作；农用挂浆机船实施编号，发放船牌、证件。

1992 年，新生村组建农机服务队，对中型拖拉机等大型农机进行集中管理，统筹安排。农忙季节，每部中型拖拉机配备 2 名机手。农机管理与维修业务由农机服务队专门负责。2002 年，农机服务队撤销。

第六章　传统渔业

中华人民共和国成立前，村域内河流众多，但水产资源缺乏，渔民以船为家，分散捕鱼，过着食不果腹、漂泊不定的水上生活。中华人民共和国成立后，渔业生产、渔民生活受到党和人民政府的高度重视。1950 年，渔民协会建立。1958 年，渔业生产合作社成立，渔民逐步走上集体化道路。1968 年实行陆上定居后，村域大力发展捕捞生产和水产养殖业，渔民收入大提高，建起新瓦房。1982 年，渔业大队更名为水丰大队。1983 年撤社建乡，水丰大队改为水丰村。2001 年 8 月，由于区划调整，水丰村与新生村合并，原水丰村更名为水丰新村（自然村）。2020 年，传统的渔业不再出现。

第一节　生产关系

1949年5月前，陆杨地区渔民有23户，常年生活在小网船上，四处飘荡，一家一户单干生产。生产工具简陋，产量低，效益差。多数渔民收入低微，生活贫困。只有一小部分渔民有鱼簖、蟹网场基、鱼窝基地，生活相对稳定。1955年春，政府发动建立渔业初级社，社址设在周墅，当时没有鱼塘。1956年2月，渔户并入各个农业高级社。1958年，周墅公社成立渔业生产合作社，把分散在农村的渔民户口迁到渔业社。

1958年9月，昆山北片渔业大队成立，下辖3个生产队，其中1个生产队在陆桥地区。大队组织渔民进行捕捞生产，充分利用有限的水资源进行河流划分，并实行捕大留小的管理方法。1962年3月，陆桥公社成立，将原渔业大队归建为陆桥公社渔业大队。考虑到东、西顾家潭一带水面面积大，地处偏僻，荒田多，比较适合渔民陆上定居，北面又有100多亩荒地可供渔民自行开垦，自1966年开始，陆桥公社35户渔民陆续进入东顾家潭（荷花溇）、西顾家潭（徐介潭）。东顾家潭水面面积74.55亩，西顾家潭水面面积121.7亩。渔业大队将两内塘河水面划分给3个渔业生产队，放养鱼种、培养精品。大队干部组织劳动力，在当地开垦荒地120亩，并进行农耕种植。接着，渔民们又围了45亩鱼塘，捕捞、务农并举。1968年，成立渔业大队革委会，渔民分拆到各个渔民生产队。由于外塘水面少，陆桥公社将14个农业大队的内塘河1 400亩水面分块划拨给渔业大队，开始规模性精养，后又将水面归还给原农业大队。渔业大队在政府扶持下，扩大河、塘养殖，落实生产承包责任制，将河面划归各生产队。实行水产品定额上交，对超额完成国家水产品派购任务者，除了奖励外，允许其自销余下的水产品。1972年，渔业大队44户渔民共128个劳动力，实行捕捞、养殖、种田“三结合”。1974 年户数增多，渔民不断改进生产工具，扩大生产规模。70 年代中期，打破连家渔船改造，当时正半劳动力 130 个（16 岁至 65 岁的男女成人，包括体残但能干活的成人），有生产渔船（小船）70 多艘。1978 年，渔业大队集体收入 75 779 元。1979 年，大队拥有养殖水面 2 800 余亩，集体耕田 81 亩。

中共十一届三中全会以后，渔民有的进行内塘养殖，有的进行野生捕捞，有的务工，有的经商，劳动力自由支配，不受村集体限制。1983 年，水丰大队改为水丰村，村民委员会实行家庭联产承包，将水面承包到户。1995 年后，乡村企业排放污水入河，外塘河因受到污染，水质差，本地内河捕捞萧条，老渔民开始向外谋业，青年进厂工作。由此大部分渔民家庭都外出承包内河水面或鱼塘养殖，还养殖虾、蟹等。由于传统渔业的改变，渔民生活以陆上集居为主。1997 年水丰村开始创建江苏省卫生村，从市镇到自然村都铺设水泥路面（通达自然村的水泥路面宽度为 1～1.5 米），完成改水、改厕、筑路、设垃圾箱等工程，使绿化覆盖率达到 20%。1998 年 7 月，通过江苏省爱国卫生委员会考核验收，9 月被评为“江苏省卫生村”。1999 年，建成陆杨镇绿化示范村，在本村从事捕捞的渔民已不足 30 名，且年老体弱者居多。2001 年 8 月，水丰村并入新生村后，仅有 14 家渔户仍在顾家潭进行水产精养。2002 年 6 月，根据苏州市水利局有关文件精神，为了进一步畅通市级河道、排除障碍，渔业组 3 户渔农承包杨林塘河的簖网被清除。2020 年，传统的渔业生产结束。

第二节 捕捞工具

常规的捕捞工具有簖、杠网、塘网、地笼网、蟹网、罱网、大丝网、钩钓等。渔船以木船为主，作业生活两用，有些渔民另备生活船。1990 年，68 户渔民共有捕捞船只 120 条。2020 年，村域内没有真正意义上的渔船。

一、簖网类

簖 建簖全部采用毛竹敲成桩，用棕绳压帘。由件头桩、河门、塘帘、拖屯、屯窝、蚌壳兜组成，配备附件网锁、乔（捉鳗鲡的笼子）、扁篮、蟹篮、毛竹筒。簖除了需要配全水里作业用的工具外，还要在簖岸上建造杠网棚、簖棚用于牵杠网和存放材料，遮阳、避风、防雨。每年 5 月修复或 8 月视情况再修复 1 次。张簖和修簖的水下作业都要请专职师傅来做。

虾簖 亦名虾兜、蚌壳兜。主要用料有毛竹、毛巾竹、毛竹梢、网、纲绳、笼梢、石子，这些均可在市场上购买。选准地理位置后，从岸边向外敲桩，敲成蚌壳兜的模型。关键处必须用毛竹敲桩，其他地方可用毛巾竹或毛竹梢替代，以减轻生产成本。

扛网 网尺寸根据河面宽度而定，以庹（成人两臂左右平伸时两手之间的距离，约合 5 尺，1.70 米）为计量标准，有 25 庹或 30 庹不等。扛网为长方形，四边是纲绳，中间是网叶。拼对网是一门技术，一般设置大扛网户都请师傅拼对。20 世纪 50 年代初期，网和纲绳都是麻和纱质的，后来改革成聚乙烯网和绳，能延长使用寿命。

塘网 渔业捕捞生产中的一种大中型工具，有大塘网与小塘网。牵小江，网幅连接少，叫小塘网；牵大江，网连接幅数多，叫大塘网。小塘网是一家一户操作生产，只需 4 个劳动力，所以很早被使用。塘网主要由网、纲绳、压头、氽头等部件组成。网和纲绳从商店里购买，压头可用砖块或者链条，氽头用杉木板加工制成汉板。

罱网 罱网由网、网胆、网爿、网篙竹、网绞绳、网箍、七寸等构件组成。

超网 超网结构简单，制作方便，一般人都能制作。主要材料是毛巾竹 3 支，其中 2 支为网杆竹，1 支做网柄竹，再配一根长 60 厘米、直径 5 厘米的栎树棍做撑档。

地笼网 地笼网是塑料网制成的，专业商店可购买；石子为建筑用 246 石子；格子是将毛竹削成宽 2 厘米、厚 1 厘米的竹片，再用线扎成四方形的竹格子；上面装有一块装罩网用的竹片，要加长 20 厘米，每边各 10 厘米，根据生产需要确定地笼网的长短和格数。将裁好的网系在格子上。每一格开一只逆锁口，左右匀称。然后穿好纲绳，用线扎牢，将事先滚好的石笼缝在格子网下面左右两边。再装上罩网，装上笼梢就可以投入生产。

丝网 旧时用细棉纱线手工结成的网条子，20 世纪 50 年代初，逐步发展成用蚕丝和锦纶丝组装成生产丝网。结构是用网条子在两边穿肉里纲，再用帮纲，上纲扎汆头，下纲扎锡脚做压头，规格有大有小。

蟹网 捕蟹季节的生产工具，由网、纲绳、挂线、笼管铁、板铁、汆头组成。网从商店购买，纲绳和挂线都靠手工搓成，笼管铁和板铁都要定打，汆头用杉木块切割成汉板。网和各种材料根据生产需要先拼接好，再穿好上、下肉里纲，在上纲以下 20 厘米处做 8 眼招网，也穿好肉里纲，然后要穿好笼管铁，后轧板铁，每 30 厘米扎一档铁，并将挂线穿在板铁处。蟹网制作完成后选择晴朗天气进行排网，地方选择偏僻无小孩闯入的区域。

闸虾网 称笼子网，是专门捉虾的工具，由铁脚、汆头、网、网布、笼子等各大件组合而成。铁脚也是压头，一般都用链条做压头。汆头使用杉木块刻成汉板。网从商店里购买，根据生产需要，事先缝接好上、下纲，穿好肉里纲。网布也叫帘布，在商店购买后两边用引针滚缝纲绳，再在网布上均匀地开笼子筒口，用引针将滚好纲绳的筒口周边缝好。笼子一般都是自己制作，材料是细棕绳和毛竹。将毛竹根据笼子的长短断好，劈成厚 2 毫米、长 60 厘米的篾条，用帘扒嵌入细棕绳，再加篾条编结成笼子的帘片，同时编结逆锁帘片，再用毛竹开成竹条削光，然后编成圆形的竹箍。每只笼子需要 4 道竹箍，再将笼子帘片包在竹箍上，嵌入逆锁缝合成笼子。加盖笼子帽子，亦称盖头，将笼子对着网布筒口用竹箍嵌牢盖上笼子盖，下纲缝好压头，网布同网缝接，上纲缝扎汉板。一般一条网有 25 只笼子。

赶虾网 赶虾网的结构和组成原理与超网一致，就是减少一个柄，规格尺寸比超网小一点。赶虾网要投入生产，还需要做两个榔头。榔头是用硬质树做的，将其凿刨成弓背式 30 厘米见方，下边是平的，似甲鱼背，背上再凿一个斜洞装榔头柄。榔头柄是削光滑的小石竹，将其插入榔头里，再用小木块针紧，即可投入使用。

拖虾网 拖虾网由网、1 副拖虾网铁、3 只铁老鼠、1 根网梁竹、1 条拖虾网料头绳等附件组成。

虾笼 用一条船，一条虾笼（800只笼子），一只倒虾篓，配两个劳动力就能投入生产。本地所用的笼子，都从苏州相城区沺泾镇购买，经过加工后使用。一种笼子叫头笼，两头有逆锁；另一种叫二笼，一头有逆锁，一头是笼盖，可开启，可关闭。组装成虾笼时，首先将头笼靠近逆锁口用剪刀剪开一个口子，约2.5厘米见方，再将二笼的逆锁口对准头笼剪开的洞，用竹篾扎牢，再在头笼背面近逆锁处穿一个笼子棕绳圈，整理成一只虾笼。

蟹罾 蟹罾是一种专门为捕蟹设计制作的小型罾网。由竹片爿和线绷成20厘米见方的正方形，边线上结网，四角竹片头上扎4块小砖头作为压头，蟹罾上面揽一根稻草绳，长短根据水位而定。

拖蟹网 结构和生产原理与拖虾网相同，但拖蟹网的网眼尺寸大。

二、钩叉类

钩钓 钩钓工具有钓子和线、埭、脚盆、海兜、铁搭、氽头、竹头等。钓子一种是铁制的，可在专业经销店里购买；另一种是竹制的，如麦钓和鲤鱼钓。张钓用线有三个规格：6股、9股和12股棉纱线，一般都使用栲皮水烤后晒干、引成团，然后在水中去掉紧旋后才能使用。麦钓每埭800~1 000只，每只钓子距离60厘米，吊根长20厘米；鲤鱼钓每埭200只或400只，每只铁钓间距3.5米左右。

渔民工具钩、锹、篓
（2020年，王志鹏摄）

田钓 用于捕捉黄鳝，每捉一条黄鳝损失一只钓子。钓子紧缺的情况下，将大头针弯成钓子使用，效果也不差。

扯钓 新兴的捕捞工具，用比滚钓粗一号的钩子，用线将两只钩柄交叉扎紧就是一档扯钓，每档隔10厘米系在躺绳上，形成一副钓子投入生产。扯钓的长短根据生产需要而定、生产前要用油石将钩磨锋利。扯钓生产用两条船，4 个劳动力才能形成生产线，一般都是两户人家组合生产的。

黄鳝钓　黄鳝钓是一支钓子。钓子是用旧阳伞骨子制成，曲鳝（蚯蚓）作诱饵，一人作业再带一只装黄鳝用的篓子，也有部分人跟鱼叉配合使用。

鱼叉　鱼叉有平叉与方叉两种。平五刺叉用于叉黑鱼、鲤鱼等，方形五刺叉用于叉甲鱼。

三、其他类

罱网鱼　罱网作业都是男人在船头上罱，女人把握方向摇船，少有女人从事罱网作业的。罱网张开，脚踏响板，将鱼虾吓到水草里。将网插到河底将鱼虾夹在网中，起网时将罱网张开，把鱼虾和水草倒在中船头的芦席上，多次反复操作。罱网捕捞由单船双人作业，民谚有着“塘网满江牵，不如夹网两头尖”的说法，意味着罱网作业是项不错的捕捞作业。1970 年后这种捕捞作业自行淘汰。

鳝笼　鳝笼是笼子，跟虾笼相似。笼子投放时只需竹竿、深篮子、铁搭。

鱼窝　20 世纪 50 年代初期，做鱼窝的渔民都有老鱼窝场基，可以随便做鱼窝。大河中做大鱼窝，用料多，用工量大，一般做一只鱼窝需要 40 担树茅头，位置的选择以不影响交通为主；小河中做小鱼窝，一只鱼窝用料为 20 担树茅头，位置的选择主要考虑到不妨碍船只的出行。鱼窝做好后用 2~5 根竹桩固定，还要捞野生水草如野茭白草、水花生、野笼管雾草、野生牛筋等覆盖在鱼窝上，掩护整个鱼窝，吸引鱼、虾、蟹钻入鱼窝栖身。

第三节　捕捞方式

渔业传统的捕捞方式，按工具大致可分为网捕、钩钓、手捉；按作业场所可分为定置捕捞与流动捕捞。一年四季的捕捞方式也是不同的：春天主要整理工具，有时钓鱼，见天气张丝网作业；夏天张地笼网、张丝网、扳扛网、张簖、拖螺蛳等；秋天进行张黄鳝、钓黄鳝、叉黑鱼等；冬天牵塘网、张丝网、拖虾、掘黄鳝、罱网、扯钓等。

一、定置捕捞作业

张簖 建簖横跨河面，簖屯内还要张扛网捉鱼；网锁套在两岸边竹帘子预留的口子上，专门用来捉虾；桥网套在屯窝下边预留的口子上，专捉鳗鲡、蟹、塘鳢鱼；扁篮挂在大屯内塘帘上，蟹篮扔在大屯内专捉蟹；毛竹筒挂在塘外边沉到河底，专捉鳜鱼、塘鳢鱼、蟹、杂鱼。每次捞簖都要把屯窝门关上，再用长柄海兜在屯窝里捞鱼，然后拔桥网再扎蟹篮，倒扁篮、毛竹筒、网锁等。

启用聚乙烯网后，就改成用毛竹敲成簖的模型，然后用塑料网根据簖的要求进行拼接，上面穿网绳，下面滚石笼。沿着簖桩下网，屯窝后面套大笼梢，大笼梢装有 2 个逆锁让鱼、虾、蟹等水中生物只进不出。现代化鱼簖，捕捞方便，成本低，捕捞效益高。

张簖一般是早晚各一次，旺季时增加捞簖次数。此类作业用工量大、成本高，必须由经济实力足、劳动力强、有技术者进行作业。因此，簖只能由有大簖生产经营能力的渔民户或联户兴建。大簖一般定点在杨林河、新塘河、茅沙塘等大河内。水丰村簖基有 16 个河口、鱼簖 16 条，后来均在清除河道障碍时拆除。

张虾簖 虾簖亦名虾兜、蚌壳兜。虾网根据水深确定高低，根据簖兜的大小确定长短。先把网拼接好，上边穿好纲绳，下边滚好石笼，两兜屯窝拼装笼梢，然后沿着竹桩下地笼。上纲在毛竹桩上固定牢，就形成一角虾斗子，放挺笼梢就能投入生产，一般都安置在大河水流急的地方。有的渔民靠岸边使用竹帘，再套 2 只网锁就能增加产量。不过笼梢网锁每天要倒二次，早晨一次、傍晚一次。

虾簖生产也是每年从 6 月初开始至 9 月初结束。1988 年以后随着地笼网的兴起，逐步淘汰。

牵大扛网 布扛网也有一定的技术诀窍，首先要确定水流方向，再要查看地形，最后确定布网位置。扛网有大尖角、小尖角、倒杆角、盘车角四只角。布网时先要确定大尖角和盘车的位置，先用直径15厘米以上、高约12~15米的毛竹树大尖角，毛竹大小根据扛网的尺寸确定。大一点的扛网要用2根毛竹对接捆扎做大尖竹。树立大尖竹要动用所有牵扛网的人。先要用石榔头敲板桩、线桩2个桩，第一个固定板桩铅丝，第二个帮辅桩，防止牵扛网时用力过大而拔起大尖竹。大尖竹上端固定两根板桩线，一根大尖角线。竖好大尖竹后，确定盘车角位置，然后确定倒杆角和小尖角的位置。在大尖角同岸上游，立一根倒杆。倒杆用直径15厘米、长8米的毛竹，下端搅一块石头。根据扛网的大小确定倒杆与大尖角的距离，立在离岸8米处河中。倒杆上端套一根横绷铅丝向上游处岸上打桩固定牢，防止倒杆往河中心倒，再套住倒杆网角，确保倒杆在牵网时能挺立，在放网时能躺下。再在盘车角的下游固定牢一杆树桩，搅扛网小尖角用，收放扛网后纲。盘车有二人用和一人用，根据扛网的大小确定所用盘车。立一个盘车要钉2根盘车桩，超出地面部分要有一人高，顶端用8号铅丝固定，向后拉铅丝固定盘车桩，确保牵扛网时盘车桩不走动，然后在盘车桩高约80厘米处搅一只盘车弯头，每根一只。盘车弯头用硬质树凿成，代替转动的轴座，搁上盘车，系好盘车绳，四角确立，套上扛网就能投入生产了。牵大扛网每班至少3人，其中2人牵，1人捞鱼，小扛网1人就可以操作了。后来此网改用电动牵引和塑料网，以减少劳动力和减轻劳动强度。

每一个生产队都有扛网作业，大扛网作业都设置在杨林河、新塘河、茅沙塘等大河内。20世纪90年代后集体生产解体，大扛网生产被淘汰。

张地笼网 地笼网亦称格子网。笼梢是用竹片扎成圆形的2只箍。成对2只较长一点的逆锁，装在笼梢圆网里面向后拉挺，前边装在地笼网的口子上，后边口穿好绳子可以收放，张下去收紧搅牢，收网时解开绳子倒出笼梢里的鱼虾，再收紧搅牢，继续投放生产。

地笼网白天黑夜都可以投放生产。冬天是生产淡季，渔民趁机冲洗整修，待到3、4月投放生产。因受市渔政管理站的限制，只有少数几户人家参与生产，一般将地笼网安置在活水河内。一户人家悄悄地投放4~5条，省工省本，产量相当可观。有些渔户仿照研制成网，大江河流中投放数量增加，产量也成倍增长，甚至连浜斗、溇潭中也可布网。

牵蟹 两边扦2只车桩，将上纲揽在两边车桩上，拿好标尺，1人排下纲，另1人揽挂线，还有1人排上纲、扎汉板。三人都要数清网眼，用标尺量好长短，确保一致。

牵蟹有专门的固定场基。下网前先要清理蟹场基四边的杂草，用毛竹打桩，用竹帘爿搭起网平台。在蟹台下游边上钉一个桩，供套蟹网料头绳；在蟹台上游边上钉一桩作揽蟹网船和斜过塘索。再在上游10米处钉一个桩，揽过江过塘索。在蟹台对岸偏上游处钉一个停船桩，固定牵蟹船蟹网料头和斜过塘索。上游10米在岸边处钉一个桩揽过江过塘索用，过塘索是用稻草编成的草辫子，放在水中浸透后使用。揽好过塘索和斜索后，还要在停船一边岸上用毛竹搭一个晾晒蟹网的架子，一般是四个竖桩配三根横档，高度跟人的高度一样，用于白天晾晒和修理蟹网。

下网牵蟹时，先用牵蟹船将网架上的蟹网整理在船头上，将船摇至蟹台下水桩头，套上蟹网料，向对江停船桩方向摇过去。一边摇船，船头上的人一边下蟹网。将船摇至停船桩，将船揽牢，再将蟹网的料头绳收紧固定在停船桩上，蟹网就这样下好了。然后点燃一支香作为计时标准，香烧完就可以牵蟹了。先解开揽船绳，将蟹网的料头绳固定在船上。前面人拉着过塘索，后边的人摇船向对江牵过去，船到蟹台，抓紧揽船，1人拉料头绳，后梢人拿好蟹供（捉蟹的海兜）放在台上，再去拉下游桩上的蟹网。起网时速度要慢，用力要均匀，将蟹网拉上台，就开始捉蟹，将蟹一只只放在蟹供里，让女性带上船。男性解开船缆后将网理在船头上再向对岸停船桩一边摇一边下网。船到停船桩揽好船和料头绳，一网就结束，船头的人再将蟹供里的蟹一只只放到蟹篓里。一个晚上牵上7~8网，最后一网拉上来再将蟹网洗净理在船头上，摇到对岸将蟹网挂在架子上，待第二天下午休息后进行修补，再投入夜间蟹网作业。同时，蟹网都是麻制品，由于麻制品经常泡在水中容易腐烂，必须采取防腐措施——血网，以延长使用寿命。晴朗天气才能进行血网制作，操作步骤：首先将蟹网洗净晾在架子上晒干，再将猪血加砻糠淘成血浆，把晒干的网浸没在血浆中。将蟹网渗透血浆后再挂在架子上晾干，放在蒸桶里上锅蒸醒蒸透。

牵蟹季节性很强，一般是在9月20日左右下网，到立冬后（11月上旬）结束。渔民中流行着“寒露发脚，霜降捉着。蟹立冬，影无踪”的说法。当然也有部分没有其他作业的渔民牵蟹至冬至，这段时间天气比较冷，虽蟹产量不高，但渔民能牵到一点鲤鱼、鲫鱼、鳑鲏鱼等，也能维持生计。

域内蟹场基有盛家村、东新塘、常泾梢、枫塘河、东澜漕等处。20 世纪 80 年代无蟹可捉了，牵蟹作业自行淘汰。

闸虾网 闸虾网收放都比较简便，先在闸虾场基两岸边上各钉一个桩，再用拉耙在虾网场基河底摸清情况，清理障碍物之后即可下网。一般在下午 6 时左右下网，先有序地将笼子网整理在船头上，一边摇一边下笼子，摇到对岸放完笼子将料头绳套在桩头上则投网结束。第二天天亮收网，边收边倒笼子里的虾，清洗虾网后上市交易，同时将虾网牵放在平坦的岸边晾晒，准备继续生产。

闸虾生产中渔民们掌握水流下网。笼子口一定要朝下水头，让逆向爬行的虾纷纷进笼，从而提高捕捞产量。闸虾生产季节性很强，一般从 6 月初开始至 9 月初结束。后闸虾作业场基受到环境污染和地笼网影响，自行淘汰。

罱鱼窝 先用笼子网将鱼窝围牢，把鱼窝里的树枝全部捞光，堆在岸上，用罱网罱到无鱼停网。收笼子围网，倒出围网内鱼并及时将鱼、虾分类放入船头活水中或放入容器内，然后把岸上树枝、野生杂草重新堆放在鱼窝基内，将竹头固定好，翻二塘新窝。罱大鱼窝要动用三只船头。一只船头放收笼子围网，两只船头动手罱，一整天最多罱 2 只大鱼窝。罱小鱼窝时，条件好一点的人家会用上两条船，小船装笼子网，大船罱网。罱鱼窝生产中，头塘鱼窝一般是鳜鱼、黑鱼偏多，二塘鱼窝以鲫鱼、鳑鲏鱼、花骨鱼为主，末塘鱼窝主要是罱塘鳢鱼。

在农历九月底动手罱鱼窝，赶上十月卖个好价钱。罱鱼窝一般是罱到第二年五月上旬菜花鱼产完卵时结束。进入集体化生产后，逐步被淘汰。现在只有张蕲渔民保留着几只大鱼窝。

二、流动捕捞作业

牵塘网 牵网生产前要将料头绳揽好，三人合力将座料头和塘网整理到船上。船头上的人理下纲，船艄上的人理上纲，中间的人理网。理好网后，就可以进行捕捞作业了。下网必须按照地形、水流、风向，确定拢网位置。先将拉行料头的人送上岸，拉住料头绳，就可以摇船下网了。摇船的人，一定要身强力壮，还要配备一名副手帮忙。下网船要摇得快，才能追得上鱼。另外还要配备两人放网，船头上放下纲，船艄上放上纲。船到岸时，船上的人要迅速拉住料头绳跳上岸拉网。网头拉靠岸后，一人在船艄拉上纲，三人在岸边拉下纲，一人踏下纲，一人在船头上将下纲理到船上，行料头应抓紧逐步向座料头靠拢。下网时，装桶船紧跟塘网船将桶罩在网纲里，然后一起上岸拉网。理牢头小船拉着上纲泊在河中心，船上的人一是指挥来往船只避让塘网，二是打理牢头，凭经验正确判断，及时排除河底障碍物及其他故障，确保塘网作业顺利进行。一天牵 5~6 网，循环往复作业，效益有多有少，不少于其他作业。20 世纪 50 年代起，渔民开始制作和使用小塘网捕捞工具。由于在小河小浜里使用小塘网作业比使用大塘网便利，省工省本，因而用户广泛使用小塘网。人民公社成立后，渔民依靠集体的力量制作和使用大塘网进行捕捞作业。

牵塘网生产一年四季都可进行，最理想的天气是晴天，风平浪静，产量高；天气条件不好，产量也会受影响。因此，民间流传着一句谚语：“塘网满江篼，不及爬江滩扔够篼。”实行家庭联产承包责任制后，除内塘养殖外，外塘很少使用大小塘网生产，因水面逐步减少，牵塘网生产渐被淘汰。

张网 张网工具是丝网，分张丝网、张大渔网两种。张丝网作业，一家一户生产，2 人一条船即可。将竹削成宽 1 厘米、长 60 厘米的扦子，用来穿丝网和张丝网时拨网。船头上的人张网，船艄上的人摇橹。张小渔网时，张在小河里，船头上的人将杆子扦住网的料头，船艄上的人摇橹向河中张去。船头人右手用扦子拨左手扦子上的网，张完一串再张一串。如此左张一串丝网，右张一串丝网，直至张完全部丝网为止。接着调头往回摇，一边摇，一边敲响板，惊吓鱼儿游动。摇到张第一串网的地方，拔掉扦子收网，一边收一边剥鱼。收回一串网后，放在水中洗一下，摆在船头上，继续收其他各串网直至结束。这一过程俗称“一张水”。一天要张 8~10 张水才收工歇息。小丝网，专捉底层鱼，包括小鲫鱼、花骨鱼、鳑鲏鱼。再有川条网，专捉上层小川条鱼。大丝网，早期为大头盼，后期根据装网几眼一装、网眼几厘米、系头高低来确定标准。渔民根据自己生产的需要，选择规格购买使用。

张大渔网，一般每户人家张 5~6 串网。每一串网的料头上揽一个汆头。汆头用杉木板刨成 3 厘米×6 厘米×8 厘米的木板，抹上桐油晒干后就可以用。后来用塑料泡沫球做汆头。还要准备一只海兜、一支响叉。当船摇到要张网的地方时，船头上的张网人将氽头扔出去，左手握一串网，右手用扦子挑网向对岸张去。张完一串网后，再张下一串网。张完网后，把船来回摇，敲响板或在水中敲响叉后，片刻开始收网。收到大鱼用海兜捉住放进船头，直至收网结束，又开始到下一个目的地继续张。

渔民捕鱼（2020 年，王志鹏摄）

渔民撒网（2020 年，王志鹏摄）

张丝网生产，属于渔民的新兴产业。张丝网都是日出而作，日落而归。春季，产鱼卵时，需要窝夜张。黄昏时刻，沿江、沿水草张，天明收网。在河沟养殖时期，用高头稀网夜里攀白鱼。后来，张网户用小挂浆机，甚至用日本产雅马哈挂桨机赶路，既减轻了劳动强度，又增加了作业时间，提高了张丝网的产量。

超网 超网捕捞作业，配备两个正劳动力和一个半劳动力负责摇櫓。外船头人超网，里船头人撑篙。撑篙人要灵活，看准超网人的动作下篙。超网人插网撑櫓前篙，超网人收网撑櫓后篙，这样才能用网从水花生草底下捉取鱼虾。

超网是渔业生产中一项新兴的捕捞作业。针对农村大力发展水花生、水浮莲、水葫芦的形势，和渔业生产贯彻“捉大留小、养捕结合”的方针，村域确定从鱼苗放养至 7 月为休渔期，禁止捕捞。农村实行联产到劳之后，水生作物明显减少，超网作业开始淡化。

赶虾 渔民传统的捕捞作业可谓世代相传。赶虾捕捞作业是一家一户连家船生产，需要 5 人，其中，前后各 1 人掌榔头插网赶虾，1 人撑篙，1 人摇櫓，1 人捡虾，各司其职。赶虾作业一年四季都可进行，大小河道都可以进行生产捕捞作业。这项作业沿袭到农村大面积种植“三水一绿”时自行淘汰。

拖虾　拖虾生产是在每年夏至节气前后，妇女摇船，男人把一口7~8公斤拖虾网下在河中，在大江、大河里摸黑连续作战乘顺水拖，全靠摇船向前拖动虾网。在大江里都是两人交替摇船，在小河、小浜里则都是女人摇船、男人撑篙，以此来调节劳动强度。

拖虾生产是传统的捕捞作业，都是一家一户生产，村域内渔民普遍从事此项作业。六月里用拖虾网拖白虾。白虾小，比米粒稍大点，全身雪白，故又称白米虾。拖白虾时将虾倒在一只大淘箩里，去掉水草杂质，分离出白虾，并要保持白虾的鲜活度。拖白虾都在天刚亮时或上半天出早工，拖起来的白虾赶早市卖掉，下半天拖起来的白虾也要马上赶集卖掉。冬天气温下降，虾从大河迁往小河浜的水草里栖身过冬，因此拖虾作业转入小河、小浜进行，产量虽不高，但能拖到河蚌、螺蛳、海蛳、蚬子、蛤蜊、鲫鱼、塘鳢鱼、花骨鱼、鳑鲏鱼、黄鳝、泥鳅、蟛蜞等水产品。进入21世纪，拖虾作业基本淡化，村域内只有内塘养虾户还在使用拖虾网拖虾。

张虾笼　虾笼在投入生产时，要用绳子每20只穿成一串，每只间隔距离一庹一背肩（2.50米）。将所有虾笼全部穿完放在水中浸泡一天一夜，才能投入生产使用。

虾笼投产前投入糖糟或者面粉加菜饼当作诱饵。虾笼里装诱饵、小竹管一支。小竹管直径1厘米，长8厘米，一头削扁平尖，另一头劈成六叉开花形，尖头一面插在笼子里面，开放一头装诱饵。投入生产时，将船摇到自认为虾比较多的地方，把整理好的虾笼有序地投放。收虾笼前要搅好倒虾篓，备好添加食饵。船头上的人收虾笼，收虾笼时要用手摇一下，感觉有虾就打开笼盖，倒在篓里，再将虾笼往船中间送。船舱里的人接过船头上人送过来的虾笼，添加上食饵，盖好虾笼盖，往后舱堆放整齐，直至全部虾笼结束为止。从投放到收结束这一过程，俗称为“一落水”。一般白天一落水，夜里一落水，第二天早晨去市场上卖虾，然后继续生产。生产了15天后要进行修补和烤虾笼。烤虾笼就是将整修后晒干的虾笼，在滚烫的石灰水中浸泡，然后再晒干。

20世纪50年代初，域内从事虾笼捕捞的渔民比较多。虾笼均在大江、大河中投放，从5月开始，一直可以生产到10月底结束，普遍都是一家一户生产。集体化生产时虾笼生产停止过一段时间，十一届三中全会以后，又有部分人家恢复张虾笼生产。20世纪80年代后期，受水污染和地笼网引进、投入生产的影响，虾笼生产逐渐被淘汰。

蟹罾 在网衣中间系上诱饵，诱蟹进网取食，提网捕获河蟹。每船2人，可配备40~50个罾网进行巡回操作。汛期自8月中旬至11月中旬，旺汛在河蟹旺食的10月。20世纪50年代初，扔蟹罾从太仓、常熟传入村域内。20世纪80年代后期，受水环境污染的影响，此行业自行淘汰。

拖蟹 拖蟹生产只拖蟹。拖蟹生产船必须摇得快，快到追上水中蟹，方可提高产量。

拖蟹在夜里作业，少有白天拖，并以大港为主，农历六月里拖黄蟹，公历9月里拖夹黄、夹绿。拖蟹由于作业季节短，收益不稳，逐渐被淘汰。

掘黄鳝 掘黄鳝是一人捕捞作业，带一把掘锹、一支钩子、一只装黄鳝用的篓子就可以进行操作。钩子是用钢丝或旧阳伞骨子制成的。白天掘黄鳝的人在每条沟渠岸边细心寻找黄鳝洞，找到了就开始用掘锹挖掘泥土，用钩子将黄鳝钩到准备好的篓子里。时间为冬季（11月至次年1月）3个月。掘黄鳝主要在干涸的河浜、渠道沟、水沟、茭白塘里作业。其中，茭白塘、干涸的河浜里的黄鳝大，产量高。受农业生产化肥、农药的影响，80年代无鳝可掘，此行业自行淘汰。

钓黄鳝 手工捕捞作业，6—7月为旺季。一般是上午八九点钟出发，下午四五点钟回家，在每条田岸细心找黄鳝洞，找到了就下钓。一天多则钓上4~5公斤，少则1~2公斤。主要是在水田、河沟、溇潭里作业。初夏在秧田里钓黄鳝，深秋在河沟、溇潭里钓黄鳝兼带叉鱼。稻田里的黄鳝数量多，但个头小。河沟、溇潭里的黄鳝数量少，但个头大。后受农业化肥、农药大量投入施用影响，黄鳝无法生存，此业逐渐被淘汰。

张鳝笼 鳝笼生产用的食饵是蚯蚓，用铁搭在河泥塘边或荒地上垦到或在犁翻大田犁花里拾得。将收集到的蚯蚓用小篾片穿起来。一支篾片穿一条蚯蚓备用。把备用的食饵插在笼子里边，盖好盖子，以12只鳝笼为一串。渔民挑着鳝笼投放在田里，手提一串鳝笼走上田岸，将其张在田岸两边，左一只、右一只，直至投完为止，记清投放串数和田岸数，以防第二天收笼时遗失。收鳝笼挑回船岸，手摇每只鳝笼确定笼内是否有黄鳝、泥鳅、蛇。打开笼盖将黄鳝和泥鳅等倒在篮内，再用挑杆钩住鳝笼，在河里洗干净、晒干，待晚间继续。

鳝笼晚间投放，翌日清晨回收。鳝笼生产单个投放，地点选择和笼内食饵投放的目的是多捉黄鳝。其生产流动性大，涉及面广。受农业生产化肥、农药的影响，现已无鳝可捉，张鳝笼行业自行淘汰。

张钓 有张麦钓、张田钓、张鲤鱼钓、张滚钓、张曲蟮钓、张小鱼钓、张洋钓、扯钓、扦绷钓等多种形式。钓子装好、理好，备上各种食饵。食饵各有不同，麦钓诱饵用小麦、元麦，鲤鱼钓的食饵是玉米或面粉团。如果用面团做食饵，鲤鱼钓上要套青芦苇，0.50 厘米长管，将面团嵌在上方管子里。铁钓、田钓的食饵是蚯蚓，将蚯蚓扎在钓上即可。洋钓的食饵是鲜活小鱼，小鱼用罾赶捉。麦钓和鲤鱼钓是竹制的，在理钓时直接把食饵扦在钓子上，张钓和收钓都省时又方便，而且捕捞的水产品都是活水货，不必天天出售，渔民有着“麦钓一只弯，鲜鱼汤加白米饭”之说。张钓生产，不管张什么钓子，除滚钓、扯钓外，全部都要安装食饵后才能投入生产。每生产半个月时间，就要用栲皮水烤一次线，延长钓线的使用寿命。

一般 1 户人家都要张 4~5 埭钓子，下午开张完毕，第二天凌晨 2 时起身收钓，连续往返作业生产，维持生计。蚯蚓钓生产季节在 3—5 月，主要捕捞菜花鱼、鳗鲡、黄鳝、鲫鱼、川条鱼等。小鱼钓生产季节在 5—7 月，主要捕捞甲鱼、黑鱼、鳜鱼、鳗鲡、牛鱼，偶尔捕捞到鲶鱼、鲫鱼等。

田钓 即曲蟮钓。张钓距离 1 米，每埭 400 只，作业程序为理钓埭、张钓埭和收钓埭。每天傍晚 5 点左右张钓，看准有水田块，沿田岸投放钓子，直至投放完所有的钓子。第二天清晨 3 点起身收钓，胸前戴好网衣水（一种防水布），揽好收钓埭，前面人收钓，后面人一手提桅灯照亮，一手提芦头存放黄鳝。收钓结束后，回到船上整理黄鳝，上市镇出卖。接着垦曲蟮（蚯蚓）、理钓，傍晚选择水田继续张钓，如此反复进行捕捞作业。

扯钓 生产前准备一副钓子，两头揽好料头绳，然后一档档放开横跨河面。坐在船头的人各执一段竹竿揽牢料头绳，一边摇，一边扯，形成扯钓生产。船头上的扯钓人感觉竹竿抖动，摇船人就右拐板艄，让扯钓人收料头绳和钓子，用大海兜套起鱼，再理清钓子，左拐推艄向前摇，继续扯。

生产作业选择在寒冬季节进行，天气越冷越理想。白天作业，捕捞鲤鱼或一些其他品种的底层鱼，扯至晚上收工。

叉黑鱼　叉黑鱼又叫守黑鱼。第一目标是寻找黑鱼窝和黑鱼子。找到黑鱼窝和黑鱼子后，看准坐人位置，插上小树杈或杨柳条，精心做好伪装隐蔽，放好鱼叉，耐心守候，坐等大黑鱼进荡就下鱼叉。

叉甲鱼　叉甲鱼时是看不到甲鱼的，所以又称为排甲鱼。始于1987年，叉甲鱼是一家一户生产，也有一船一人生产。叉甲鱼时用团叉沿着河边盲目地排放，有的人双手各握一把团叉排放，叉到就是甲鱼，虽然产量不高，但由于甲鱼价值高，收入也能维持日常生活。后因地笼网的大量投入生产，对叉甲鱼影响很大，叉甲鱼捕捞作业只能自行淘汰。

引鲤鱼　又叫叉鲤鱼。引鲤鱼先要看准水口，确定位置后就搭台。用3根车撑扦好后，搅上3根横档，将板搁在横档上，台要搭得结实、牢固。叉鲤鱼人坐在台上，放好海兜，搁好鱼叉，就将船头里一档鱼媒（2雌1雄，渔民称一档鱼媒）提出来放在水中，将鱼媒竹交给台上叉鲤鱼人，由叉鲤鱼人掌握操作。叉鲤鱼人双眼盯紧水中，操纵鱼媒引诱野生鲤鱼前来，就可以见机下手，手到擒来。但是如果水口看不准，几乎半天看不到一条鱼影。水口看得准，一个上午叉到八九条也不稀奇。

引鲤鱼有季节性，在白天生产作业。这种捕捞行当由于水资源污染及收入不稳定等原因自行淘汰。

扦小海　扦小海是项历史悠久的捕捞作业，在捞到的水草中间用绳子捆成拖把团，绳子一头扦在河底固定牢，水草团浮在水面上随风氽。每一只小海底放一块小砖，扦在草团上，小海自然顺着风。晚上鱼消籽顺风一跃，就钻进小海出不来了。

扦小海捕捞一般从5月10日左右开始，至6月底结束。捕捉的都是白水、鲫鱼、鲤鱼等。扦小海捕捞生产在1956年后自行淘汰。

放鸟　放鸟亦称放鱼鹰、鸬鹚。鱼鹰在每年的3—4月每窝最多下8只蛋，蛋壳是绿色的。下蛋时一对鱼鹰总是在一起，先有母鹰蹲窝下蛋，公鹰在边上守卫。母鹰下了蛋后跳出窝，公鹰就跳进去蹲窝，最后用老母鸡帮助孵化。幼鹰出窝比鸡迟10天，即31天出窝。幼鹰出窝喂养60天后就能捕鱼参与劳作。

放鸟是白天作业，早晨出工，下午就收工卖鱼。3点左右替鸟喂食，每只鸟喂一块老豆腐、一块猪的奶脯肉、半斤小杂鱼。喂好食后，让鸟在船舷或挑杆上休息。第二天早晨用稻草或野蒿草壳，将每一只鸟的喉咙扎住，捉大鱼的鸟的喉咙扎得松一点，又开始放鸟捕捞作业。

每年 10 月到来年 1 月是放鸟旺季，12 月到来年 4 月是捉鲫鱼、鳜鱼、黑鱼、鲶鱼的季节。在这些季节里，负责人外请专业养鸬鹚的船队到村辖水域里捕鱼。在大力发展河沟养殖、提倡"捉大留小"的形势下，放鸟捕捞作业于 1976 年被淘汰。

拖螺蛳 绝大部分都在大河的水草里拖，也有到小河中拖的，只要有螺蛳的地方都要拖。每年 4~6 月是拖螺蛳生产旺季。操作原理跟拖虾相同，白天、晚上都可以拖。作业随意性大，转产灵活，是夏天比较理想的作业。

扒螺蛳 一般男人扒螺蛳，女人摇橹。从岸边向外边扒，网杆搁在左肩上，左手搭在网杆上，右手用扒板在扒网前向网中扒。扒完洗净网中螺蛳，去除杂质，倒入舱内，再下网，继续扒，扒到产量和时间差不多时收网回家。一边摇船，一边筛拣螺蛳，大小分档。扒螺蛳生产是白天作业，大江、小河、小浜有螺蛳的地方都去扒。大的螺蛳上市场销售，小的卖给养殖场。

趟螺蛳 夏天，把船摇到有螺蛳的地方，前头的人将网沉到河底，握网杆向前一躬一躬地趟，趟到感觉网里比较沉重就起网，抖动网里的螺蛳，汰净泥水，捞去杂质，将螺蛳倒入船中，继续下网再趟。后艄的人则不停地向前摇，如此反复。经过一天劳作，螺蛳产量很高。

趟螺蛳白天、黑夜，在大江、小河中都可以趟。在回家途中，将趟到的螺蛳、蚬子、河蚌、海蛳、蛤蜊、小鱼和小虾用筛子进行分离，可供食用的只占三成，其余作为饲料或肥料，拣好后及时上市场销售，也有渔民走村串巷兜售。

摸蚌 伸出两只手就能生产，摸到蚌、螺蛳及其他水产品放进船舱即可。没有船，趴在河边照样摸，用双手在河边的泥沼中摸，摸到蚌，抛在篓里继续摸。

摸蚌一般在中午以后开始，劳作收获第二天上午上市场销售。摸蚌作业在组织集体生产后就自行淘汰。

扒蚬子 操作方法与扒螺蛳一致。扒蚬子都在大江河底进行，扒的都是黑蚬，加工后上市销售。在湖里扒到的蚬子都是黄蚬，可供外贸公司出口，也可供居民煮汤食用，鲜美可口。因受到区域划分限制，此行业在 70 年代后自行淘汰。

第四节　作业区域与产量

一、作业范围

1968年渔业大队革委会成立后，渔民捕捞主要在大河泾、枫塘河、茅沙塘、北常泾、潘泾河、小泾、超英、杜家等河流中。在东顾家潭（荷花溇）、西顾家潭（徐介潭），以及14个农业生产大队的自然河流水面，投放鱼苗养殖8年。渔业改革后，渔业大队打破连家渔船的改造，将河面划归各生产队，第1生产队捕捞范围：东顾家潭、陆新、换新、新生、横娄、许家；第2生产队（后又分拆出第4生产队）捕捞范围：西顾家潭、东江、横江、陆桥、唐龙；第3生产队捕捞范围：大河泾、枫塘、茅沙塘、北常泾、潘泾河、小泾、潘泾、超英、杜家。20户渔业改革前没有捕鱼工具的渔民，特别是玉山镇分拆来的渔户，由生产队组织渔民，每年5月初到7月底，到浙江的嘉兴、嘉善、德清、海宁等地去张黄鳝、掘黄鳝，其中去嘉善的人最多。1978年，捕捞规模扩大，大队养殖水域面积2 800余亩。1983年，村域的圩外水域和圩区内的顾家潭等水面归水丰村（原渔业大队），时在大塘河内张簖18条。1986年村域开挖鱼塘40亩，进行精养家鱼。1987年有40多户渔农到各村去承包养鱼（其中，换新、陆新、小泾村没人去），共承包精养塘1 000亩。1990年，全村精养鱼塘40亩，半精养鱼塘150亩。全村捕捞水面3条河，分别为新塘河、杨林塘、枫塘河，全村水面3 000亩左右。1996年，大部分渔民家庭都外出承包内河或鱼塘养殖，本村东西顾家潭200亩水面仍由本村渔民租养。至1999年，全村有55户外出承包鱼塘饲养鱼或养殖特种水产品。2001年，仅有14家渔户还在顾家潭进行精养，少数渔民到外面承包鱼塘养殖。至2020年，政府规定终止自然河塘养殖。

二、品种与产量

品种 渔民常年捕捞的水产品中，野生鱼类有鲫鱼、黑鱼、鲢鱼、白丝鱼、鳜鱼、塘鳢鱼、鲶鱼、黄鳝、鳗鱼、鳑鲏鱼、川条鱼、尖子鱼、银鱼、鲈鱼、鲃鱼、泥鳅、红条鱼、沙条鱼、黄颡鱼、支鱼、花骨鱼、花菇、牛鱼、毛齐鱼、黄占、食黄、刀革勒、乔丁；甲壳类有青虾、白虾、赤虾、螃蜞、黄蟹、大闸蟹、小龙虾；贝类有螺蛳、田螺、河蚌、蛤蜊、海蛳、蚬子、削超；家鱼类有青鱼、草鱼、白鱼、花鲢、鳊鱼、鲤鱼。

产量 中华人民共和国成立前，陆桥水面少，渔民靠野生捕捞，没有规模性生产，几乎没有产量可言，只能说是维持生计。

中华人民共和国成立后，渔业生产受到党和人民政府的重视，渔民捕捞作业产量逐渐上升。1956 年，社内养殖捕捞，产鱼 64.7 吨，其中捕捞 3.025 吨。1977 年，捕捞和养殖的水产品总产 63.1 吨。1978 年，捕捞和养殖的水产品总产达到 86.3 吨。1983 年，村域内实行家庭联产承包，将水面承包到户。考虑到渔户要创捕捞工具及投资成本，承包年限为 3~4 年一轮，后来变更为 2 年一轮。是年，水域定权发证，承包户数有 60 户。捕捞产量大增，水产品年产量达到 1 290 吨。进入 90 年代后，外塘河流受到污染，网簖随之减少，捕捞作业渐被水产养殖所代替，品种产量明显提高。至 2011 年，渔民传统捕捞作业基本结束。

第五节 渔民生活

一、船上居住

中华人民共和国成立前，渔民常年生活在小网船上，四处飘荡，多数渔民收入低微，生活贫困。在船上，居住条件很艰苦，尤其是贫困的渔民户，一家老小七八口人挤在一条船上。船头到船艄躺满人还嫌地方小，渔民只好在底船安高低铺。碰到刮大风、下雨，船头船艄芦席漏雨不能睡觉，只有往中舱挤，全家变成大通铺。一些生活条件较好的渔民户，儿子长大了，打造一条新船供其娶亲结婚，独立门户；女儿长大了，出嫁成家，老船由老两口同住，居住条件、生产环境相对宽敞舒适多了。当然，区域内也有生活富裕的人家，打造捕捞船（俗称“小船”）及生活船（俗称“大船”）。外出捕捞生产可居住在小船上，打捞回来可居住在大船上，全家人开开心心过日子。

中华人民共和国成立后，渔业生产受到党和政府的重视，渔民生活水平有了明显提高。1958 年，村域所属的周墅公社成立渔业生产合作社，把分散在农村的渔民户口迁到渔业社，1962 年，渔业大队建立后，在政府扶持下，扩大河、塘养殖，落实生产承包责任制，实行水产品定额上交，对超额完成国家水产品派购任务者，除了奖励外，余下的水产品可以自销。由于生产的发展，渔民生活得到了改善。

二、陆上定居

1968 年，村域实行渔业改革，建立渔民生产、生活基地，渔民迁至陆上定居。公社选定横娄村绿萍场为渔民定居点，为 35 户渔民每家建造 5 路头红瓦房 1 间，同时建有大队部和渔民子弟小学，解决老年渔民居住和小孩定居的读书问题，结束了上无片瓦下无寸地，几代同缩一舱风雨漂泊的水上生活。1976 年，大队办起塑料厂，负担集体的合作医疗、教育开支和绿化费等。1978 年，渔民人均收入 198.71 元。

1983 年，陆上定居点从绿萍场搬迁到陆桥大队的枫塘口，有 60 多户渔民。1985 年，水丰村人均年收入达 1 200 元。是年，枫塘口定居点已建有平房 65 间、楼房 15 间，自行车、手表、黑白电视机等进入渔民家庭，渔民子女都能入学读书，绝大部分能读到小学毕业。1987 年，水丰村有了第一幢独户楼房。1991 年，水丰村在常泾河新增宅基 11 亩，陆续建造漂亮的独户楼房。1995 年后，渔民都有宅基，终身定居。大部分渔民家庭都外出承包内河或鱼塘养殖，除了养鱼外，还养殖虾、蟹等特种水产，家庭收入逐年提高。至 1999 年，全村有 55 户渔民外出承包鱼塘饲养鱼或养殖特种水产品，人均年收入达 7 000 多元；77 户渔民全部陆上定居。住房也讲究室内装饰，一般的每户装饰费在 5 万元左右。有 50 多户人家装了住宅电话，还有彩电、空调、电脑等。在渔民子女中普及九年制义务教育后，多数大、中专毕业生在外地工作。

1997 年春，水丰村开始创建“江苏省卫生村”。1998 年 7 月，通过江苏省爱国卫生委员会组织的考核验收，9 月获“江苏省卫生村”称号。1999 年，水丰村建成陆杨镇绿化示范村，村庄面积 0.05 平方千米，居住渔农 89（含二代分居户）户，户籍人口 299（含部分孙辈挂靠）人，常住人口 485 人。居民点附近有农贸市场、商业网店等配套设施。2003 年，渔民参加医疗、失业、养老、工伤、生育五项社会保险。2016 年，原村庄住房动迁。2017 年，70 户渔家先后搬入美陆佳园菊苑、桂苑动迁安置小区，渔民身份消失。

第七章　工业商贸

中华人民共和国成立后，经过社会主义改造与建设，村域农业、副业及家庭手工业有了协调发展。60 年代后期，村域内开办了一座土窑厂，五年后停业。70 年代中期，新生大队知青点创办陆杨农用机械配件厂，取得了良好的经济效益。80 年代中期，新生村兴办了新星机械密封件厂、昆山隆祥香料厂、陆杨布厂新生分厂等集体企业，获得了一定的经济效益。90 年代中期，在国家宏观政策指导下，乡镇企业转制改资，村域集体企业先后关闭、停业或租赁转为民营企业。进入 21 世纪，昆山市加大招商引资力度，工业化、城镇化为村级经济发展带来了新的机遇。至 2020 年年底，新生村拥有青淞打工楼、新生农贸市场、茅沙塘码头等集体经济实体。村域内有昆山世模投资有限公司、昆山嘉华电子有限公司等一批有一定规模的入驻企业 18 家，有入驻个体工商户 780 多家，为村民就业及家庭增收带来机遇。

第一节 知青点企业

50年代后期，全国农村社会主义建设进入新时期，但广大农民的文化素质整体偏低困扰着农村的发展。城市里却出现了一个待业知识青年群体。为支持农村建设，培养社会主义新农民，60年代初，国家发出了“动员知识青年上山下乡，为建设社会主义新农村贡献力量”的号召。1968年12月22日，《人民日报》传达毛泽东主席的指示：“知识青年到农村去，接受贫下中农的再教育，很有必要。”各地立即掀起了知识青年上山下乡热潮，一批苏州知青、江阴知青先后插队到新生大队。70年代初，昆山地区的城镇知识青年插队落户也形成了高潮。新生大队根据上级指示，结合本村实际，因地制宜办起了知青点企业，取得了良好的效果。

一、陆杨农用机械配件厂

1974年12月，新生大队根据上级要求，决定筹建知青点企业，党支部书记顾阿文委托第12生产队队长顾勤生具体负责。1975年1月，首批在昆山物资局工作的干部职工家庭的7名子女来到知青点参与基建。4月14日，新生大队向陆桥公社申请，委派邹金男、顾勤生2人去社队合办的农业服务小型修配厂工作，参与筹备队办企业（当年11月之前，陆桥公社设想由新生知青点和陆桥手联社合办）。

1975年8—10月，有50多名昆山下乡知青（来自昆山县物资局、税务局、农业局、环保局等机关干部职工的子女，年龄在18~20岁的知识青年人），先后被分配到新生大队知青点，并安排在昆山农机一厂和玉山铁工厂参加培训实践，直到工厂设备到位后，再陆续回知青点上班。是年，新生知青点创办的农用厂完成筹建。

1976 年 3 月，陆桥农用机械修配厂正式挂牌（以下简称“农用厂”），厂长魏天农。企业分设 3 个生产车间：金工车间，车、铣、刨、锯、钻设备齐全，主要为物资局下属机修厂，生产煤气钢瓶阀门，以及为昆山农机一厂、二厂加工生产拖拉机和挂机齿轮及其他配件；翻砂车间，主要为昆山通用厂浇铸铜轴配件及将废铜浇铸成铜锭；修理车间，主要承接昆山县城内的几个厂的电动机修理。是年，新生农用厂固定资产 6.73 万元，有 57 名职工；工业产值 7.72 万元，销售收入 7.51 万元，利润总额 1.21 万元。企业效益在陆桥社队企业的机械行业中位居前茅。1979 年，按照政策规定，知青开始上调，企业归属新生大队。1980 年 3 月，最后一批知青离开。

80 年代初，农用厂更名“陆杨农用机械配件厂”。1980—1983 年中，农用厂在陆杨社队办企业中继续保持良好势头，年利润在 15 万~20 万元之间，上交村里 7 万元。不久，魏天农调到陆杨工业公司任职，顾勤生接任厂长，产品销售市场开始萎缩。为克服企业效益滑坡，新生村决定将工厂划出部分车间与设备，在 1984—1988 年开办五金厂等分厂。

二、新生五金厂

1984 年 1 月 28 日，陆杨乡经济联合会、昆山县陆杨五金厂及新生村经济合作社三方签订《联营协议》，决定租赁新生村第 7 村民小组 3.6 亩土地，利用农用厂资产开办有色金属材料厂，即新生五金厂。是年 5 月 26 日，中共昆山县委农工部发文《关于联营投资的批复》批准：新生村经济合作社（12 个村民小组，不包括第 6、第 12 村民小组）与陆杨乡工业公司联营投资（入股办厂）5.6 万元，每年由厂方按 12%分配股息；企业亏损由厂方自负，与生产队（村民）无关，并由各生产队（村民小组）与陆杨乡工业公司签订《投资入股联营合同》。

1986 年 11 月 6 日，新生村经济合作社与陆杨乡工业公司签订《关于新生村收回农用厂的协议书》，协议商定：1984 年 1 月陆杨五金厂与新生农用厂合并，经营近 3 年时间取得了一定的效益，应新生村要求，乡党委及工业公司经研究，同意将原农用厂的土地、厂房等固定资产全部归还新生村；已拆除原农用厂的招待所、小仓库等，由五金厂新建的钣金车间相抵，机械设备仍按原来归属；合办协议中规定陆杨经联委每年付新生村3万元利润，扣除已经支付和实物抵款的3万元，其余由新生村布厂在陆杨乡印染厂的加工费中抵扣；职工人员各自按照原来性质归属，新生村员工搬厂期间的工资由五金厂发放50%，至11月15日。

新生村收回农用厂资产后，于1986年12月开始继续经营老业务，顾勤生任厂长，职工有25人。农用厂第一年经营状况与上一年持平，第二年亏损，3年后销售不景气，1989—1990年欠发每人工资1 220元，至1991年歇业。

第二节　村（队）办企业

80年代初，原知青点员工离开，新生村的队办企业继续保持良好发展态势，从1983年起连续4年，新生村每年对60岁以上老年人发放福利。1984年起又先后开办了香料、色织布、玻璃钢、密封件等几个分厂，共有职员工200多名，村民们要求进厂的欲望很高。密封件厂产销两旺，曾经在陆杨镇各村办企业中争得几个第一。1994年初，陆杨镇农工商总公司与新生村签订《村企业经营承包合同书》，下达年产值、销售、利润、利税、职工分配等承包指标。是年，村办企业位列陆杨乡镇产值超千万元、销售超500万元、利润超50万元的“三超”奖励名单。1995年起，因国家宏观经济调控及地方政策的调整，村办企业先后转制或出租。1999年，村域内新星机械密封件厂、新欣机械密封件厂等5家民营企业仍然正常生产。是年，村域工农业总产值1 505万元，其中工业产值517万元；村域国内生产总值755万元；村域人均国内生产总值9 895元。1991—2000年新生村主要经济情况如表7-1所示。

表 7-1 1991—2000 年新生村主要经济数据一览表

年份	总人口数	劳动力		工农业产值		国内生产总值/万元	人均生产总值/元
		总数	务工人数	总产值/万元	工业产值/万元		
1991	1058	738	457	628	475	334	4 858
1992	1018	743	472	1 111	930	454	6 879
1993	1006	754	482	2 141	1 675	604	9 716
1994	1018	622	380	2 258	1 551	866	12 354
1995	999	593	350	1 333	628	647	9 217
1996	999	592	311	1 244	462	651	9 327
1997	979	562	226	1 054	250	619	8 092
1998	979	568	228	1 376	400	698	9 148
1999	979	564	224	1 505	517	755	9 895
2000	886	527	214	1 407	580	718	8 703

一、新生 12 队土窑砖瓦厂

1967 年，根据毛泽东主席“五七”指示中提出的“农村有条件的时候也要由集体办些小工厂”的精神，新生大队第 12 生产队依靠生产队筹集的资金，从群众生产、生活的实际需要出发，与城北公社丁泾大队第 4 队、第 5 队、第 9 队联合创办一个土窑砖瓦厂，次年正式投产。在陆杨公社这是第一家队办企业。主要生产 85 青砖、黑瓦、望砖，烧一窑有一万数量货。砖的质量比红砖好，价格适中，很受村民欢迎。周边农民若盖房需要，可用菜棋、麦柴、砻糠、稻柴燃料等调换砖瓦。由于大型轮窑的掀起（镇办砖瓦厂），5 年后土窑砖瓦厂关闭。

二、陆杨布厂新生分厂

1983 年 6 月 1 日，陆杨工业公司、昆山涤纶制品厂及新生村三方联合签订协议书，共同投资创办新生村联营涤纶布厂（简称“陆杨布厂新生分厂”）。协议商定：设备投资7万元由新生村（各生产队共同出资）负责；劳动力（招收职工）由新生村负责，保证正常生产；昆山涤纶制品厂负责技术指导与质量把关检验；流动资金20万元由工业公司负责；年终利润，新生村得50%、工业公司得25%、涤纶制品厂得25%。1984年企业投产，由张生林任厂长。

据《陆杨镇志》记载：1986年，新生色织二厂（即陆杨布厂新生分厂）投资总额131万元，职工161名，工业产值180万元，销售收入106万元，利润亏损2万元。

1989年2月，昆山县陆杨漂染厂与新生村村委会签订协议，约定：新生村所属的陆杨布厂新生分厂生产的白坯布，均委托漂染厂印花车间加工，染色所欠加工费总额分期还款。是年，邹婉金担任布厂厂长。企业经营到1992年12月，1993年春停产、关闭。

三、昆山隆祥香料厂

1988年3月，陆杨镇成立昆山隆祥对外经济贸易公司，经营范围是三来一补、中外合资、合作生产的洽谈及外贸产品进出口联系。经过该公司的沟通协调，1990年1月，新生村创办昆山隆祥香料厂，主要生产桉叶油、樟脑粉、黄樟油等7个品种的天然香料，职工20名，厂长周友新，产品通过昆山县外贸公司渠道出口。企业实现当年办厂、当年投产、当年见效。1990年，有4个品种出口，销量32.98吨，销售额117.56万元；1991年，有7个品种出品，销量45.15吨，销售额122.69万元。接着，企业实行厂长经营承包责任制，第一年获利，第二年亏损，职工年人均分配1 170元。1992年，企业获陆杨镇出口产品先进企业。因产品行情下滑，1995年企业歇业。

四、新星机械密封件厂

1991年1月，为了搞活新生村的工业经济，受新生村党支部书记、村民委员会主任的邀请，新江村的韩金观到新生村开办新星机械密封件厂，并出任法定代表人。是月，陆杨镇人民政府与镇工业公司商议同意，由韩金观跨村担任村办厂厂长职务。企业利用知青点已经关闭的旧厂房及部分机械设备生产橡胶垫圈，用于反应釜、锅炉，销路很好，每次发货都要去昆山火车站托运，第一年销售额达 40 万元。1992 年，企业领导与新生村干部合署办公，安装了空调机，又购买一辆“仪征牌”客货两用车（双排座小车）。企业还建立销售人员奖励机制。当时沪宁线上密封件需求量大，企业最高峰有 58 名职工，效益很好，同时还承担了新生村村干部工资及其他费用，为村级经济作出了贡献。1994 年，企业更名为新星机械密封有限公司，法定代表人为韩金观。1995 年企业转制，由韩金观个人承包，至 2012 年歇业。

五、新欣机械密封件厂

新欣机械密封件厂是 1994 年注册开业的，也是一家由香港客商投资与新星机械密封件厂共同开办的合资企业，取名新欣机械密封件有限公司（简称“新欣机械密封件厂”），张炳泉任厂长。是年春，企业在玉峰大厦举办开业仪式，约定港商出资 8 万美金，分得 80%的利润。不料，港商合作一年后就撤资。1996 年，企业经营不佳，应收款上升，职工裁减到不足 10 名。1998 年，企业转制为私营企业，法定代表人为张炳泉。

六、新生钢窗厂

1993 年，新生村开办陆杨新生金属门窗厂（简称“新生钢窗厂”），生产铝合金门窗，由张华明任厂长。企业实行承包经营，以市场经济方式营作，有职工 14 名。第一年效益良好，有定点企业供销链，第二年、第三年持平，1996 年歇业。

七、其他企业

新生玻璃钢厂 1985 年，新生村借助陆杨玻璃钢厂的技术力量，开办了新生玻璃钢厂。该企业由陆益昌任厂长，生产玻璃钢房瓦、水槽等，有职工 13 名，年产值 15 万元，但三年不到就关闭。

新生经营部 1988 年 5 月 5 日，陆杨镇人民政府批复：同意新生村开办昆山陆杨新生经营部；企业地址设在陆杨镇西部，负责人陆弟观；总投资 2 万元（流动资金），核定人员 4 名；以经营轻纺原料为主，兼营建材、颜料、电解铜。

因经营状况不佳，2年后企业解散。

1975—1996年，新生村（大队）村（队）办企业情况如表7-2所示。

表7-2 1975—1996年新生村（大队）村（队）办企业一览表

企业名称	负责人	开办时间	停业时间	高峰年份人数	主要产品
陆杨农用机械配件厂	魏天农	1975年	1985年	57	农用机械配件
陆杨布厂新生分厂	张生林、邹婉金	1983年	1993年	161	涤纶白坯布
新生五金厂	顾勤生	1984年	1986年	25	有色金属零部件
新生玻璃钢厂	陆益昌	1985年	1988年	13	玻璃钢房瓦、水槽
昆山隆祥香料厂	周友新	1990年	1995年	20	天然香料
新星机械密封件厂	韩金观	1991年	1995年	50	橡胶密封圈
新生钢窗厂	张华明	1993年	1996年	14	铝合金门窗
新欣机械密封件厂	张炳泉	1994年	1998年	10	橡胶密封圈

渔业综合厂 1977年，渔业大队试办了1个综合厂，有职工7名。1981年6月8日，渔业大队向陆桥工商所申请，要求申办“昆山县陆桥公社渔业综合厂”工商营业执照。是年，企业职工20名，固定资产2.5万元，年流动资金发生额10万元，利润1.5万元，徐云南任厂长。

合成塑料厂 1985年11月20日，为支持水丰村发展，考虑其他一些因素，陆桥乡人民政府决定将农副业公司创办的陆杨合成塑料厂划归水丰村经营。企业生产的产品是农药瓶盖，销往昆山化工厂。1990年，合成塑料厂承包合同结算：承包产值10万元，实绩10万元；承包销售7万元，实绩9.7万元；承包利润0.6万元，实绩0.57万元；员工14名，报酬总额2.21万元，人均工资1 580元。几年后由于产品退出市场，1995年，企业关闭。

第三节 地产租赁

村域模具城（2020 年，钱伟明摄）

改革开放之前，新生大队集体经济底子薄。80—90 年代，新生村兴办集体企业，但受市场经营限制，逐渐形成负债，被列入昆山市新一轮经济薄弱村。进入 21 世纪，随着昆山市大量土地批租出让及率先实现小康目标的进程加快，村域经济发展迎来了新机遇。2000 年起，新生村根据自身的特点开发经济增长项目，在继续抓好土地出租及盘活存量资产的同时，创办农贸市场及茅沙塘码头等实体。2009 年以后，村级经济走出困境，扭亏增盈，经济实力得到提升。2009 年新生村计划投资 6.7 万元，建造茅沙塘码头；建造青淞打工楼，建筑面积 400 平方米；计划投资 100 万元，建造昆山成基建材有限公司；计划投资 217.69 万元，建造公共服务中心；计划投资 400 万元，建造农贸市场，其中市镇两级财政补贴 200 万元，建筑面积 2 700 平方米。2019 年，唐龙现代渔业产业园（新生一期）开工建设。经过十多年的努力创业，集体经济收入有了稳步提升。

一、盘活存量资产

1995 年，陆杨镇下发《关于村级企业机制转换意见》，有 6 个方面 15 条意见。文件规定：企业转换机制是将村级集体性质（包括个人承包、抵押承包）

的企业、经营部一律转为个体性质的企业、经营部，可申办责任有限公司。原集体资产实行转让、拍卖，企业转制双方签约，并进行法律公证。由此，新生村将所办集体企业在2年内全部转制出让，或资产评估出租。

1999年1月1日，新生村成立集体经济组织——昆山市陆杨镇新生村经济合作社，法定代表人赵建明，资产总额103.64万元，负债总额25.08万元，所有者权益78.85万元。是年，村级部分存量资产出租，租赁民营企业单位5个，租赁资产总额28.81万元，占用集体土地4.5亩（详见表7-3）。

表7-3　1999年新生村租赁资产分布情况表

企业名称	法定代表人	租赁资产额			占用土地/亩
		总额/万元	租厂房/万元	租设备/万元	
新星机械密封有限公司	韩金观	13.81	2.58	11.23	2.0
新欣机械密封件厂	张炳泉	8.00	5.00	3.00	0.5
平祥虎钣金厂	平祥虎	2.00	2.00	—	0.5
联通化工有限公司	许利民	4.00	4.00	—	1.0
嘉成电讯材料厂	吴大弟	1.00	1.00	—	0.5

自2001年起，新生村党支部与村民委员会按照“盘活存量资产，增加经济收入”的目标，先后将2 000平方米的空厂房进行改造，并与闲置设备一起出租，引进五六家民企来投资经营，年租金10万～15万元之间。2009年7月2日，新生村召开重大事项听证会，议题：对新生村旧厂房改造事项的决策。参加人员30名，其中固定村民代表15名、临时村民代表15名。决定：为改变新生村经济薄弱状态，改善村区环境面貌，排除安全隐患，新生村两委会对杨林塘以南的旧厂房进行整治、改造，面积900平方米，预算投资45万元，改造后的厂房将公开招租，增加村级经济收入；同时利用闲置空地，投资60多万元，建造1 300平方米厂房。项目于2009年年底完成，2010年招标出租，年租金收入29.85万元。至2020年，年租金收入达45万元。

二、土地批租出让

1982年8月14日，昆山县人民政府批准昆山县文教局关于陆杨中学建学生宿舍及操场的请示，同意征用陆杨公社新生大队第12生产队水稻田2.75亩，土地补偿费4 399.5元，安置费按协议精神办理。这是中华人民共和国成立后，村域内第一次小规模土地征用。

2004年3月26日，中共昆山市委办公室批准：唐龙、新江、新生3个行政村并入玉山镇，3个村在杨林塘以南的土地一并划归玉山镇。是年8月，正式实施。

2006年12月23日，昆山市国土资源局发文，同意将玉山镇新生村3组耕地19.5亩调拨给昆山市玉山镇人民政府使用，并转让给世模投资有限公司建造厂房，转让年限50年，补偿费用单独建卡落实到户。

2007年10月22日，昆山市国土资源局发文，同意将玉山镇新生村4组土地16.83亩出让给昆山特诺电子有限公司使用，出让年限50年。土地置换过程中有关转安置补偿按昆政发相关文件执行，补偿费用单独建卡落实到户。

2009年3月2日，昆山市国土资源局发文，同意将玉山镇新生村1组耕地11.25亩出让给昆山特诺电子有限公司，作为工业用地使用，出让年限50年。有关经济补偿等事项，按江苏省人民政府有关规定办理，并由玉山镇人民政府负责协调解决。是年4月8日，昆山市国土资源局发文，同意将玉山镇新生村4组耕地18.87亩划拨给昆山市土地储备中心用于建设用地前期开发使用。土地置换过程中有关转安置补偿按昆政发相关文件执行，补偿费用单独建卡落实到户。

自然村庄拆迁（2020年，钱伟明摄）

至2020年底，新生村被征用土地（包括土地批租出让、城镇建设用地）2 735亩。

三、开发产业项目

2004 年 3 月 3 日，新生村党支部书记赵建明代表新生村与玉山镇人民政府签订《玉山镇 2004 年行政村目标任务考核责任书》。村级经济主要指标：可支配收入 60 万元，合同资金收缴率 95%，净收益 10 万元。其中支配收入预算：经营收入 31 万元，财政转移收入 10 万元，上级扶持收入 19 万元。

2005 年，新生村被列为昆山市新一轮集体经济薄弱村扶持单位，由昆山市人事局挂钩，确定由昆山市玉山镇富民经济发展有限公司扶持建设高标准打工楼。是年，村可用财力 42.79 万元，其中土地发包租金 32.41 万、财政转移 9.7 万、其他 0.68 万，年末镇财政扶持 15 万元。

2006 年 3 月 18 日，玉山镇政府发布《关于 2006 年度村级经济收支预算报告的批复》，新生村经济合作社 2006 年度收支预算为：总收入 70 万元，其中发包及上交收入 58.9 万元、财政补助收入 11.1 万元；总支出 70 万元，其中管理费 50 万元（含非生产性包干费用基数 5 万元）。

2007 年 4 月 16 日，新生村党支部书记赵建明代表新生村与玉山镇政府签订《2007 年村级经济社会发展目标管理考核责任书》。村级经济指标：可支配收入 90 万元，合同资金收缴率 95%，发展村企挂钩 1 个。是年 10 月，新生村启动青淞打工楼联合投资建设工程，设计面积 4.25 万平方米，当年投资 30 万元。2003—2007 年新生村集体经济收支情况如表 7-4 所示。

表 7-4　2003—2007 年新生村集体经济收支情况一览表

单位：万元

年份	村级总资产	村级净资产	村级债务	可支配收入			村年总支出
				总额	发包投资	财政扶持	
2003	412.06	224.89	187.16	59.33	59.33	—	69.82
2004	316.41	210.45	105.95	72.71	72.71	—	70.81
2005	369.79	268.07	101.72	57.79	42.79	15.0	98.44
2006	404.25	308.54	95.71	87.91	40.91	47.0	105.34
2007	400.54	339.09	61.44	90.00	49.00	41.0	110.00

2008—2015 年，新生村不断寻找经济增长点，利用区域环境，适度投资建设项目，开发第三产业，以短接长。村级经济年可支配收入从 2008 年的 110 万元增加到 2020 年的 380 万元。

农贸市场建设　2008 年 9 月 25 日，新生村召开重大事项听证会，议题：对在新生村投资建设综合农贸市场的决策。参加人员 27 名，其中村民代表 15 名、临时居民代表 12 名。项目情况：随着国际模具城发展速度的加快，外来人员数量日趋增多，以及北部三个村（新生、新江、唐龙）动迁力度的加大，人口居住趋向于向新生村域集中。为了适应村民群众的生活需求，从发展村级经济出发，新生村投资建造综合农贸市场，占用土地面积 26 亩。地址位于新生村公交车客运站旁，两层建筑，其中底层为菜场、二层为商场，总面积 2 700 平方米，投资总额在 600 万元左右，由开发商殷学明带资建设。农贸市场于 2008 年 11 月开工，2011 年 10 月竣工。2011 年 12 月，“昆山市玉山镇新生村农贸市场”正式由昆山市市场监督管理局登记、注册、发证，地址在玉山镇恒盛路南与北门路东。年收益租金 42 万~45 万元之间，先用于归还开发商垫资款。2019 年，农贸市场有经营户 40 家，年租金收益 70.03 万元。

新生商业广场（2020 年，钱伟明摄）

新生菜场（2020 年，钱伟明摄）

茅沙塘码头建设　2008 年 12 月 2 日，新生村召开重大事项听证会，议题：对新生村投资建设茅沙塘港市码头工程的决策。参加人员 30 名，其中村民代表 15 名、临时居民代表 15 名。项目情况：新生村茅沙塘港市码头基础设施由玉山镇政府投资建设，已基本完工。根据政府原定方案，码头仓库、办公室及场地工程由各村自行建设。因此村“两委会”研究决定，对该码头的仓库、办公室、场地等辅助设施进行建设，预计投资 6.7 万元，项目竣工后进行招租。建设项目于 2009 年春竣工，并正式租赁使用，占地面积 4 亩，当年收益 12 万元。

2014 年 10 月 23 日，新生村召开重大事项听证会，议题：对在新生村茅沙塘码头东侧建造围墙的决策。参加人员 30 名，其中村民代表 15 名、临时居民代表 15 名。项目情况：为排除茅沙塘码头的安全隐患，新生村拟在该码头东侧建造围墙 80 米，将东侧水泥路隔断，预算投资总额约 5.36 万元。项目竣工后，租赁年金略有提高，2016 年收入 13 万元。2017 年起整顿治理，暂停营业。

渔业产业园建设 2019 年 3 月 18 日，新生村农地股份专业合作社向昆山市发展和改革委员会（发改委）提出申请，要求对“昆山高新区唐龙现代渔业产业园（新生一期）项目”批准立项。该项目属昆山高新区 2019 年度重点实事工程，目的是推动渔业规模化、标准化和产业化发展，促进农业生态文明建设。2019 年 6 月 5 日，昆山市设施农用地备案，农业项目总面积 384 亩，项目用地位于新生村。2019 年 8 月 16 日，昆山市发改委对《关于高新区唐龙现代渔业产业园（新生一期）项目初步设计》做了批复：项目规划面积 384 亩，主要建设标准化养殖池塘和高标准农田，同时建设看护房、仓库、砼晒场等相关配套设施；项目总投资约 750 万元，所需建设资金由区财政拨款；项目位于新生村，昆山市玉山镇新生村农地股份专业合作社为建设单位。项目主要设施有泵站 1 座、仓库 105 平方米、管理用房 150 平方米、晒场 1 050 平方米及砼暗管等。项目于 2020 年 5 月全部竣工，并投入使用，是年合同签订的年租金为 26.48 万元。

村域水陆交通便捷（2020 年，吴舸摄）

四、资产出租入股

2014 年 12 月 29 日，昆山高新区社会事业局拟新建 3 个学前儿童看护点，其中在新生村域设置一个，租赁新生村原办公楼（须改建达标并办理相关手续)。2015年2月27日，新生村“两委会”召开专题会议，研究落实将村老办公楼的二楼及三楼出租给葛本浦、曹秀玲夫妇开办学前儿童看护点（拟名“娃哈哈儿童看护点”，解决区域内外来人员适龄子女看护难题）的相关问题。会议决定：租赁时间2015年9月1日至2018年8月31日，出租面积950平方米，年租金16万元。2015年3月3日，葛本浦、曹秀玲夫妇与新生村签订租赁合同及《学前儿童看护点安全责任书》。2016年8月27日，新生村“两委会”再次开展专题研究，将原村办公楼底层550平方米租赁给“娃哈哈儿童看护点”，年租金10万元，租期2016年9月1日至2018年8月31日。

2016—2017年，新生村先后分别与11名租户及承包商签订为期1至2年的资产租赁（承包）合同，年租金收入共计85.17万元。其中：殷学明菜场及临时摊位租金48.70万元，沈宝洪场地租金1.50万元，葛本浦看护点租金26.00万元，世模投资有限公司租金1.44万元，陆阿龙、朱红梅、赵菊良、张阿林鱼塘租金3.43万元，邹全林、俞介弟、赵志强、赵芬英等河沟租金4.10万元。

2018年11月27日，新生村与昆山市成基新型建材有限公司签订一份投资合同。合同约定：新生村向成基新型建材有限公司长期投资50万元，每年12月底之前10天分红利，分配权益根据公司年度产生的利润由股东会议决定。合同文本报玉山镇经济服务中心备案。是日，新生村又与昆山高新区村级联合投资发展有限公司签订一份投资合同。合同约定：新生村向昆山高新区村级联合投资发展有限公司长期投资149.92万元，每年12月底之前10天分红利，分配权益根据企业年度产生的利润由股东会议决定。

是年，11月30日，新生村与昆山市玉山镇同富富民合作社签订一份《投资合同》。合同约定：新生村向玉山镇同富富民合作社长期投资613.89万元（青淞打工楼股份)，每年12月底之前10天分红利，分配权益根据企业年度产生的利润由股东会议决定。合同文本报玉山镇经服中心备案。(2015—2020年新生村主要经济情况如表7-5所示)

表 7-5　2015—2020 年新生村主要经济一览表

单位：万元

年份	村账面总收入	其中总收入分类					村总资产	其中		净资产
		经营收入	发包收入	投资收益	补助收入	其他收入		流动资产	固定资产	
2015	738	349	85	171	130	3	3 200	759	841	2 817
2016	614	316	7	177	111	3	4 844	2 210	841	3 178
2017	442	110	13	191	121	7	3 801	1 150	844	3 398
2018	474	100	3	172	195	4	4 089	1 489	787	3 787
2019	462	40	12	179	229	2	4 232	1 644	770	3 829
2020	525	41	11	148	324	1	4 280	1 509	939	3 854

注：数据来源 2015—2020 年昆山高新区农村统计年编

第八章　新农村建设

中华人民共和国成立前，新生村域内道路为泥土路，桥梁数量有限，又疏于维修。20 世纪 60 年代，电力通达村域各生产队，有线广播普及到户，邮政投递进村。70 年代，西杨林塘村域段架起 3 座新生桥，昆山到石牌、巴城的公路通车，途经新生村域北部；照明用电进入每家每户，大队建起广播室。80 年代，村域铺设石子简易公路，队办企业装有电话。80 年代中后期，村民翻建楼房进入高潮。90 年代初，村民拥有住宅电话，饮用自来水。1997 年，有线电视进入家庭。1998 年，水丰村成功创建“江苏省卫生村”。进入 21 世纪，新生村结合新农村建设和生态文明建设，每年开展环境整治工作。2001 年，昆山自来水厂向村域联网供水。2003 年，新生村完成村级公路硬化通达工程，成功创建“江苏省卫生村”。2004—2020 年，村域先后修建沥青路面的主次干道 4 条、配套桥梁 10 座，97%村民动迁，陆续搬入美陆佳园中的各住宅小区，水、电、气、网络等基础设施建设齐全，学校、商场、医疗等生活服务配套到位，道路四通八达，治安状况良好。

第一节　基础设施

一、道路桥梁

（一）道路

旧时，村域道路都为泥土路。20 世纪 60 年代，筑电力排灌水渠，部分渠岸兼为行人道路。1971 年 11 月，由昆山经陆杨至石牌、巴城的碎石公路通车，途经新生村。80 年代始，村域修筑村级简易石子公路，构建村级公路框架，石子公路一般宽 3~4 米。1998 年，水丰村在创建“江苏省卫生村”过程中，在村域铺上水泥路面，路面宽 1~1.5 米。1999 年，新生村维修村级公路 3.5 千米，小汽车可以开到每家每户。是年，新生村有村级简易公路 4 千米，均为石子路，道路占用土地 70.6 亩。水丰村有村级简易公路 0.6 千米，为水泥路面。

2001—2003 年，新生村实施村级公路硬化通达工程，将石子路改造成水泥路，并通到了每家每户，做到了雨天过后村民外出不湿脚，成为陆杨镇第二个村级公路全面硬化行政村。水泥路面宽 2.8 米，累计硬化路面 4 千米，面积 1.28 万平方米，工程造价 59.37 万元。

2003 年，新生村区划调整至玉山镇，先后由玉山镇政府出资建造 4 条主次干道，2 条支道，道路交通状况有了翻天覆地的变化。新生村出资建好主次干道和支道的辅助性工程。2005 年，新生村对水丰村道路进行与主干道连接、北门路进行与村域道路连接，同时为第 13 组、第 6 组、赵家湾小路浇筑混凝土，共投入资金 3.78 万元。2020 年，村域主要道路有 7 条，总长度 7.55 千米（见表 8-1）。

表 8-1　2020 年新生村主要道路概况表

路名	道路概况
新阳西路	新阳西路名称意为新升的太阳，地处新生村北部，呈东西走向。东起友谊南路，西至茅沙塘大桥，总长 4.5 千米，村域部分长 1.2 千米，混凝土路面，宽 7~21 米，属次干道。1970 年 8 月，该道路按 4 级路标准兴建，路基宽 7~9 米，泥结碎石路面宽 5 米。1987 年 10 月动工改建水泥路面，1988 年 11 月竣工，宽 7 米。1993 年，东段截弯取直拓宽至 21 米，筑水泥路面
恒盛路	恒盛路取名寓意为长久兴盛，地处新生村中部，呈东西走向。东起友谊南路，西至茅沙塘，总长 4.5 千米，村域部分长 1.5 千米，沥青路面，宽 30 米，双向 4 车道，属次干道。2004 年，恒盛路新建动工，2005 年竣工。北门路到皇仓泾河段，2014 年续建竣工
龙生路	龙生路因两端处唐龙和新生两个行政村，故道路取名龙生路。地处新生村中部，呈东西走向。东起皇仓泾河新生段，西至环庆路，总长 2.15 千米，村域部分长 1.2 千米，沥青路面，宽 24 米，双向 4 车道，属次干道。2012 年 2 月昆山市玉山镇人民政府动工建造，2013 年 3 月竣工
玉杨路	玉杨路由玉山、陆杨两地名而来，地处新生村南部，呈东西走向。东起皇仓泾河新生段，西至茅沙塘，总长 4.1 千米，村域部分长 1.2 千米，沥青路面，宽 24 米，双向 4 车道，属次干道。2004 年 4 月昆山市玉山镇人民政府动工建造，2005 年 4 月竣工
北门路	北门路因通往昆山县城北门而得名，道路地处新生村东部，呈南北走向。北门路新生段，南至新塘河，北起新阳西路，长 1 千米，沥青路面，宽 30 米，双向 4 车道。2004 年北门路新生段新建动工，2005 年竣工
兴盛路	兴盛路寓意国际模具城兴盛发达，道路处新生村中部，呈南北走向。南起新塘河，北至龙生路，总长 0.85 千米，全部在村域内，沥青路面，宽 22 米，双向 4 车道，属支路。2010 年 5 月昆山市玉山镇人民政府动工建造，2010 年 7 月竣工
泰科路	泰科路地处新村西部，呈南北走向。南起新塘路，北至杨林塘，总长 0.9 千米，村域长 0.6 千米，沥青路面，宽 22 米，双向 4 车道，属支路。2012 年新建，2013 年竣工

北门路景观（2020 年，钱伟明摄）

恒盛路公交站点（2020 年，钱伟明摄）

（二）桥梁

民国初期，村域有记载的桥梁有 4 座，分别是位于新塘河的枫塘桥、常泾河（皇仓泾河新生段）的张新桥，以及西澜漕河的王桐桥、西澜漕桥，其中西澜漕桥为石桥，其余均为木桥。

50 年代，人民政府发动群众修缮危险桥梁。西澜漕河（今西杨林塘）上新建西王桐桥木桥（又称王桐桥）。1969 年，枫塘桥改建成砖砌拱桥。1970 年冬，东、西澜漕河拓浚成西杨林塘，村域西杨林塘先后架起新生东桥、新生中桥、新生西桥 3 座拱桥。90 年代，为配合村级公路建设需要，村域新建翻建桥梁宽度都在 4 米以上，承载负荷 5 吨以上。1994 年新建的新塘河公路桥宽 7 米。1999 年，新生村总共投入资金 11 万元，翻造新建新生东桥、孝仁塘南桥、荷花溇东桥三座水泥桥，宽度分别为 7 米、4 米、4 米。是年，村域桥梁 11 座，总跨度长 192. 2 米，其中桥面宽 4 米以上的桥梁 5 座，占 45. 45%。

2001—2003 年，根据村级公路的通达工程需要，村域新建 2 座小型桥梁，维修 1 座原有桥梁。2001 年新生村投资 6 000 余元，造新生 6 组小桥 1 座，维修枫塘桥。2002 年，建造机耕桥 1 座。2003 年新生村区划调整到玉山镇后，道路基础设施不断改善，先后建造或翻造桥梁 10 座。截至 2020 年，村域已消失桥梁 6 座（表 8-2），剩余桥梁 13 座（见表 8-3），总跨度长 324. 3 米，其中最长桥梁为陆杨公路桥，长 210 米、跨度 70 米、宽 30 米。村域桥梁桥面宽在 22 米以上的有 8 座，占 61. 54%。

表 8-2　新生村消失桥梁一览表

桥名	桥龄/年	桥梁概况
新生东桥	335	地处新生 12 组，原为石桥，称西澜漕桥，始建于清代康熙十六年（1677 年）。1959 年大搞水利时桥废，改建成石堍木桥，称东王桐桥，又称东王龙桥。1964 年，新生大队向陆桥公社申请报昆山县财政局，获下拨经费 260 元，木材 1.3 立方米，对东王桐桥维修加固。1970 年拓浚西杨林塘，原址建面宽 2 米砖砌双曲拱桥；1989 年，改建 3 米宽水泥拱桥；1999 年 5 月，投入 25 万元重建，宽 7 米、跨度 32 米，离水面 4.5 米，带有南北引桥，为水泥拱桥。2012 年因杨林塘河航道整治，该桥被拆除
新生中桥	100 以上	地处新生 11 组，原称王桐桥，跨西澜漕河（今西杨林塘），民国初期前已存在。50 年代，人民政府发动群众修缮危险桥梁。原址新建西王桐桥木桥。1970 年冬，东、西澜漕河拓浚成西杨林塘，西王桐桥被拆除。1971 年在西王桐桥原址偏东建水泥拱桥。新生中桥跨度 32 米、桥面宽 2.5 米，离水面 4.5 米。2007 年，该桥属危桥。2012 年因杨林塘河航道整治被拆除
新生西桥	37	地处新生 9 组，1975 年建，为水泥拱桥，跨度 32 米、桥面宽 2.8 米，离水面 4.5 米。2010 年属危桥，2012 年因杨林塘河航道整治被拆除
新塘河公路桥	18	地处新生 2 组，又称丁泾桥，或新塘路桥。1994 年 5 月始建，1994 年 10 月竣工。跨新塘河两岸新生村和丁泾村。属公路平桥，跨度 40 米，宽 7 米，离水面 4.5 米。2012 年因国际模具城扩建，桥梁被拆除
荷花溇西桥	15	地处新生 4 组，1993 年建，为水泥平桥，跨度 4 米，宽度 4 米。2008 年因模具城扩建用地，荷花溇西段被填平，桥梁消失
孝仁塘南桥	13	地处新生 4 组，1999 年建，为水泥平桥，跨度 4 米，宽度 4 米。2012 年因修建龙生路，桥梁消失

注：统计时间截至 2020 年。

表 8-3　2020 年新生村现有桥梁一览表

桥名	桥龄/年	桥梁概况
枫塘桥	346	地处新生 15 组，又称葑塘桥或枫塘口桥，清代康熙十三年（1674 年）建，时为木桥，是通往石牌的要道。1969 年改为砖砌拱桥，宽 2 米，称“团结桥”。1979 年重建成跨度 15.3 米、宽 3.5 米水泥拱桥。2002 年 6 月，新生村对枫塘桥维修改造。2007 年属危桥。2008 年，重新翻造为跨度 15.3 米、宽 5 米水泥平桥
张新桥	110 以上	地处新生 5 组，古称永寅桥，跨常泾河（皇仓泾河新生段）南，民国初期前已存在。1964 年，《陆桥公社新生灌区示意图》标注此桥为永宁桥。1970 年张新桥改建为水泥拱桥，跨度 25 米，宽 2 米，离水面 4 米。2001 年张新桥重新翻建，跨度 30 米，桥宽 2 米
荷花漤东桥	21	地处新生 5 组，1999 年建，为水泥平桥，跨度 4 米，宽 4 米
孝仁塘北桥	50	地处新生 6 组，1970 年建，为水泥平桥，跨度 10 米，宽 2 米
陆杨公路桥	5	地处北门路跨杨林塘，建于 2015 年，为钢筋水泥拱桥，长 210 米，跨度 70 米，宽 30 米
12 组常泾河桥	4	地处新生 12 组，跨常泾河（皇仓泾河新生段），建于 2016 年，属钢筋水泥平桥，跨度 30 米，宽 8 米
恒盛路常泾河桥	6	地处恒盛路跨常泾河（皇仓泾河新生段），为公路大桥，建于 2014 年，属钢筋水泥平桥，跨度 30 米，宽 24 米
北门路五号河桥	6	地处北门路跨五号河，为公路桥，建于 2014 年，属钢筋水泥平桥，跨度 20 米，宽 20 米
北门路新塘河桥	16	地处北门路跨新塘河，为公路桥，建于 2004 年，属钢筋水泥平桥，跨度 30 米，宽 30 米
恒盛路孝仁塘桥	15	地处恒盛路跨孝仁塘河，为公路桥，建于 2005 年，属钢筋水泥平桥，跨度 20 米，宽 24 米

续表

桥名	桥龄/年	桥梁概况
龙生路孝仁塘桥	8	地处龙生路跨孝仁塘河，为公路桥，建于 2012 年，属钢筋水泥平桥，跨度 20 米，宽 24 米
玉杨路孝仁塘桥	15	地处玉杨路跨孝仁塘河，为公路桥，建于 2005 年，属钢筋水泥平桥，跨度 20 米，宽 24 米
泰科路五号河桥	7	地处泰科路跨五号河，为公路桥，建于 2013 年，属钢筋水泥平桥，跨度 25 米，宽 22 米

陆杨公路桥（2020 年，钱伟明摄）

杨林塘桥景观（2020 年，钱伟明摄）

二、邮电广播网络

邮政 新生村紧靠陆桥集镇，中华人民共和国成立前后，邮政由集镇上商店代办，所寄信件由商店托航船带往昆山，对外来信件，则托熟人转送，或带口信给收信人到店领取。1954 年，邮政代办转交陆桥供销站负责，供销站指定 1 名职工兼管收发信件和办理订报业务。1962 年，陆桥邮电代办所建立，村域内邮件由投递员 2 天送 1 次。1971 年，陆桥邮电所建立，村域内邮件每天送达 1 次，村民还可以到邮电所办理汇兑、出国邮件、特快邮件、电报等业务。进入 21 世纪，函件、包裹寄送服务逐渐被多家快递公司承揽。2020 年，村域的邮政服务由陆杨邮政局负责，有函件、包裹等邮件寄递，以及邮票发行、报刊发行和邮政汇兑等业务活动。

电话 1959 年，新生大队成立。是年，大队部装有电话 1 台，电话线路和广播线路共用，在广播时间内不能通话。1971 年后，新生大队单独安装电话线路。70 年代末至 80 年代初，新生大队队办企业发展迅速，各企业普遍装有电话。1994 年，村民张炳泉、顾金元等首先安装住宅电话，从此住宅电话在村域迅猛发展。1997 年，全村有 270 户安装住宅电话，安装率 90%，新生村成为电话村。同时，村域内有人开始使用移动手提电话，俗称“大哥大”。2000 年前后，部分村民使用电信手提电话，俗称“小灵通”。之后手机使用逐渐普及，功能不断加强，村民手机每隔 3~5 年升级换新。2020 年智能手机普及，固定电话因受功能和使用空间限制大量减少。

广播 1959 年，新生大队大队广播设施简陋，无专用广播线，线路借用电话线，全大队只在竖起的毛竹上装一只低音喇叭，转播县广播站播音节目，在广播时间电话停用。1966 年 9 月 15 日，陆桥公社单独成立广播放大站。是年 12 月，各生产队开通有线广播，并逐步通往社员家庭。新生大队派专人到昆山县城买 3 米长栋树棍，架设单独广播线路，通到每家每户。两年后，社员家庭有线广播入户率达 90%。1971 年 9 月，广播线杆改为 5.2 米方形水泥杆。1974 年，新生大队整顿广播线路，给广播铁丝线涂柏油，埋设地下线。1979 年 12 月，新生大队在陆桥公社率先建大队广播室。1983 年，广播线一律用 3.0 毫米镀锌铁丝，广播线杆改为 6 米水泥圆杆。1987 年，村广播室经县广电局验收合格，发合格证书。1999 年，新生村有线广播入户率 93%，村民小组通播率 100%。进入 21 世纪，广播实现无线调频传输，有线广播完成历史使命；在社区里对公众宣传使用的是调频广播热线，村民家庭使用的是半导体收音机。

电视 1977 年秋，陆桥公社批准新生 1 队购买一台 14 英寸黑白电视机。此为村域内第一台电视机。随后其他生产队也陆续购买黑白电视机，供社员晚间集体收看。当时收看电视要架室外天线，仅能收看中央台、上海台等几个频道的节目。80 年代中后期，电视开始走进农户家庭并逐渐普及，黑白电视机也逐渐被彩色电视机替代。1997 年，村域内开通昆山有线电视。2000 年，有线电视光缆通到各村民小组。至 2020 年，村民家家开通有线数字电视，数字液晶大屏电视机普及到户，每户拥有电视机 2~3 台，可以收看近百个频道的节目。

网络 90 年代末至 21 世纪初，电脑进入新生村民家庭。村民可向电信公司申请，通过电话线上网浏览新闻，发送电子邮件等。不久，村民可以通过光缆进行宽带上网，网速流量加大。提供上网服务的公司除电信外，还有联通、移动、广电等网络企业。宽带网络让村民享受到更多的网络服务。随着笔记本电脑和智能手机的普及，无线上网逐渐成为主要上网模式。2020 年，村域 95%以上成年村民都拥有一部智能手机，通过无线网络，满足个人通信、娱乐、交友、出行、学习等多方面的需求。

三、电水气公共设施

电 1960 年，新生大队建电灌站，电线架到附近生产队，但仅供生产队晚上脱粒粮食所用。1966 年，电通到每个生产队，电灯进入部分社员家庭，由于供电不正常，只能保证灌溉、脱粒，社员仍主要以煤油灯照明。70 年代，社员家庭照明用电普及，但用电高峰期会有停电现象。80 年代，电线通向家家户户，由村里统一给农户安装电度表、触保器，配备村电务员管理抄表、收取电费等项目。电力供应趋于正常，但用电高峰期会出现电压偏低不稳定，造成家用日光灯、脱粒电动机不能正常工作。1998—1999 年，农村电网改造，村域有 14 户村民因建 50 万伏高压线搬迁。电网改造后，村域内更新输电线路，统一安装电表箱，实现照明线路和农机脱粒线路分开；取消村电务员，由陆杨镇供电所按国家统一规定的电价收取电费，保障了村民用电需求。2020 年，新生村供电设施统一由昆山高新区供电所负责。村民生活用电除了日常照明外，还有电视机、电饭煲、电冰箱、空调、电脑等各类家用电器用电；生产用电除了农业用电外，还有工厂、学校、商店等企事业单位日常用电。

水 中华人民共和国成立前，村域除少数人家饮用井水外，家家都饮用河水。在同一条河中淘米、洗衣、洗马桶的现象比比皆是。中华人民共和国成立后，政府十分重视消灭血吸虫病，禁止在河里洗马桶、放牛水（即排牛粪尿），号召农民开公井，饮井水。1965 年秋至 1966 年春，在“四清”运动中，每个生产队挖掘公井 2~3 口，有的井台上刻有“四清井”或“吃水不忘掘井人，翻身不忘共产党”等文字。1975 年始，村域内推广灶边井、院中井。为鼓励农民开井，每口井由集体赠送“八五砖”350 块，及相应的水泥、黄沙等物资。90 年代，新生村采用“村民出一点（每户 300 元），村里贴一点”的办法筹集资金，每家每户统一安装水表、水龙头，接通陆杨镇水厂的自来水，村民用上自来水。

2001年12月22日，陆杨镇与昆山市自来水厂联网供水工程竣工，村民结束喝地下深井水的历史。2003年，新生村改水率100%。是年，村域自来水厂随陆杨镇建制撤销，归周市镇管理。2007年1月1日起，新生村自来水厂由周市镇划归玉山镇管理。

气 90年代，村民家庭开始添置钢瓶液化气罐，购买液化气灶具。虽然罐装液化气使用方便，但是价格远远超出柴草，有些村民家即使拥有液化气罐和灶具，平时也会用柴草做菜烧饭。逢年过节，家有客人，烧的饭菜较多，这时液化气罐和灶具才会派上用场。随着村民生活水平不断提高，柴草秸秆还田力度加大，液化气灶具使用逐渐普及，罐装液化气也开始为家用热水器供气加热。进入21世纪，村民搬入动迁小区，家家户户用上管道天然气。与罐装液化气相比，管道天然气安全性强，价格更便宜。

第二节 人居环境

一、环境整治

60—70年代，新生村结合血吸虫病防治，开展查螺灭螺工作，加强粪便管理，清除房前屋后、河道堤岸的杂草，保持村庄环境整洁。80年代，新生村要求村域乡镇企业控制污染源，抓好环境保护工作，创造优美环境。90年代中期，为做好农村“三清”（清理农村生活垃圾、清理村内塘沟、清理畜禽养殖粪污等农业生产废弃物）工作，新生村配备专职保洁人员4名。保洁人员严格执行工作制度，每天做好道路清扫，公厕、河道保洁及农户生活垃圾收集、清运、填埋等卫生工作。

2003年，新生村以创建“江苏省卫生村”为契机，加强基础环境设施建设，重点做好改厕和道路硬化工作。是年，新生村有 6 个自然村，270 户，共 935 人，饮用自来水人口 935 人，改水率 100%；卫生户厕 260 只，改厕率 95.5%；道路硬化 1.64 万平方米，有垃圾中转站 1 座、公厕 8 座、垃圾箱 25 个、垃圾桶 270 只、绿化面积 230 平方米，另外，还有保洁车辆 4 辆。

2004 年 9 月，为迎国庆、迎金秋经贸招商月，玉山镇开展城乡环境卫生大整治活动。新生村积极响应，确保村域主次干道路两侧无暴露垃圾，遵守绿化管理规范；加大拆违力度，整顿和清除户外违法违章广告，及时清理影响村容村貌的各类招牌、指示牌；对村域新塘河、西杨林塘、常泾河（皇仓泾河新生段）等河道组织全面检查，抽调人员、船只打捞漂浮物，加强环境卫生整治的长效管理。

2005 年 10 月 11 日，中国共产党十六届五中全会通过《中共中央关于制定国民经济和社会发展第十一个五年规划的建议》，提出要按照“生产发展、生活宽裕、乡风文明、村容整洁、管理民主”的要求，扎实推进社会主义新农村建设。之后几年，新生村紧紧围绕新农村建设要求，开展环境整治工作。2006 年，新生村集中 5 000 余人次对全村所有道路、河沟、渠道、废潭、各住户家前屋后的卫生进行整治，共清理垃圾 1 800 多吨、河道 1 500 多米，填土 1 500 多立方米，墙面涂白 20 000 多平方米。全面排查村域违章建筑，取缔无证废品回收站 18 家，拆除 8 间违章搭建的小棚；完善环卫基础设施，新建公厕 3 只，垃圾箱 16 座；加强保洁力量，保洁队伍扩至 8 人。是年，新生村参加玉山镇对民营区新塘河环境的联合整治行动，对新塘河中拾荒船、废品收购船等非法运输船舶进行整治，有接电、接水到村民家里的，做好村民思想工作，让村民主动切断非法船只的用水、用电，杜绝非法船只对新塘河的污染和对村治安环境的影响。2007 年，新生村根据新农村建设的要求，再次集中大量人力、物力，对全村所有道路、河沟、渠道、废潭、各住户家前屋后的卫生进行清理整治，大大改善村民的居住环境。2005—2012 年，新生村先后有掘龙浜、伍千溇、荷花溇、俞家泾、赵家湾 5 条河流在环境整治后被填平。2006—2010 年，新生村累计修建公厕 9 座，实现每个自然村不少于一座公厕的改厕要求，其间还定期开展“加拿大一枝黄花”的清理、保洁人员规范管理工作。2010—2013 年，新生村除了对各自然村进行环境整治外，还重点加强村域交通环境整治。恒盛路与北门路路口因无证小摊小贩集聚，出现影响交通与环境问题，新生村与昆山高新区城管、城北派出所等多部门联合整治，设立临时疏导点，实行长效管理。2014 年，因河道保洁由玉山镇水利站统一管理，村河道保洁人员取消，保洁队伍减至 5 人。

2018 年 3 月 15 日，新生村与昆山高新技术产业开发区管理委员会签订《昆山高新区 2018 年生态文明建设责任书》，按照江苏省生态村的考核标准要求，做好各项环境保护工作。开展农村环境综合整治，加强畜禽水产养殖及农业面源污染防治，做好家庭生活垃圾收集、生活污水处理，加强耕地保护。确保内河水质逐年改善，配合相关部门完善管网建设和生活污水接管，确保生活污水达标排放。做好辖区内闲置土地、村属出租房屋的管理，杜绝非法生产作业；禁止接受处置工业废弃物、垃圾、污泥等违法行为；做好油烟、噪声扰民信访的调处工作；发现有倾倒废水废渣、偷排废气等污染村庄环境的行为，及时制止并上报相关部门。严禁秸秆、垃圾焚烧，推进农业生产废弃物资源化利用。整治辖区内环境脏、乱、差的现象。2019 年，新生村环境整治项目投资 17.9 万元（见表 8-4）。2020 年，新生村对村域周边环境落实横向到边、纵向到底全覆盖治理，对村域内道路两侧的白色垃圾、房前屋后乱堆放、黑广告、卫生死角等开展清理，对公共区域、公共厕所的日常保洁落实专人负责，对澜漕自然村公共厕所落实专人管理。是年，村有保洁人员 2 名。

表 8-4　2019 年新生村环境整治项目情况表

项目名称	内容	投资金额/万元
澜漕自然村围挡工程	建 160 平方米环境整治围挡	2.5
新阳西路、水丰新村围挡工程	建 392 平方米环境整治围挡	5.6
村庄环境整治零星工程	村域范围的绿篱钢栏杆、厕所、雨水井、排水管等修建改建	7.0
模具城南侧环境整治工程	老沟回填、新沟开挖、土地平整、垃圾清运等	2.8

“263”专项行动　2015 年 4 月 25 日，中共中央和国务院发布《关于加快推进生态文明建设的意见》。2016 年年底，江苏省启动“263”专项行动，打响碧

水蓝天生态保卫战。“263”专项行动主要内容为“两减六治三提升”（“两减”是指减少煤炭消费总量、减少落后化工产能；“六治”是指治理太湖水环境、治理生活垃圾、治理黑臭水体、治理挥发性有机物污染、治理畜禽养殖污染、治理环境隐患”；“三提升”是指“提升生态保护水平、提升环境执法监管水平、提升环境经济政策调控水平”）。2017 年，新生村加大环境整治力度，参与杨林塘两侧的生态整治。是年，拆除私搭简易棚 3 处，清理乱堆放垃圾 8 处。对第 5、8、11、12、14 村民小组多条损坏道路进行维修，方便村民出行。2018 年，由于位于唐龙的新生茅沙塘码头存在噪声、粉尘等污染，新生村村民委员会召开专门听证会议，根据“263”专项行动要求，对码头的混凝土搅拌楼、水稳楼等设施进行拆除。

“331”**专项行动**　2018 年，苏州市委、市政府决定开展“331”整治火灾隐患百日专项行动。该行动也是消防安全环境的专项整治行动，简称“331”专项行动（第一个“3”是指三类突出火灾隐患，分别是集生产、生活、仓库于一体的“三合一”场所，出租房或群租房和电动自行车；第二个“3”指三张清单——任务清单、履职清单、追责清单；“1”是指自 2018 年 5 月 5 日至 8 月 12 日的 100 天时间）。新生村与昆山高新技术产业开发区管理委员会签订《“331”整治火灾隐患百日专项行动责任书》，明确在“331”整治火灾隐患百日专项行动中新生村的工作责任。“331”专项行动后来突破百日时限，一直延续到 2020 年。2020 年，为进一步巩固整治成果，谋求长效治理，新生村执行苏州市委、市政府将“331”专项行动增容扩面的决定，先后对村域内农贸市场疏导点、娃哈哈幼儿看护点等 60 余家“9+1”经营场所（小商店、小学校、小医院、小餐馆、小旅馆、小棋牌室、小歌舞厅、小网吧、小美容院 9 种小服务经营单位，加小微企业，合称“9+1”经营场所）进行常规性安全消防检查，对经营场所内的用电、用气、消防设施设备等定期检查，发现问题和隐患后做好检查记录，督促相关责任人定期完成合规整改。民房、出租房的消防安全检查，重点是针对是否使用液化气罐做饭、是否私拉乱接电线、是否进行室内电瓶车充电等关键点展开专项检查。发现问题后，工作人员现场要求承租人签收检查记录，根据整改要求在规定时限内完成整改，并进行复核。至 2020 年 10 月，有 17 户出租民房完成液化气罐清理，消防小件灭火器、逃生绳、防烟面罩和应急电筒的配备以及出租人信息公示张贴。

市场停车处（2020 年，钱伟明摄）

道路整洁美化（2020 年，钱伟明摄）

二、创建卫生村

1998 年 4 月，水丰村（现新生村第 15~18 村民小组）申报创建“江苏省卫生村”，开展了一系列迎检准备工作。水丰村先后进行道路硬化、下水道配备及绿化等方面的达标整治；推进改厕工作，建好管好公厕，确保卫生户厕率 85%以上；按创建要求做好台账，在村民中开展健康教育和宣传工作。7 月 9 日，应昆山市爱国卫生运动委员会（爱卫会）的申请，苏州市爱国卫生运动委员会办公室（爱卫办）组织有关专业人员组成创建省级卫生村考核验收组，对水丰村进行考核验收。考核验收组通过听取汇报、查阅资料、分组现场检查，认为水丰村达到“江苏省卫生村”标准基本要求。10 月 5 日，水丰村被确认为“江苏省卫生村”，被授予奖牌，并报省爱卫会备案。

2001 年新生村和水丰村合并，沿用“新生”村名。2003 年年初，合并后的新生村申报创建“江苏省卫生村”，改造卫生基础设施，加强卫生管理和健康教育，做好除害防病工作，迎接上级专家评估组验收。是年，新生村创建投入 83.54 万元（见表 8-5），其中道路硬化投入 59.55 万元。10 月，新生村通过专家组验收，荣获“江苏省卫生村”称号。2009 年，根据《江苏省卫生村考核命名及监督管理办法》的规定，2004 年前获评的“江苏省卫生村”需经省爱卫会复审。新生村高度重视省级卫生村复审工作，2 月底接受迎检任务，3 月初制订工作计划，5 月底完成迎检准备工作。2009 年下半年，苏州市爱卫会组织专家对新生村进行省级卫生村复查，并于11月底前将复查结果报省爱卫办，申请予以重新确认。是年，新生村有自然村7个，共有村民415户，家家使用无害化三格式户厕；有保洁人员8名，人均月工资600元；有垃圾箱30座，垃圾桶415只，简易式垃圾中转站1个，公厕18座。是年，新生村落实长效管理经费30万元，省级卫生村复审当年投入资金8.02万元（表8-6）。2010年3—4月，新生村接受省爱卫会暗访组现场复审，检查卫生基础设施与日常卫生管理等方面的巩固发展情况，开展民意调查，了解群众意见。2010年5月19日，江苏省爱卫会发文通报，新生村顺利通过复审，被重新确认为“江苏省卫生村”。

表8-5　2003年新生村环境卫生设施资金投入情况表

项目名称	数量	投入金额/万元
道路硬化	16 400平方米	59.55
公共厕所	8座	2.80
垃圾收集	垃圾桶295只	1.05
农户改厕	260户	15.34
健教器材资料	—	0.25
村卫生整治	600工时	1.20
绿化美化	230平方米	0.92
河道整治	250工时	0.63
保洁劳务	4名	1.80

表8-6　2009年新生村改造卫生设施资金使用情况表

项目名称	数量	投入金额/万元
道路硬化	300平方米	1.80
公共厕所	3座	2.50
垃圾收集	垃圾桶85只	0.42
健教器材资料	—	0.50

续表

项目名称	数量	投入金额/万元
村卫生整治	210 工时	1.05
绿化美化	50 平方米	0.50
河道整治	80 工时	0.40
废潭废坑	2 只	0.85

三、垃圾分类

桦苑小区垃圾小屋（2020 年，钱伟明摄）

2020 年 5 月 22 日，新生村响应国家推行垃圾分类号召，根据苏州市、昆山市相关规定，围绕“垃圾分类·党员先行”开展主题党日活动，落实上级对于垃圾分类的工作部署，开展《苏州市生活垃圾分类管理条例》集中宣传月活动，发挥基层党组织和党员在推行生活垃圾分类工作中的先锋带头作用。先后组织党员观看垃圾分类宣传视频，向党员宣传垃圾分类的意义，号召全体党员带头养成主动分类、自觉投放的良好习惯。同时，通过党员志愿者分发宣传材料和全体党员的模范行动，带领群众一起参与垃圾分类行动。2020 年 6 月 1 日起，《苏州市生活垃圾分类管理条例》施行。随后，村域各居住小区建起 8 个垃圾分类亭，配备 40 只垃圾分类箱，安排 8 名专职垃圾分类人员，实施生活垃圾分类“三定一督”（定时、定点、定人、督导）的长效管理模式。

第三节　住房建设

一、征地规划

1970年12月，昆山县开挖西杨林塘，对新生村域内东、西澜漕河，温焦泾及清水港、鳗鲤泾的部分河段进行拓浚，截弯取直，需征用部分土地。时新生大队有土地被征用，也有瓦房、草房、三棚（牛棚、猪棚、鸡鸭棚）被动迁，这是新生村历史上首次规模性的有规划征地。70年代至90年代，村域规划征地主要作用于政府及事业单位的发展建设需要。70年代中期，陆桥公社房管部门征用新生大队第12生产队耕地建2排（每排15间）“五路头”平房，供在陆桥安家的部分知识青年居住。1976年10月，陆桥公社征用新生大队第7生产队耕地4亩，建立公社养猪场。1982年8月，陆杨中学征用新生大队第12生产队稻田2.75亩，建学生宿舍及操场。进入21世纪，随着昆山城乡一体化建设的全面铺开和昆山高新区招商引资力度的强劲推进，村域内大量土地被征用，主要用于美陆佳园（含美陆小学、幼儿园、新生农贸市场）及小区配套设施、道路设施、民营开发区企业等建设，仅美陆佳园各小区和相关配套设施建设征用新生村土地0.9平方千米，合1 350亩。工业用地主要用于世模投资有限公司及昆山特诺电子有限公司等建厂房，出让年限50年。1983—2009年，新生村累计被征用土地2 716.5亩。2014年，因杨林塘航道整治道路工程，新生村土地被征用18.47亩。此后村域土地不再被征用。

二、小区建设

历史上，村域农民以自然村为集中居住区。1959年新生大队成立时，全大队有盛家村、孝仁塘、王桐桥、赵家湾、澜漕几个自然村。1963 年后，各自然村内部分农民温饱有余，陆续翻建住房，都以杂树或水泥桁条作梁，将旧屋翻建成“五路头”砖木结构的小瓦平房。70 年代，自然村内农民普遍采用青砖黑瓦建造“七路头”平房。党的十一届三中全会后，农村经济迅速发展，农民生活逐渐富裕，翻建房屋的农户不断增加，自然村内逐渐形成以“三上三下”砖瓦结构为主要特色的楼房群体。1983 年，渔业大队（现新生 15—19 组）政社分设，改名为水丰村，搬迁到陆桥村枫塘口集中定居。1983 年 9 月至 2001 年年底，新生村累计有 223 户农户翻建房屋，其中 210 户农户建楼房，占翻建房屋农户总数的 94.17%，新建楼房总计 1 392 间（见表 8-7）。1987 年，水丰村建第一幢楼房。2001 年水丰村并入新生村，自然村改名为水丰新村。

表 8-7　1983—2001 年新生村村民建房情况一览表

年份	建房户数	楼房户数	楼房间数	平房户数	平房间数
1983	6	5	34	1	2
1984	14	11	76	3	11
1985	25	21	151	4	15
1986	37	34	235	3	11
1987	36	36	251	0	0
1988	18	18	112	0	0
1989	25	25	166	0	0
1990	10	10	63	0	0
1991	15	13	78	2	6
1992	7	7	50	0	0
1993	2	2	12	0	0
1994	8	8	48	0	0
1995	7	7	42	0	0
1996	6	6	36	0	0
1997	2	2	8	0	0

续表

年份	建房户数	楼房户数	楼房间数	平房户数	平房间数
1998	—	—	—	—	—
1999	3	3	18	0	0
2000	1	1	6	0	0
2001	1	1	6	0	0

注：1983 年为 9—12 月数据。

2003 年，新生村划归玉山镇管理，陆桥村 1 组同时划归新生村，改名新阳西路自然村，村域自然村数增至 8 个。因国际模具城建设和杨林塘航道整治工程，村民大批动迁。至 2020 年，村域 8 个自然村中有 7 个全部拆迁，澜漕自然村部分保留，拆迁自然村村民迁移至恒盛路两侧美陆佳园。

村落农家院（2020 年，吴舸摄）

2004 年，美陆佳园开工建设，至 2018 年竣工。先后建桂苑、桦苑、枫苑、梅苑、兰苑、竹苑、菊苑 7 个小区，有多层住宅 84 栋、高层住宅 16 栋，共3 560 套住宅。小区附近有陆杨郊外公园、新生农贸市场、陆杨美食街、昆山高新区美陆小学、昆山高新区美陆幼儿园、昆山高新区娃哈哈看护点等。昆山市 1 路、105 路、286 路、426 路 4 条公交线路到达区域邻近。小区内配有老年人日间照料中心、社区卫生服务室、室外公共健身器材、小型篮球场；水电气及网络通到每家每户，消防设施完备，内部停车位充足，多层小区建有地上停车场，高层小区建有地上停车场和地下车库。小区绿化率 36%，定期有绿化管理人员进行树木、草坪维护。小区内有 24 小时保安巡逻，维持治安，每天有专职保洁人员和垃圾分类人员进行环境卫生打扫和垃圾分类清运。

居民小区（2020 年，吴舸摄）

自然村新宅（2020 年，吴舸摄）

枫苑小区正门（2020 年，钱伟明摄）

桂苑小区（2020 年，钱伟明摄）

梅苑小区（2020 年，钱伟明摄）

竹苑小区（2020 年，钱伟明摄）

恒盛路民宅（2020 年，钱伟明摄）

三、动迁安置

2003 年 12 月，根据昆山市委、市政府文件，新生村并入区划调整后的玉山镇。2004 年村域迎来国际模具城建设，开始规模性的农房动迁工作，村干部深入动迁户家中，做好动迁思想工作，为民营区进一步开发做好服务工作。2007 年上半年动迁 30 户，至 2009 年年底累计动迁 119 户。2010 年 12 月，杨林塘航道整治，道路、桥梁、水电设施等被破坏，需动迁 6 个村、169 户农户（表 8-8）。至 2011 年 4 月，全村 19 个村民小组、386 户村民中累计动迁的 120 户，已采用货币安置、分房安置和增宅安置形式妥善安排（见表 8-9）。2016 年，水丰组 70 余户渔业户搬入崭新的动迁安置小区。2017 年，新生村完成新阳西路、澜漕两个自然村危房动迁 6 户和 60 余户村民的动迁安置房交房工作。至 2020 年 12 月，新生村 415 户农户，累计动迁 405 户（详见表 8-10）。对动迁农户的结算补偿均按照昆山高新区动迁政策执行。

表 8-8 2010 年杨林塘航道整治工程动迁户汇总表

自然村	总户数	楼房户数	平房户数	楼房面积/米^2	平房面积/米^2
王桐桥南	22	21	1	5 460	120
王桐桥北	27	24	3	6 240	360
澜漕	20	16	4	4 160	480
新阳西路	15	15	—	3 900	—

续表

自然村	总户数	楼房户数	平房户数	楼房面积/米^2	平房面积/米^2
赵家湾	10	9	1	2 340	120
水丰新村	75	51	24	11 220	2 160

表 8-9 2011 年新生村农房动迁安置情况表

单位：户

组别	宅基户	已动迁	货币安置	分房安置	已交房	增宅安置	未动迁
1	21	21	—	21	21	1	—
2	20	20	—	20	20	—	—
3	17	9	—	9	9	—	8
4	17	17	—	17	17	—	—
5	26	—	—	—	—	—	26
6	12	11	1	10	10		1
7	17	—	—	—	—	—	17
8	19	1	—	1	1	—	18
9	27	2	—	2	2	—	25
10	16	7	—	7	7	—	9
11	27	2	—	2	2	2	25
12	36	7	—	7	7	6	29
13	13	12	—	12	12	—	1
14	23	5		5	5	1	18
15	20	1	—	1	1	1	19
16	11	—	—	—	—	—	11
17	24	1	—	1	1	1	23
18	9	1	—	1	1	1	8
19	31	3	—	3	3	3	28
合计	386	120	1	119	119	16	266

说明：增宅安置是拆迁时新增加的分户村民，不纳入已动迁数。

表 8-10 2010—2020 年新生村农户动迁情况表

年份	农户总数	累计动迁户数	占比/%	未动迁户数	整迁村民小组数
2010	415	116	27.9	299	6
2011	415	198	47.7	217	7
2012	415	310	74.7	105	14
2013	415	317	76.4	98	14
2014	415	317	76.4	98	14
2015	415	317	76.4	98	14
2016	415	368	88.7	47	16
2017	415	376	90.6	39	17
2018	415	390	94.0	25	17
2019	415	393	94.7	22	17
2020	415	405	97.6	10	17

第九章　精神文明建设

中华人民共和国成立后，随着社会主义建设事业的发展，村域内的精神文明建设逐步加强。1963 年，村域内开展学习《毛泽东选集》（1—4 卷）与学雷锋活动。党的十一届三中全会后，村域遵照上级党委的部署要求，自 1981 年起开展群众性精神文明创建活动，掀起“五讲四美三热爱”热潮，以及进行“文明村”“五好家庭”的评比活动。90 年代，贯彻“两手抓”的方针，开展村创“六有十无村”、户创“新风户”评比活动。2010 年，新生村开展首届“文明和谐家庭”评选活动。2012 年起，新生村开展社会主义核心价值观教育及新时代文明实践活动，制定村民自治章程，建立乡规民约。2020 年，被昆山市扫黑除恶专项斗争领导小组办公室授予“‘无黑’（村）社区”称号。

第一节　思想道德教育

一、学习《毛泽东选集》

中华人民共和国成立后，中共中央号召用毛泽东思想指导工作，村域内组织干部和群众学习毛泽东著作。1951 年 10 月，《毛泽东选集》（以下简称“毛选”）第一卷出版，村域内掀起了学习毛泽东著作的热潮。1955 年毛泽东《关于农业合作化问题》的报告发表后，村域内组织干部、社员学习。1952—1960 年，《毛泽东选集》第二、三、四卷先后出版，新生大队建立学习毛泽东著作领导小组。1963 年 4 月，新生大队利用办夜校、俱乐部，挑选有文化的青年人及小学老师带领大家讲红色故事、唱革命歌曲、读报纸、学“毛选”，俱乐部成为学“毛选”的学习阵地。1964 年，新生大队举办各种形式的学习会、讲用会，在干部社员中掀起了新一轮学习毛泽东著作的热潮，家家有“宝书”，户户学“毛选”。是年 6 月，《新生大队第十二生产队为何由低产变高产》的讲用稿被陆杨公社选用。

1965 年 7 月，昆山县城乡全面开展社会主义教育运动。苏州地委社教工作团进入村域内新生大队、渔业大队（水丰村）。在社会主义教育运动中，大队干部、群众把学习毛主席著作放在首位。村域内形成了“读毛主席的书，听毛主席的话，按照毛主席的指示办事”政治氛围。社员在家里悬挂毛主席像，张贴毛主席语录。大队干部在开社员大会或者生产队队长要开社员会时，都会号召大家一起背诵一段毛主席语录。对于《为人民服务》《纪念白求恩》《愚公移山》三篇毛主席著作，社员们都会讲出一二三。

社会主义教育运动结束后，村域继续贯彻抓革命促生产。生产队设立政治队长，重点关注学习毛主席著作的情况。农忙时，把语录牌插到田头、场头，利用休息间隙，采取小型、分散的形式学习。

60—70年代学习资料（邹雪琴提供）

1970年新春，新生大队召开学“毛选”讲用会。会上，第9生产队社员邹小弟作了《活学活用毛泽东思想讲用》交流发言。

二、学雷锋活动

1963年3月5日，毛泽东主席向全国人民发出“向雷锋同志学习”的号召。村域按照上级指示，发动全大队干部、社员学雷锋、做好事。在夜校里学唱雷锋歌曲、讲雷锋故事，出快报、表扬好人好事。是年，新生大队建立20人的“新生大队毛泽东思想宣传队”，教大家学唱《学习雷锋好榜样》《唱支山歌给党听》等十多首歌曲，演唱《红灯记》《智取威虎山》等戏曲片段。倡导将“学雷锋”与“学毛选”活动结合起来，做好人好事不留名，农业生产开展比、学、赶、帮运动，并开展“四好生产队”“六好干部”“五好社员”“五好知青”评比活动。1969年度新生大队评出“四好生产队”3个（第1生产队、第3生产队、第7生产队）；“六好干部”36个（第1生产队3个，第2生产队1个，第3生产队4个，第4生产队3个，第5生产队2个，第6生产队5个，第7生产队4个，第8生产队4个，第9生产队4个，第10生产队3个，第11生产队1个，第12生产队2个）；“五好社员”79个（第1生产队4个，第2生产队6个，第3生产队9个，第4生产队6个，第5生产队8个，第6生产队8个，第7生产队9个，第8生产队8个，第9生产队9个，第10生产队4个，第11生产队4个，第12生产队4个）；“五好知青”12个（第2生产队2个，第3生产队2个，第4生产队3个，第5生产队1个，第6生产队1个，第7生产队1个，第12生产队2个）。对获评先进个人的社员颁发纪念杯1只。

根据上级指示，新生大队在每年3月5日开展学雷锋活动，组织青年学生、民兵、共青团员到汽车站、影剧院、农贸市场等公共场所及需要关怀的军属家庭、孤老和五保户住所打扫卫生，到敬老院为老人理发、修指甲、洗衣服，到福利院为老人读报、讲故事、搞卫生、演文艺节目。1966年夏天，新生大队插队知青陈炳权在摇船时，发现一个女孩落入河中，当即救起，受到百姓赞誉。2011年3月5日学雷锋活动日，村助残志愿者帮助残疾人做家务。在2020年3月5日学雷锋活动日当天，新生村组织志愿者开展疫情防控志愿服务。

三、“五讲四美三热爱”教育

党的十一届三中全会以后，村域内的社会主义精神文明建设逐步加强。1981年2月，全国总工会、共青团中央、全国妇联等9家单位联合发出倡议，提出在全国人民特别是青少年中开展以讲文明、讲礼貌、讲卫生、讲秩序、讲道德和心灵美、语言美、行为美、环境美为重要内容的“五讲四美”活动。新生大队按照上级要求，认真部署，在村域内开展“五讲四美”活动。

1982年2月，村域内传达贯彻中共中央办公厅5号文件，开展“全民文明礼貌月”活动。在组织“五讲四美”群众性精神文明创建活动的同时，增加了热爱祖国、热爱社会主义、热爱中国共产党的“三热爱”内容，把“五讲四美”和“三热爱”统一起来。由此，村域以清洁卫生为突破口，结合环境整治，治理辖区内的脏乱差，并号召村民做有理想、有道德、有文化、有纪律的“四有”新人。

四、社会主义荣辱观教育

2006年3月，中共中央提出，开展树立“以热爱祖国为荣，以危害祖国为耻；以服务人民为荣，以背离人民为耻；以崇尚科学为荣，以愚昧无知为耻；以辛勤劳动为荣，以好逸恶劳为耻；以团结互助为荣，以损人利己为耻；以诚实守信为荣，以见利忘义为耻；以遵纪守法为荣，以违法乱纪为耻；以艰苦奋斗为荣，以骄奢淫逸为耻”社会主义荣辱观学习教育，引导广大干部群众特别是青少年树立社会主义荣辱观。新生村按照上级要求，将社会主义荣辱观教育纳入村委会工作的重要内容，组织村民开展相关活动：教育村民与时俱进，树立社会主义荣辱观；在村里画廊设立标语牌，让群众对社会主义荣辱观的精神内容有所理解；并结合村里的新农村建设，健全“三公开四民主”制度。2009年，召开两次村民代表听证会，受理575件便民服务事项，办结率100%。新生村还将培养社会主义荣辱观建设和反腐败工作相结合，贯彻上级文件精神，要求干部遵守廉洁从政的“四大纪律八项要求”。村关工委利用校外辅导站，在暑期开展以“知荣辱、树新风”为主题的道德实践活动。

五、社会主义核心价值观教育

从2012年12月开始，按照有关工作部署，新生村贯彻落实玉山镇《建设新时代文明实践中心工作实施方案》，建立固定的场所，达到“五有标准”（有场地、有队伍、有内容、有活动、有保障），在辖区内开展以践行社会主义核心价值观为内容的道德教育。每月开展道德讲座，组织党员学习文件，观看远程教育视频。2013—2020年，新生村获“昆山市级学习型社区”“江苏省民主法治示范村”“昆山市文明村”“昆山市优秀校外教育辅导站”“昆山市优秀业余文艺团队”等荣誉称号。

2014年新生村利用党员教育阵地，邀请玉山镇党校老师为全体党员解读党的十八届三中全会精神。开展党的群众路线教育实践活动及“三严三实”专题教育，组织党员讨论、交流学习社会主义核心价值观的经验体会，全年共开展活动12次。

新生村还力抓对青少年的社会主义核心价值观教育。2013年起，新生村利用校外辅导站，每年在暑假里对返乡学生进行道德教育，观看革命历史影片。2014年暑期校外辅导站开展各类活动主题教育报告、各类兴趣小组等8场，参加学生270人次；2015年开展4场次，参加学生187人次；2016年开展5场次，参加学生258人次；2018年，新生村组织50名青少年在村多功能厅观看红色电影《闪闪的红星》及开展“我爱家乡”绘画等主题活动，受到玉山镇关工委肯定。

2020年，新生村利用文化画廊张贴社会主义核心价值观宣传画报。

村校外辅导站暑期活动
（2013 年，村档案室提供）

村校外辅导站暑期活动
（2014 年，村档案室提供）

第二节　文明新风尚

一、移风易俗

旧时，村民中封建迷信活动盛行。中华人民共和国成立后，村域内开展破“四旧”（旧思想、旧文化、旧风俗、旧习惯）立“四新”（新思想、新文化、新风俗、新习惯），各种迷信活动逐渐销声匿迹。

60 年代，社员结婚采用集体婚礼仪式，婚礼时间、婚礼形式由大队统一安排，大队还提倡不讨彩礼。新生大队干部针对性地上门宣传，动员社员结婚不讲排场，喜席的桌数按规定执行。举行婚礼时，有时候安排大队文艺宣传队来演唱祝贺。在礼堂内，新婚男女青年一律穿着草绿色军装，胸佩毛主席像章，身背“语录袋”，大队革委会领导则向新婚男女青年每人赠送一套《毛泽东选集》，一本《毛主席语录》，还赠送一副竹制土埭、一根扁担。这种集体婚礼的形式一直持续了 5 年。

60 年代中期，昆山提倡平坟还田，村域根据上级要求将耕地范围内的坟墓平掉，老百姓积极响应。村域推行丧事简办，不搞迷信活动，子女披麻戴孝一般改为白束腰或戴黑纱，亲友一般为死者献花圈、送挽幛。1967 年 10 月，昆山地区推行殡葬改革，实行遗体火化，骨灰可寄存在火葬场。90 年代起，村域内殡葬改革又前行了一步，村民将过世亲友的骨灰盒安葬于购买的墓地。90 年代后期，随着农房拆迁，村民将以前埋于自留地的骨灰盒和零星坟墓悉数迁移到墓地。2020 年，为了抗击新冠感染疫情，政府提倡清明节网上祭扫亡灵或不烧纸，用送鲜花来寄托哀思等文明风尚。

二、“五好家庭”及“新风户”评选

1981 年开始，村域内以“邻里团结好、家庭和睦好、婆媳关系好、计划生育好、教育子女好”为评比条件，开展“五好家庭”评选活动，每年评比 1 次，获评家庭数占总农户数的 30%。90 年代初，“五好家庭”评比条件修改为“爱国守法热心公益好，学习进步爱岗敬业好，男女平等尊老爱幼好，移风易俗少生优育好，勤俭持家保护环境好”，评比范围扩大，与“新风户”评比相辅。

1989 年，新生村根据上级文件精神，按照“十无”（无抛荒田，无超计划生育，无赌博、封建迷信活动、违法犯罪，无擅自扩大宅基地，无欠国家定购任务和宕欠集体钱、物，无逃避服兵役，无因虐待老人、打架、闹事而造成非正常死亡，无包办婚姻或因婚姻问题而致家庭不和，无中小学学生流生，无脏、乱、差现象）标准，开展争创“新风户”活动，每两年评比一次。是年，村域内 95%以上农户被评为“新风户”，获评农户门上安装由镇精神文明建设领导小组制作的“新风户”标牌，至 1997 年与“文明户”接轨。

1997 年起，新生村开展新一轮“文明户”评比活动，由下而上推荐，由镇文明办审定。对照上级规定的“文明户”10 条标准（自觉执行党的方针、路线、政策，没有犯罪行为；自觉执行生育政策，没有超计划生育；自觉执行《中华人民共和国土地管理法》和建房规定，没有擅自扩大宅基地和乱搭建现象；自觉遵纪守法，没有赌博和违规行为；自觉执行《中华人民共和国兵役法》，没有逃避服兵役；自觉抵制不良倾向，没有封建迷信活动；自觉珍惜幸福生活，没有虐待老人、夫妻打架、妯娌邻居纠纷；自觉遵守社会公德和《中华人民共和国婚姻法》，没有在恋爱、婚姻问题上的不道德行为和包办婚姻现象；自觉遵守《中华人民共和国义务教育法》，没有流生现象；自觉搞好个人和家庭、环境卫生，没有不卫生习惯），年终评比上榜。是年，新生村、水丰村分别有 2 户家庭获评陆杨镇“文明户”。

三、“文明示范户”评选

经过 80—90 年代的“五好家庭”及“文明户”评比，昆山市农村社会风气大为改善，民众素养提升。2001 年起，新生村根据上级要求开展“和谐村庄（社区）”“和谐家庭”创建活动，组织“农村精神文明福万家”和“好伉俪”“好婆媳”一系列的示范创建活动。2003 年，新生村 330 户家庭获评玉山镇“文明户”，获评率 100%，其中 1 户家庭获评玉山镇“五好家庭”。2008 年，新生村 4 户家庭获评玉山镇“星级文明户”。2009 年，新生村组织开展“文明新风户”评比，全村总户数为 415 户，评选出“星级文明新风户”150 户。2011 年，新生村 386 户村民家庭，评选出“星级文明新风户”120 户。

2010—2019 年，新生村按照上级要求开展创建玉山镇“文明和谐家庭”活动，其中包括书香家庭、礼仪家庭、平安家庭、健康家庭等特色家庭评比。评比条件：爱国守法、热心公益，学习进取、爱岗敬业，男女平等、敬老爱幼，移风易俗、少生优育，勤俭持家、保护环境的文明和谐家庭。2010 年，新生村 3 户家庭获评玉山镇首届“文明和谐家庭”；2012 年，新生村 5 户家庭获评昆山高新区第二届“文明和谐家庭标兵户”；2014 年，新生村 7 户家庭获评昆山高新区“文明和谐家庭”。2019 年，新生村 3 户家庭获评高新区“文明和谐家庭”。

历年文明示范户（新风户）名单：

1997 年，村域获评陆杨镇“文明户”4 户：新生村王才生、平浦生 2 户家庭为“文明户”；水丰村潘建华、赵凤奇 2 户家庭为“文明户”。

2003 年，新生村获评玉山镇“文明户”家庭 330 户，“五好家庭”1 户，“文明户”达 100%。

2008 年，新生村获评玉山镇星级“文明户”家庭 4 户：吴伯良家庭、顾妹珍家庭、王阿全家庭、潘美玉家庭。

2010 年，新生村获评玉山镇首届“文明和谐家庭”3 户：平浦生家庭、范学华家庭、唐玉林家庭。

2011 年，新生村获评玉山镇“文明和谐家庭”3 户：书香之家唐玉林家庭，友善之家范学华家庭，健康之家平浦生家庭。

2012 年，新生村获评昆山高新区第二届“文明和谐家庭标兵户”5 户：吴阿雪家庭、赵福民家庭、邹婉金家庭、平建康家庭、潘建华家庭。

2013 年，新生村获评玉山镇“文明和谐家庭”1 户：幸福之家邹婉金家庭。

2014 年，新生村获评昆山高新区“文明和谐家庭”7 户：友善之家戴玉珍家庭，幸福之家唐玉林、周平家庭，健康之家平浦生家庭，礼仪之家潘姚妹、顾凤元家庭，科普之家吴阿雪家庭。

2015 年，新生村获评玉山镇“文明和谐家庭”1 户：孙妹芳家庭。

2016 年，新生村获评玉山镇“文明和谐家庭”1 户：孙惠芳家庭。获评玉山镇最美家庭之“好婆媳”1 户：陆巧女家庭。

2017 年，新生村获评昆山高新区“文明和谐家庭”2 户：友善之家黄传妹家庭，幸福之家张芬英家庭。

2018 年，新生村获评昆山高新区“文明和谐家庭”2 户：平安之家潘姚妹家庭，友善之家袁米芬家庭。

2019 年新生村获评昆山高新区“文明和谐家庭”3 户：幸福之家陆惠琴家庭，礼仪之家张招玲家庭，最美之家顾立华家庭。

四、敬老助残

敬老　1956 年时，村域根据上级民政部门的规定，对丧失劳动力的孤寡老人实行“五保”（保吃、保住、保穿、保医、保葬）。1983 年至 1986 年，新生村每年春节给 60 岁以上老人赠送生活用品，藤椅子、烫壶子、电热毯、铜烫罐等。80 年代中期，村域按镇政府规定，对 60 周岁以上老年人年终发放 60 元为生活补贴。1988 年，国家确定重阳节为敬老日，新生村每年在重阳节进行慰问活动，新生村领导走访孤老、生活困难的老人，并发放慰问品、慰问金。1992 年村成立老年协会，帮助老人办优待证、调解涉老纠纷，帮助老年人排忧解难。21 世纪初，新生村组建 16 人老年文体队，参加玉山镇一村一品文艺公演活动。定期开展老年学校学习活动，让老年人知法、懂法，增强老年人对自己权益和维护意识。

2003 年 4 月，新生村成为陆杨镇推行农村养老保险政策的试点村。是年，年满 60 周岁以上的老人拿到每月 100 元生活补贴。2006 年起，玉山镇人民政府出台文件，70 周岁以上老人每 2 年参加免费体检，由村老年协会同志组织体检对象到体检地点进行体检。2008 年起，新生村给老年人发放重阳节慰问金，60 周岁以上每人 30 元。2009 年起发放春节慰问金，男 65～79 岁、女 60～79 岁，每人 100 元，80 周岁以上每人 150 元。2010 年春节，新生村为 249 位老人送去 2 万元慰问金。2011 年起，政府对 80～89 岁老人每月发放生活补贴 50 元，对 90～99 岁老人每月补贴 200 元，对百岁以上老人每月补贴 500 元。2011 年重阳节、中秋节，新生村给老人共发放 2.2 万元慰问金。2013 年起，新生村发放老人生日慰问金：60～79 周岁每人 100 元，80 周岁以上每人 200 元。2017 年，提高老年人生日、重阳节等慰问金发放基数：60～79 周岁生日仍保持每人 100 元，80 周岁以上生日为每人 300 元；重阳节，60 周岁以上每人 60 元，80 周岁以上每人 100 元；春节，60～79 周岁每人 100 元，80 周岁以上每人 200 元，90 周岁以上每人 300 元。2018 年，新生村给老人发放节日、生日慰问品、慰问金及各项福利共计 16 万元。2019 年，新生村给老人发放福利达 20 万元。

2020 年，新生村给老年人发放各种慰问金，具体为：生日，60～79 周岁每人 100 元，80 周岁以上每人 300 元；重阳节，60 周岁以上每人 100 元，80 周岁以上每人 150 元；春节，60～79 周岁每人 200 元，80 周岁以上每人 300 元，90 周岁以上每人 500 元。全年共计发放 20.32 万元。

村领导慰问困难户（2013 年，村档案室提供）

助残 根据上级文件，2006 年 8 月新生村成立残疾人协会（简称“残协会”），由村民委员会主任兼任主席。2006 年村残协会为 10 个残疾人找到力所能及的工作。2009 年 1 月，在镇残联会的指导下，辖区内 16 名残疾人进行康复医疗，效果良好。

2010 年，村域内共有残疾人 45 名（男性 26 名，女性 19 名），其中视力残疾 7 名、听力残疾 1 名、智力残疾 4 名、肢体残疾 22 名、精神残疾 3 名、多重残疾 8 名。是年，新生村将 14 户残疾人员家庭纳入低保户。另外，为 5 名肢残人员配送轮椅，给予 3 名残疾人员经济帮困结对，给予 4 名残疾人员免费药物，为 2 名残疾人员办理免费乘车证，给予 2 名残疾人员自主创业补贴，给予 2 名残疾人员社保补贴，为 26 名残疾人找到就业岗位。是年，村残协会根据镇残联要求，组成一支 14 人助残志愿者队伍，帮助 45 名残疾人做康复治疗，村委会安排村干部与 21 名残疾人进行帮困结对。

2020 年，全村共有残疾人 54 名，其中 1 户残疾人员家庭被纳入低保户、2 户残疾人员家庭被纳入低保边缘户、5 户残疾人员家庭被列入重残户，日常帮护由昆山乐惠居社工结对。

五、志愿者服务

2011 年，村共青团组织根据镇团委要求，组织社区志愿者 10 名，开展志愿者助残活动 7 次。2014 年，村关工委 6 名人员参加镇关工委志愿者队伍，到校外教育辅导站先后开展暑期教育辅导活动 8 次，共有 270 名青少年参加；2015 年，组织 12 名志愿者开展暑期校外教育辅导站志愿活动 4 次，共有 187 名青少年参加。

2016 年，根据上级要求，村域内建立一支由 13 人组成的志愿者服务队，党支部书记兼负责人。志愿者服务队每月定期召开工作例会，并有月度重点工作提示，围绕扶贫济困、帮老助残、扶幼助弱、环境保护、大型社会公益活动等方面进行服务。志愿者队伍主要以村里生活困难的村民和老年人、残疾人作为志愿服务对象，开展以送温暖献爱心为主题的志愿服务活动，参与希望工程、幸福工程、春蕾计划等公益援助行动，努力为困难群众提供帮助。志愿者服务内容包括：环保服务，计划生育服务，党员义工服务，助残服务，敬老服务，就业创业服务，科普服务，文艺宣传服务，医疗卫生保健服务，治安服务等。是年，11 名志愿者 5 次参加校外教育辅导站志愿活动，共有 258 名青少年参加。2018 年，6 名志愿者 3 次参加青少年志愿活动，共有 50 名青少年参加暑期观影及“我爱家乡”主题绘画活动。

2020年，党员志愿者队伍参加抗击新冠感染疫情防控志愿活动，由5名党员组成志愿组，连续26天26次参与卡口防疫等工作。村域内开展党员参与人居环境整治，助力乡村振兴等志愿服务，全年共开展服务24次，有36人参加。

六、文明实践站

文明实践站（2020年，钱伟明摄）

根据昆山市精神文明建设指导委员会办公室要求，村域于2018年12月建立新时代文明实践站。文明实践站设在村服务中心，与党群工作室合署。建筑面积达1 510平方米，设有便民服务中心、警务室、农家书屋、党建活动室、文体活动室等场所。

文明实践站有专人负责日常管理工作，建有专人宣讲、活动记录、工作纪律等制度。工作内容是组织、指导村民进行文明实践活动；做好台账、影像资料收集与保存等档案整理；听取群众合理性建议，完成上级交办的其他工作。工作职责是落实各项工作任务，做好服务，每月开展不少于2次文明实践活动，落实党员志愿者联系帮助农户工作等。

2018年12月，按照上级文件精神，村域文明实践工作开始启动。2019年，按照市文明办“昆山市民文明十二条”1.0版要求，每月开展1次村民专项宣教行动，采用多种形式，围绕“杜绝高空抛物、不翻越交通护栏、不在楼道乱堆放、垃圾分类不乱扔、文明养犬”等开展宣传。村域成立人居环境整治工作领导小组，推进农村“厕所革命”，建造澜漕自然村垃圾分类亭1个，配发分类垃圾桶68只；组织队员10名，分30批次进村庄开展公共文明日活动，清理乱堆放、乱搭建等80处；帮扶救助低保家庭2户、低保边缘家庭11户及残疾家庭7户。2020年，按照市文明办“昆山市民文明十二条”2.0版要求，村文明实践站围绕“孝老爱亲重家风，助人为乐讲奉献，垃圾分类不乱扔，文明养犬不扰人，文明用餐尚节俭，文明观赛讲礼仪，喜事新办不攀比，白事简办不迷信”等开展活动，举办亲子阅读、老年人便民服务等活动；春节、端午节、重阳节等均组织开展节庆活动，动手制作饺子、粽子等点心，给孤寡老人、残疾人、低保户等家庭送去关怀与温暖，全年 4 次；每天开放农家书屋供村民阅读，组织观看革命历史电视电影全年 10 次；发动 36 名党员，24 次参与人居环境整治活动，在昆山高新区人居环境整治评比中位居第三。

新春送福活动（2020 年，村档案室提供）

第三节　村规民约

一、和谐村庄

1983 年 10 月，昆山县号召农村开展争创文明村的评比活动。新生村根据陆杨乡精神文明建设办公室制定的“政治思想好、遵守政策法令好、劳动致富好、移风易俗好、团结和睦好、‘四防’安全好、土地管理好、环境卫生好”等 8 条乡规民约，连续 8 年开展和谐村庄创建活动。1989 年，新生村贯彻中央“两手抓”的方针，大力加强精神文明建设，以提高农民素质、奔小康和建设社会主义新农村为目标，开展“六有十无”双文明村评比活动，并且分别于 1993 与 1994 年获陆杨镇“六有十无”双文明村。1998 年 4 月，获昆山市双文明建设先进村。2020 年 12 月，新生村获“昆山市无黑村”。

二、村民自治

1983 年 4 月，昆山县全面实施农村体制改革，新生大队管理委员会更名为新生村村民委员会，每 5 年换届一次。依据《中华人民共和国村民委员会组织法》，村民委员会制定自治章程，并由村民代表大会讨论通过后施行。新生村从第一届村民委员会成立起，就制定《新生村村民自治章程》，并且不断修改完善，使其在促进村域的物质文明、精神文明、政治文明及生态文明建设中产生积极作用。2016 年 12 月，新生村第十届村民委员会产生，通过新的《昆山高新区新生村村民自治章程》（链接一），同时订立村务公开等各项相关工作制度。2020 年，新生村根据社会发展及村民提议，又修订公布了 10 条《昆山高新区新生村村规民约》（链接二），作为村民共同遵守的规范。

【链接一】

昆山高新区新生村村民自治章程（2016 版）

第一章　总　则

第一条　为全面贯彻实施《中华人民共和国村民委员会组织法》，建设充满活力的村民自治机制，扩大民主、深化服务、促进物质文明、精神文明、政治文明建设，制定本章程。

第二条　本章程依据《中华人民共和国村民委员会组织法》《江苏省实施〈中华人民共和国村民委员会组织法〉办法》及其他有关法律、法规，结合本村实际，由村民会议讨论通过。

第三条　村民自治在村党支部的领导下，接受镇政府指导，按《中华人民共和国村民委员会组织法》规定，由村民委员会具体组织管理本村的政治、经济、文化及其他社会事务。

第四条　本章程是全体村民的行为规范，无论是干部，还是群众，在章程面前人人平等，都必须严格遵守。

第五条　本章程经第十二届村民代表大会第二次会议讨论通过。

第二章 村民组织

第一节 村民会议

第六条 村民会议由年满18周岁以上村民组成，是全村最高权力机构，一般三年召开一次，由村民委员会召集，村民代表会议主席主持。

村民小组的村民会议，一般一年召开一次，由村民小组组长召集和主持。

第七条 村民会议可以授权村民代表会议行使村民会议的职能，但选举和罢免村民委员会成员和制定村民自治章程除外。授权方式可以是召开全村村民会议，也可以是由村民小组召开村民会议讨论通过。

第二节 村民代表会议

第八条 村民代表会议由全体村民代表组成，行使村民会议授权职能。

村民代表会议在村民代表中推选一名村民代表会议主席，主持村民代表会议，实行体内工作和监督。

村民代表小组以村民小组为单位建立，每个村民小组推选村民代表3~5人（一般每15~20户推选一人），其中代表组长1人。

村民代表要具有一定的政治觉悟和参政议政能力，作风正派，关心群众，坚持原则，主持公道。

第九条 村民代表会议由村民委员会负责召集，代表会议主席主持。村民代表会议每年召开两次，必要时可以临时召开。

第十条 村民代表会议职权：

（一）听取和审议村民委员会工作报告和财务报告，并提出意见和建议；

（二）讨论和审议村的合作经济建设、社会福利事业发展规划、社区服务工作，并作出相应的决议；

（三）监督和审查村财务收支情况；

（四）否决和修改村民委员会不适当的决定；

（五）对村民委员会成员的撤换和调整提出建议，交村民会议讨论决定。

第三节 村民委员会

第十一条 村民委员会是在法律法规规定范围内，实行村民自我管理、自我教育、自我服务的群众性自治组织，具有法人资格。

村民委员会由主任、委员组成，其成员由全体村民选举产生。

第十二条　村民委员会工作制度：

（一）学习制度。坚持每月最后一个周六上午为学习日，由党支部统一组织学习党的路线、方针、政策和有关文件；

（二）会议制度。村民委员会每月召开一次办公会，半年召开一次汇报会，年终召开一次总结会，工作需要时可以随时召开；

（三）分工负责制度。村民委员会主任、委员要根据村制定的三年任期目标和年度工作计划具体分工，明确责任，定期总结，并进行年终考核；

（四）村务公开制度。凡是需要向村民公开的村务都要公开，主要是上级的政策规定，本村公共事务、财务收支、优抚政策、宅基地报批、土地补偿、计划生育等村民关心的重大问题。

第十三条　村民委员会议事原则：

（一）坚持依法议事；

（二）坚持个人利益服从整体利益；

（三）坚持完成上级任务；

（四）坚持村民自治，为民服务；

（五）坚持少数服从多数。

第四节　村民小组

第十四条　村民小组是在村民委员会领导下村民开展群众性自治活动的组织，是村民委员会联系村民的桥梁和纽带。

第十五条　村民小组组长职责：

（一）宣传和执行党的路线、方针、政策，遵守国家的宪法等法律法规，教育村民依法履行应尽的义务；

（二）认真贯彻村民委员会和上级政府的有关规定，按时完成各项任务；

（三）负责召集村民小组会议，组织村民学习，经常向村民委员会反映村民意见、建议和要求；

（四）教育村民遵守村民自治章程，在“三个文明”建设中起表率作用。

第五节　村　民

第十六条　村民的权利：

（一）依照《中华人民共和国宪法》的规定，享有公民应享有的权利；

（二）参加村务活动，对村干部和村务工作进行监督；

（三）年满18岁的村民有选举权和被选举权（依法被剥夺政治权利的人除外），有参加村民会议、讨论决定村中重大问题的权利；

（四）享有本村举办的各项公共事业和公益事业利益的权利。

第十七条　村民的义务：

（一）遵守村民自治章程，执行村民代表会议和村民委员会的决议和决定；

（二）按时完成村民委员会分配的各项任务；

（三）团结互助，尊老爱幼，维护集体利益，同一切危害和破坏村民利益的行为作斗争；

（四）遵纪守法，移风易俗，争创文明家庭。

第六节　村干部

第十八条　村干部是全体村民的公仆，必须树立全心全意为人民服务的思想，立足本职，努力为村民造福。村干部必须做到：

（一）认真执行党的路线、方针、政策，政治上同党中央保持一致；

（二）认真学习，不断提高政策水平和工作能力；

（三）坚持实事求是，讲究工作方法，发扬民主，尊重村民意见，善于做耐心细致的思想政治工作；

（四）工作勤奋，履行职责，廉洁奉公，办事公道，以身作则，不谋私利，敢于同不良倾向作斗争；

（五）坚持原则，维护群众利益，自觉接受群众监督。

第三章　村务管理

第七节　村务工作

第十九条　村民委员会下设的工作委员会的行政性管理职能，转变为以人为本的服务职能。

第二十条　人民调解、治安保卫、公共卫生的行政性工作，应由村民委员会成员分管，协调和发挥群团组织的作用，坚持对上归口，实行对下分工，各司其职。

第二十一条　村民委员会印章的管理，由村党支部、村民委员会提名，确定专人使用和保管，重大问题用印须经村民代表会议讨论同意。

第八节　财务工作

第二十二条　全村的村级经济，由村民委员会统一管理，配齐主办会计和出纳员，建立由领导、财会人员组成的财务管理小组，每季度对财务工作进行一次检查，发现问题及时解决，并提出改进意见。

第二十三条　成立由党员、老干部、村民代表组成的理财小组（村党支部和村民委员会成员不得担任理财小组成员），对村中的财务活动进行监督。

第二十四条　财务人员职责：

（一）村主办会计要严格履行财务管理职责，认真审核报表、单据，健全账册，设好科目，记好账；

（二）出纳员要加强现金管理，及时记好现金账和银行账，严格报销手续，做到收有凭、支有据，不挪用公款，不私自借现金，库存现金不超过规定标准。

第九节　村务公开

第二十五条　公开内容。按照全市统一的村务公开 14 项，财务公开 5 项，政务公开 4 项。

第二十六条　公开时间。财务公开做到一月一次，村务公开做到一季一次，计划生育和年终分配一年一次，建设项目做到预算前和决算后及时公开，涉及村民利益的重大问题及村民关心的事项要及时公开。

第二十七条　公开方式。凡是公开的内容均需经村务公开管理小组审核同意。可印成“明白纸”发到农户，可在村民小组公布，可在“村务公开栏”公布。

第四章　经济管理

第十节　集体经济组织

第二十八条　村民委员会要尊重集体经济组织依照法律规定进行的各项经济活动，维护集体经济利益。

第二十九条　村经济合作社社长由一名村民委员会成员兼任，具体负责村集体经济的建设和发展，承担村农副工三业生产和协调工作。

第十一节　土地管理

第三十条　本村所有的土地，包括宅基地和耕地，都归集体所有，由村民委员会统一管理，承包者只有使用权，没有所有权。

第三十一条　土地一经承包，除国家需要和发展经济以及公共事业用地外，在没有新政策规定的情况下，承包者承包土地的时间不变。

第三十二条　土地承包者有保护土地资源的责任，积极配合集体进行农田基本建设，增加投入，保护耕地。

第十二节　生产服务

第三十三条　生产服务，主要是农业生产服务，要充分发挥农业服务站作用。服务站要做好以下几项工作：

（一）建设、安排好农业生产示范户，推广科学技术；

（二）健全农业生产“五有六统一”服务体系，搞好农业生产服务工作；

（三）及时组织和供应优质农药、化肥。

第五章　社会秩序

第十三节　社会治安

第三十四条　搞好普法教育，每个村民都要学法、知法、守法，自觉地维护法律的权威和尊严，同一切违法犯罪行为作斗争。

第三十五条　村民之间应团结友爱，和睦相处，严禁侮辱、诽谤他人，严禁造谣惑众、搬弄是非。

第三十六条　自觉维护社会秩序，遵守社会公德，严禁偷盗、吸毒、赌博，不调戏妇女，不看黄色录像、书刊。

第三十七条　严禁非法限制他人自由。

第三十八条　严格用水用电管理，不经批准，不准私自安装用水用电设备，节约用水用电，严禁偷水偷电。

第十四节　村风民俗

第三十九条　提倡社会主义精神文明，移风易俗，不搞封建迷信。

第四十条　提倡勤俭节约，喜事新办，丧事简办，不铺张浪费。

第四十一条　建立正常的人际关系，不搞宗派活动，反对家属主义。

第十五节　婚姻家庭

第四十二条　全体村民都要遵循婚姻自由，男女平等，一夫一妻，尊老爱幼，建立团结和睦的家庭。

第四十三条　夫妻在家庭中的地位平等，夫妻间要互敬互爱、互谅互让，夫妻双方共同承担家务劳动，共同管理家庭财产。

第四十四条　对老人，其子女必须尽赡养义务，保证老人的口粮、零用钱和四季被服的供给。

第四十五条　父母、继父母要承担未成年人或无生活能力子女的抚养教育，不准虐待病残儿。

第十六节　计划生育

第四十六条　符合婚姻法、计划生育条例规定，持生育证的夫妻可以生育，生育后必须落实节育措施。

第四十七条　计划生育是我国的基本国策，全体村民要认真执行，自觉控制人口增长，提高人口素质。

第四十八条　严禁弃婴、溺婴、贩卖婴儿。

第六章　附　则

第四十九条　本章程自通过之日起执行，由村民委员会组织实施和解释，村民代表会议监督执行。

【链接二】

昆山高新区新生村村规民约（2020版）

一、加强土地管理，服从建设规划，不私自违章搭建。

二、拥护党的方针、政策，服从大局，配合政府完成动迁等各项工作。

三、每个村民都要学法、知法、守法、自觉维护法律尊严，积极同一切违法犯罪行为作斗争。自觉维护社会秩序和公共安全，不扰乱公共秩序，不阻碍公务人员执行公务。

四、邻里纠纷，应本着团结友爱的原则平等协商解决，协商不成的可申请村调解委员会调解，也可依法向人民法院起诉，树立依法维权意识，不得以牙还牙，以暴制暴。反对家庭暴力。

五、父母应尽抚养、教育未成年子女的义务，禁止歧视、虐待、遗弃女婴，破除封建陋习。子女应尽赡养老人的义务，不得歧视、虐待老人。

六、遵守出租房屋规定，不租赁给无业人员和无任何证件者，配合政府、派出所加强外来人口管理。

七、不打架斗殴，不辱骂、诽谤他人，不扰乱社会秩序。维护正义，坚决与违纪违法行为作斗争。

八、崇尚科学、反对封建迷信，远离黄、赌、毒，积极参与健康文明的文体活动；婚事丧事不大操大办，破除陈规旧俗，厉行节约，反对铺张浪费。

九、保持村容整洁。严禁在河道、水沟、水渠、水塘、桥头、道路两侧等公共场所乱倒生活垃圾、建筑垃圾。垃圾实行源头分类、减量处理、定时定点投放。家禽一律实行圈养，不得放养。

十、富有爱心，积极参与公益性事业，为村“两个文明”建设出谋划策。

以上《昆山高新区新生村村规民约》由村民委员会督促实施，对违反村规民约者，应教育制止或按有关法律法规处理。本《昆山高新区新生村村规民约》可根据实际情况适时进行修改和补充，三分之一以上村民代表或十分之一以上村民联名可提议修订《昆山高新区新生村村规民约》的具体条款。外来人员在本村居住的参照执行本《昆山高新区新生村村规民约》。

第十章　文教体卫

中华人民共和国成立之前，新生村域有四个村庄办过私塾，但只有殷实人家的子女能读得起书，一般农家孩子都不识字。村域也没有郎中，百姓患小病扛着不看，大病看不起就听天由命。村落里无文化娱乐场所，小孩子们玩耍的都是民间流传的游戏。中华人民共和国成立后，村域内的教育和医疗条件得到改善，人民政府每年在百姓的基本医疗、基础教育方面都有投入。进入 21 世纪，随着城乡一体化的推进，村域的文化教育、医疗卫生及群众娱乐等各项社会事业齐头并进，村民的精神面貌大变样，生活日益丰富多彩。2020 年，村域有 1 所公办小学（昆山高新区美陆小学）、1 所公办幼儿园（昆山高新区美陆幼儿园）、1 所学前儿童看护点（昆山高新区娃哈哈看护点）、1 个社区卫生服务站及老年活动中心、农家书屋、文化广场等；全村学龄前儿童都进幼儿园，九年制义务教育入学率 100%，村民基本医疗保险实现全覆盖。

第一节 教 育

一、私塾教育

中华人民共和国成立之前，村域有孝仁塘、西王桐桥、顾家宅基、盛家村4处地方办过私塾，教授学生50~60人，塾师4人。学生混合编班，无学制，学习年限不定。教学内容从读方块字开始，3个月后始读《三字经》《百家姓》《千字文》等书本，2年后再续读《大学》《中庸》《论语》《孟子》等，还学写毛笔字和学珠算。1949年5月至1951年年底，私塾陆续停办。

二、扫盲夜校

60年代，新生大队社员文化低，170户农民中，文盲占60%，具有初中文化的仅有2%。1963年4月，大队党支部决定成立俱乐部，由团支部负责办扫盲夜校，在农闲季节开展读报纸、讲故事、学文化等文体活动，还向公社文化站借来图书，供有文化的社员阅读。夜校里还教唱革命歌曲与传统山歌，吸引了许多妇女进夜校读书认字。两年时间里，8个生产队共有160名社员参加扫盲学习，其中70%青年人达到认字数大于1 500的标准。后来由于多种原因，农民业余教育转入低潮，又有新的青少年文盲出现。1976年10月起，农民业余教育逐渐恢复，陆桥公社配有专职扫盲辅导员，新生大队又办起扫盲班，由团支部负责，组织青年人到扫盲班学习，并安排生产队记工分。青年人经考核合格后，昆山县文教局为其发放脱盲证书。

三、村办小学

1964 年，为解决教育资源紧张及农村少年读书难的问题，陆桥公社动员各生产大队办耕读小学。耕读学校办在各自然村，校舍借用民房或生产队仓库，学生实行半耕半读（上午在家干活，下午到校读书），且带年幼的弟弟、妹妹一起到校，生产大队抽调具有相当于初中文化水平的青年担任教师。1964 年 12 月 18 日，新生大队在王桐桥自然村办耕读小学 1 所。该耕读小学由魏天农任教师，有学生 24 名，1968 年停办。1964 年 12 月 5 日，新生大队在孝仁塘自然村办耕读小学 1 所。该耕读小学由唐水泉任教师，有学生 20 名，1968 年停办。半日制小学停办后，昆山县城及各乡公社迅速兴办全日制学校，村域当年新招的学生分别转入陆桥公社中心小学校及本地民办小学读书。

1972 年，渔业大队办小学 1 所。该小学招收一、二年级小学生（复式班），有 20 多名学生，由 1 名知识青年负责并任教。5 年后由张仁贵任教，1981 年停办。学生转入附近的 2 所民办小学，1983 年起转入陆杨中心小学校。

四、驻村学校

昆山高新区美陆小学 于 2013 年 8 月由昆山市教育局批准开办，主要满足高新区北部区域学龄儿童受教育需求。学校于 2012 年 4 月建造，2013 年 9 月竣工投入使用。校址位于新生村村委会办公地东，南距玉山镇政府驻地 5.4 千米；校区东起昆山高新区美陆幼儿园，南起恒盛路，西至美陆佳园兰苑小区，北至杨林塘。校区占地面积 19 735 平方米，建筑面积 14 896 平方米，有教学楼 4 幢、教室 24 间、实验室 2 间、图书阅览室 2 间。2020 年，有在校学生 663 名、教师 43 名、职工 15 名，法定代表人杨立群。

昆山高新区美陆幼儿园 于 2013 年 8 月由昆山市教育局批准开办，隶属昆山高新区美陆小学，主要承担昆山高新区北部区域学前教育任务。幼儿园于 2012 年 4 月建造，2013 年 9 月竣工投入使用。校址位于新生村村委会办公地东，南距玉山镇政府驻地 5.4 千米；校园东起孝仁塘，南起恒盛路，西至美陆小学，北至杨林塘。校园占地面积 6 000 平方米，建筑面积 4 935 平方米，有教学楼 2 幢、教室 12 间、实验室 1 间、图书阅览室 1 间，有大型滑梯、幼儿篮球架、足球门、积木等各类活动器材、玩具。2020 年，在校儿童 211 人、幼师 15 人、职工 10 人，法人代表杨立群。

昆山高新区美陆幼儿园（2016 年，村档案室提供）

昆山高新区娃哈哈看护点 是经昆山市教育局、昆山高新区社会事业局批准注册的全日制民办学前儿童看护点，位于昆山城北恒盛路 39 号（原新生村村委会旧址）。全园占地面积 2 000 平方米，户外活动面积 1 300 平方米，内部设施齐全，服务完善。内有 13 个教室，其中托班 1 个，小班、中班、大班各 4 个；每班设有独立的活动室、盥洗室，有触摸屏电视、空调、钢琴、紫外线消毒灯等设施。2020 年，该看护点有儿童 362 名、幼师 32 名、职工 40 名。该看护点由葛本浦、曹秀玲夫妇创办，负责人曹秀玲。

昆山高新区娃哈哈看护点
（2020 年，钱伟明摄）

娃哈哈看护点设施
（2020 年，钱伟明摄）

第二节 文化体育

一、文化活动

60年代起，陆桥公社的14个大队陆续办起了俱乐部。1963年4月，新生大队创办大队俱乐部，由团支部负责，挑选有文化的青年人及小学老师带领大家讲红色故事、唱革命歌曲、读报纸、学“毛选”。经过2个月时间，社员们形成氛围，俱乐部成了党支部抓农村政治教育的阵地。农闲时，俱乐部安排讲《两双鞋子》《双枪老太婆》《小铁匠改行》《罪恶的地主》《肖飞买药》等故事，还要去6个生产队巡讲，受到社员们的欢迎。有文化的团员教大家唱《社员都是向阳花》《学习雷锋好榜样》《不忘阶级苦》等十多首歌曲。俱乐部还到公社文化站借100多本图书，结合学“毛选”，每月逢3日、13日、23日，让团干部引导阅读《青年运动的方向》《纪念白求恩》《为人民服务》《愚公移山》等文章。党支部还在俱乐部组织“忆苦思甜”活动，提高社员的思想觉悟；同时开展陈永康科学种田知识宣传，让社员们懂得种田技术，远离迷信。1964年7月10日，新生大队将俱乐部工作总结上报陆桥公社，成了全公社的典型经验。

1966年，陆桥公社办起广播站，将有线广播线拉到各生产大队，并要求各生产队各安装1只25瓦的喇叭。因还没有电线杆架线，新生大队派人去昆山城里买来许多长3米左右的栎树棍，间隔一段距离竖在田里，再拉两根铅丝连接到14个生产队。生产队有了喇叭，社员们每天都能通过听广播了解国家大事。两年后，有线广播入户。喇叭是集体配送的，每户人家再凑些木板，由生产队统一制作喇叭壳子。村庄里的广播线采取开沟地埋式，接头处用青霉素瓶（打针后废弃的小瓶）灌松香剂固定。从此，家家户户能听到新闻节目和文艺节目。

1983年起，村里也办了广播室。村里有重大活动或农事安排，村干部就通过广播传达。进入90年代，有线广播消失。

1975年之前，新生大队没有电视机。1977年秋季，陆桥公社同意新生大队第1生产队购买1台14英寸的黑白电视机（是新生大队第一个有电视机的生产队），社员们很欣喜，每天晚上都要到生产队的公场上看电视。当时供电不足，经常停电，为此生产队当年就购买了1台发电机（是陆桥公社第一个有发电机的生产队），既解决了农业生产用电，又满足了社员生活。后来政策放开，各生产队也陆续购买了黑白电视机，社员的文化生活开始多彩了。进入80年代，陆桥公社电影放映队每月安排到新生大队放映1~2次，群众很喜欢。

进入21世纪，新生村逐步加大文化设施投入，在村办公区建立村公共服务中心，设有影视室（面积约70平方米，可放电影、看电视）、图书室（农家书屋45平方米，有26种报刊、上千册图书）、老年活动室（70多平方米，每天开放，供老年人喝茶、聊天、棋牌娱乐）及排练厅、文化宣传画廊、室外文化广场等，还有1支老年文体队。村里经常组织党员群众观看革命历史、文艺戏曲、科普教育等类型的影视片，每月播放两场；村公共服务中心还设有老年学校，并开展远程教育及德政教育讲座；图书阅览室每天开放，供村民借阅，寒暑假满足学生借读。多功能厅70平方米，老年文体队在此进行排练活动，每周2次；文化广场有1 000平方米，在美陆佳园内，配有健身器材，供居民晨练、休闲，适时放映露天电影；宣传画廊（8块窗版），位于村办公楼前，每2个月更换一期画报，以法治宣传、人口家庭、安全防范等科普知识挂图为主。村“两委会”及群团组织以丰富农村文化生活、满足农民精神需求为目的，开展贴近实际、贴近群众、贴近生活的群文工作。2007年12月，新生村获玉山镇群众文艺先进村；2008年2月，获昆山市“闹元宵”老年人健身风采展演琼花奖；是年4月至11月，连续6次获玉山镇农村“一村一品”健身风采邀请赛优秀（优胜）奖；2010年11月，获玉山镇农村文艺汇演表演奖。2020年，村公共服务中心放映影视11场次，文体队每月排练不少于9次，参加“一村一品”风采展演活动6场次，其中舞蹈《好地方》、健身球操《三峡我的家乡》、舞蹈《浏阳河》及歌舞《爱我中华》等节目多次参加玉山镇文体站组织举办的村、社区特色演出。

村民看电影（2007 年，村档案室提供）

群众文艺团队（2007 年，村档案室提供）

二、体育活动

中华人民共和国成立前，昆山北片农村基本没有体育活动，只有城镇的学校里有些体育设施，供学生体育课开展活动。50 年代初期，随着农业生产体制变革，农业实行生产合作化后，村域群众体育活动逐渐兴起。当时村域内没有正规的体育设施，村民只是选择几块合适的场地，依靠自己制作简陋的活动器材：举重是用石磨片，再叫锤磨子的石匠在中间凿一个孔，插上一根毛巾竹便成了一副石担。跳高则是用两个栋树棍竖在地上，在树柱上刻尺度，钻上眼子，插上铁钉，用 3 米左右长的竹竿横搁在钉子上。还有爬竹竿，用几根粗壮的大毛竹竖在两棵大树中间，一头插进土地里，一头绑在横杆上，横杆与两棵大树固定牢，人在竹竿上溜滑，练习技巧。

1964—1966 年是陆桥地区群众性篮球活动的高潮期。各大队都组建了篮球队，在公场上设建篮球架。至 1968 年，新生大队 12 个生产队中建有 3 个篮球队及 3 片篮球场，农闲收工或放假时，篮球爱好者自发去球场打篮球。公社每年要举办 5~6 次篮球赛，各大队也自发进行邀请赛。当时渔业大队建有一支 6~7 人的篮球队，水平较高，在陆桥公社有些名声，常被邀请参赛。

到 70 年代中期，大队篮球队解散，农村体育活动进入低潮。80 年代中期，新生村兴办乡镇企业。新生村团支部及民兵营，在队办厂里建篮球场及乒乓室、桌球室，并组建业余篮球队与乒乓球队等，适时组织青年职工参加活动及陆杨镇工会举办的体育赛事。

进入 21 世纪，新生村村委会加大体育设施建设力度，在辖区中心建立休憩小园，各住宅小区配备健身小器材，并与驻村学校共享体育场地资源。2020 年，

健身小游园（2020 年，钱伟明摄）

村委会办公楼前有一片跳健身舞的广场，安装了室外路径（健身器材）：漫步器、高低双杠、上肢牵引器、扭腰器、太极推手器、健身跷板及直行云梯等，供村民早晚锻炼。村域内有篮球场及乒乓室、桌球室等活动场所，可供体育爱好者们练习。

三、娱乐游戏

放鹞子　“放鹞子”亦称“放风筝”，历史悠久，流传甚广，村域旧时盛行。一般制法：先用细竹片扎成骨架，模拟蝴蝶、蜈蚣、凤凰等禽、鸟、鱼、虫形状，糊上皮纸或薄绢，上绘图案。放飞时用麻线牵引，利用风力，升上天空。牵引线上可悬挂有滑轮的小灯，随风飘上；如果在风筝上安上琴弦，嗡嗡作响如筝鸣，此称鹞琴。风筝是小孩喜爱的玩物。每到春暖花开时（3—4 月）或中秋、重阳之际，外面有微风，他们会成群结队到田野放风筝，大人们对此也很支持，故流传不息。

跳房子　“跳房子”也称“踢方格”，是传统的儿童游戏，一般都是 7 ~ 10 岁的女孩玩的，3 ~ 4 人一起。玩法：先在平坦的场地上画似房屋形状组合的 8 个方格（一纵二横三空格），每一方格约两尺见方，每一格为一间。玩者先用小瓦片或小砖块掷向格内，以后用单脚跳入，把瓦片按照顺序踢入其他格内，谁先跳完所有方格为胜，即进了一座房子。其间所踢的瓦片不得踢出格外或触及每格画线处，违者要停跳，让其他人跳，等到下一次轮到自己时，继续自前次停止的格子开始跳。游戏结束时，按照跳完房子的数量排名。这种游戏简单、随便，没有危险，有利于身心健康。

跳绳　“跳绳”是民间最广为流传的一种竞技活动，灵活、简便，只要有一根绳子，场地到处可选，适应大众运动。50—60 年代，每到冬天，村域的孩子们用跳绳来增加热量、趣味，几个孩子在场头上跳着，计数论胜负，大人们都围着看热闹。跳绳可分多种方式，有一人抛绳自跳与两人抛绳别人跳等。自抛自跳有单脚跳、双脚跳两种，比跳的速度及熟练度；两人抛绳别人跳有一人跳、双人跳、多人跳，比团队合作的能力。60—70 年代，在新生大队各生产队集体的公场上，青年男女也自发组织跳绳比赛活动，工具就是农民挑稻用的担绳。80 年代起，跳绳被认定为一项很有效的有氧减肥运动。进入 21 世纪，新生村农民都搬迁到社区居住了，但跳绳仍然是群众喜欢的体育活动。

打铜板　“打铜板”也称“滚铜板”，起源于清末，时兴于四五十年代。这种游戏一般是 10 岁以上的男孩玩。玩法：先选择一块比较大且平整的场地，一边有墙壁，再找两块方砖，在离墙壁 10 多米的地方搭成一个斜面的砖台，然后在离砖台 4~5 米的地方画一条直线，表示界线。一切准备齐全，参加者（一般至少有 5 人，多则 10 人）各准备一个铜板，用手捏住铜板两面走到砖台边，按次序用铜板圆切边对准砖斜面一打，使铜板顺着惯性向前滚，最好一直滚到前方墙壁。待参加者全部滚好铜板，谁的铜板最远，谁为第一名，依次排序；没有滚出界线的人就没有资格参与本轮“吃”铜板，只得将铜板放在砖台的斜面上（也叫“摆天”），等别人打他的铜板。接下来就是“吃”铜板，由第一名先瞄准周边的铜板，击中了就归他所有，还可以连击。被击中的就输了铜板，也没有资格在本轮“吃”其他人的铜板，只能等到下一轮再出手。中途没有击中的就要放弃，让给后者继续“吃”，以此类推，直到击完止。最后一名的铜板如果没有被别人击中，就可以自己收回（没输没赢）。这样反复几个回合，有人口袋里的铜板会全部输掉。到了 70 年代初，这种游戏几乎就没人玩了。

叉铁箍　“叉铁箍”亦称“滚铁圈”，是 7~10 岁男孩子的游戏。男孩带着一个直径一尺多的铁箍，手持一根顶端有弯槽（丫口）的铁棍（可以用粗铅丝制作，装在一根约 1 米长的细竹竿上），推着铁圈在地上滚动、向前跑，发出“哗唧哗唧”的声音。五六个儿童为一群，经常在晒谷场比赛，看谁滚动的时间最长。这种游戏没有危险，一年四季都可以玩，60—70 年代成为村域内孩子的流行游戏。

挑绷绷　“挑绷绷”是民间儿童游戏，一般都是女孩玩的，也有大人陪伴孩子玩的，不受场地、环境限制。由两人一起，将一根细线绳两端连接成圈，先由一人用双手撑开构成一种几何图形（用手指穿拉出一个花样），然后由另一人双手采用挑、穿、勾等方法改变原来的图形，这样二人轮流解绷，巧妙地绷出各种图形（经纬线不同），能者为胜。挑绷绷有上翻、下翻和左右翻，绾赶有样式走向，而且讲究先后顺序，章法规矩，做错了就失绷，对小孩子有启发。

坐轿　“坐轿”是大孩子的游戏，男孩女孩都可以玩。玩法：先选择确定好一片20~30米长的场地，三人一组，两人抬轿一人坐轿。抬轿的两人各自把左手掌握在右手腕上，然后互相把右手握在对方左手腕上，形成“井”字形。坐轿者两只脚各插进抬轿者双手形成的环圈中，屁股坐在手掌形成的“井”字上。玩时各组侧向前跑，快者为胜。这种游戏适合人多的场合，须有人做裁判，坐轿、抬轿者轮换担任，三个回合为一局，胜出多的为第一名。

斗鸡　“斗鸡”又称“顶牛”，一般都是男孩玩。玩法：斗鸡者，拐起自己的一腿，双手抱脚，膝头为角，相互顶斗。两人单斗，也可多人群斗。斗倒对方或所抱腿脚落地为输，不可用手去推对方，最后不败者为“将军”。斗鸡热闹激烈，很受青少年们喜爱。

石头、剪刀、布　“石头（锤子）、剪刀、布”亦称“猜东里猜”，旧时属民间流传，常为少儿游戏。按照习规，握拳为“石头”、伸出手掌为“布”、叉开食指和中指为“剪刀”；“石头”可以砸“剪刀”，“剪刀”可以剪“布”，布可以包“石头”，被砸、被剪、被包者为败。儿童在游戏中划此拳，败者常被胜者打手掌或刮鼻子，也有以此比画来决定次序与胜负的。现代人玩耍的方式已经有所创新。

四个孩儿参加游戏时，两人一组，一人做猜拳人，一人做走步人。猜拳人双方相对而立，原地比画“石头、剪刀、布”；走步人站在起点线上，以猜拳人动作胜负为准，胜者一方的走步人向前跨一大步。游戏反复进行，直至走步人到达终点，先到终点的为胜方。也有猜拳人双方相对而立，两脚原地边跳边说“锤子、剪刀、布”，当说到“布”时，双方用脚做出相应的动作（“锤子”为两腿并拢，“剪刀”为两腿一前一后，“布”为两腿向两侧张开），以动作决出胜负。胜者一方的走步人向前跨一大步。同样先到终点的为胜方。

丢手绢　“丢手绢”适合一群女孩玩，工具是一条小手绢。游戏开始时孩子们在地上围成一个圈蹲下，有两个领头的孩子用“石头、剪刀、布”的方式胜出第一个丢手绢的甲。甲拿着手绢在圈子外面跑，其他孩子唱儿歌：“丢、丢、丢手绢，轻轻地放在小朋友的后面，大家不要告诉他……”甲要找机会把手绢丢在某个小朋友乙的身后。乙发觉后立即去追甲，而甲要在被追上之前跑到乙原来的位置蹲下。然后，由乙丢手绢，游戏反复进行，玩到大家尽兴为止。

挑棍儿　“挑棍儿”也称“挑棒子”，是小孩子玩的游戏，可以练心灵手巧，工具一般是篾片棒、小细筷子等，3～4 个人一起玩。玩法：每个人都拿出一定数量的棒儿，数量多的先玩。或者用“石头、剪刀、布”的方式决定次序，第一个玩的人先一把握紧小棍儿，竖立在桌面上一下子松开，撒在周边的独棍可直接拿获，然后用一根棍子把相互压住的棍儿挑开，只能一根一根地挑。能挑开的就是战利品；挑起来的木棍不能落下来砸到其他的或者触动下面的木棍，否则玩的人就要让下一个人玩。最终以挑到棍儿数量多的为胜者。

四、全民健身

60 年代中期，在毛泽东主席“发展体育运动，增强人民体质”的号召下，在校学生、城镇勤务人员及工厂职工流行做广播体操，昆山农村盛行篮球活动与友谊比赛。1966 年，村域青年在大队团支部的组织下，建立篮球队，在公场上设篮球架。平时，篮球爱好者们会自发组织，三五成群去球场练球。到节假日，新生大队要进行篮球比赛。节日里男女老少看篮球队比赛成为热潮。轮到五一、国庆节期间，大队与大队甚至跨公社之间还会举办篮球邀请赛，交流经验，提高球艺。青年乒乓球业余爱好者也会去学校练习、交流。

进入 21 世纪，镇文化体育站会组织举办体育运动会、篮球赛、乒乓球赛、象棋赛等，届时新生村也会派代表参加。村域内有标准的篮球场、乒乓球台等体育设施。美陆佳园内有文化娱乐广场，供村民们早、晚锻炼。春、秋之季，晴天黄昏时候，村民自发到广场上跳健身操。新生村妇联与老年协会联合组建一支 12 人的中老年妇女舞蹈队，经常主动到村排演厅练习，每逢节假日与邻村组织交流，或由镇主管部门安排会演、比赛，经费由办赛单位负责。

2020 年，新生村居民跳健身操或广场舞的自由组合团队有 3 支，人数达 200 余人。村域内建有 50 亩左右的陆杨郊野公园，附近居民在此散步、做操、练剑、打太极拳等。

陆杨郊野公园（2020 年，钱伟明摄）

小区健身场所（2015 年，村档案室提供）

健身操团队（2009 年，村档案室提供）

村民健身操比赛（2008 年，村档案室提供）

第三节　医疗卫生

一、农村合作医疗

60 年代中期，昆山县农村合作医疗萌生。1964 年，经昆山县卫生局批准，各生产大队先后筹建保健室。每个大队推荐 1 名有文化的青年参加公社组织的由无锡第五人民医院主办的医技培训，学习期满回大队筹建保健室，工作以

“防治医疗”为主。新生大队推荐平浦生为第一名保健员。1969年，陆桥公社全面实行农村合作医疗，生产大队建立保健站。平浦生及赵雪生、邹婉金担任卫技员，俗称“赤脚医生”，具有“身不离农、半医半农、亦医亦农”的性质。其间，新生大队实施个人与集体共筹基金，参加社员每人每年交1~2元，生产队从公益金中支付人均2~3元，就诊时个人再支付0.05元/次挂号费。报销标准：在大队卫生室就医，医药费全额报销；转公社卫生院就诊，医药费报销50%~70%；转县以上医院就诊，医药费报销30%~50%。1976年，昆山农村合作医疗由“队办队管”转为“队办社管”。公社成立合作医疗管理委员会（简称“医管会”），配有专职管理人员。参加合作医疗的人员，每人每年筹缴5元，其中个人交纳2元，生产队交纳3元。1983年秋，大队保健站更名为“村卫生室”，实行“四室（诊疗室、观察室、药房、消毒室）分开”，有必要的医疗设备，配备120多种常用药物。乡村医生持有合格证。合作医疗基金由集体转向个人，每年有递增。至1990年，合作医疗基金达到15元/人。新生村有800多名村民参加合作医疗。报销标准：在村卫生室就诊，医药费全报；在乡镇医院就诊，医药费报销70%；转市级医院就诊，医药费报销50%。1995年，昆山市政府发文，合作医疗实现风险统筹型制度，镇财政扶持补贴，以提高医疗风险补偿水平。

1997年，陆杨镇合作医疗管理所（简称合管所）成立，属事业单位性质，实行独立核算，有专人负责大病风险报销。新生村农村合作医疗基金为35元/人，由个人（25元/人）、村集体、镇财政三级承担，其中大病基金10元/人。报销标准：一次性住院医疗费1 000~2 000元报销20%；一次性住院医疗费2 000~5 000元以内（超过2 000元部分）报销25%；一次性住院医疗费超过5 000元部分报销35%。1999年，经昆山市卫生局验收，新生村卫生室达到甲级卫生室标准。2000年，昆山市把农村合作医疗制度纳入富民工程，推行“家庭储户+住院风险+大病救助+预防保健基金”新模式，新生村合作医疗参加人数达900。2003年，昆山市对农村合作医疗制度进行改革，将农村合作医疗与城镇居民医保接轨。2004年，昆山市全市统筹，实施农村居民医疗基本保险与城镇职工医疗保险并轨。新生村卫生室向社区卫生站转变，纳入乡镇医院管理。

二、社区卫生服务站

退休人员体检（2014 年，村档案室提供）

昆山高新区杨林社区卫生服务站隶属昆山高新区江浦社区卫生服务中心，建于2014年4月，服务辖区为杨林社区（兰苑、梅苑、桂苑、菊苑、枫苑、竹苑、桦苑）、北城新境、新生村、新江村、唐龙村、模具城等。2020年，卫生服务站有4名医务人员，其中主治医师1名、主治中医师1名、护士1名、药师1名。卫生服务站以社区、家庭、居民为服务对象，承担辖区的基本医疗、健康教育、产后访视、家庭医生签约、重点人群和特殊人群健康管理等服务任务，协助做好严重精神病障碍患者管理、卫生监督协管等综合性卫生服务。其中，医疗服务包括门诊就诊、入户、义诊、咨询，中医拔罐、针灸、电针灸、穴位敷贴、红外线理疗等中医药服务；家庭医生相关服务包括建立健康管理室，电话问诊（智慧健康平台），为慢性病人提供针对性的咨询及指导。卫生服务站的建立，为新生村村民带来了方便。患者就诊只需走10~15分钟路，常见病在卫生服务站就能治疗，常用药在卫生服务站也能购买。

社区卫生服务站（2020 年，王志鹏摄）

村民在社区卫生服务站配药（2020 年，王志鹏摄）

三、妇幼保健

中华人民共和国成立之前，村域内农村孕妇进医院分娩是极少的，多数是请接生婆（俗称“老娘”）接生，或者请本村有经验的中老年妇女接生。由于医疗条件有限，且这些接生人员普遍缺乏卫生知识，遇到难产则束手无策，所以常有母婴双亡事故发生。中华人民共和国成立后，“老娘”接受新法接生培训，以提高产妇安全分娩率。1966 年，陆桥公社卫生院设妇产科，村域产妇可去卫生院分娩。1979 年起，国家逐步开展孕产妇系统管理，实施围产期保健体检。1981 年起，昆山县妇保所实施孕妇建卡产前检查制度，推行住院分娩。1998 年起，新生村孕妇住院分娩率 100%，育龄妇女每年享受 1 次免费妇科病检查。

中华人民共和国成立之前，村域内儿童卒于麻疹、疟疾等疾病时有发生，不少儿童因患小儿麻痹症而致残。中华人民共和国成立初期，人民政府组织医疗组下乡为儿童发放各种预防药物。1958 年，村域内 0~7 岁的儿童接种牛痘疫苗。1975 年，陆桥公社卫生院组织医生对村域 7 周岁以下儿童进行健康普查，发现疾病对症治疗。1978 年，陆桥公社卫生院为 7 周岁以下的儿童建立预防接种台账，进行卡介苗、脊髓灰质炎疫苗糖丸、百白破三联疫苗、麻疹疫苗、流脑菌苗、乙脑疫苗等生物制品接种记录。1985 年，陆杨乡卫生院设儿童保健科，为 0~7 岁婴幼儿建立健康卡，每年进行健康检查。同时，陆杨乡卫生院开设常年定期儿童计划免疫门诊。村域内儿童凭证接种，凭证入学。进入 90 年代，计划免疫制度更加完善，覆盖率达到 99%以上，新生村小儿麻痹症、脊髓灰质炎、乙脑、麻疹等疾病不再发生，幼儿健康成长。2000 年起，昆山市全面建立乡镇预防保健所，村域妇幼保健及计划免疫实行全覆盖、一卡制。

四、疫病防治

中华人民共和国成立之前，村域内肝炎、痢疾、伤寒、霍乱、麻疹、天花、百日咳、流行性脑脊髓膜炎（简称“流脑”）等传染病时有发生。中华人民共和国成立后，人民政府重视防疫工作，贯彻“预防为主，防治结合”的方针，开展疾病防治。从 1953 年起，上级医疗部门按不同传染病的流行时间，对辖区人群实施疫前接种，使许多流行性疾病得到及时、有效控制。天花、霍乱在 60 年代末就基本消失，流脑、骨髓灰质炎在 70 年代不再发生。1975 年起，政府开始全面实施计划免疫，对村域内新出生的孩子进行疫苗接种，对麻疹、伤寒、乙脑、百日咳等疾病采取阶段接种，由乡村赤脚医生兼管防疫工作。到 80 年代中期，农村各种传染病计划免疫的疫苗接种任务，由昆山县防疫站统一安排，再分配到村卫生室，由乡村医生实施完成。据昆山市卫生局相关资料记载，至90年代，昆山地区小儿麻痹症、白喉、百日咳、麻疹等常见病提前达到国家卫生部要求的控制指标，各种流行性传染病得到有效控制，辖区内不再发生。

消灭血吸虫病 昆山杨林塘周边是血吸虫病流行最严重的地区之一。中华人民共和国成立前，条条河浜有钉螺，家家农户有病人。农民患者挺着大肚皮，有气无力，不能劳动，无可奈何。中华人民共和国成立初期，人民政府加强对血吸虫病的防治。昆山县成立血吸虫病防治站（简称“血防站”），进行血吸虫病流行情况调查及防治工作。1956年，中央发出“一定要消灭血吸虫病”的号召，组织城市医疗队到农村展开血防工作，建立了血防领导小组，农村广大干部群众积极响应。1959年8月，新生大队围绕“查螺灭螺、查病治病、粪水管理”三项措施，紧抓不松。大队确定一名血防干部专职抓血防，各生产队副队长带班，组织劳动力，对有螺的河沟、池塘、荒滩等地方，采取铲除草皮泥、喷洒六六六农药、堆沤肥，在农田水稻及河岸边喷洒砒酸钙或五氯酚灭螺，效果显著。1963年11月起，陆桥公社在新生大队建水利工程样板，冬春季节结合筑堤岸围圩、低洼田改造，掀起新一轮灭螺高潮。

1969年始，昆山县农村各生产大队逐步建立合作医疗，公社卫生院对赤脚医生进行业务培训及现场辅导。新生大队卫生室3名赤脚医生担负起对辖区内村民血吸虫病患者的治疗工作，采用口服锑-273为主方法，持续至1975年，医疗费用全免。

进入70年代，村域坚持查螺灭螺不放松，在开展群众性的查螺灭螺运动的基础上，生产大队又组建专业队伍，由妇女主任带班，对“五荒”（荒滩、荒坟、荒地、荒宅基、荒竹园）及其他复杂地段进行重点查灭，该工作一直持续到1974年。70年代后期，为防止螺情反复，新生大队根据上级要求，将螺点范围承包给专业组，实行“五定”（定任务、定质量、定办法、定分工、定奖罚）经血防办监测、复查，辖区无活钉螺。1978年，昆山县血防站对全县血吸虫病患者普查，新生大队村民阳性率降至零。

1983年，昆山县血防站对村域渔民进行环卵试验复查，连续3年监测未发现阳性患者。1993年，经江苏省、苏州市血防联合考核组对昆山市实地考核验收，新生村已达到消灭血吸虫病标准。

非典型性肺炎疫情防控 2003年2月，广东省发现了多起非典型性肺炎（非典，英文称“SARS”）病例，且非典疫情有向全国各地蔓延趋势。对此，党和国家发出号召，紧急动员全国人民齐心抗击非典。新生村两委会根据上级部署，要求村民不外出、不聚集，并组织村干部与党员骨干逐户排查，安排村民小组组长对外来务工人员进村情况进行摸排登记，建立每天汇总上报制度，严格做好防范。其间，村域内无人感染。

新型冠状病毒感染疫情防控 2020年年初，因新型冠状病毒感染（简称“新冠感染”）疫情形势严峻，根据昆山高新区疫情防控指挥部工作部署，新生村组织人力对辖区内房屋、人员开展“滤网”“清格”攻坚行动，以“不漏一户、不落一人”的要求，对村内疫情风险核查率、标准地址核查率、实有人口采集率、实有房屋登记率、实有单位核准率等10个方面进行全量采集；完成信息核实455人，100%完成“清格”行动，对域内19户出租户的130间房屋上门进行逐一核查，掌握租住人员动向；在自然村庄设立卡口，落实专人进行值守，对返昆人员实行信息核实及登记。同时加强疫情防控宣传，通过在辖区醒目位置悬挂宣传横幅、入户发放宣传册、设置小喇叭在卡口循环播放防疫宣传内容等形式，广泛开展宣传，增强村民群众防疫意识。1月28日至2月22日，村党总支与村委会连续召开7次村干部及党员骨干会议，研究、落实防控措施，明确责任、分片到人，尽心尽力、抓紧抓实辖区疫情防控。3月起，继续落实村网格加警务双网融合工作机制，对5个自然村常住人口与外来租住人员动向进行常态化核查、登记及防疫宣传，每月按要求完成区政法办下达的有关考核业务工作，保障秩序稳定安全。

五、爱国卫生运动

除“四害” 中华人民共和国成立初期，昆山县响应党中央号召，开展以反细菌战为中心的爱国卫生运动。村域内百姓全民参与，清除杂草、垃圾，扑灭蚊蝇、老鼠，管理粪便，保护水源。1958年起，基层人民公社建立爱国卫生组织，全面开展消灭苍蝇、蚊子、老鼠、麻雀（后改为蟑螂）运动（简称“除四害”）。新生大队建制后，从60年代初开始，结合消灭血吸虫病，掀起“人人讲卫生，家家爱清洁”的爱国卫生运动。70年代初，因农业耕种需要，村域农民粪缸沿用传统的自管自用方式。新生大队各生产队都配卫生保健员（环境消杀）及清洁员（清刷马桶）各1名，负责各户马桶的清倒洗刷及集体公用旱厕的冲洗。1976年开始，新生大队按照陆桥公社爱卫办的要求，始建三格式化粪池，集体采用大三格，农户采用小三格，在地上挖坑，四周砌砖，再用水泥粉刷，用预制水泥板封盖，主要控制蚊蝇滋生。粪便经过密闭发酵既可以沤杀虫卵，又能作农耕基肥。

改水改厕 1965年前，昆山农民生活与饮食用水以河水为主。1966年起，因"四清"运动与血防工作的宣传，新生大队响应号召，组织专业队挖井，每个生产队不少于打两口井，供农户使用，深受群众欢迎。1975年起，政府推广灶边井、场头井，并补助砖块、水泥。村域内不少农户积极行动，打井取水。1985年6月，陆杨乡建设第一个自来水厂，解决了周边地区百姓吃水难的问题。与此同时，农村"除四害"与城乡公共环境卫生相结合，政府对农户改厕实行奖励措施。新生村部分村民结合房屋翻建开始安装抽水马桶，并建有砖头混凝土结构的三格式密闭化粪池，防止污染河道。

80年代后期，新生村响应上级号召，将治理"脏、乱、差"与"五讲四美"（讲文明、讲礼貌、讲卫生、讲秩序、讲道德，心灵美、语言美、行为美、环境美）结合起来，还制定村规民约。进入90年代，农村环境卫生被纳入城乡建设规划，昆山地区农民住房普遍改朝换代，建设部门对住宅建设有统一要求，无害化水冲式马桶覆盖农家。1991年，陆杨镇建设第二个自来水厂，增设管道7千米，新生村完成自来水改造工程，农户自来水普及率达100%。据调查，至2009年，村域415户村民就已经100%享有无害化卫生户厕。

环境保洁 90年代后期，随着卫生镇、卫生村创建的深入开展，新生村加大对村级道路硬化、绿化力度，在自然村设置垃圾箱，配备专职保洁队伍，推进"清洁村庄，清洁家园"行动。2003年，新生村按照苏州市"全国亿万农民健康促进行动"制订计划、分步实施，向村民进行健康知识及环境卫生要求的宣传；配套建设基础设施，投入85万元，硬化路面5 700平方米，铺设下水道3 000米，建造公厕7座，配置垃圾箱、果壳箱295只，优化村容村貌；整治环境卫生，一年两次全村大范围消杀，清理卫生死角。是年10月，新生村通过"江苏省卫生村"考核，村域环境卫生保洁常态化。

第十一章　村民生活

中华人民共和国成立前，村域内农民“靠天吃饭”，以几亩田的微薄收入维持生计；渔民常年靠打鱼捉虾养家糊口，碰到灾难连基本生活都无法保障。中华人民共和国成立后，农民分得土地。50—60 年代，村域内实行“按劳分配，多劳多得”，村民基本生活得到保障。70 年代，农业收入不高，社员分配水平低，生产队在公益金中给予照顾，特别困难的社员由政府予以照顾、救济。中共十一届三中全会后，村域内实行联产承包责任制，家庭收入逐年增加，生活质量不断提升。进入 21 世纪之后，昆山市大力发展“三有工程”（人人有技能、个个有工作、家家有物业），村民经济收入大幅度增长。随着城乡一体化建设及新农村建设的不断推进，养老保险、医疗保险、征地补偿、动迁安置补偿及最低生活保障等多种惠民政策的不断落地，村民切实享受到了改革开放的红利。2014 年，昆山市实行农村基本养老保险与城镇职工养老保险并轨，村民与城市居民一样享受生活保障。2020 年，新生村 415 户居民，农村居民纯收入总额 6 793 万元，村民人均纯收入 46 527 元。

第一节 收入与消费

一、村民收入

中华人民共和国成立初期，村域富裕人家很少，除了几户地主、富农，绝大部分是贫苦家庭。经过土地改革，农民成为土地主人，掌握了生产资料，基本生活有了保障。农业生产合作化以后，随着农业生产效率的不断提高，农民的生活水平也稳步提升。60—70年代，农业实行“三级核算，队为基础”，虽然农村的基础设施及生产关系等有较大的改善，但由于农业经济结构的单一性，村域农民生活水平提升的幅度不大。1969年，新生大队各生产队社员前三名男劳力平均工分收入为266~349元不等（见表11-1），即一个男劳力一天劳动还不足一元收入，农户收入偏低，1975年之前人均分配不到百元。70年代后期，国家提高了粮油收购价格，生产队种植结构也有相应调整。1978年，陆桥公社农村分配人均收入为197元。此间，新生大队社员的年终分配有所增长，1979年全大队累计人均为147元。1980年，新生大队秋季分配汇总，各生产队总收入与耕地面积成正比，社员分配总额占总收入的36%~47%（表11-2）；社员家庭扣除垫支部分，人均分进现金在96~223元之间，最高是第12队（8户）人均223元，第2队（27户）没有透支户（见表11-3）；是年，村里部分农户在银行有储蓄存款。

表 11-1 1969 年新生大队各生产队前三名男劳力平均收入表

队别	前 3 名年平均分/分	分值/元	年收入/元	队别	前 3 名年平均分/分	分值/元	年收入/元
1	4 500	0.059	266	7	4 606	0.068	313
2	3 680	0.078	287	8	3 700	0.090	333
3	4 316	0.068	293	9	5 100	0.058	296
4	3 600	0.097	349	10	4 398	0.062	273
5	5 815	0.052	302	11	3 890	0.082	319
6	5 118	0.062	317	12	4 890	0.059	289

表 11-2 1980 年新生大队各生产队秋季决算分配统计表一

单位：元

队别	总收入	农业支出	副业支出	管理费	国家税收	集体积累	社员分配总额
1	52 849	13 241	4 240	388	1 355	8 715	24 910
2	56 145	17 554	3 815	370	1 692	7 856	24 858
3	37 824	13 268	2 015	301	1 267	5 203	15 770
4	41 688	14 660	2 692	326	1 512	5 441	17 057
5	35 854	13 085	2 391	283	1 088	3 513	15 494
6	35 543	15 459	2 833	292	1 412	2 706	12 841
7	35 155	12 253	1 714	224	1 124	5 029	14 811
8	65 991	22 487	4 091	502	2 180	7 591	29 140
9	45 652	16 432	5 242	332	1 054	4 943	17 649
10	40 862	14 747	3 838	541	1 277	4 780	15 679
11	39 132	13 892	2 584	218	956	5 163	16 319
12	29 639	10 846	2 689	183	896	2 977	12 048

表 11-3　1980 年新生大队各生产队秋季决算分配统计表二

队别	农田面积/亩	户数	人数	劳动收入/元	扣除垫支/元	分进金额/元	透支金额/元	人均分进现金/元
1	186.5	24	82	26 467	11 382	15 485	400	184
2	223.2	27	87	25 278	11 525	13 753	—	157
3	174.2	16	61	15 885	6 741	9 295	151	182
4	207.0	15	71	17 498	9 102	8 872	476	144
5	152.5	22	82	16 731	9 300	8 109	678	114
6	187.8	23	88	17 307	11 703	7 055	1451	96.6
7	137.5	17	60	14 815	6 913	8 095	193	135
8	299.0	36	139	31 565	17 557	15 823	1815	138
9	204.0	20	88	18 430	10 775	7 833	178	107
10	178.0	15	69	18 610	9 826	8 076	193	150
11	150.0	15	67	17 180	10 223	7 663	706	137
12	124.0	8	74	12 564	6 747	6 688	871	223

中共十一届三中全会后，党和国家出台了一系列改革政策与措施以发展农业，极大地激发了农民的生产热情，使得农村发展步伐加快，农民收入快速增长。据《昆山市社会经济统计资料（1949—1990）》记载：陆杨乡农村经济人均收入，1980 年为 286 元，1985 年为 951 元，1990 年为 1 357 元。新生村农民 1991 年人均收入 1 418 元，1995 年人均收入 3 968 元，2000 年村民人均可支配收入 5 014 元，村域内有 50%农户年人均收入超万元。

2003 年 7 月，昆山市委召开十届五次全体（扩大）会议，提出“以农村为重点、围绕农民增收”这一工作重点，在全市全面实施“人人有技能、个个有工作、家家有物业”的“三有工程”重大决策，拓展“昆山之路”，引导乡村走富民强村之路。9 月，新生村按照上级要求，对全村农户及劳动力进行排摸调查发现：村域内有劳动收入的有 578 人，年劳动总收入 487.45 万元，加上其他收入计人均 9 010 元；村民私房出租 97 间（1875 平方米），年租金收入 8.91 万元；专业运输车 10 辆，年收入 28.5 万元；4 户私营企业投资 285 万元，年收益 66.5 万元；开店经营 7 户（店面积 2 650 平方米），年收入 210 万元。2004 年，新生村与玉山镇签订《2004 年行政村目标任务考核责任书》，有六大经济指标，其中“三有工程”占考核总分的 20%。经全体村民努力，当年指标完成良好。2005 年家庭物业又增加，村民人均纯收入为 10 687 元（表 11-4）。2010—2018 年，村民家庭物业收入保持稳定，人均纯收入年增长率在 7%~14%之间（表 11-5）。

表 11-4 2003—2005 年新生村农民收入、就业情况表

年份	户数	人数	人均收入/元	劳动力人数	就业人数	就业率/%	有物业户数	物业率/%
2003	287	1 147	9 097	682	513	75	95	33
2004	304	1 225	10 087	743	676	91	165	54
2005	304	1 225	10 687	726	723	99	206	68

表 11-5 2010—2020 年新生村物业与就业情况一览表

年份	调查户数	有物业户数	物业率/%	户均收入/元	调查人数	劳动力人数	就业人数	人均收入/元
2010	304	259	85.2	51 008	1 342	815	793	19 035
2011	304	259	85.2	56 757	1 354	870	803	21 471
2012	321	118	36.8	81 102	1 365	785	781	24 625
2013	321	217	67.6	48 823	1 366	785	781	27 804
2014	321	261	81.3	44 935	1 375	791	775	30 677
2015	321	261	81.3	53 755	1 382	797	776	33 184
2016	415	338	81.4	45 178	1 392	817	796	35 690
2017	415	338	81.4	49 822	1 403	816	797	38 204
2018	415	338	81.4	55 888	1 450	850	810	40 910
2019	415	338	81.4	58 639	1 460	852	812	43 678
2020	415	338	81.4	62 722	1 460	860	820	46 527

2019 年，村域有劳动力 852 名，其中就业人数为 812，包括第一产业 15 人、

第二产业 469 人、第三产业 328 人。2020 年，新生村农村居民纯收入总额 6 793 万元。其中，工资性收入 3 779 万元，占 55.63%；经营性纯收入 951 万元，占 14.00%；投资性纯收入 71 万元，占 1.05%；资产性收入 1 098 万元，占 16.16%；政策、福利性收入 712 万元，占 10.48%；其他收入 182 万元，占 2.68%。是年，新生村农村居民人均纯收入 46 527 元。

二、村民消费

中华人民共和国成立前，村域百姓消费底线是“略有积余，不吃卯粮”；有积余的主要用于小辈成家、传宗接代，遵循“钞票用在刀口上”的老规矩。因此，农民多恪守勤俭持家、艰苦朴素的生活原则。中华人民共和国成立后，村民仍然保持“过紧日子”的理念。70 年代起，随着农副产品不断丰富，农民的生活欲望有所上升，不但肚皮要吃饱，而且身上要光鲜，村域青年人也跟形势走，有点流行色彩，喜爱的工业民用品是手表、缝纫机、自行车（俗称“老三件”）。

改革开放以后，市场上的日用品多了，农民生活消费指数增长加快，且消费项目及品种不断扩充、变化。80 年代，农民与社会接轨，喜爱“新三件”，即电视机、洗衣机、放像机。90 年代，村里年轻人又喜爱上“洋三件”，即彩电、摩托车、照相机。

新生商业广场（2020 年，钱伟明摄）

农贸市场一角（2020 年，钱伟明摄）

进入 21 世纪后，农村生活水平普遍提高，昆山市农村居民与城市居民生活消费差距缩小，消费种类发展到食品、衣着、居住、生活用品、交通通信、文化教育、医疗保健及娱乐服务等。至2020年，新生村农民年人均消费17 820元，重大支出是购房、买汽车、读大学。村民不仅住有所居、学有所教、业有所就、安有所保、老有所养、病有所医、贫有所济，而且能超前消费，贷款买房、买车，新型电视机、冰箱、空调、智能手机、网络宽带及私家轿车等商品也已经进入寻常百姓家。

第二节　衣食住行

一、衣着

中华人民共和国成立之前，村域农民穿的都是土制粗布衣服，由妇女手工缝制。男性大部分穿长袍、土布斜襟棉袄、土布对襟短衫、大裆裤、作裙，脚穿布鞋、布袜、纱袜，头戴毡帽；女性穿斜襟短衫（袄）、大裆裤、短竹裙，脚穿圆口鞋或搭攀鞋。雨衣、雨鞋在农村根本看不到。孩子衣服都是缝补了再缝补。1912年后，男子剃圆顶头、平顶头、光头，孩子剃桃子头，男青年一般理三七开分头；妇女盘发髻，未婚女子留双辫或独根长辫，后来妇女也剪掉发髻和长辫，头发一般齐肩或齐耳。女孩长到六七岁时，母亲要为她穿耳眼，以便长大后戴耳环；有的父母怕男孩夭折，只在一个耳朵上穿眼戴耳环，意为拴住好养；成年男女都戴戒指，女子挂项链，戴手镯、耳环；男孩子挂长命锁、戴脚镯。中华人民共和国成立后，佩戴首饰的习惯一度消失，70年代后生活质量提升，村民消费观念转变，又兴起佩戴首饰。

20世纪50年代中期起，国家对商品物资实行计划供应，一个家庭一年内能凭票去商店购买几十尺棉布，但农民的衣服主要靠自己纺纱织布解决。60年代后期，“的确良”“涤纶”等化纤、混纺布料上市，乡村人购布意愿得到基本满足，青年人服饰从流行的绿色军装式样转移到米色、青色、粉色布料制作的“中山装”“列宁装”“大翻领”等。多数农家人不再自己制作衣服，而是请裁缝师傅进门缝纫制衣。80年代起，高跟皮鞋、喇叭裤在农村风靡，绒线衣、绒线裤进入寻常家庭，健美裤、连衣裙等青年女性时装逐渐流行，服装行业兴盛。90年代，皮夹克、羽绒服、羊绒衫、丝巾也成了农村人穿戴的主流，脚上穿的是上档次的皮鞋、凉鞋、保暖鞋。

进入21世纪，村民的服饰消费开始注重时尚、健美、多彩，化纤、混纺布料不再受人青睐。出门走亲访友穿着的服饰多以丝织品、纯棉料、真皮革制品为主。老年人穿的保健鞋每双约200~300元，而且也注重品牌。

二、饮食

中华人民共和国成立之前，寻常农家主粮为大米，辅以大元麦、面粉，甚至以瓜、薯菜充半年粮，一般为一日三餐，大多人家二粥一饭，也有三餐都是粥的。富裕人家二饭一粥，一般为粥、面条、面饼、南瓜、薯类，也有粽子、团子、馒头。农民早上吃粥，日常菜肴大多是自制的咸菜、萝卜干、酱瓜等；饭菜中，素菜主要有自种的青菜、萝卜、草头、莴笋、茄子、黄瓜、丝瓜、毛豆、豇豆及豆制品等，荤菜有鱼、虾、家禽、猪肉、蛋类等。旧时，贫民家庭鱼肉、家禽等荤菜一般是在逢年过节或来了客人才烧煮，平时以素为主；富裕人家则较常食鱼肉、家禽等，过时节及农历腊月二十以后，食品丰富，讲究搭配。

中华人民共和国成立之后，在党和政府的号召下，村域农民自食其力、艰苦奋斗、发展生产。50—60年代，国家统购统销，粮食定量分配，农民口粮不足，用南瓜、红薯、萝卜、豆类等粗粮补充。70年代，农村经济有所好转，农民人均口粮及副食品逐渐增加，各家各户除了鱼肉类荤菜量少外，大米、面粉类主粮果腹已经不成问题。80年代，农村改革开放，实行联产承包责任制，农民缴足国家征购粮后，几乎家家有余粮；讲究营养，主食有米饭、米粥、面条、馄饨、糕团等，冬季备许多咸鱼、咸肉，在农忙季节吃。有乡村企业后，农民进厂务工，家庭收入翻一番。90年代，农民丰衣足食，一日三餐除以往习惯吃白粥、米饭外，还有大饼、油条、牛奶、豆浆、麦乳精、面条、糕点及水果等主、副食品。大家庭过年也要杀猪宰羊，购买上等水产品，请亲朋好友团聚畅饮；碰到喜庆大事，在家搭棚砌灶，大摆宴席，宾朋满座。

进入21世纪，村域百姓讲究粗细搭配、健康饮食，吃饭有荤有素有汤，招待客人菜肴较为丰富；烹调以红烧、白烧、清蒸、生煸、炒、炸、烩、熘、爆为主，追求色、香、味，讲究少而精。

三、居住

中华人民共和国成立前，村域大多数人家住的是毛竹当梁的草房，其中不少房屋是用泥打的墙，房内是泥地，少数人家住瓦房，且房屋低矮不宽敞，光线不明亮。家具极其简陋，一般家庭仅有一张吃饭桌子（八仙桌），几条凳子，只有在子女结婚时，才添置一些家具，样式陈旧，如大床、房柜台、大橱等。贫困人家买不起的，就父传子、子传孙。少数富裕人家有缅花床、踏脚床及红木八仙桌、太师椅等。

20世纪50—60年代，昆山农村住房条件普遍很差，三成是老草房，五成是小瓦房，两成是旧式的小合院，一家三代六七口人都住在一起。村域农民的住宅都是中华人民共和国成立前传下来的破旧小屋、稻草棚。70年代初，农民开始第一轮翻建房屋，建房户由生产大队按上级规定统一安排0.15亩宅基，多数是“五路头（屋梁五根）三间一转头”，水泥梁、杂树椽子、平瓦顶、黄泥地皮，面积60多平方米，造价600~800元。当时农家人没有什么家具，客堂里有一张旧八仙桌、几条长凳，房间里有张床、几只木箱子。到70年代中期，村域农民户户通电，梁上拉了电线、装了灯泡。随着人口的增加与生活水平的提高，70年代后期，村域农民翻建住宅进入高潮，建造房型是“七路头（屋梁七根）三间一转头”平房，水泥梁、杉木或栎树棍作椽子，青瓦顶、红砖铺地，面积90多平方米，造价3 000~3 500元。结婚娶新娘的家庭尽力增添床、橱、梳妆台，置办好新式床、三门橱、写字台、五斗橱、小方台配套靠背椅及缝纫机、手表等物件。1976年，新生大队第7生产队张普生家庭翻建“七路头”三上三下楼房，该楼房也成为陆桥公社第一幢农家楼房。

80年代中期至90年代中期，村域进入第二轮翻建房屋高潮。农民建造的房子大凡是“七路头三间一转头”的三上三下楼房，用八五砖砌空心墙，用4米楼板搁腰箍，内墙用纸筋粉刷，外墙用116水泥粉刷；面积多为200多平方米，人均面积在40~50平方米；室内装饰讲究，设置抽水马桶卫生间，造价约为4万~5万元一座。建房手续由农民申请，村委会安排，镇政府建管所审批。宅基地由政府土管所批准，规定0.3亩，一般为原地翻建，少数家庭分户可移地建造。建房户雇请的施工单位都是本地的“五匠”，筑头师傅（泥瓦匠领班人）是经过乡镇建设管理部门认定并颁发资格证的。农户建房都选在春、秋两季农闲之际，集体种田时由生产队长安排劳动力，突击四五天，一鼓作气建成。房屋竣工后，经相关部门验收，再办理产权证。1997年，新生村277户农民全部翻建楼房或平房，宅基地确权发证面积53 335平方米。住房内家具向时尚化发展，如组合式衣橱、席梦思床、沙发、藤椅、钢折椅、装饰橱等。

90年代末至21世纪初，村域先富起来的部分农民纷纷在集镇、市区购买住宅（商品房），一般都是三室一厅。有条件的农家开始新一轮建房热，房屋为钢筋混凝土结构，造型新颖，三层别墅（俗称洋房），宽敞美观。村民吴伯年家庭是辖区第一家建此房型的。据2007年调查，新生村7个自然村楼房面积63 959平方米，平房面积4 172平方米，而且都通电、通水、通电话、用上液化气（表11-6）。2009年起，城乡一体化建设加快推进，村域大批农房先后被动迁，平均每户置换3套商住房。村民陆续被安置到新型集居小区，居住条件、生活质量大大提高。至2020年，除动迁安置小区房屋外，约有70%的村民在昆山城区商住小区购有1~2套住宅房，有的还购有宽敞的别墅，配有精美家具、高档电器等。

商业街民宅（2020年，钱伟明摄）

村民居住的高楼（2020年，钱伟明摄）

表 11-6 2007 年新生村村民住宅情况调查表

原自然村名	楼房面积/米^2	楼房建造时间	平房面积/米^2	平房建造时间	自来水入户率/%	电话入户率/%	液化气使用率/%
盛家村	8 060	80 年代	720	70 年代	100	100	100
南长泾	5 980	80 年代	140	70 年代	100	100	100
孝仁塘	3 900	80 年代	240	70 年代	100	100	100
澜 漕	15 340	80 年代	840	70 年代	100	100	100
王桐桥	19 760	80 年代	1 320	70 年代	100	100	100
赵家湾	2 340	80 年代	240	70 年代	100	100	100
水丰新村	8 579	80 年代	672	70 年代	100	100	100

四、出行

70 年代前，村民出行主要是步行，赶远路要起早，去昆山城里要乘船，当天来不及返程就得住客栈。70 年代中期，有部分年轻人购买了自行车，用来做点小贩生意。80 年代中期，自行车普及，成为青年人上班不可缺少的工具，村域基本上家家户户有一两辆“凤凰牌”“永久牌”自行车。不久，乡村通了公路，有赶时髦的年轻人买了“幸福牌”摩托车，每辆价格在 3 000~5 000 元。90 年代中期，村域富起来的家庭开始买小轿车，一辆四五万元。村民吴伯元于 1985 年购买一辆日产轩逸汽车，是村域内第一家拥有轿车的家庭。进入 21 世纪，村民家庭有轿车已经是普遍现象。村民以车代步成为趋势，进市区乘公交刷一卡通，60 岁以上老人持优惠卡，70 岁以上老人有免费卡。2020 年，新生村几乎每家都有私家车。村民们驾着汽车或者骑着电动车或自行车出门，老年人也会开着电动小三轮车外出办事。

第三节　社会保障

一、农村养老保险

2003 年起，昆山市全面实施农村居民养老保险（亦称新型农村养老保险），村域内 16 岁以上的、未参加城镇养老保险的本地户籍人员均属于参保对象。村民只要适当缴纳一定年限的农保金，年满 60 周岁后就可以每月领取生活补贴，直至终老。陆杨镇启动农村基本养老保险工作，交费标准按每月享受养老金 100 元、130 元两个档次，新生村列为试点。是年，新生村符合参保条件的对象 553 人，其中愿意参保（申请报名）的 548 人，实际缴费的 515 人。4 月 10 日，昆山市在新生村举行首批农保养老金发放仪式，有 174 位老人从市领导手中领取了第一笔养老金。2004 年，新生村新增 17 人领取农保养老金。2005 年，玉山镇农保情况汇总表记载：新生村应参保 517 人，实际参保 514 人，参保率 99%；领取养老金 264 人，其中 70 岁以下 168 人、70 岁以上 96 人。2009 年，昆山市启动农保与社保接轨举措，年末新生村参加农保 153 人、参加社保 427 人。2010 年以后，村域居民逐渐由农保转向社保。

二、社会养老保险

2006 年，国家取消农业税，颁布一系列新政策。江苏省又出台了推进城乡一体发展战略，种田人还得到了购买农机具、种植粮油作物、农资物品等方面的补贴，新生村农民也得到了实惠。从 2009 年起，昆山市解决了农民的后顾之忧，实施新型农村社会养老保险制度，即农民基本养老保险与城镇职工基本养老保险接轨。

2009 年 6 月，新生村向村民宣传、发动，率先在失地村民中启动补偿金转移支付进入社保。2010 年，村域全面推行农保与城保并轨，采取土地补偿费清算余额与实际补缴现金相结合的办法，其中当年补缴养老金 31 人。

2012 年，昆山市将“新型农村社会养老保险”更名为“城乡居民社会养老保险”。至 2018 年，新生村农村基本养老保险与城镇职工养老保险全部并轨。2020 年，村民有 1 246 人参加社会养老保险，实现户籍全覆盖。

三、最低生活保障

1997 年，昆山市在苏州市范围内率先建立城镇居民最低生活保障制度，年底出台《昆山市农村最低生活保障暂行办法》，1998 年 1 月 1 日正式实施。是年，农民最低生活保障线为年人均收入 1 200 元，并逐步规范低保标准增长机制，每年有一定比例的自然递增。村域对照标准，每年申报。

2002 年 3 月，新生村按照相关要求，排查出困难村民 5 户 20 人，人均年收入 2 300~2 800 元之间，由昆山市文广局结对扶贫，其中养猪 3 户、养鸡 1 户、养鱼 1 户。两年后，这 5 户村民通过养殖脱贫。

2004 年 3 月，新生村将 2 户农民列入扶贫对象；11 月，村委会申请新增低保户 13 户共 32 人，人均年收入在 1 200~1 700 元，政府按照人均提高 20%的标准，年终给予一次性补差；年底，村委会又把 10 位村民列入低保户除外的贫困对象，主要是其本人老弱多病、长期治疗费用大，或者身体残疾、收入低，由民政部门及社会团体给予关爱、资助。

2005 年，新生村低保户 21 人参加社保，由玉山镇财政缴费 11 340 元，个人缴费 2 520 元。2006 年，玉山镇农民收入相关情况汇总表显示：新生村列入低保的村民 20 人，领取低保金额 2.98 万元；村民领取养老金 65.48 万元，贫困对象获得社会救济 1.00 万元。

2006 年 12 月，新生村建立居家养老服务站，由顾立华担任站长，邹雪琴担任副站长，顾阿宜、徐勇、平波生、陆阿龙为成员。是年，龚为宝、平大妹两位老人被列入居家养老名单；居家养老服务经费由市、镇两级财政按 4∶6 比例分担负责。2007 年，昆山市农村低保标准由人均年收入 2 200 元提高至人均年收入 2 880 元。

2009 年，村有 53 户 53 人享受最低生活保障。2014 年，全村 60 周岁以上的独居老人 7 位，经济收入低微的困难老人有 5 户 7 人，被列入村及相关部门救助与关怀。2019 年，有 2 家低保户享受村级经济干股分红，一年每户 2 000 元；有 11 家低保边缘户享受村级经济干股分红，一年每户 1 000 元。2020 年，新生村被列入最低生活保障的村民有 5 户。

杨林社区日间照料中心（2020 年，王志鹏摄）

四、基本医疗保障

2004 年 1 月，昆山市全市统筹，实施农村居民医疗基本保险与城镇职工医疗保险并轨，即将原来形成的农村合作医疗与城镇居民医保接轨试行（亦称农村新型医保）。农民医保基金由 2003 年的人均 60 元，提高到人均 200 元，其中市、镇两级财政承担每人 130 元，对弱势群体实行政策倾斜，体现社会保障的公平性。是年，新生村实际参加新型医保的有 912 人，占应参加人数的 81%。

2006 年 11 月 30 日，中共昆山市委、昆山市人民政府颁发《关于建立昆山市居民基本医疗保险制度的实施意见》。文件规定自 2007 年起，在城镇职工基本医疗保险制度的基础上，建立覆盖全市城乡居民的昆山市基本医疗保险制度、昆山市居民大病补充医疗保险制度和昆山市特困医疗救助制度。年人均筹资为 260 元，其中市、镇两级财政各负担 90 元，村级集体经济组织负担 20 元，居民个人负担 60 元。同时，昆山市人民政府出台了《昆山市居民基本医疗保险暂行办法》。是年，新生村在辖区内广泛宣传，动员全体村民参保、缴费。2007 年起，村域居民中参加农村新型医保的 924 人逐渐转向基本医疗保险。

2008 年 1 月，昆山市人民政府又发文规定：2007 年 12 月底满 60 周岁的参保居民，2008 年起居民基本医疗保险基金个人缴纳部分免缴，由市、镇两级财政各负担 50%。是年，新生村 113 名老年人参加昆山市居民健康体检。

2009 年起居民基本医疗保险缴费标准为年每人 320 元，其中市财政补助 110 元、镇财政补助 110 元、村级经济补助 20 元、个人缴纳 80 元。是年，新生村参加居民基本医疗保险的有 487 人，参加社会医疗保险的有 507 人。

2014 年起，对患重大疾病的参保人员，医保部门每年有医疗救助。2019 年起，昆山城乡居民基本医疗保险实行大病风险基金统筹，对患者医疗费用超过封顶额部分分段报销，大病医疗有保障。为了防止村民因病致贫，2017 年起，新生村实施医疗普惠补助办法，对患者住院自费部分金额给予一定比例的报销，2019 年 1 月又做了调整（见链接）。2017—2020 年，户籍村民享受医疗普惠补助的实绩分别为：75 人次，21.33 万元；83 人次，25.47 万元；104 人次，32.68 万元；99 人次，35.12 万元。2009—2020 年新生村农民社会保障情况如表 11-7 所示。

表 11-7　2009—2020 年新生村农民社会保障一览表

年份	总户数	已动迁户数	居民医保人数	社会医保人数	农保人数	社保人数	最低保障户数
2009	415	116	487	507	153	427	53
2010	415	116	478	622	167	1 133	61
2011	415	198	429	690	48	690	62

续表

年份	总户数	已动迁户数	居民医保人数	社会医保人数	农保人数	社保人数	最低保障户数
2012	415	310	395	1 062	40	1 080	64
2013	415	317	386	1 084	32	1 070	50
2014	415	317	367	1 178	29	1 178	38
2015	415	317	225	1 157	63	1 157	25
2016	415	368	227	1 165	60	1 165	39
2017	415	376	214	1 101	56	1 101	23
2018	415	390	270	1 180	1	1 180	18
2019	415	393	267	1 193	1	1 013	14
2020	415	405	294	1 387	1	1 246	5

2020 年，昆山市居民基本医疗保险缴费标准为每年每人 955 元，其中市财政补助 342.5 元、镇财政补助 312.5 元、村级经济补助 30 元、个人缴纳 270 元（含大病保险 20 元）。是年，新生村参加城乡居民基本医疗保险有 1 387 人（含常住人口）。

第四节　征地安置

一、失地保障

80—90 年代，村域有少量土地被政府征用，双方签订补偿协议，政府一次性补偿青苗、作物及开挖、设施等费用。进入 21 世纪，因工业开发及城市建设需要，村域大批土地被征用。至 2004 年，新生村被征用土地 2 115.6 亩，涉及开发用地补偿的有 15 个村民小组共 1 243 人，补偿金额 147.95 万元；原水丰村

（渔业大队）补偿人数222人，补偿金额27.3万元。

2005年5月31日，玉山镇人民政府颁发《玉山镇关于调整征（使）用土地补偿标准和操作办法的通知（试行）》，文件根据昆政发〔2004〕87号及昆政办发〔2004〕78号、79号文件精神，对征地补偿安置标准做出新的规定：征地补偿安置费包括土地补偿费、安置补助费、地上附着物和青苗补偿费；征用土地补偿费，按耕地前3年平均年产值不低于1 800元/亩的10倍计算；征用耕地安置补助费按照被征地农民人数计算，标准为每人20 000元。文件规定建立征地补偿和保养制度：被征（使）用土地的土地补偿费直接支付给被征地农民，用于被征地农民征地后的生活、生产；被征（使）用土地的安置补助费用于被征地农民参加征地保养，建立征地保养与农村基本养老保险并轨机制，鼓励失地农民参加城镇企业职工养老保险。文件对2004年1月1日前、后征（使）用土地的补偿标准和办法及补偿面积、安置人员的界定等相关问题做了具体规定。

2005年8月，新生村根据玉山镇规定，对周阿明等52位失地及部分失地农民实行转移折算，交纳社会养老保险。《2006年玉山镇农民收入相关情况汇总表》显示，2006年新生村土地流转面积206亩，收益返还5.2万元，村民领取征地补偿金182万元。2007年，新生村缴纳农村养老金的有367人，当年被征地人员办理社保的有20人，参加新型农民医保的有924人，领取养老金的有272人；原水丰村渔民补偿86户共293人，金额31.18万元。2008年起，村域内每年有村民将土地补偿金转移折算，交纳社会保险费，使得参加社会养老保险人数不断增加（表11-8）。2020年，新生村征地补偿总面积2 735亩，享受人数1 619人，政策、福利性收入712万元。

表11-8　2006—2011年新生村农民政策性收入情况调查表

单位：万元

年份	土地流转收益返还	征地补偿收入	领取低保收入	领取养老金收入	社会救济金收入	合计
2006	5.20	182.00	2.98	65.48	1.00	256.66
2007	5.20	182.00	3.20	65.50	1.00	256.90
2008	5.20	180.00	5.50	70.00	2.00	262.70

续表

年份	土地流转收益返还	征地补偿收入	领取低保收入	领取养老金收入	社会救济金收入	合计
2009	—	180.00	9.00	80.00	2.00	271.00
2010	—	180.00	9.00	180.00	2.00	371.00
2011	—	159.00	12.00	185.00	5.00	361.00

二、安置补偿

2008—2013 年，由于昆山现代化工业的崛起和城乡一体化建设的迅猛发展，村域多块土地先后因国际模具城、杨林塘航道整治、美陆佳园扩建等重大建设工程被征用，由此村民住宅大批量拆迁，传统自然村落逐渐消失。新生村“两委会”依据昆山市及玉山镇的相关规定，在认真做好政策宣传、思想动员的同时，配合做好拆迁评估、安置落户，直到村民住进新居。

自然村风貌（2020 年，钱伟明摄）

2009 年 11 月，在玉山镇“推进城乡一体化，落实‘双置换’调查”（货币补偿与实物补偿）中，新生村 8 个自然村的住宅情况汇总显示：盛家村 43 户（已全部拆迁），其中平房 8 户、楼房 35 户；孝仁塘 55 户（已全部拆迁），其中平房 12 户、楼房 43 户；澜漕 61 户（已拆迁 1 户），其中平房 8 户、楼房 53 户；王桐桥 92 户（已拆迁 8 户），其中平房 14 户、楼房 78 户；南长泾 26 户（已拆迁 3 户），其中平房 4 户、楼房 22 户；赵家湾 16 户（已拆迁 6 户），其中平房 7 户、楼房 9 户；水丰新村 64 户，其中平房 10 户、楼房 54 户；新阳西路村 24 户，其中楼房 24 户。全村共有户籍村民 381 户，其中自建平房 63 户、楼房 318 户，后来陆续动迁。按照实物补偿评估安置标准计算，这些楼房的村民多数能置换两三套新居。

自然村航拍（2020 年，钱伟明摄）

澜漕农家院（2020 年，钱伟明摄）

2020 年 12 月，村志编写人员对新生村 394 户村民进行家庭实录登记，有 375 户家庭迁居城镇小区，其中 321 户居住在美陆佳园的枫苑、桦苑、桂苑、梅苑、兰苑、竹苑、菊苑 7 个小区内，占全部户数的 81.5%。村民转变为市民，居住环境发生重大变化，生活质量与城市居民的差距缩小，农村人的幸福感提升。

三、再就业工程

2000—2010 年，中共昆山市委、昆山市人民政府针对部分失地农民及拆迁农户经济收入不高、就业门路不广，在奔小康路上出现的新难点，制定了一系列的新举措，首先推出以富民强村为重点的“基石工程”，接着推广以再就业为轴心的“三有工程”。主要目标是将农村劳动力转移、利用，鼓励企业使用本地劳动力，开发农村保洁、保绿、保养等公益性劳动岗位，安置“4050”（40 岁以上的女劳力、50 岁以上的男劳力）人员；加大人力资源投资力度，通过培训提升就业岗位层次，带动工资收入“升级”；鼓励发展“房东经济”，帮助市民、农民增加资本性收入；放手发展私营经济，广泛开展多种形式的创业活动，培养更多的创业型市民和人才。新生村干部身体力行，想方设法传帮带。2002 年，村里 107 户水产养殖户均获得每亩 771 元的好收成，比上一年净增 441 元，为各家各户开辟投资性收入起了引领作用。

2003 年，新生村有户籍村民 283 户，其中有物业家庭 95 户，占 33.6%；共有劳动力 682 人，其中就业人员 513 人，占 75.2%。2004 年 10 月 16 日，《昆山日报》对新生村农民物业收入增加做了相关报道。2005 年 10 月，玉山镇政府对辖区农民增收情况进行调查，并明确：将人均纯收入达不到 7 000 元的农户列入扶贫户，对人均收入在7 000—8 000元的农户进行帮扶，确保有65%的农村家庭人均收入达到8 000元以上。是年，新生村有304户人家被纳入调查，占总户数的94.4%；人均收入达到8 000元以上的有274户，占调查户数的91%；就业723人，占总劳力的99%；有物业家庭206户，占调查总户数的67.8%。206户家庭的物业总纯收入422.31万元，其中，经营性物业14户、收入124万元，规模种养业73户、收入191.86万元，资产性物业119户、收入106.45万元，各项数据比前两三年均有递增。（2006、2009年新生村农民“三有”收入情况如表11-9所示）

表11-9　2006、2009年新生村农民“三有”收入情况表

年份	总户数	总人数	劳动就业收入/万元	投资经营收入/万元	政策性收入/万元	扶贫款/万元	纯收入总额/万元	人均收入/元
2006	304	1 225	715.88	1 016.06	196.30	0.90	1 928.24	15 741
2009	304	1 386	816.13	1 307.12	208.00	0.80	2 331.25	16 820

2009年，据《玉山镇农村年鉴》记载：调查新生村304户村民，有物业的259户，占85.2%，物业家庭平均年收入50 463元；调查户家庭年纯收入总额2 331.25万元，其中劳动就业收入816.13万元、投资经营收入1 307.12万元、政策性收入208.00万元，人均收入16 820元（见表11-9）。2020年，新生村860个劳动力中就业820人，其中从事第一产业20人、第二产业470人、第三产业330人。

【链接】

昆山高新区新生村医疗普惠补助实施修改方案

为更好地让辖区村民共享改革开放的成果，共同迈向高水平小康社会的目标，特制定新生村医疗普惠补助实施方案。

一、指导思想

发展依靠村民、发展为了村民，村级经济发展后理应惠及村民。秉承公正、公平、公开的原则，让辖区村民共享村级经济发展成果，全力帮扶患病和残疾人员。

二、受益人群和不能受益人群

受益人群为满足以下任何一个条件的新生村村民：

1. 新生村在册户籍村民；

2. 新出生且户口报入新生村的人员；

3. 婚迁户籍迁入新生村农村户籍和动迁小区中新生村辖区户籍的人员（以迁入时间为准）；

4. 因动迁户籍由新生村迁入动迁小区新生村辖区所在地的人员（此类人员必须由动迁小区所在地相关单位出具未享受该项补助的证明）。

本村户籍村民中有以下情况之一的，为不能受益人群：

1. 本村特困对象（五保、三无对象）；

2. 户口挂靠在本村的空挂户；

3. 买房户籍迁入本村户籍或动迁小区新生村辖区所在地的人员。

三、医疗补助内容

当年度患病就医支出较大的村民，在本市就医的，必须提供进入医保后的医疗发票原件，根据定点医疗机构医疗发票原件上医疗费用“个人现金支付”金额给予相应的补助。在外地就医的，提供转院治疗后劳动保障部门开具的“基本医疗保险报销结算凭证”盖红章原件，根据结算凭证中个人实际支付的医疗费金额给予相应的补助。

纯自费医疗发票、纯自费药品发票原件均不能作为村级普惠补助凭证（患有低保边缘病种并且材料符合后文规定的除外）。

凡属于由责任方负责的工伤、车祸、打架斗殴等医疗发票均不能作为医疗补助的凭证。凡属于个人美容、保健类（针灸、艾灸、膏方等）、牙齿矫正、牙齿美容等非疾病类发票和个人参与违法乱纪等原因产生的医疗发票，均不能作为医疗补助的凭证。其中工伤和车祸属于受害方承担的医疗费用部分，可以根据最终判决书和发票原件，计入当年度普惠医疗个人医疗费金额。

凡进入工伤保险、生育保险、商业保险报销后的发票原件，应扣除保险已经报销的金额，剩余部分计入村级普惠个人医疗费金额。

其中门诊发票单张“个人现金支付”必须大于200元（含），住院发票不限额度。补助计算标准以符合要求的医疗发票原件上个人当年度加总医疗费支出金额为准，具体如下：

1. 支出2 000元至5 000元（含5 000元）的，给予20%补助；

2. 支出5 000元至10 000元（含10 000元）的，给予25%补助；

3. 支出10 000元以上，给予30%补助。

凡当年度为低保户、低保边缘户、一户多残的家庭全体成员在以上基础上再增加10%的补助（低保户、低保边缘户需扣除市住院自费补助金额后计算其实际支付的医疗费用）。持有残疾人证、80周岁以上老人、重点优抚对象、困难党员、劳模、失独父母的村民本人患病看病的，在以上基础上再增加5%的补助（提供相应凭证）。

患有低保边缘中规定病种的村民，确因疾病需要而购买自费药品的，可凭公立医生开具的病历、对应处方和药品发票原件，根据当年度具体购买药品的个人支出额度给予相应标准的医疗补助，具体如下：

1. 支出2 000元至10 000元（含10 000元）的，给予20%补助；

2. 支出10 000元以上给予25%补助。

凡当年度为低保户、低保边缘户、一户多残的家庭全体成员在以上基础上再增加10%的补助。持有残疾人证、80周岁以上老人、重点优抚对象、困难党员、劳模、失独父母的村民本人患病看病的，在以上基础上再增加5%的补助（提供相应凭证）。

享受过精准帮扶因病因残困难人员医疗补助中紧急医疗费补助的人员，如补助额低于医后医疗费补助额度的，凭相应材料补足两者差额部分。

四、住院护工补贴

患有低保边缘中重病病种的村民住院的，凭出院小结可享受住院期间每天40元的护工费补贴。个人当年度最多可以享受护工补贴的天数为45天。

凡当年度为低保户、低保边缘户、一户多残的家庭全体成员，住院期间补贴的护工费在上述基础上增加60元。持有残疾人证、80周岁以上老人、重点优抚对象、困难党员、劳模、失独父母的村民本人，住院期间补贴的护工费在上述基础上增加30元。

五、两项补助最高限额

医疗普惠补助、住院护工费补贴两项加总，单个村民当年度累计最高补助额度不超过5万元。

六、资金来源

每年从本村村级经济净收益中提取10%作为本村村民医疗普惠补助和住院护工补贴经费。

七、操作程序

符合医疗普惠补助和住院护工补贴的村民，凭出院小结（复印件）、住院发票（原件）、本地医保医疗发票原件、转院治疗“基本医疗保险报销结算凭证”盖红章原件、身份证（复印件）、户口本（复印件）等相关材料至村委会申请，每季度申请一次（第一季度申请日期为4月5日—4月15日、第二季度申请日期为7月5日—7月15日，以此类推），当年度产生的医疗费用在第二年的3月30日前结算结束，过期不候。村委会在材料齐全后的15个工作日内支付村民相应补助，并且在每季度结算周期后一周内将所有补助人员的名单在村级公示栏内公示6个月。

八、监督和处罚

强化村民监督、村务公开，提高补助透明度和社会监督力度。主动接受村民代表、村民的监督，接受上级民政、纪检、财务部门的审计和监督，保证补助金的合理有效使用。

对骗取补助金的单位和个人，如数追回补助款外，视情节轻重，依法处理。对侵占、挪用补助金的人员，由纪检监察机关进行严肃处理；造成损失的，应予赔偿；构成犯罪的，依法追究刑事责任。

九、实施时间

本修改方案自2019年1月1日起实施，同时上报高新区社会事业局备案，并由本村村民委员会负责解释。

高新区新生村村委会

2018年12月28日

第十二章　习俗方言

新生村域历史悠久，约定俗成的地域风尚、习惯、仪式和礼节代代相传，具有典型的江南水乡特色。岁时作祭、婚丧喜庆、衣食起居等风俗习惯大多表达了人们的美好愿望和衷心祈求。中华人民共和国成立后，随着社会、经济的发展及村民生活水平的逐年提高，民间风俗习惯也在变化，新风旧俗互相渗透、转化。尤其是改革开放后，随着“两个文明”建设逐步推进，村民现代文明意识逐步增强，陈规陋习逐步被摒弃，文明健康的风俗习惯得以保留和传承，新型的风尚习俗也为村民所接受。

第一节　节庆风俗

一、春节习俗

除夕　农历十二月三十（小月为廿九）为除夕，俗称“大年夜”。民间有祭祀祖宗，阖家团聚吃“年夜饭”的习惯。吃过年夜饭，长辈给年幼小辈发“红包”，名为“压岁钱”（也有在年初一发的）。夜间有“守岁”和“炒杂脚”习俗。“炒杂脚”即把家中盛放的花生、瓜子炒熟，又称“炒发禄”，然后全家人边吃边守岁至半夜。子夜前，在门上换贴新春联，将地面扫净，待零点放“关门炮仗”，意为辞旧迎新。此俗沿袭至今。现代生活中，人们均选购瓜子、果品代替“炒杂脚”。80年代以来，许多人家聚在一起观看中央电视台春节联欢晚会已成习惯。随着人们生活条件改善，对年夜饭的要求不断提高，许多人家便在饭店吃年夜饭。从廿四夜开始饭店生意兴隆，要想订年夜饭均须提前预约。

大年初一　即农历正月初一。零点开始，村民陆续燃放“开门炮仗”，以示吉利。有的村民，起个绝早，到庙烧香，称之“烧头香”。当家人开门放好炮仗就烧煮“年早饭”。早饭花色众多，根据各家习俗而异：有的吃小圆子（俗称“百年朝团子”，又称“百岁圆”），以求福寿，团圆之意；有的吃年糕汤，以祈生活节节高；有的吃糕团汤、赤豆汤，以图甜蜜团圆；有的吃面条，以示长寿。早点后泡橄榄茶（俗称“元宝茶”），图吉利之意。旧时，是日有很多传统习俗，尤忌动刀剪和动扫帚，认为动剪刀、菜刀有血光之灾；动扫帚则扫掉新一年财气，于是习惯把垃圾堆积在屋角里，意为不出财。大年初一村民一般不外出，阖家团聚，朝贺娱乐。家家户户门上贴新春联，全家穿新衣、戴新帽，小辈向长辈叩头拜年，长辈给年幼小辈“压岁钱”。亲朋邻里、熟人之间见面，拱手相贺“恭喜发财”等吉利言辞。

元宵节　农历正月十五（正月半）为元宵节，又称上元节或灯会。村民有吃团子之习俗，称团子为“元宵”，表示合家团圆，共度佳节。旧时，是日，民间敲锣打鼓，开展舞龙舞狮、猜灯谜、踏高跷、打莲湘等民间活动，称之“闹元宵”。晚上，村中家家户户放烟火、鞭炮，焚香点烛，陈设供品，迎接灶君。村民用燃着的稻草火把熏烤田角边野草，称为“炱田角落”，边烧边唱：“炱炱田角落，一亩要收三石六”，期望当年有个好收成。亦有村民提灯“走三桥”（从家中出发到走回家中必须走过三座桥），至每一桥堍插上棒香数支（传说“走三桥”能消灾祛病）。妇女们进行喜扛“三姑娘（又称“紫姑神”，传说中的神仙姑娘）”活动，据说扛到“三姑娘”逢凶化吉。中华人民共和国成立后，仍有燃放鞭炮、吃元宵等习俗。

二、传统节庆

二月二　农历二月初二，村民有吃年糕的习俗，年糕俗称“撑腰糕”。传说吃了“撑腰糕”，腰背挺健，做耘耥、干莳秧、割稻等弯腰农活不觉腰酸。

清明节　清明在公历 4 月 5 日前后，是祭祀祖先的节日。清明期间，民间有上坟、扫墓、踏青之习俗。清明节前一年内新亡故人之家，于清明节当天（俗称“正清明”）要摆上酒、饭菜，祭祀亡灵，并到新坟上扫墓。一般人家都在清明节后至谷雨前上坟扫墓。大多是到墓地烧点纸，放上青团子、水果、糕点以示纪念。中华人民共和国成立后，村里的党团员、师生前往烈士陵园祭扫烈士墓，悼念先烈，进行革命传统教育。进入 21 世纪，村民响应文明号召采用网络祭扫。

立夏　立夏一般在公历 5 月 6 日前后，标志着季节进入夏季。是日，旧时民间有“尝三鲜”的习俗，吃黄豆腐干、蚕豆、竹笋，并吃酒酿、咸蛋等。小孩取煮熟的鸡蛋在门槛上滚过后剥壳吃下，一个夏季能安然度过。此外，还有用秤称体重的习俗，可以防止“疰夏”。丈母娘要为是年新婚的女儿、女婿送去夏衣和扇子等礼物，是谓“送夏”。至今此类习俗仍有，但不盛行。

端午节　农历五月初五称“端午节”，也称“端阳节”。民间均有吃粽子的习俗。是日，家家户户门上挂以菖蒲、艾蓬、大蒜头，意在驱瘟避邪；室内用苍术、白芷进行烟熏，并洒以雄黄酒，以杀灭虫害。小孩身穿印有蜈蚣、蛤蟆、蛇、壁虎、蝎子的“五毒衣”，额上以雄黄酒写上“王”字，脚穿虎头鞋，胸（或腰）挂盛以独囊蒜头的小网袋，用来避邪。中华人民共和国成立后，门上挂艾蓬、大蒜，熏苍术、白芷，吃粽子，赛龙舟的风俗依然保存。

夏至 夏至日为交时，意味着炎热的开始。此日是北半球各地一年中白昼最长的一天，民间有着“一日两日长”和“夏至不勒莳里”的俗语。村民习惯在此日食用糯米赤豆枣子粥。同时，习惯食“五黄”（黄鱼、黄鳝、黄蟹、黄瓜、黄花菜）。另外，头莳七天、二莳五天、三莳三天，有着“三莳三送低田白种”的俗语，表示黄梅天气雨水多，易遭洪灾，村民务必重视排水抗洪。

七月七 农历七月初七，称为“乞巧节”或“七夕节”。相传这一天是牛郎、织女鹊桥相会之期。农村习俗是在七夕之夜，祭祀织女，向她乞求智慧和技艺，叫作“乞巧”。旧时，村民用糖、面粉、芝麻和好擀薄，切成狭长小片，再穿打成结，入油锅余之，称之为“巧果”，家人分食，馈赠亲友。如今，“乞巧节”成了青年人的“情人节”。

七月半 农历七月十五是“中元节”，俗称“鬼节”。村民为祭祀祖先，有过七月半习惯，一般在七月十五前后祭祀。新亡故人之家在七月十五当天祭祀。此日，不宜到别人家里串门或做客。

中秋节 农历八月十五为中秋节，俗称“八月半”“团圆节”。是日，村民普遍煮食糖芋艿、馄饨，晚上吃月饼、赏月。中华人民共和国成立前，大户人家晚上在庭院内供放供桌，上置月饼、菱、藕、糖芋艿、时令果品等，点燃蜡烛，焚烧斗香，用香斗祭月宫，俗称“斋月宫”。中华人民共和国成立后，互赠月饼、团聚赏月及吃月饼、糖芋艿的习俗延续至今。

重阳节 农历九月初九为重阳节，“九”为阳数，这一天有两个“九”，故名重阳，民间食重阳糕以庆贺。“糕”与“高”谐音，取个口彩，喻示万事攀高，生活水平升高。重阳登高有登高避灾、饮菊花酒求长寿之传说。中华人民共和国成立后，民间食重阳糕、登高的风俗延续至今。1989 年，重阳节被定为“老年节”（又称敬老日），形成敬老风气，村民委员会组织人员慰问老干部、老年人。

十月朝 农历十月初一，俗称“十月朝”。民间有着“亡人不走旱路”的俗语，表示此日绝大部分地区的天气为阴雨天。旧时有祭祀祖先之俗，凡新亡人的家庭，日备酒菜，焚纸锭，进行祭祀，其至亲亦前往祭祀，是谓“新十月朝”。旧时，地方官员和村上地保牵头举办盛大的“十月庙会”，村民都积极参加庙会，烧香拜佛，力求盛世太平，风调雨顺，各业兴旺。中华人民共和国成立后，此俗消失。

冬至　冬至一般在公历12月22日前后，是一年中夜间最长的一天，民间有着“冬至一夜两夜长”“冬至大如年”“肥冬瘦年”之说。冬至是“数九”寒天的开始，有“连冬起九”的谚语。旧时，民间重视吃冬至夜饭，吃夜饭时有喝米酒的习俗，民间有“有嘛吃一夜，呒嘛冻一夜”的说法。是日，新亡人的家庭，有祭祀亡灵、邀请亲友吃饭的习俗，谓之“过冬至”。相传看此日晴雨能预测春节天气，民间有“干净冬至邋遢年，邋遢冬至干净年”之说。

送灶君　农历十二月廿四，俗称“廿四夜”。民间有送灶神上天的习俗。祀灶一般供有自制“糖块”“精腻羹”，传说能粘住灶神的嘴巴，使其“上天奏善事、下界保平安”，祭祀后将纸扎小轿同灶神马一起焚化，送灶神上天庭。第二天“掸檐尘”，也就是在年前进行一次比较彻底的大扫除，接着淘米磨粉蒸年糕，迎新年。中华人民共和国成立后，村民破除迷信，将“掸檐尘”的名称改为大扫除。是日，大多数人家晚饭要吃团子，表示阖家团圆。

第二节　生活习俗

一、婚嫁

定亲　中华人民共和国成立前，男子在十五六岁左右，父母就为其选择对象，也有孩子在襁褓中就为其定亲（俗称“摇篮亲”），更有指腹为婚的，一般都要求“门当户对”。约媒说亲，女方将女儿的出生日期及时辰写于红帖子上，叫作“庚帖”，俗称“年庚帖子”，交媒人送至男方。男方请算命先生“合八字”，如八字不合，则将庚帖退回女方，如合，男方选定吉日，备礼金、首饰、衣料、食品等装盘送往女方，称之“下聘”或称“担小盘”“候通”，俗称“定亲”。是日，男方设宴请媒人、亲友。女方接受财物，便算允诺。中华人民共和国成立后，媒人（介绍人）、彩礼依然存在，而庚帖、排八字消失。

担帖子　定亲后，男方郑重选定结婚的“黄道吉日”，写了大红帖子，并附上彩礼送至女方，称“担帖子”。

嫁娶　是男方娶新娘之日，俗称“好日”“结亲”。结婚一般历时 3 日。第一日称“开厨”，厨师做一切准备工作；第二日为“正日”，是结婚之日，大摆筵席，宴请亲朋好友；第三日称“荡厨”，做厨房结束工作。“正日”男方备有新娘坐的花轿或舟楫、各式盘礼、喜钱等，由媒人、亲友随同新郎到女方迎娶，女方备有嫁妆。旧时迎亲用两只船，一只船供新郎、新娘及迎亲人员坐，另一只船上载女方嫁妆。新娘到男家，由新郎的娘舅抱过门。傍晚前后新郎、新娘拜堂成亲，一拜天地，二拜高堂，三为夫妻对拜，礼毕入洞房。旧时新郎、新娘入洞房由火烛引入，称为“移花烛”。吃罢喜酒，众亲友还要“闹新房”，至深夜方散。中华人民共和国成立后，婚嫁仪式比较简单，民间一度盛行举办集体婚礼。20 世纪 70 年代迎亲用挂机船；80 年代自农村通了公路后，汽车迎亲替代了用轿、用船迎亲；90 年代后，迎亲轿车成队，还配有摄像机，将迎亲、结婚场面全程摄像记录。进入 21 世纪后，村民通常邀请婚庆公司设计婚礼仪式。

渔民嫁娶叫讨娘子、讨媳妇、讨女婿。中华人民共和国成立后，他们的婚俗也有改变。一般分三个步骤：男女双方到民政部门领取结婚证书；领证后到陆家浜教堂举行结婚仪式，新郎、新娘需公开庄严宣誓，戴上婚配戒指才算正式结婚；择日再举行嫁娶仪式。当新娘子上了男方船后，女方送客即可回到女方船上。船的分布是船头为台，船舱为中堂，船艄为厨房。男方把新娘子迎接到船中堂，同时点亮花烛。新郎、新娘要在女方长辈如婶娘等陪同下坐着守花烛。

回门　结婚后第二天，新婚夫妇双双回娘家省亲，俗称“双回门”。是日，是女方的“正日”，女方要宴请亲友，新婚夫妇必须当日回归，旧时有“一月不空房”之说。此俗沿袭至今。

入赘　俗称“做女婿”或称“招女婿”。此俗颇多，男家因家境贫困，无力娶亲，就入赘女家，为女方“传宗接代”。旧时，入赘的女婿要改姓女家之姓，双方所生儿女也姓女方的姓。中华人民共和国成立后，入赘的女婿姓谁家姓不强定，但双方所生子女姓女方的姓。入赘女婿有继承岳父母遗产权利，也要承担赡养岳父母义务。

二、生育

催生　孕妇怀孕7~8个月，娘家将苦草、面条、婴儿衣服、尿布、抱被等物送到婿家，叫作“催生”。女婿家将岳父母家送来的面条下好后，加上鱼、肉浇头，分赠亲友、邻居。

过三朝　婴儿出生后第三天，亲友齐来道贺。本家要设宴请客，办“三朝酒”。届时要请助产的喜娘（乡间称“老娘”）吃三朝酒。产妇要下1次床。婴儿舅舅家送来的糯米饼、红蛋等要分送亲友、邻居，称“过三朝”。

做满月　婴儿出生满一个月，娘家担“满月饭”给产妇吃，给婴儿剃胎发、修指甲，本家要办“满月酒”，称“做满月”。

百日　民间以“百岁”为长寿，为婴儿做百日，有祈求健康长寿之意。百日礼有送百家衣、百家锁习俗。百家衣用各种颜色的碎布拼接而成，意谓穿了可消灾免病。百家锁是用金银打制的锁片，锁上有“长命富贵”“吉祥如意”等字样，挂在孩子脖子上。改革开放后小孩百日拍照片留念较为普遍。

搭纪　孩子出生满周岁，家中办酒席宴请亲友，亲友们送首饰、玩具、水果、糕点等礼品，称“搭纪”。

三、民间礼仪

寿庆　旧时，富裕人家的老人年满半百以后，遇岁数逢十的生日，子女为其庆寿。做寿一般提前一年，以图吉利，如做60岁大寿，一般在59岁做，名曰“做九勿做十”。是日，一般人家堂上点燃寿烛，吃寿面，有的子女还为其添置新衣，以示庆贺。富裕人家张灯结彩，设寿堂，壁上悬挂寿星图，两旁挂类似“寿比南山、福如东海”的祝寿对联，前设供桌，供奉寿桃、寿糕、寿面等，点燃寿烛、寿香。老寿星坐在太师椅上，子女晚辈叩拜祝贺，亲友也来送寿幛、寿联、寿桃、寿糕、寿面等道贺共庆，热闹非凡。中华人民共和国成立后，此俗从简，近年又盛行，且不拘年龄，如小孩“过 10 岁”，青年“做 30 岁”。

建房　旧时，造房破土前，先请阴阳先生看“风水”，选定宅基，确定方向，择吉日破土动工。动工时，主人要宴请建筑工人（俗称“匠人”）吃酒。在建房期间，亲友、邻里一般都会主动前来帮工。上梁那天，正梁上贴有“三星高照”“福、禄、寿”等吉祥词语，上正梁时要举行抛梁仪式，作头师傅（匠人负责人）骑在正梁上。将女主人娘家送来的红、绿被面挂于正梁中段，鞭炮齐鸣，糕、馒头、糖果等抛撒，下面男女老少竞相争抢。是日，主人要办“竖屋酒”，亲友前来送礼贺喜，有的是待造屋结束后办“圆屋酒”，主人大摆筵席款待匠人和亲友、邻里。中华人民共和国成立后，建房礼仪有所简略。此俗延至今日，即使买了商品房也办“圆屋酒”。拆迁搬进新房也有办简单祭祀仪式的，但大多数人家只是燃放爆竹庆贺。

攀过房亲　认义父、义母或认义子、义女，叫“攀过房亲”。义子女叫义父母为“寄爹”“寄娘”。收义子女方备供桌、供寿星像，认义子女方父母带领孩子、带上礼物到义父母家，在红毡毯上拜过神像，再向义父母下跪。从此，双方父母便成为“老姨父”关系。义父母要给义子女见面钱，过年时要给“压岁钱”。义子女长大后，逢年过节要去看望义父母。此俗延续至今，仪式有所简化。

立嗣　旧时，没有儿子的人，选定同宗辈分相当的人（一般是近亲属）立为嗣子，以承香火与产业，叫“立嗣”。立嗣须立纸为凭，并告知亲友。中华人民共和国成立后，除亲生父母子女外，凡赡养与被赡养、继承与被继承关系的确立，必须到民政、司法机关按法律程序办理手续，方为有效。

拜师　旧时，贫困家庭子女为谋生活出路，央人介绍，从师学艺或进商店做学徒，请“拜师酒”。在这期间，有的甚至生活费还要部分自理，师家只给洗理费用。满师后，徒弟须办“出师酒”，又叫“谢师酒”“满师酒”。满师后，能独立从艺者可自立门户，无独立能力的仍可在师家帮工。徒弟视其师若父母，逢年过节，必携礼物上门孝敬。中华人民共和国成立后，仍有拜师学艺仪式，但已无诸多苛刻条件。

娘舅断事 旧时，家庭里有纠纷、析产等事，均由娘舅出面决断。中华人民共和国成立后，此俗渐衰，纠纷、析产等事一般由村领导或司法机关调解处理。

四、丧葬

旧时，丧葬用棺木土葬。亲人病危时，家属都等候一旁，在外子女须赶回家中，与临终亲人见最后一面；亲人气绝后，家属立即给死者擦洗、换穿内衣，然后移尸至客堂中铺设的板门上（头朝南，脚朝北）在遗体前挂白幔，幔前设供桌，点上一盏油灯，昼夜不熄。老年人死亡当天，家属讣告亲友（称“报丧”），其子女要剃头剪发，在“断七”前不再理发，亲友吊唁时在供桌前行礼，家属子女昼夜守灵，有的还请人唱“宣卷”念佛。一般停尸 2 天后入殓。出殡时子女披麻戴孝，亲友也随同送葬。死者落葬后，送葬者要吃“回丧夜饭”。为纪念死者，家属要在正屋西北角设灵台，立牌位。从死者死亡当日起算，每七日为一个“七”，逢七必祭（是谓“做七”），到第七个“七”为止，称为“断七”。在七个“七”内，“五七”最隆重，有的人家还要请道士做道场，焚烧纸房（称为“库”）。“库”内放置死者生前生活必备用具的仿制品，很逼真，亲友都要到场。死者死后一百天（称为“百日”），满一年（称“周年”），以及死后第一年的“清明”“七月半”“十月初一”“冬至”（分别称“新清明”“新七月半”“新十月朝”“新冬至”），都为新丧祀日，均需祭祀。所设灵台在一周年或两周年，最多三周年时拆除，称之“除位”。除位后，其灵位有的当日焚化，有的被置于厅堂上方木龛（俗称“家堂”）内，大户人家则将之列入本家宗祠。小辈服孝 3 年期满，谓之“脱孝”。中华人民共和国成立后，丧事从简，一些迷信习俗逐渐消失，子女披麻戴孝一般改为系白束腰或戴黑纱，亲友一般为死者送花圈、绸被面。1966 年后，国家实行殡葬改革，推行火化，城乡人可以将亡者骨灰寄存在火葬场，也有葬于购买的墓园，但农民仍保持骨灰盒土葬、堆坟头的习惯。90 年代后，因村域土地被征用或农房拆迁，村民需将已下葬的骨灰盒搬迁，俗称吊葬。吊葬在隔日的黄昏或当天的早晨太阳没有出来时打开坟穴，吊起骨灰盒并放在坟地边，用麻布遮盖（意为不能见阳光），等到天亮进行酒菜祭祀，然后将骨灰盒移到已经选置好的墓穴下葬。21世纪后，有专业殡仪服务公司提供殡葬“一条龙”服务，开丧仪式有的借丧事中心举办。因村民都居住在小区，有的人家在办丧结束后就举办“五七”祭祀，并到公墓落葬。

渔民家里人病危期间，子女陪伴守夜，病人绝气时家属号哭，通知亲友吊唁，准备后事。棺木入葬至陆家浜墓地。殡葬改革后，渔民将骨灰盒送至陆家浜或小横塘天主教堂，也有个别几户葬到墓地。渔民办丧时，喊本地或村里的先生念经，不需要花钱。开丧那天，喊神父做弥撒，亲戚、朋友吊唁的钱给神父，给多少都是自愿的，神父收钱后要开发票上缴国家。火化后，骨灰盒放到陆家浜公墓，由念经人念经。逢做“七”、六十日、一百日、周年，家属都要请念经先生念十三份经，念经前后各放两只高升（爆灯）。

第三节　渔民习俗

渔民多信仰天主教。渔民在船上生活的多，生活习惯与农民有所不同。

一、岁事活动

过节　大部分渔民入天主教，一年举行四大节日庆祝活动：圣诞节、复活节、圣母升天节、圣人降临节。生长在陆桥地区的渔民都到陆家浜天主教堂参加活动，玉山镇分拆的渔民去城南小横塘（现四季华城）参加活动。渔民每个星期日要做礼拜，其他节日与国假一样庆祝。生活条件好的家庭就过节，生活条件差的家庭就混过。其中农历十二月廿四日、除夕、大年初一、元宵节、清明节、七月半、中秋节、重阳节、十月朝等传统节日，亲朋好友相聚。

讨年糕　昔日渔民生活贫苦，正月里天冷做不到生意，从年初一开始，习惯到各村农户家讨要年糕。一般都是老人带小孩，让小孩说一些吉利话如“伯伯婶婶新年好，船上人家不蒸糕，谢谢送块糖年糕，祝你今年收成好”等。见到年轻人就说“少爷小姐各位好，船上人穷想吃糕，请送小小一方糕，祝愿来年节节高”。有时渔民一天可以讨到几斤糕，能应付一家人一天的粮食。中华人民共和国成立后，渔民生活水平逐步提高，讨年糕的习俗逐渐消失了。

二、亲友交往

吃早茶 渔民习惯了吃早茶，这与作业生产有关。每到一个小镇码头，渔民赶早把夜间捉到的鱼上街卖，放在鱼行代销，闲着没事到茶馆店里买上一副大饼油条边吃边喝茶与同行聊天，交流交流生产经验和遇到的矛盾，听听各路新闻。有时亲戚朋友相约见面甚至找人都到茶馆店里。因此，茶馆店是渔民集中休息、交流、协调关系的地点。陆上定居后，渔民生活和生产方式有所改变，吃早茶的习惯慢慢淡化。但是饮茶习惯仍然在人员往来、经济活动、家庭生活中传承。

攀娘姨亲 渔民十分好客，有着攀过房亲戚，结拜老姨父、老娘姨的习惯。中华人民共和国成立前后，不少渔民与经常进行捕捞作业的自然村庄农民轧得很熟，把自己的儿子或女儿过房给农民。确定攀亲后，选定日子摇船上岸举行结拜仪式，一般在傍晚时分进行。攀亲渔民带上新鲜水产品上门，攀亲农民备上酒席欢迎。席间过房者见过好爹好娘、兄长姐妹，并送上一份见面礼盒。结拜结束后，结亲者送一些粮油蔬菜，留过房儿子或女儿住上几天。从此，逢年过节或婚丧喜事两家都相互送礼吃酒，友好往来。这种习俗至改革开放时期基本淡化。

搭桌 中华人民共和国成立前后，渔民在婚宴酒席上有搭桌的习惯。正餐开席时，亲戚朋友相聚气氛热烈，尤其是男士喝酒热情奔放。待同桌妇女小孩酒足饭饱走了，一桌桌留下几个喝酒人，便开始搭桌，即这桌喝酒人并到那桌，你敬酒，我敬酒，热闹非凡，一直到下顿发桌为止。这种习俗反映出亲戚朋友对东家婚宴排场的认可。

第四节　方言俗语

一、方言

新生村流传下来的方言很多，将其归纳成 16 种类型，方言词中加括号者表示同义、代用词。

1. 气候类

日头：太阳

扼亮：月亮

阴山背后：太阳照不到

太阳头里：太阳照到的地方

敞阳：阳光充足

霍显：闪电

天打：雷击

阴湿天：阴天

作冷头：寒潮来临

开烊：地面的冰融化

冰排：冰雹

冰铃堂：檐前的冰锥儿

迷露：雾

雷响：打雷

金线路：闪电

星搬场：流星

麻花雨：毛毛雨

劈风斜雨：狂风暴雨

秋拉洒：秋雨阵阵

阵头雨：阵雨

龙阵风：龙卷风

水雪、烂雪：落地即化的雪

旱雪、干雪：落地不化的雪

野月亮吃家月亮：月食

野日头吃家日头：日食

2. 时间类

热天式：夏天

冷天式：冬天

格年子：前年

旧年：去年

开年：明年

着格年子：大前年

今朝：今天

昨日：昨天

明朝：明天

后日：后天

格日子：前天

着格日子：大前天

上昼：上午

下昼：下午

日中心里：中午

黄昏头：上半夜

夜快同：傍晚

半夜巴：午夜

该歇：现在

啥晨光：什么时候

夜时、夜里向：晚上

半夜三更：半夜

一歇歇：一会儿

早晨头、时浪：早上

有常时：有时候

刚刚、勉强：刚才

老底子：古时候

早罢头里、格辰光：从前、过去

该抢史里：这个时候

日脚：日子

浩烧：快点

月半：农历十五

打春：立春

春三郎：阳春三月

大伏天：大暑天

秋当里：秋天

水黄梅：夏收夏种季节

3. 称谓类

爷、阿伯、爹爹：父亲

好公：祖父

姆妈：母亲

外公：外祖父

好婆、阿婆：祖母

外婆：外祖母

老伯伯：伯父

妈妈：伯母

爷叔：叔父

婶娘：叔母

娘舅：舅父

夫夫：姑父、姨父

好爹、好娘：寄父、寄母

舅妈：舅母

亲家公、亲家姆：亲家

老阿婆：婆婆

丈姆娘：岳母

丈人：岳父

图西：子女

慢爷、慢娘：继父、继母

老公、小官人：丈夫

伲子：儿子

家主婆、娘子：妻子

囡姆：女儿

小囡家：小孩

老末拖：最小的子女

姆娘：姑母

拜姆道里：妯娌

小伙子：小青年

小娘头、小细娘：小女孩、小姑娘

小辈：晚辈

老娘：接生婆

伊特：他们

伊：他

吾伲：我们

亲眷：亲戚

拖油瓶：再婚时带的子女

告花子：乞丐

作头（匠人）：工头

脚班：搬运工

4. 地理类

高墩墩：土丘

田岸：田埂

河滩头：河滩

田横头：田间

超石角：走近路

啥场化：什么地方

村窠：村庄

渠道沟：渠道

浜斗：河浜

水塘：浅的积水潭

水潭：较深的水池

坝基：河埧

坟窠罗：坟地

坟墩头：坟

5. 农事类

捉稻（麦、草）：割稻（麦、草）

挽子：栲栳

柴庐：稻、麦秸的柴堆

山笆：笆斗

铁搭、铁拉：岔地用的钉耙

孛乱：囤粮、扬谷用的大匾

缠条：芡子

团匾：小型匾

搌子：镰刀

阵豆：种豆

化：播散（种子）

篰：挑秧用的竹框

索：粗的绳子

土垘：挑泥用的竹簸箕

榔头：锤子

叉袋：麻袋

网船：渔船

背牵：拉纤

驶逢船：帆船

停船：停泊

落篷：下帆

掉枪：转向

樯子：桅杆

垩壅：肥料

平几：船舱板

6. 动物类

鸭连连：鸭

鱼轮爿、鱼轮：鱼鳞

老婆鸡：老母鸡

葛鳃：鱼的鳃

白乌鸡：鹅

鸡扇夹：翅膀

麻将、吊：麻雀、鸟

猪猡猡：猪

湖羊：绵羊

蚕宝宝：蚕

羊咩咩：羊

洋牛：天牛

鲸带鱼：带鱼

麦蝴蝶：灯蛾

柴虾：虾

蝆子：米像

鹁鸽：家鸽

老虫：老鼠

水鹁鸽：野鸽

偷瓜畜：刺猬

众牲：牲畜

游火虫：萤火虫

猡猡吊：鱼鹰

菊蜘：蜘蛛

癞团：癞蛤蟆、蟾蜍

暂节：蟋蟀

田鸡：青蛙

蛐蟮：蚯蚓

鸡婆婆：鳜鱼

药师他：小型的蝉

鱼泡：鳔

知了蝉：蝉

7. 植物类

娄麦：元麦

朝日头：向日葵

番瓜：南瓜

奶奶头草：蒲公英

辣茄：辣椒

毛豆：黄豆

寒豆：蚕豆

草头：金花菜

番麦：玉米

稻（麦）塞头：稻（麦）穗

老卜：萝卜

铃眼树：银杏

谢菜：荠菜

花铃子：棉桃

长生果：花生

花米头：花蕾

柿图：柿饼

浆瓣头草：马苋齿

青粘苔：苔藓

菜籽：油菜

8. 生活类

揩面：洗脸

汏脚：洗脚

汏浴：洗澡

睏告：睡觉

合扑睏：趴着睡

落起来：起身

打昏度：打呼噜

打瞌充：打瞌睡

说睏话：说梦话

温吞水：不冷不热的水

吃烟：休息

阁阁嘴：漱口

拆水：小便

拆屎：大便

荡荡：散步

孛相：玩

吹风凉：纳凉

修面：刮脸

做生活：干活

剃头：理发

汏衣裳：洗衣服

担饭：送饭

9. 饮食类

吃粥：早餐

吃饭：中餐

吃夜饭：晚餐

饭磁：锅巴

米山：饭粒

面老鼠：面疙瘩

化面：下面条

娄青菜：炒青菜

线粉：粉丝

斩烂肉：肉糜

下脚：倒掉的剩饭菜

10. 衣着服饰、生活用具类

裤脚管：裤腿

领头：领子

绢头：手帕

饭单：围裙

布袄：棉袄

碗盏橱、小菜橱：碗柜

抄：汤匙

砧墩板：砧板

汏衣裳板：洗衣板

灶郎刀：切菜刀

筷箸笼：筷笼

钢宗锅子：铝锅

吊子：水壶

热水瓶：保温瓶

弦线：缝衣针
线板：线轴
被头：被褥
被风洞、被头洞：被窝
衬单：床单
棉胎：棉絮
蚊厨：蚊帐
白席：草席
手巾：毛巾
吉砚：镊子
油盏头：油灯
靠背椅：椅子
拖畚：拖把
枪篱：篱笆

11. 房屋类

宅基：住宅用地
阶沿石：台阶
五路头：房屋五根梁
七路头：房屋七根梁
桁条：梁
门堂子：门框
走路头：路、过道
扶梯：楼梯
进深：前后墙间距离
房里：卧室
窗盘：窗户
开间：左右墙间距离
客堂：客厅
门扇：门闩
柱头：柱子
搭纽：门钌吊儿
灶镬间：厨房间

12. 人体类

枯郎头：头
光郎头：秃头
牙须：胡子
拉带胡子：络腮胡子
眼睑毛：睫毛
肩架：肩膀
鼻头管：鼻子
嘴层皮：嘴唇
天门盖：头顶骨
嘴葛腮：腮帮子
眼乌珠：眼珠
眼膛：眼眶
眼仙人：瞳仁
面筋骨：颧骨
头螺：头发旋儿
头皮屑：皮屑
颈骨：颈
头发团：髻
肋朋骨：肋骨
脚馒头：膝盖
臂膊：手臂
屁股桩骨：胯骨

馋吐：唾沫

离馋：流口水

节头子、节头骨：指头

脚节头：脚趾

小密节（头）：小指头

大密节（头）：大拇指

节客：指甲

耳末、耳屎：耵聍

13. 疾病类

勿受用：生病

发寒热：发烧

肚里拆：腹泻

风疹块：皮肤过敏

作脓：化脓

死血：冻疮

小肠气：疝气

羊头疯：癫痫

抓巴眼：斜视

眯睫眼：弱视

脚子斑：雀斑

对鸡眼：对视

干打嗯：干哕

疰车（船）：晕车（船）

着阴：受寒

针疯：扎针

倒胃口：恶心

嗨肚：哮喘

猪狗臭：狐臭

看毛病：治病

14. 文娱体育类

开眼瞎子：文盲

勃相干：玩具

豁虎跳：侧身翻

千跟斗：翻跟斗

拌野猫：捉迷藏

鹞子：风筝

木人头戏：木偶戏

出把戏、变戏法：魔术

洋泡泡：气球

挑绷绷：翻股

采东里采：猜拳令

削水片：打水漂

竖雀子：倒立

勃跤：摔跤

枉东道：打赌

荡圈圈：荡秋千

好白相：好玩

唱社：跪拜

15. 财贸类

平（秤尾平）：分量正好

赚头：盈利

汪（秤尾向下落）：分量不足

鲜（秤尾上翘）：分量足

轧账：审计

扯布：去商店买布

进账：收入

拆账：红利分配

拍账：算账

出账：开支

定头钿：定金

会钞：付账

票子、铜钿：钱

找头：找零

16. 其他类

图死日：不负责任

呒青头：不懂事

勿搭界：没有关系

杨树头：立场不稳

拆空老寿星：一场空

勒杀吊死：吝啬

老面皮：厚着脸皮

懊牢：后悔

打相打：打架

夹舌头：吵架

骂样声：指桑骂槐

骂山门：骂人

触心、惹气：讨厌

轧道：结伴

勿晓得：不知道

吃排头：挨训斥

寻事：有意找人麻烦

勿说头：倒霉

收捉：收拾

勿来事：不可以

唔不：没有

眼热：羡慕

触壁脚：说坏话挑拨

气酥：气愤

扳雀丝：挑刺

几化：多少

勒郎模样：大概，差不多

结棍：厉害

一塌刮子：全部

出客：漂亮

壳张：准备

寻开心：开玩笑

作兴：有可能

亲眷：亲戚

摊充：难为情

摊台：丢面子

勒郎：在

搭将：马虎

小辰光：小时候

七歪八牵：不整齐

轧苗头：看表情

出洋相：出丑

黄绿戏、黄狼：言而无信

讲张：说话

回头嫩：告诉你

石脚：跺脚

相笼松：两手交互插在袖子里

轧闹孟：凑热闹

吊牢：挂念

俏光：因胡闹而坏事

适意：舒服

做人家：节俭

烂料：不勤俭节约

白白里：徒劳无益

茄门相：不感兴趣

碰额骨头：碰运气

额骨头高：运气很好

歇角，停手：死心不干

推板：差劲

讨惹厌：讨厌

陌生头里：突然

放野火：在外说三道四

讨惹厌：讨厌

出纰漏：做坏事

小乖人头：耍小聪明

不作兴：不可以

恶阴恶上：可怕

填底：名次末尾

触客：恶劣

一天世界：一塌糊涂

肉麻：舍不得

油单扇：折扇

二、谚语

1. 生活用语

不怕不识货，就怕货比货。

善有善报，恶有恶报；不是不报，时辰勿到。

新三年，旧三年，缝缝补补又三年。

满碗饭好吃，满口话难讲。

宰相肚里好撑船。

比上不足，比下有余。

若要人不知，除非己莫为。

日里不做亏心事，半夜不怕鬼敲门。

世上无难事，只怕有心人。

越吃越馋，越睏越懒。

在家靠父母，出门靠朋友。

一个和尚挑水吃，两个和尚扛水吃，三个和尚呒水吃。

画龙画虎难画骨，知人知面不知心。

有借有还，再借勿难。

棒头上出孝子，筷头上出逆子。

人老珠黄不值钱。

千斤难买老来瘦。

一只碗不响，两只碗叮当。

酒逢知己千杯少，话不投机半句多。

上梁勿正下梁歪。

冷粥冷饭好吃，冷言冷语难受。

兔子不吃窝边草。

人比人，气煞人。

只许州官放火，不许百姓点灯。

养儿防老，积谷防饥。

金窠银窠，勿及自己的狗窠。

好汉只怕病来磨。

清官难断家务事。

三个臭皮匠，顶个诸葛亮。

冰冻三尺，非一日之寒。

聪明一世，糊涂一时。

只有千年做贼，没有千年防贼。

敬酒不吃吃罚酒。

亲兄弟，明算账。

牛吃稻柴鸭吃谷，各人头上（浪）一爿福。

一朝天子一朝臣。

嘴上呒毛，办事勿牢。

死了杀猪人，勿吃带毛猪。

村上有个好阿嫂，全村姑娘都学好。

铜钿眼里翻斤斗。

小洞勿补，大洞吃苦。

死马当活马医。

好马不吃回头草。

爷有娘有，勿及自有。

三百六十行，行行出状元。

万宝全书缺只角。

不见棺材不落泪。

一年之计在于春，一日之计在于晨。

癞痢头儿子自家好。

厨子靠汤，戏子靠腔。

真人不露相，露相不真人。

好记性不及烂笔头。

有理吭理，出勒众人嘴里。

要让小囡安，常带三分饥和寒。

船到桥门直苗苗。

老大多，驶翻船。

拿了人家手短，吃了人家嘴软。

虱多勿痒，债多勿愁。

平时勿烧香，急来抱佛脚。

众人拾柴火焰高。

药补勿如食补。

船头上相骂，船艄上搭话。

将心比心，便是佛心。

牛瘦角不瘦，人穷志勿穷。

临睏洗洗脚，胜过吃补药。

明枪易躲，暗箭难防。

嘻嘻哈哈活了命，气气闷闷要成病。

少壮不努力，老大徒伤悲。

留得青山在，勿怕没柴烧。

无风不起三尺浪。

新箍马桶三日香。

门前结起高头马，不是亲来也是亲。

好事做勿起，坏事不去做。

不怕一万，只怕万一。

看人不像样，倒是一个雕花匠。

人争一口气，佛争一炷香。

开门七件事，柴米油盐酱醋茶。

家里有个老，胜过一件宝。

强龙斗不过地头蛇。

真金不怕火来烧。

看见大佛得得拜，看见小佛踢一脚。

行得春风有夏雨，行得好心有好报。

种田人不养猪，等于秀才不读书。

嘴里说出糖来，腰里拔出刀来。

野贼好捉，家贼难防。

砍大树有柴烧。

大鱼吃小鱼，小鱼吃虾米。

谷多轧得出米，人多轧得出理。

有难同当，有福同享。

一个篱笆三个桩，一个好汉三个帮。

小菜吃鲜头，说话听音头。

好汉不吃眼前亏。

告花子打难民，穷人欺穷人。

三岁死脱娘，讲讲苦头长。

手中有钱活仙人，手中无钱像死人。

五样六样，不及螺蛳炖酱。

拔出萝卜带出泥。

一个螺蛳顶一个壳。

麻子拍粉，蚀煞老本。

千做万做，蚀本生意不做。

人门前人话，鬼门前鬼话。

有力长发，无力长甲（指甲）。

人情不欺理，一礼还一礼。

金乡邻，银亲眷。

脚踏扶梯步步高，芝麻开花节节高。

会哭的孩子多吃奶。

讨仔三年饭，做官呒心相。

看人挑担不吃力，自己挑起屎头出。

天荒饿不死手艺人。

2. 农事谚语

三分种，七分管。

冬雪是宝，春雪是刀。

立冬不见叶，蚕豆不会结。

七月排葱，八月排蒜。

腊肥一滴，春肥一勺。

庄稼一枝花，全靠肥当家。

寸麦不怕尺水，尺麦就怕寸水。

人在岸上跳（热），稻在田里笑。

种田人勿识天，哪能种好田。

只有懒人，呒不懒地。

娘好囡好，秧好稻好。

六月勿热，五谷勿结。

麦熟过条桥，稻熟过三朝。

热得昏懂懂，六月初三浸稻种。

白露白迷迷，秋分稻秀齐。

寒露呒青稻，霜降一齐倒。

麦秀风来摜，稻秀雨来淋。

稻老要养，麦老要抢。

白菜栽根，油菜栽心。

三月沟底白，莎草变成麦。
豆要多种，地要多冻。
雨打黄梅头，斫麦像贼偷。
早种半天秧，多吃半年粮。
蚕豆一起身，小麦落忒魂。
地靠人养，人靠地养。
早发菜籽晚发麦，两样庄稼全勿着。
九九不通沟，小麦十分收。
伏里不搁稻，秋后喊懊牢。
三月清明麦不秀，二月清明麦秀齐。
早养儿子不养爷，白梅莳秧独长柴。
种田种到老，别忘草泥稻。
小暑发棵，大暑发粗。
读书人怕上考，种田人怕耘稻。
秧要日头，麻要雨。
菜子收花，廿日忙。
猪猡吃食不抢，养煞养死不长。
八月田鸡叫，稻梢朝上翘。
老牛不荒田。
船真屋假牛惹惹。
稀麻密麦全无用。
四五六月鱼长壳，八九十月鱼长肉。
春钓雨雾夏钓早，秋钓黄昏冬钓草。
桃子树上熟，鲢鱼肥胜肉。
向日葵跌倒，张鲚人吃饱。

3. 气象谚语

白露身勿露，赤博是猪猡。
日没胭脂红，勿是雨来便是风。
正月廿五下雨——天漏；二月廿五下雨——地漏；三月廿五下雨——海漏。

东虹日头，西虹雨。

一落一个泡，明朝大天好。

一落一只钉，落煞落死落勿停。

西风杀雨脚，待等泥头白。

上看初二三，下看十六七。

西南风，热煞宗；东北风，雨太公；日环风，夜环雨。

热，热格是七月；冷，冷格是正月。

乌头风，白头雨。

夏雨隔田生。

春风勿着肉，好比刀在割。

清明断雪，谷雨断霜。

三朝迷露发西风。

干净冬至邋遢年，邋遢冬至干净年。

四九腊中心，冻煞腊虫菌。

冬前勿见冰，冬后冻煞人。

西霍霍，东霍霍，明朝仍旧干卜卜。

八月十五云遮月，正月十五雪打灯。

春雷十日雨。

雨打黄梅头，四十五天无日头；雨打黄梅脚，四十五日赤刮刮。

五月阴气重，秋后多台风。

伏里雨少，白露雨多。

白露阴，寒露晴。

天上云斗云，地下雨淋淋。

日出猫咪眼，雨落勿到晚。

早雾晴，夜雾阴。

早霞不出门，晚霞行千里。

腊月初三晴，来年阴湿到清明。

西风响，蟹脚痒。

蟹立冬，影无踪。

头九暖，二九寒，三九冻煞百鸟卵。

四九三十六，摇航船随路宿。

五九四十五，杨柳青滋滋。

六九五十四，再冷呒意思。

七九六十三，衣帽雨头甩。

八九七十二，黄狗躲阴地。

九九八十一，杨柳葆青叶。

小暑一声雷，颠倒做黄霉；处暑一声雷，瘪谷绕场堆。

春霜不过夜，过夜就要懒。

乌云接日头，半夜雨稠稠。

二月十二，百花十二。

若要暖要过二月半。

嘿（虹）高日头低，明朝披蓑衣；嘿（虹）低日头高，明朝晒断腰。

4. 其他

勿识相，要吃辣火酱。

小鸡踏勿碎瓦，泥鳅翻勿起浪。

桥归桥，路归路（意为互不干涉）。

一跤跌进白米囤（意为突然交好运）。

挑到篮里就是菜（意为不加选择）。

乡下狮子乡下调（指各有不同的做法）。

虾有虾路，蟹有蟹路，蛇虫百脚（蜈蚣）也有路。

一只喇叭七个洞，七路赚铟八路用。

小洞里摸勿出大蟹。

食多屎多，烂稻柴灰多。

远来和尚好念经，本地胡椒勿辣人。

起早碰着隔夜人（早起更有早起人，不要自以为是）。

天勿怕，地勿怕，只怕喉咙里筑坝。

牙痛勿是病，痛煞呒人问。

新箍马桶三日香，第四日天臭棚棚。

救仔田鸡饿煞蛇。

日图三顿，夜图一忽（庸庸碌碌，不求上进）。

白脚花狸猫，吃罢朝外跑。

吃别人吃出汗来，吃自己急出汗来（指专想占便宜的人）。

夹忙头里膀牵筋。

临时上轿穿耳朵。

得着风就扯篷。

马屁拍勒马脚上。

猪头肉三勿精（指人样样都懂，但样样都不精通）。

狗对屎坑发咒（言而无信）。

横竖横，拆牛棚。

拿了鸡毛当令箭。

三、歇后语

哑子吃黄连——有苦说不出。

小瘌子撑伞——无法无天。

脚炉盖当镜子——看穿。

泥菩萨过江——自身难保。

驼子跌跤——两头勿着实。

墙头上刷白水——白说（刷）。

顶着石臼做戏——吃力不讨好。

王小二过年——一年不如一年。

背心上拉胡琴——拉勿着。

城头上出棺材——远兜远转。

脚踏西瓜皮——滑到哪里是哪里。

肉骨头敲鼓——昏（荤）咚咚。

外甥提灯笼——照旧（舅）。

八仙过海——各显神通。

月亮里点灯——空挂明。

慢娘的拳头——早晚一顿。
十五只吊桶打水——七上八下。
卫生口罩——嘴上一套。
脱底棺材——呒收作（无救）。
飞机上吊蟹——悬空八只脚。
告花子吃死蟹——只只好。
蜻蜓吃尾巴——自吃自。
兔子尾巴——长不了。
乌龟碰石头——硬碰硬。
三只指头捏田螺——稳笃笃。
肉包子打狗——有去无回。
狗捉老鼠（虫）——多管闲事。
猫哭老鼠——假慈悲。
老鼠钻在风箱里——两头受气。
两个哑子睏勒一横头——呒啥话头。
弄堂里掮木头——直来直去。
烂泥萝卜——汏一段吃一段（先解决眼前问题）。
阎罗王阿爹——老居（老鬼）。
冷水拌浆——面熟陌生。
汏脚布揩面——勿分上下。
火赤炼炖酱——恶赞（蘸）。
老鼠钻勒书堆里——咬文嚼字。
猪八戒照镜子——里外不是人。
敲锣买糖——各干一行。
相打淘里借拳头——轧闹猛。
江北人摇船——没得路（橹）。
穿条鱼钓白鱼——以小换大。
羊嘴里无草——瞎嚼。
热水瓶里放盐——水平（瓶）有限（咸）。

六月里做亲——勿要面皮（棉被）。

城外开米行——外行。

造屋请着箍桶匠——不对路。

芦席上滚到地上——差不多。

踏碎皮球——一包气。

六十岁学吹打——气短。

叉袋里掼钉——自戳出。

老虎头上拍苍蝇——不知死活。

缺嘴拖鼻涕——顺路。

歪嘴吹喇叭——邪气。

牯牛身上拔根毛——小意思。

芝麻里黄豆——独大。

关老爷买豆腐——人硬货不硬。

阎罗王贴告示——居（鬼）话连篇。

木匠师傅弹线——眼开眼闭。

算盘上的珠——拨一拨动一动。

养媳妇做媒人——自身难保。

狗吃螺蛳壳——不吃掉勿落。

老虎吃青草——寅吃卯粮。

黄鼠狼躲在鸡棚上——不吃也是吃。

初三的月亮——有搭无（没有）一样。

黄鼠狼给鸡拜年——不安好心。

癞蛤蟆想吃天鹅肉——想也白想。

鸡蛋里挑骨头——扳错头。

鸡蛋碰石头——不自量力。

一个柴庐两头拔——完得快。

鸭吃砻糠——空欢喜。

螺蛳壳里做道场——拥挤不堪。

刀尖上舔血——不要命。

小葱拌豆腐——一清二白。

额骨头上搁扁担——头挑。

蒲鞋肚里点灯——末等。

瞎猫捉着死老鼠——碰巧。

阿巧爷碰到阿巧娘——巧碰巧。

杀鸡用牛刀——大材小用。

第十三章　人物荣誉

中华人民共和国成立后，村域村民爱党爱国，立足家乡，艰苦奋斗，以极大的热情投入做好农业生产、兴修水利的社会主义建设高潮中，改变了贫穷落后的面貌。改革开放后，干部群众团结一致，奋发有为，在新农村建设、发展集体经济、走致富道路的进程中，付出了辛勤劳动。进入 21 世纪后，新生村全体村民紧跟时代步伐，在乡村振兴、率先实现小康生活的新征程中，做出了新业绩、新贡献，获得了许多荣誉。不少乡贤志士，为了建设家乡、保卫祖国、民族事业，勇于担当，拼搏进取。他们的事迹，让新生村民难以忘怀。

第一节 人 物

长期以来，新生村干部群众始终和衷共济，听党话、跟党走，立足乡村，敬业奉献，涌现出十多位众所周知的乡贤人物。

一、人物传略

赵友生（1933—1976） 1933年12月出生，曾用名赵文元，昆山市玉山镇新生村12组人。1951年1月5日入伍，在部队加入中国共产党，获三等功、四等功各1次。1957年起，连续8年担任新生大队民兵营长、治保主任。

赵友生出生在常熟新茆，幼年被人家领养，不久养父母均去世，就由爷爷赵泉星领养长大，少年受尽苦难。中华人民共和国成立后，他入伍成为一名炮兵，参加志愿军抗美援朝。在战场上，他脚受了伤，被炮烟熏坏了双眼，视力受损。1956年4月复员回村参加农业生产，因身体受伤干不了重活，被组织安排当生产队长。1957年至1965年担任新生大队民兵营长。1976年春，在昆山食品公司开挂机送猪时，因两船相撞，身体再次受到伤害。不久患尿毒症，于11月病故。

陆阿三（1932—1991） 1932年5月出生，昆山市玉山镇新生村2组（盛家村自然村）人。1951年入伍，参加志愿军抗美援朝，赴朝参战。1953年退伍回乡，担任新生大队第2生产队队长，两年后加入中国共产党。

陆阿三入伍时家里有祖父、母亲及兄弟三人。他在部队是一名炮兵班长，机灵勇敢，出色地完成了战斗任务。他退伍后担任生产队队长15年，始终任劳任怨、埋头苦干。1976年，组织安排他到知青点工作，直到退休。他在群众中威望较高、口碑好。于1991年5月病故。

范炳荣（1930—2002） 1930年3月出生，昆山市玉山镇新生村3组（孝仁塘自然村）人。1953年入伍，加入志愿军抗美援朝，赴朝参战，所在连队获得集体三等功。是年他加入中国共产党。1955年复员，回村参加农业生产。80年代，进陆杨公社手工业联社工作，负责锯板组管理，直到退休。任劳任怨，在群众中口碑好。2002年4月17日去世。

范炳荣的父母早年去世。他立志报效祖国，入伍时家里只有奶奶一人。他到部队后被安排到工兵连做木匠，学得一手好艺。退伍后，他无论在生产队劳动还是在乡办厂工作，都是带头干活、吃苦在前。

赵志军（1946—2004） 1946年8月出生，1973年4月入党，原户籍新生大队第12生产队，生前家住昆山市樾阁路时家园。1963年10月至1965年10月，任陆桥公社新生大队第12生产队会计、副队长；1965年11月至1968年11月，任陆桥公社新生大队副大队长、团支部书记；1968年12月至1973年11月，在陆桥中心校任教（教导组负责人）；1973年12月至1976年5月，任陆桥公社路线教育工作队副队长。1976年6月至1977年8月，任陆桥公社党委委员、革委会副主任；1977年9月至1983年8月，任陆桥公社党委副书记；1983年4月至1986年3月，任陆杨乡乡长；1986年4月至1990年5月，任南港乡党委书记；1990年6月至1998年1月，任昆山市国土局副局长；1998年2月至2000年，任昆山市国土局副局长（正局级），兼任昆山开发区国土局局长。80年代任职期间，曾参加上海交大专科修业。2004年5月病故。

1994年，赵志军获苏州市人事局、国土局联合颁发的先进个人证书；同年2月，论文《昆山市国有土地全面实行有偿使用研究与实践》获国家土地局征文比赛二等奖；1995年，被昆山市人民政府记三等功1次；1997年，获苏州市人事局、国土局联合颁发的先进个人证书；1999年，获昆山市人民政府颁发的先进个人证书。

魏天农（1944—2020） 1944年1月出生，初中文化，1973年12月18日入党。1971年10月，任新生大队会计；1973年12月，任新生大队革委会副主任；1974年8月，任新生大队党支部委员；1981年5月，任陆桥公社工业办公室副主任、党支部委员；1982年11月，任陆桥公社办公室主任；1983年5月，兼任陆桥公社工业公司经理；1983年6月，任陆杨公社经济联合委员会副主任；

1984年5月至1986年3月，任陆杨乡工业公司党支部书记、工业公司经理等；1986年4月至1992年11月，先后任陆杨乡党委委员、陆杨镇党委副书记、陆杨镇副镇长及镇长。

魏天农在新生大队任职期间，工作兢兢业业、敢于担当，为创办陆杨农用机械配件厂做出较大贡献，村域干部群众有口皆碑。魏天农离村升职后，仍关心支持村里的经济发展与社会事业。1985年，他被昆山县人民政府授予“昆山县先进工作者”称号。2020年12月因病去世。

二、人物简介

张春国 1936年4月生，1964年12月加入中国共产党。张春国出身于贫农家庭，小时候受苦受难，做过长工。土地改革后张春国家庭分得土地。他从小感恩共产党。50年代后期，他正值青春年华，在生产队劳动积极，思想要求进步。60年代初，他是新生大队青年骨干，“四清”工作队培养他加入党组织。1965年2月，他被陆桥公社党委任命为新生大队党支部书记。1968年7月，新生大队革委会成立，他兼任革命委员会主任。1974年10月，组织上调他任陆桥公社手联社副主任。

张春国在担任中共新生大队党支部书记期间，正值新生大队成立初期，党员较少，党组织薄弱。他善于从生产大队及生产小队干部中发现骨干，培养一半以上的小队干部入党，加强了党组织班子建设。他还注重抓农业生产技术，组成以大队长为主、大队农机员及小队技术员组成的农业研究技术小组，负责全大队粮油作物种植指导工作，选取优质良种，大大提高了粮食产量。新生大队属低洼地区，涝害严重，产量比较低。昆山县农技局进行治水改土试点，地区工作组陆桥公社技术员李文宽和望亭农干所专员一起对新生大队土质进行检验，一致认为当地土质黏性高、碱性强，决定在新生大队第6生产队搞试点，埋地下管道，降低水位，改善土壤。张春国认为此举成本太高，召开党支部会议讨论，决定对农田平整、整方，实行灌排结合，既可以减少水资源浪费，也降低了输配水位，因大部分渠道水位在地面以下，可以减少渗漏和跑水的情况。经试点，此法效果良好，后在全大队进行推广，产量逐渐上升。1967—1969年，新生大队从低产地区成为全乡第一超千斤大队。

张春国在大队任职时，为村里不少透支户解决了生活问题，保证家家有房住、有衣穿、有饭吃，使困难群众的基本生活得到有效保障，同时改变了大部分社员的居住生活。调至陆桥公社手联社工作后，他兢兢业业、任劳任怨，廉洁奉公。他退休后，仍心系党的事业，关心村里的建设，热心于公益活动，受村民爱戴。

陆弟观 1937 年出生，1977 年 2 月加入中国共产党。1961 年至 1979 年期间，先后两度任新生大队第 1 生产队队长，任职 15 年；1979 年至 1983 年，先后任新生大队副业主任、副大队长；1983 年 4 月至 1986 年 7 月任新生村村委会主任；1985 年 4 月至 1997 年任新生村社长（其中 1985 年 4 月至 1986 年 7 月为村委会主任兼社长）。

陆弟观牢记宗旨，艰苦奋斗，带头劳动，身体力行，业绩突出。1959 年 4 月，被苏州浏河水利工程昆山团评为一等水利模范。1978 年，他担任生产队长期间，生产队稻麦产量在陆桥公社获第一名。是年，他当选昆山县陆桥公社第三届人民代表大会代表。1980 年 2 月，新生大队第 1 生产队被江苏省人民政府授予“江苏省农业先进单位”称号；3 月，陆弟观被昆山县革命委员会授予“农业劳动模范”称号。1983 年起，他充分挖掘和利用资源，造桥、筑路，改善村民出行道路；发展副业生产，整治边角农田，开挖鱼塘养殖水产，想方设法增加集体经济收入。在他的努力下，1991 年，新生村 9 组创办粮食种子农场，获得较好的经济收益与社会效益，受到村民们的赞誉。

1980 年陆弟观获昆山县劳模证书

陈炳权 1946 年 5 月出生，1984 年 7 月 1 日加入中国共产党。江阴知青，1964 年 10 月插队落户新生大队第 12 生产队。1976 年 7 月至 1979 年 9 月，在新生知青点工作。1979 年 9 月至 1990 年 1 月，先后在昆山玻璃钢化工厂、上海电缆研究所昆山联营厂（任厂长）、陆杨工业公司（任科长、经理、支部书记）工作；1990 年 1 月至 2002 年 5 月，先后任陆杨镇党委宣传委员、陆杨镇人大常委会副主席、陆杨镇党委纪检副书记。2007年退休。2015年3月，任周市镇机关退休老干部党支部书记、党总支书记。

60年代，陈炳权响应党和国家的号召，从江阴县插队落户到昆山县陆桥公社新生大队第12生产队，参加农业生产12年，吃苦耐劳，还奋不顾身抢救一名有生命危险的溺水女孩，深受村民好评。1976年，被安排到大队知青点企业工作，任劳任怨、不计名利，与同事一起艰苦创业，使企业获得了好成效。1979年调到昆山玻璃钢化工厂任职，带头研发利用太阳热能产品，产品获国家农业渔业部三等奖。80年代，他受组织安排创办陆杨电线厂，与上海电缆研究所联营，成为陆杨镇第一家与科研单位结合的乡镇企业。1986年，他获评陆杨镇先进个人。离村升职后，他始终关注着新生村的发展变化，心系村域百姓，深得干部群众认可。

唐雨龙 1950年8月出生，1973年4月加入中国共产党。1970年7月从昆山中学毕业，9月被分配到昆山化肥厂工作，曾担任昆山化肥厂碳化车间团支部书记、车间工长等；1973年4月至1986年6月，任昆山化肥厂团总支副书记、生产科调度组组长、联碱筹建处生产组组长等；1986年6月至1990年10月，担任昆山化肥厂生产科副科长、氢化铵车间主任兼党支部书记、联碱车间主任、分厂工长；1990年10月至1993年10月，先后任昆山化肥厂厂长助理、副厂长，锦港实业集团副总经理、党委委员等。1994年10月，调任昆山市人民政府三电办公室副主任。

唐雨龙爱岗敬业，德才兼备，曾参加化工部纯碱研究所组织的纯碱工艺技术业务培训班。1985年，任昆山化肥厂纯碱筹建处生产组组长时，熟悉合成铵、纯碱，小火电、化工生产技术业务，岗位培训一次开工成功，“昆山化肥厂纯碱生产返利设计能力项目”获评苏州市先进成果。1973年3月，唐雨龙当选共青团昆山县委员会第七次代表大会委员会委员。1989年，获“昆山市优秀共产党员”称号；1990年，被昆山市安全委员会评为安全生产先进个人。1989—1990年，荣获“昆山市劳动模范”称号。1993年7月至11月，参加江苏省经济管理干部培训班。是年，被昆山市职改办评为经济师。

顾弟元 1951年9月出生，1972年11月入党。1970年12月入伍，在团卫生队任班长职务。1976年2月退伍，进陆桥卫生院工作。1976年9月，经组织部门推荐被大学录取，就读于南京药学院药学专业，1980 年 2 月大学本科毕业，在校学习期间任党支部副书记兼团支部书记。1980 年 2 月，进入昆山人民医院工作，任院党支部委员。1987 年 2 月，任昆山市药品检验所所长、支部书记。2002 年 10 月至 2010 年，先后任昆山市食品药品监督管理局科长、党组人员、工会主席兼药品检验所所长等。2011 年 11 月退休。

顾弟元是七八十年代国家培养的知识青年，德才兼备，乐于奉献，2001 年 8 月获主任药师职称。他在部队期间，曾获团部嘉奖 1 次、后勤处嘉奖 6 次、团卫生队嘉奖 4 次。他敬业爱岗，在市级以上相关刊物上发表了 10 多篇论文。历年获得的主要荣誉：1982 年 1 月，在昆山县人民医院荣立三等功；1983 年 12 月，被评为昆山县优秀共产党员；1996 年 4 月，受昆山市人事局嘉奖 1 次，并被评为市卫生局优秀共产党员；1998 年与 1999 年，被昆山市人民政府分别记三等功 1 次；2000 年 6 月，被评为昆山市卫生局系统优秀共产党员。2002 年 2 月，被昆山市人民政府记三等功 1 次；11 月，被评为江苏省药学会 2002 年度“常生杯”优秀药师。2010 年 3 月，被昆山市食品安全委员会评为“食品药品安全工作先进个人”；7 月，被评为昆山市卫生局系统优秀共产党员。

赵建明 1956 年 10 月出生，1991 年 7 月加入中国共产党。1979 年至 1990 年 5 月在新生大队（村）农用配件机械厂工作。1990 年 5 月至 1996 年 9 月任新生村民兵营长、治保主任；1996 年至 2001 年 9 月任新生村村委会主任（其中 1997 年 6 月至 1998 年 2 月兼任村社长）。1998 年 2 月至 2009 年 1 月任中共新生村党支部书记。

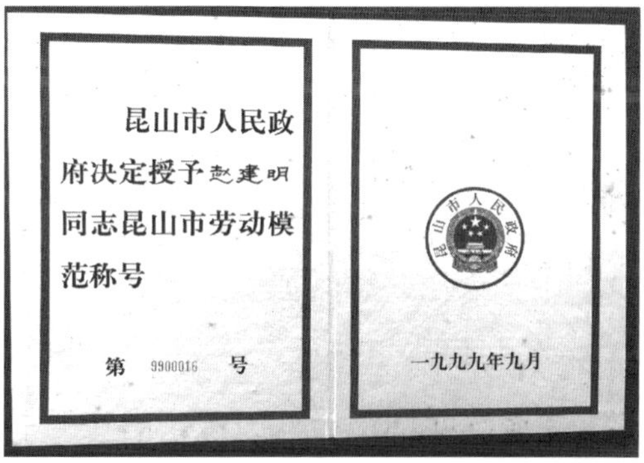

1999 年赵建明获昆山市劳模证书

赵建明在新生村任职期间，调整农业种养业结构，大力发展副业，组织人员开挖鱼塘1 200 亩,增加村级经济收入；开发建材堆放小码头 80 亩，增加集体收入；组织建造综合打工楼并租赁，增加村级收入；为村民办实事，共筑水泥路12 000平方米，村级道路硬化通到家家户户门口，方便村民出行；组织投资建造桥梁 3 座、筑驳岸2 000米，完善基础设施。1999 年 9 月，赵建明被昆山市人民政府授予“昆山市劳动模范”称号。2002年12月，当选昆山市人民代表大会常务委员会委员。

李翌婷　1985年11月出生，2005年11月入党，2007年7月毕业于江苏大学通信工程专业，2008年3月进入新生村工作。2008年7月至2020年12月，先后任新生村妇代会主任、团支部书记、村会计等职务。

李翌婷对工作兢兢业业，尽职尽责，参与了第三次和第四次全国经济普查工作，因表现突出，2014年获评“江苏省第三次全国经济普查先进个人”，2019年获评江苏省第四次全国经济普查“优秀工作者”。她在新生村担任村会计和团支部书记，同时还承担了党务及其他许多日常事务，工作量大面广。曾加入昆山市大学生通讯员队伍，参与大学生简报的汇编工作；加入昆山市妇联“美德传万家”宣讲团志愿者队伍，到全市各乡镇向群众宣讲优秀女性先进事迹；参加昆山市青年革命经典诗文朗诵比赛、“感恩祖国·昆山记忆”演讲比赛等活动。曾获得“玉山镇纪念建国60周年演讲比赛”三等奖、“昆山市青年革命经典诗文朗诵比赛”优秀奖；荣获玉山镇先进个人、昆山高新区首届“优秀大学生村官”扎根基层奖和昆山高新区十佳优秀妇女工作者、青年岗位能手、优秀共产党员，以及昆山市校外教育优秀辅导员、昆山高新区优秀青年志愿者等多个称号和奖项，受到干部群众的一致好评。

三、军人名录

中华人民共和国成立后，新生村不少村民应征入伍，无私奉献。村域曾经有46位村民走上军旅、建功立业，退伍回乡后仍然保持军人作风，为建设家乡勤奋工作。至2020年12月，健在的退伍军人37位，现役军人3位，如表13-1所示。

表13-1　1975—2020年新生村退伍及现役军人名录

姓名	政治面貌	入伍时间	退伍时间
李荣林	中共党员	1970年1月	1975年3月
邹全林	群众	1970年12月	1975年3月
邹小弟	中共党员	1971年1月	1976年3月

续表

姓名	政治面貌	入伍时间	退伍时间
李必正	中共党员	1971 年 1 月	1975 年 3 月
顾阿二	中共党员	1971 年 1 月	1975 年 3 月
张生堂	中共党员	1973 年 1 月	1976 年 3 月
吴友兴	群众	1974 年 12 月	1978 年 4 月
陆惠明	中共党员	1974 年 12 月	1977 年 3 月
徐月明	群众	1975 年 1 月	1977 年 3 月
潘弟林	群众	1975 年 1 月	1978 年 4 月
赵明国	群众	1976 年 3 月	1978 年 4 月
李觉明	中共党员	1977 年 1 月	1980 年 11 月
周建生	群众	1978 年 12 月	1983 年 1 月
刘　进	中共党员	1979 年 12 月	1984 年 1 月
刘　勇	中共党员	1979 年 12 月	1984 年 1 月
张宝良	群众	1980 年 11 月	1984 年 1 月
蔡会明	群众	1980 年 11 月	1984 年 1 月
刘广友	群众	1981 年 1 月	1983 年 1 月
戴奎元	中共党员	1982 年 11 月	1987 年 1 月
王宝林	中共党员	1982 年 11 月	1986 年 1 月
邹雪明	中共党员	1984 年 11 月	1989 年 3 月
魏　平	中共党员	1985 年 10 月	1990 年 3 月
顾学文	中共党员	1987 年 11 月	1992 年 3 月
梅振康	群众	1989 年 3 月	1992 年 12 月
周　敏	中共党员	1990 年 3 月	1993 年 12 月
邓友宝	中共党员	1991 年 12 月	1994 年 12 月
邓友华	中共党员	1991 年 12 月	1995 年 12 月

续表

姓名	政治面貌	入伍时间	退伍时间
周　清	中共党员	1994 年 12 月	1998 年 12 月
刘建华	中共党员	1996 年 12 月	1999 年 12 月
季小明	群众	1997 年 12 月	1999 年 12 月
黄　刚	中共党员	1999 年 12 月	2007 年 12 月
刘　平	中共党员	2003 年 12 月	2005 年 12 月
唐建峰	中共党员	2004 年 12 月	2006 年 12 月
李　健	中共党员	2006 年 12 月	2008 年 12 月
陆鸿雁	中共党员	2006 年 12 月	2008 年 12 月
顾毅杰	群众	2008 年 12 月	2010 年 12 月
龚魏康	群众	2010 年 12 月	2012 年 12 月
邹辰龙	群众	2019 年 9 月	现役
刘嘉鹏	群众	2019 年 9 月	现役
张梓强	群众	2020 年 9 月	现役

第二节　集体荣誉

80 年代起，新生村逐步调整种养业结构，发展队办工业，使村级经济摆脱困境。90 年代，新生村转变产业结构，“两个文明”一起抓，集体经济有了新局面。进入 21 世纪，新生村抓住城乡一体化建设契机，加快村级事业建设步伐，全面推进乡村振兴，取得可喜成绩。1979 年至 2020 年，新生村集体累计获得昆山市级以上荣誉 23 项（见表 13-2、表 13-3）。

表 13-2 1979—2018 年新生村获苏州市级以上荣誉一览表

授予时间	荣誉称号	授予单位
1979 年 2 月	“江苏省农业先进单位”（新生大队第一生产队）	江苏省人民政府
2003 年 11 月	江苏省卫生村	江苏省爱国卫生运动委员会
2011 年 12 月	“江苏省机关团体企业事业单位档案工作规范”二星级标准	江苏省档案馆
2018 年 11 月	江苏省民主法治示范村	中共江苏省委全面依法治省委员会
1994 年 6 月	扶贫先进集体	苏州市委组织部
1994 年	整顿集体经济薄弱村	中共苏州市委组织部、农工部
1998 年 12 月	优秀妇女之家	苏州市妇女联合会
2008 年 11 月	民主法治村	苏州市依法治市领导小组办公室、苏州市司法局、苏州市民政局

表 13-3 1991—2020 年新生村获昆山市级荣誉一览表

授予时间	荣誉称号	授予单位
1991 年 3 月	“四好”妇代会	昆山市妇女联合会
1992 年 5 月	外贸收购先进村	昆山市人民政府
1993 年 5 月	集体经济脱贫致富先进村	昆山市人民政府
1993 年 9 月	连续十三年无超生	昆山市人民政府
1993 年 12 月	“六有十无”双文明村	昆山市人民政府
1998 年 4 月	双文明建设先进村	昆山市人民政府
1999 年 7 月	先进基层党组织	中共昆山市委员会
2006 年 4 月	昆山市 2003—2005 年度“先进人民调解委员会”	昆山市司法局
2007 年 3 月	昆山市“民主法治示范村”	昆山市依法治市领导小组
2010 年	昆山市人民调解工作先进集体	昆山市司法局
2013 年	昆山市级学习型社区	昆山市社区教育办公室

续表

授予时间	荣誉称号	授予单位
2017 年	第十三批市级"民主法治示范村"	昆山市依法治市领导小组办公室、昆山市司法局、昆山市民政局
2018 年 12 月	昆山市优秀校外教育辅导站	昆山市精神文明办公室、昆山市关心下一代工作委员会
2018 年	昆山市优秀业余文艺团队	昆山市精神文明办公室、昆山市关心下一代工作委员会
2020 年 12 月	"无黑"(村)社区	昆山市扫黑除恶专项斗争领导小组办公室

第三节　个人荣誉

1980 年至 2018 年，新生村获昆山市级以上各种先进个人荣誉的有 8 人，共计荣誉 13 项（见表 13-4、表 13-5）。

表 13-4　2010—2014 年新生村获苏州市级以上先进个人荣誉一览表

授予时间	姓名	荣誉称号	授予单位
2010 年	邹雪琴	江苏省第六次全国人口普查先进个人	江苏省第六次全国人口普查领导小组
2014 年	李翌婷	江苏省第三次全国经济普查先进个人	江苏省第三次全国经济普查领导小组
2010 年	查永燕	苏州市第六次全国人口普查先进个人	苏州市第六次全国人口普查领导小组

表 13-5　1980—2018 年新生村获昆山市级先进个人荣誉一览表

授予时间	姓名	荣誉称号	授予单位
1980 年 3 月	陆弟观	昆山县劳动模范	昆山县革命委员会
1995 年 1 月	赵建明	1994 年度“四有民兵”	昆山市人民政府、昆山市人民武装部
1999 年 9 月	赵建明	昆山市劳动模范	昆山市人民政府
2001 年 2 月	赵建明	2000 年度苏州市人民调解先进工作者	苏州市司法局
2001 年 12 月	赵建明	社会治安综合治理工作先进个人	中共昆山市委员会、昆山市人民政府
2010 年 10 月	顾立华	昆山市人民调解工作先进个人	昆山市司法局
2012 年 11 月	顾立华	昆山市“百佳”人民调解员	昆山市司法局
2014 年 11 月	邹婉金 李翌婷	昆山市校外教育优秀辅导员	昆山市精神文明建设指导委员会办公室、昆山市关心下一代工作委员会
2017 年 4 月	徐　勇	2014—2016 年度昆山市人民调解工作先进个人	昆山市司法局
2018 年 12 月	邹婉金	昆山市校外教育优秀辅导员	昆山市精神文明办公室、昆山市关心下一代工作委员会

第十四章　村民忆事

新生村村民，祖祖辈辈在这块 2.1 平方千米的土地上辛勤耕耘，繁衍生息。历史上，这里的人们淳朴善良，吃苦耐劳，自强不息，曾留下不少民间轶事，代代相传。中华人民共和国成立后，村民满怀家国情怀，立足家乡，在农耕岁月里，留下了一件又一件令人难忘的事。它们成为人们心中忘不掉、抹不去的记忆。

第一节　岁月印痕

一、难忘的票证岁月

在计划经济年代，各种购物票证在全国曾经风行一时。1955 年 8 月 25 日，国务院发布《市镇粮食定量供应暂行办法》，规定城镇居民口粮、工商行业用粮及牲畜饲料粮均按核定的数量发给供应票证。是年，此办法便在全国实施，全国通用粮票和各省、自治区、直辖市以及地、县地方粮票陆续印发，有 1 两、2 两、3 两以及半斤、1 斤、2 斤、3 斤、5 斤、10 斤、20 斤、30 斤至 50 斤（市斤）等不同面额。特别是 1959—1961 年期间（又称“三年困难时期”），各类购物票证在广大农村随处可见，几乎所有物品都要凭证凭票供应。

粮票　遵照国务院的规定，昆山县从 1955 年 10 月起，对城镇户籍居民实行按人、分等、定量、凭证凭票供应粮食。口粮标准是超强劳动力每人每月（下同）供应大米 40 至 48 斤，重体力劳动者 30 至 40 斤，轻体力劳动者 28 至 34 斤，一般居民 24 斤，机关、学校、企事业单位从事脑力劳动者 28 至 29 斤，大中学生 30 至 31 斤，1 至 3 周岁儿童 7 斤，3 至 6 周岁儿童 13 斤，6 至 10 周岁儿童 20 斤。自 1958 年开始，昆山县还对猪肉、牛肉、羊肉、白糖、红糖、糕点等 8 种副食品实行凭证（票）定量供应。在三年困难时期，城镇户籍居民口粮标准每人每月下调 1 斤，机关干部和学校教师口粮标准下调 2 斤，1965 年恢复原定标准。

为方便居民购粮和满足日常生活需要，政府规定，对定量供应的城镇居民，除每家每户都有一本“购粮证”之外，每人每月发给粮票 2 斤，用于购买糕点等粮食制品以及去点心店吃面条、馄饨等。居民遇特殊情况，可临时申请调换粮票。粮食凭证凭票供应，一直陪伴人们走过 40 多个年头。1994 年，粮票退出了历史舞台，一个食品紧缺的票证时代终结了，昆山全面放开粮食购销价格。

油票　自 1953 年起，昆山食用油开始实行凭证凭票供应。1955 年改用以证为主、以票为辅的供应办法。油票有半两、1 两、2 两、3 两、半斤和 1 斤、2 斤、3 斤、5 斤、10 斤、20 斤、30 斤等不同票面。是年，农民生产的油菜籽全部由国家统购，农民日常吃油同城镇居民一样，实行凭证凭票供应，每人每月半斤。在三年困难时期，每人每月调减为 4 两。1962 年，国家对油菜籽实行统购包干，不再对农民供应食油，而是实行在完成包干任务以后，多售油菜籽多得油的政策，由此农民食用油分配水平提高，城镇居民油料供应标准恢复到每人每月半斤。每逢春节、国庆、“五一”三大节日，城镇居民食油供应适当增加。1993 年 4 月，昆山食用油经营全面放开，1994 年市场完全放开，油票停止使用。

布票　布票是仅次于粮票、油票的重要票证之一。从 1954 年 9 月起，国家对棉布实行统购统销，凭票定量供应，棉絮也被列入计划供应产品。布票由各省、区、市印发，在辖区范围内使用，面额有 1 寸、2 寸、3 寸、5 寸、1 尺、3 尺、5 尺（均为市尺）等。是年全国平均每人发布票 17 市尺。在三年困难时期，农业大幅度减产，棉花产量同样下降。从 1961 年 9 月至 1964 年 8 月的三年内，昆山城镇居民每人每年发放布票 7.5 市尺，农村人口减半发放，每人每年发放 3.5 市尺布票。每年发放布票以后，老百姓都把它像宝贝那样珍藏起来，使用的时候精打细算。1972 年的昆山定量是城乡居民（不分城镇人口还是农村户口）每人发放布票 16 市尺，且昆山大幅度放宽了凭票供应的棉纺织品和针织用品的收票，使群众的衣着条件得到极大改善。改革开放以后，随着生产的发展和人民生活水平的提高，昆山民用布票的发放量逐年提高。1983 年 12 月 1 日，国家宣布取消布票使用。

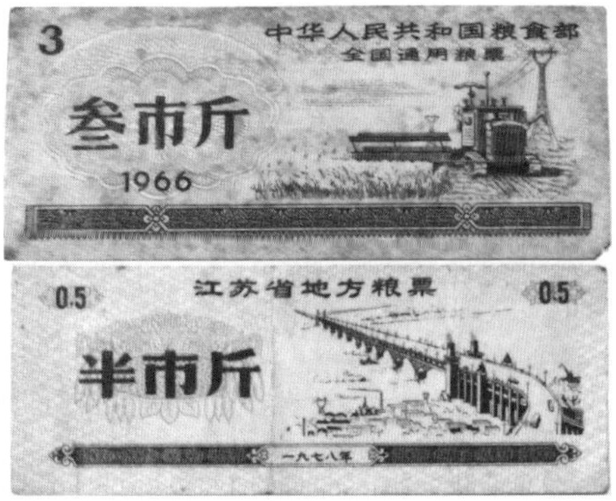

60—70 年代粮票（赵建明提供）

日用品票证　在物资匮乏的年代，好多日用必需品都要实行凭证凭票供应。

不少人家都有一只“藏宝箱”，把各种各样的票证归并在一起，便于检点使用，防止过期作废。除了粮食、油料、布匹之外，猪牛羊肉、鸡鸭禽蛋、鱼类食品、食糖、豆制品以及香烟、酒等都是凭证凭票供应。食糖从 1960 年起实行凭证供应，1961 年起凭证定量供应。香烟从 1960 年起凭证凭票供应，分甲、乙、丙三个等级，吸烟者每人每月供应 7 包，大前门、牡丹牌香烟成为市场抢手货。新生村域的烟民，为了买几包飞马、大前门香烟，开船去上海积肥时要带些鸡蛋，从上海人手里换取烟票，再到商店里购买带回家。

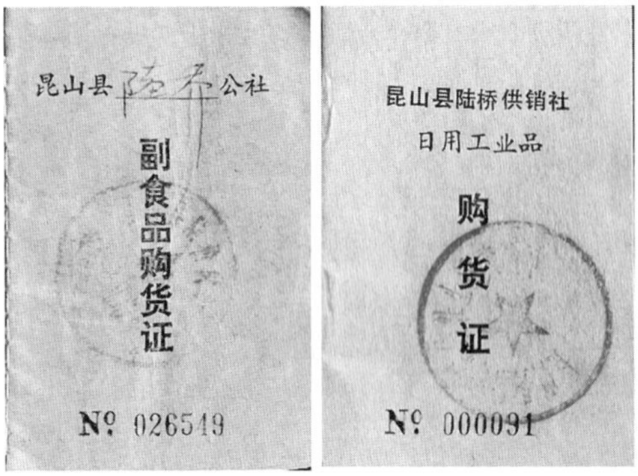

70 年代农民购货证（邹雪琴提供）

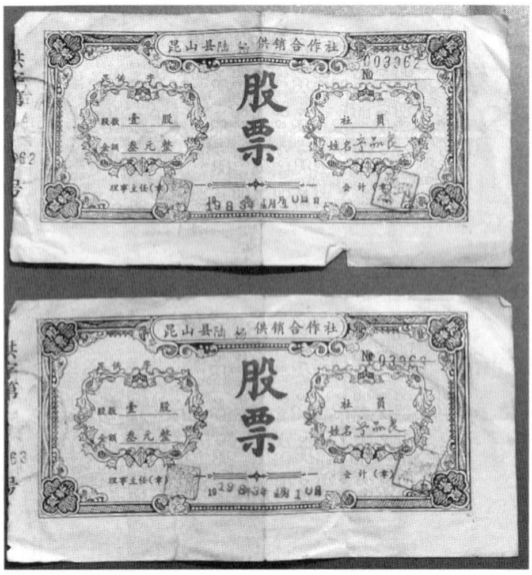

80 年代供销社股票（浦全根提供）

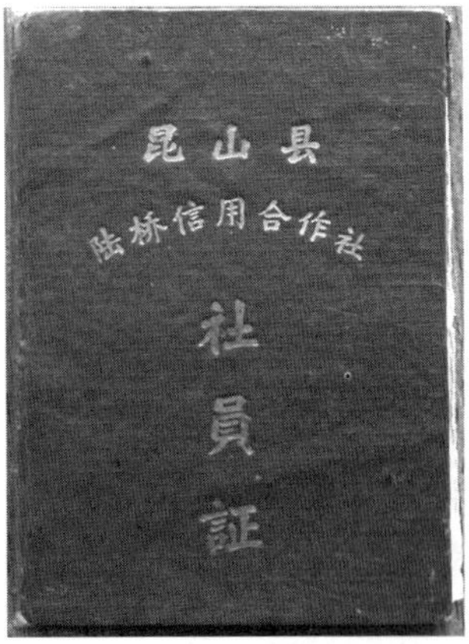

60 年代信用社社员证（浦全根提供）

在其他方面，实行凭证凭票定量供应的有好几十个品种，这些票证包括煤球票、肥皂票、火柴票、手纸票、燃油票、铝锅票等。在三年困难时期，昆山对绒线、丝绸、棉絮、棉胎、皮鞋、电池、热水瓶等 23 种商品分别实行凭证凭票定量供应，有的是用“购买券”购买。60 年代，“老三件”（手表、自行车、缝纫机）是最受人欢迎的商品，可是在市场上很难买到，还都要凭票供应。70 年代初，张浦供销社与上海中百一店联手开了一家试销商店，凭票供应少许高档消费品，有上海牌手表，永久牌、凤凰牌自行车，蝴蝶牌、蜜蜂牌缝纫机，每天顾客盈门，生意火爆。新生村域有些农家也不惜工本去抢购。进入80年代，“老三件”被彩电、冰箱、洗衣机“新三件”替代。

二、“赤脚医生”

昆山的卫生战线上曾经有过一支“赤脚医生”队伍，他（她）们是具有高小至初中文化程度的年轻人，遍布各个生产大队，当时被热情称颂为“新生事物”，初步有效地改变了农村缺医少药的面貌，深受广大农民群众欢迎。1958—1963年创办人民公社时期，昆山县号召在全县各生产大队始建社办医疗保健室，保健医生（也称保健员）平时参加生产队劳动，患者上门就医，保健医生有时也会出诊。新生大队推荐平浦生参加1964年8月至1966年7月“苏州卫生医疗‘赤脚医生’培训班”。“赤脚医生”是一个象征性的称谓，因为早先农民下田劳作都是赤脚的。1969年，昆山兴办合作医疗，生产大队保健室改为卫生室。1976年，陆桥公社建立医管会，卫生室由队办队管改为队办社管。1984年，卫生部发文，将“赤脚医生”改名为“乡村保健医生”（简称“乡村医生”）。

“赤脚医生”是当年农村一支不可或缺的卫生队伍，为广大农民的疾病医疗和预防保健做了大量工作。昆山在1970—1976年期间基本消灭了血吸虫病，当时的县血防部门也依靠这支队伍。70年代后期至80年代中期，昆山农村各种传染病计划免疫的疫苗接种任务也是由“赤脚医生”完成的，从而使全县的小儿麻痹症、白喉、百日咳、麻疹等常见病提前达到卫生部要求的控制指标。

新生村第一位“赤脚医生”平浦生回忆：他1966年经苏州卫校培训后当了一名“赤脚医生”。走上医疗卫生岗位的第一件事是参加血吸虫病防治工作。1967—1968年，昆山县群众性的查灭螺进入高潮，全县上下动员消灭血吸虫病，查螺灭螺、查病治病两队人马分别展开。当时查出血吸虫病阳性的人很多，县城及乡镇两级医院无法容纳，公社就将患者分片集中治疗，利用农民家的客堂间作治疗点，组织“赤脚医生”自办伙食、自带被褥、自带门板搁铺，为患者治疗，主要治疗方式是口服锑-273、服846糖粉等。1969年，辖区患者在新生大队集中，起先服用胺油剂，后改用服枫杨叶，都是由“赤脚医生”操作。苏州、无锡派2个医疗队蹲点指导，每天巡查两次。那时大队已经办合作医疗，所有费用全部由集体负责，加快了治疗血吸虫病患者的进程。后来新生大队建立卫生室，他与另外2位“赤脚医生”平时药箱不离身，不管在卫生室或家里，患者到了就诊疗；无论白天夜里、冰天雪地，有人叫诊，“赤脚医生”就出诊。2009年，平浦生到达退休年龄，已在村卫生室从医整整40年，又被社区中心返聘10年，直到2019年12月不再工作。

三、知青养兔

70年代初，昆山地区饲养安哥拉长毛兔，在部分农户中已经掀起小热潮。1983年10月，新生村江阴知青陈炳权、杨治平和许介村知青赵良才3人一起从江阴县向阳村购买3对西德长毛兔（每人1对，每对兔价200元），进行长毛兔家庭饲养。1983—1985年，吴江纺织厂有专人到新生村收购兔毛，每公斤兔毛200元，一般每只长毛兔每次所剪毛重3~4两，一年剪3~4次。饲养一只长毛兔一年收入有150元。当年种田人一个劳动力年收入不超过500元，社办厂上班职工全年工资在700元左右。因此，饲养长毛兔与其他副业相比收益好，养户积极性高。陈炳权、杨治平繁育幼兔，向其他农户出售，一开始每对卖100元，到后来只卖50元一对。在他们的影响与传播下，新生村每个村民小组的农户也普遍养殖，而他们自己最多的时候饲养50~60只。三四年时间，陈炳权等3人通过养兔致富，翻建了新楼房。

四、邹小弟讲用“红宝书”

60年代中期，《毛泽东选集》1—4卷书籍出版，全国各地迅速掀起新一轮学习毛泽东著作（民众简称“红宝书”）的热潮。新生大队举办各种形式的学习会、讲用会，在干部、社员中营造“忆苦思甜，斗私批修”的政治气氛。1970年新春，新生大队召开学习毛泽东思想讲用会，会上，第9生产队社员邹小弟作了《活学活用毛泽东思想讲用》交流发言。后来他作为大队代表，又参加陆桥公社召开的学习毛泽东思想讲用会。

邹小弟，1950年12月生，从小就受到父亲的教育：“不忘阶级苦，牢记血泪仇；听毛主席话，跟共产党走。”从16岁起，他就参加生产队劳动。1968年，他参加了大队“贫宣队”（贫下中农组织的学习毛泽东思想宣传队），发现队伍中有许多党员，自觉性高、不怕吃苦，艰苦活都抢在前面，而且不在群众面前张扬。于是，他也立志要向党员们学习，做一名好社员。

1969年，生产队让邹小弟担任技术员，并负责绿萍（一种水生绿肥）放养。他很用心对待绿萍的保管与培育。秋冬季节，他清早就起来车水、换气、拍塘，等到社员出工他也出工；晚上收工后，他吃过夜饭就去田头，检查绿萍生长情况。到了3月，绿萍可以翻床扩塘了，这时候他的劳动量大了，忙着栽培扩放，连出门走亲戚都不能过夜。由于他的敬业、负责，生产队当年放养了50多亩大田绿萍。生产队队长见邹小弟如此埋头苦干，要为他增记些工分，社员也表示同意，但他不要，说“为队里多做点事情是应该的”。

邹小弟做好事，有两件事值得大家称赞。1969年4月，邹小弟与生产队长一起搞前季稻旱地育秧，秧苗叶已经长成嫩绿色，可是天气预报有冰雹。公社农技员利用广播喇叭，号召大家想各种办法保护小秧苗。当时队长不在家，邹小弟必须动脑筋。于是，他把队里的及家里的门板、柴簝及被单等东西都拿出来遮盖秧舍，但还是不够。怎么办？他想到家里挂在棚屋上的柴簝可以卸下来用，但父母却反对。他说：“家里的拆掉了可以再补，秧苗砸烂就补不上了！”父母听后就同意了。这件事感动了社员们，大家一起动手，秧苗得到了保护。同年6月，为了消灭前季稻虫害，夜里要点灯诱杀虫蛾子，这个任务队长也交给了邹小弟。在天气酷热、蚊叮虫咬的夜晚，连续10多天，他都要去田野点亮20多盏诱蛾灯。如果天气不好，他还要半夜里去田头巡视。有一次，隔河岸田块的一盏灯熄了，他就游水过河，把灯点好。第二天，他一早就要将诱蛾灯盆中的药水补充好，保持与社员们一起出工劳动……

这份《邹小弟讲用稿》是由邹小弟口述，新生大队报道组整理的，共有10页（稿笺纸），约4 300字。

1971年1月，邹小弟应征入伍，参加中国人民解放军，于1972年10月成为一名中共党员，至1976年3月退伍回家。他立场坚定，劳动积极，有奉献精神，受到村民赞扬。

五、摇船粜粮

粜粮也称售粮，旧时也叫卖余粮。昆山地区的农民主要种植三麦、水稻，因此到卖粮时农民会通俗地说“粜麦”“粜谷”。50年代初至80年代初，国家实行粮食统购统销政策。农民种植收获的粮食，除了按政策规定将口粮、饲料粮、种子粮留下，其余必须全部卖给国家。国家收缴农业税，也是通过下达粮食征购任务及收取粮款来实现的。所以，对村域农民来说，粜麦、粜谷不但是一项重要的农活，更是一种责任——缴公粮。

新生村80年代之前的生产运输工具主要是农船，一般每个生产队里有3~4条。当年，农船主要有木船、水泥船。木船每年需上岸修理、夜泊船坊，水泥船不损坏不修，夜泊露天。能粜粮的船必须无损坏，主要是船舱及两夹节都不能漏水，既干燥又安全。

村域距离陆桥粮站（位置新塘桥）较近，最远的生产队摇船只需半小时多一点。村民们记得，当年双季早稻交售季节（7月下旬至8月初），各生产队几乎每天都要售两船粮。小麦收割的季节天气好（6月黄梅前），脱粒扬净后晒一天就可以出售。水稻（单季稻、晚作稻）的收获时间是深秋季节，脱粒、扬净的稻谷至少晒2个好天，才有可能达到入库的水分标准。

按照计划指标，当年村域各生产队交售的稻谷分公粮和余粮，但粮站收购时验货标准是一样的，只是在结算价格上有区分，征购任务内平价，超出部分有议价。当天粜粮前，生产队长会安排人将稻谷晒在公场上，下午派四五个粜粮人员，将稻谷打堆装船［用挽子（也叫栲栳），将稻谷掮到船舱内，围绕缠条］，约四五千斤。然后带着售粮卡，开船去集镇粮库。假如当天来不及，就待明天早起开船。到粮站就挨着泊岸排队，等候粮库的验货员踏船验粮。为防止下雨，粜粮农民都会备好篷布或塑料薄膜，下雨时遮盖好。

如果碰到粜粮高潮，粮库码头会停靠上百只售粮船。验货员检验认可、开票了，粜粮人悬着的心放下了，就要换码头找个停靠的位置，再用挽子将稻谷掮上岸司磅进仓。若稻谷杂质多，验货员会要求用风谷车再扬净一次后上磅。于是，粜粮社员就得动用粮库里的风车，把稻谷掮上场，在车斗里将瘪谷、杂质、灰尘扬弃。这种情况，粜小麦时常碰到。

实行联产承包责任制以后，粜粮以户为单位出售。售粮时一般三四户拼一条船，把晒干扬净的稻谷装进一只只蛇皮袋，袋口用草绳扎好。每户装满稻谷的蛇皮袋各自堆放在船舱、船头、船艄。验货员凭农户售粮卡逐一检验。90年代，新生村与陆杨粮管所商议好，实行下乡收购，由粮库租用专门船只进村运粮食，农民摇船粜粮得到改善。

自2000年起，村域大农户售粮都用农用汽车运输，即使到了秋粮交售阶段，一辆辆装着稻谷的大货车都开往巴城镇粮站，用船粜粮成为历史。

第二节 轶闻杂记

一、梁氏后世居澜漕

根据现存的梁氏家谱抄本与清代昆山县志记载，元代有位名叫梁仲德的河南开封人出任昆山州同知（知州的佐官，相当于现在地级市的副市长），乃定居于昆山，为迁昆始祖。他是梁辰鱼的九世祖，从他所在的年代起直至梁辰鱼一代，具体住址均无记载。但清康熙《昆山县志稿》的“坊巷”篇载有两座牌坊：一座叫“世沐天恩坊”，在通德坊（即西寺巷），是为表彰梁昱、梁纨功绩而立；另一座叫“世美坊”，在西寺巷内，是为举人梁昱而立，而梁昱是梁辰鱼高祖。古人在名贤的府第前或住宅附近路口建立牌坊，以颂扬其功德。由此可见，梁氏家族迁昆后是居住在西寺巷的。查阅万历《昆山县志》和道光《昆新两县志》的县城图得知，西寺巷在景德寺（俗称西寺）前，今市区西寺弄和西寺弄以东的一段西街当时均称通德坊（即西寺巷）。另外从梁氏历代为官和死后葬在小濵浦（县城西南三里南北向河流）祖坟，以及清梁凤岐在《安定梁氏家乘》序中“迨甲申鼎革，子姓渐以式微，散处城乡”的记载等情况综合分析，梁辰鱼一代及以前的梁氏家族主要居住在县城内是无疑的。

梁辰鱼高祖梁昱的弟弟梁晔，字文著，历任驸马府学录、浙江处州府学训导（相当于现在地级市教育局副局长），出赘本邑龚氏，乃移居大濵浦（县城西南六里南北向河流，与小澞浦平行）龚氏别业。明代著名藏书家、乡贤叶盛曾为他撰《虞溪书屋记》。

从梁辰鱼《鹿城诗集》卷十六《过周荡村正性庵定空上人禅房作》中“旧业近莲社”和卷二十《丁卯冬日过周荡村别业，与玉堂弟夜坐作》中“先人别业沧江畔”的诗句，可知梁氏还有一支迁居在昆南周荡村，其地属昆山县井川乡七保九图，清代属井亭乡，1956 年划归青浦县朱家角乡。

据《澜溪梁氏续谱》记载，梁辰鱼的生祖父梁鸣鹤的长房曾孙梁世纶（字绍和，例贡生，梁辰鱼堂侄）于明代后期始迁居梁家港，为梁氏迁梁家港一支的始祖。这在乾隆末年武进李瑞冈所撰《梧轩梁先生传》中有较翔实的描述：“……世纶乃卜居于昆山之北新塘，采其风俗淳茂，遂家焉，且耕且读，代有闻人，土人因名其地曰‘梁家港’。”于是世纶一支后代就世居梁家港一带。梁家港既是昆山北部地区的一个地名，又是昆北的河流名。其地有东江、西江两个自然村，东江是东梁家港（古称薛家浦，南北向）的简称，西江是西梁家港（亦南北向）的简称，均是以所在河道名而命名。自明末以来隶属乡镇屡经变动，2003 年起归属玉山镇东江村。现在西梁家港自然村梁姓人家仍非常多，据《陆杨镇志》记载：1999 年东江村（含东、西梁家港）梁姓有 110 人。

梁世纶的玄孙梁宗政（1665—1717），字德孚，于清康熙年间又从梁家港再次迁往港北三里澜漕关王庙西定居，这一支后代就世居澜漕了。澜漕与梁家港一样，既是昆山北部地区的一个地名，又是昆北的一条河流名，但它比梁家港要大而长。乾隆《昆山新阳合志》记载的积善乡下辖村中出现了“澜漕村”，以后历部县志均有“澜漕村”的记载，但隶属乡镇屡经变动。2003 年起，东澜漕自然村已改名为澜漕自然村，归属玉山镇新生村，西澜漕自然村归属玉山镇唐龙村。因梁辰鱼是昆曲的创始人，故澜漕村人与梁氏世孙家族有了渊源。

澜漕河畔（2015 年，村档案室提供）

二、孝仁塘河轶事

孝仁塘河景观（2016年，村档案室提供）

很久很久以前，在周市澜漕河南畔有一个祠堂，因为宗族衰落而无人管理，逐渐成了过路难民或叫花子（讨饭人）的栖息地。有一年仲春，一个后生带着一位老妇沿途乞讨，来到此地。黄昏时候，天突然下起雷阵雨，两人无处藏身，只得到祠堂里避难，胆战心惊地度过了一夜。其实这后生与老妇是母子俩，因家里受水灾，从外地逃荒来的，无依无靠。

次日天亮，后生醒来，发觉这里是个祠堂，而且还有散落在角落里的神牌灵位及香炉蜡扦等，便叫老妇人赶快离开。老妇人说，天还没有亮怎么走？后生急了，大喊：“娘！你今天怎么啦？之前你不是说过，庙堂、祠堂不能待，不敬香供烛会造孽的。这里是祠堂，你怎么看不出？是否你眼睛瞎了！”那老妇用手抹抹眼，惊讶地说：“儿呀！我的眼睛真的瞎了，什么也看不见啊！”

后生急忙扶老妇坐下。“怎么办？我们是逃难出来的，身无分文，人生地不熟，不要说给娘治病，就是要找块活下去的地方也难。”后生想到这些，一边说“娘，我背着你走”，一边呜咽地哭泣。

“儿呀！我们真是命苦！家里遭水灾，饿死了你爹和弟。咱娘俩死里逃生，盼望能到江南寻条活路。现在我眼睛瞎了，不但帮不了你，反而要拖累你！”老妇说着也悲痛地哭起来了。“娘！你不能哭！离家时老郎中说过，你哭干了眼泪，就要变成瞎子。现在真的被他说准了！”那后生边说边劝慰老妇。

正在这时，外面来了一个老头。他见两人在哭泣，就上前问了情况。那后生说：“我叫赵仁生，这是我母亲……”赵仁生一口气把娘俩的情况告诉老头。

再说那老头就是这里的乡贤，当地发生的大小事情他都知道，做人办事通理厚道，周边乡民对他很敬重。为了掌握乡里事态变化，他每天都要东走走西闻闻。刚才听了赵仁生的一番叙说，他已经料出这对母子的难处，也明白这后生对母亲很孝顺。于是说："我姓周，是这里的常客。这个祠堂没人管，也不会有人来赶你们的，你娘俩就在此安身吧！我们这边是低洼地，种粮食很少有收成，来讨饭的也只能要点地瓜、薯头，所以一般过不了几天就会离开，到别处寻生路。"

"周老伯！行行好，你能不能为我们母子指条活路！"赵仁生说着就向老乡贤跪拜。"使不得，快快起来！"周老头扶起后生深情地说："你是年轻人，只要想活下去总会有办法的！我们当地不少人是靠打鱼谋生的，你也可以试试，不过北面的那条澜漕河你不要去，水急河深，况且这里的打鱼人有规矩。东面的那条小河蛮长的，你可去捕捞，但要小心淹水！"

"河水我不怕，会游泳！只不过我没有捕鱼网？"赵仁生惊喜地说。"这个好办！我告诉你一个秘密，那条河里放有捕鱼的篾笼，都是之前避难的人用过留下的。"周老头思虑了一下又说，"这里是祭祖宗顺天地的祠堂，现在我为此起个名叫'孝仁堂'，希望你孝敬母亲，对别人有仁爱。我会向乡里人讲明白的，也会常来看你们母子。你要有良心，将来不要让当地人小看你！"

赵仁生听了周老伯的一番话，感激不尽。事后，他按照周老伯吩咐，果真找到了一些捕鱼的篾笼，每天放笼捉鱼，既解决了生存问题，又安顿了生活，慢慢地也与当地乡民建立了关系。后来，他请郎中将母亲的眼睛治好了，受四方乡民盛赞。

时光流逝，岁月留痕。几百年后，当年的孝仁堂已经荡然无存，而赵仁生捕鱼的那条河仍然流淌不息。人们不忘这个孝子，将这条河取名孝仁塘河。

三、邹保长送军粮

20 世纪 40 年代，在西澜漕河的王桐桥西（如今昆山高新区新生村地段）村落里，有一个叫邹长宝的人，在抗日战争时期担任过保长，人称邹保长。

邹长宝虽然担任了伪保长，但心地不坏，为人也厚道，暗中也为抗日出力。有一次，新四军江南支队路过澜漕河时，他秘密为大军筹送几百斤大米，部队还打了收条，作为以后结算凭证。

当时，为了避免节外生枝，邹保长没有将此事公开，只是小心翼翼地将新四军打的收条保存好。抗日战争胜利后，他也许表功心切，将这张收条献给时任国民党昆山县县长、“清巢”自卫总队队长沈霞飞。可是，后来沈霞飞没有将此纸条归还，让邹保长终身遗憾。

据邹长宝讲，他与沈霞飞是沾亲带故的，几次讨要，沈霞飞都说纸条弄丢了，但纸条的确是粟裕部队的一位军需官写的，还盖有印章。

中华人民共和国成立后，邹长宝曾向人民政府提起此事，但沈霞飞早就逃至台湾，无据可查。此事在新生村老一辈人中的口口相传。

四、王桐桥榉树

20 世纪 50 年代，村域王桐桥自然村一个叫魏家宅的地方（后属新生大队 11 队）留有一棵榉树，又靠近澜漕河，树木粗大须 4 人合抱，树高 10 米多，从马鞍山上遥望能看到树冠。据老人们讲，此树树龄至少有 1000 年。这棵榉树的主人是魏学良、魏阿良、魏天农，他们只知道此树是老祖宗传下来的，种在坟堂里，看上去苍劲斑驳、挺拔傲骨，开春后枝繁叶茂，夏天时劳累的人们常坐在树下歇凉。60 年代农业学大寨的时候，生产大队搞平坟还田、改造低产方运动，先是将坟地刨平，后来约在 1965 年，由昆山市民政局组织人马将榉树砍掉、运走，为开挖河道的劳动车铺设轨道。从此，这棵古树遗憾地消失在人们的视线中，令人扼腕叹息。

五、肖汝坚建农庄

20 世纪 40 年代初期，有一位名叫肖汝坚的广东人（乡民称他“肖阿金”）从上海来到昆山周市与巴城的交界地带寻找农产品生产经营基地。他很快发现了荷花溇（如今昆山高新区新生村地段）有一块低洼地可以开发，就利用贷放的资金，雇用劳力围垦了约 50 亩荒滩，改造成田地，并建起沟岸、圩堤。不久，这件事就影响到周边村庄，引起乡民的好奇心。

一年后，肖汝坚打出了“粮丰公司（农庄）”的招牌，全心投入经营。他在旱地上种植树木、花草、水果，在水田里种植水稻、养田螺，在河道里养鱼虾、养龟鳖。四方乡民对此很感兴趣，但又不敢相信，说广东人吹牛皮，就纷纷来看热闹，发现果然像个鱼米之乡，就称此地为“广东公司”。

其实，肖汝坚也只是替东家做事的，最多算是一个业主。不过，他做农商经营果真有一手，凭着原来掌握的专业本领，很快将公司经营得风生水起，三四年后就非常有成效了，还扩大了地皮，雇用了农人。到昆山解放那年（1949年5月），他的农庄面积已经扩展至百十亩。夏天，村庄里的孩子去玩，他都是大方地送些瓜果。周边的农民对他刮目相看，都想着法子来讨教经验。他也不保守，肯讲心里话，所以村落四方的乡亲们对他很有好感。

1952年，肖汝坚经营的土地被分。1958年秋，“粮丰公司”解散。1988年肖汝坚因病去世，享年69岁。如今，村里的老年人仍然记得“粮丰公司”。

编后记

2020年5月开始，新生村组建《新生村志》编纂工作班子，制订实施方案。在昆山高新区党政领导和新生村党总支、村委会领导的重视和关心下，经全体编纂人员的共同努力，历经近三年时间编纂、数易其稿的《新生村志》终于审定付梓。

第一阶段，重点是收集资料（2020年5月至12月）。村设立编志工作室，组建由4人组成的资料征集组与由3人组成的志稿纂写组，并选配一名文印信息员。按照初拟的编纂篇目大纲，分类列出资料征集方案，先后去昆山市档案馆等部门和周市镇、玉山镇等地征集文书档案资料（有电子文档、纸质文档），同时收集到《昆山县志》《昆山市志》《陆杨镇志》《玉山镇志》《昆山统计年鉴》《玉山镇农村年鉴》，以及农业、水利、交通、教育、卫生等一批地情史料，为纂写志稿提供了可靠依据。此间，还召开村域有关人士座谈会4次，走访“五老”人员3次，采集其口述资料，征集村民家庭情况表395份，为编纂志书作素材补充。此外，又邀请吴舸与钱伟明两名专业人士拍摄了大量村容村貌图片资料。

第二阶段，主要是编纂初稿（2021年1月至12月）。首先，根据昆山高新区（玉山镇）村志编纂办公室的要求，纂稿组人员在认真、全面阅读领会相关文件、资料的基础上，结合新生村概况，拟订“村志纲目”14章47节126条目，在征求村干部及“五老”代表意见后报高新区村志编纂办初审确认。其次，经过对征集资料的初步筛选、研讨，纂写出“大事记”初稿315条12 500字，并及时由村召开专题会议征询讨论，然后上报高新区村志编纂办初审、备案。再次，编志人员分工撰写实体初稿，对照高新区村志编纂委员会办公室下发的第三批村志编纂的相关规定、工作要求及各位专业人员的指导意见，将村域的历史、区划、人口、经济、文化和民生等全面、系统地梳理编写成稿。在纂稿时把握资料长编及章节布局，边纂写边收集，边调整边扩充，看菜吃饭、量体裁衣，并请苏州市方志办丁瑾老师给予指导，做到“写一篇、议一篇、成一篇”，按时完成，确保质量。

第三阶段，统稿、总纂、终审（2022 年 1 月至 12 月）。昆山高新区村志编纂办公室对本批村志修纂进程及编辑均有计划和要求，既有总体部署又有具体意见。本部志书分主、辅两个分册，分别为《新生村志》和《新生村志·村民家庭记载》。主本为章、节、目体例，主要记述村域自然、政治、经济、文化、社会等方面的历史和现状；辅本主要记述本村家庭人员的信息和家庭发生的大事，为村民存史读物。此阶段又分两步走：一是打磨主本初稿，完善辅本内容——在深度修改文字稿的前提下选配好主本的彩页和随文插图，并对辅本资料进一步整理补充。二是进入志稿三审程序——8 月，纂稿组编辑统稿后先由村“两委会”一审，并组织村“五老”人员及相关人士预审其真实性，把好史料的事实关；9 月，一审稿修改后由昆山高新区村志编委会二审（复审），组织区相关部门专业人员对志稿史料的准确性、权威性进行审阅；11 月，复审稿修改后由昆山市地方志办公室组织专家终审（三审），并于年底召开志稿评审会议。

第四阶段，验收交付出版（2023 年 1 月至 6 月）。2 月起，编纂组根据昆山市地方志办公室终审意见和专家审读点评的意见，对志稿进行全面修改完善。4 月，将终审修改稿报送昆山市方志办验收、批准，再交付苏州大学出版社，进入编辑出版程序。

《新生村志》的编纂，既是对村域传统文化的继承与历史进程的记录，也是一项新时代精神文明建设的实事工程。《新生村志》在编纂过程中，得到了昆山高新区党政领导的高度重视与村志编纂办公室的帮助和指导，得到了新生村党总支部、村民委员会的关心和支持，得到了村“五老”同志及村民们的热情参与，得到了昆山市相关部门、有关人士的大力支持，编者在此表示衷心的感谢！

由于志书年限跨度大，档案资料匮乏，加上编者的水平有限，欠缺之处在所难免，敬请广大读者包容、指正！

《新生村志》编纂组

2023 年 10 月

昆山高新区（玉山镇）村志系列丛书

新生村志

村民家庭记载

XINSHENG CUNZHI CUNMIN JIATING JIZAI

昆山高新区（玉山镇）村志系列丛书编纂委员会 编

苏州大学出版社
Soochow University Press

图书在版编目（CIP）数据

新生村志. 村民家庭记载 / 顾立华主编 ；昆山高新区（玉山镇）村志系列丛书编纂委员会编. -- 苏州 ：苏州大学出版社，2023. 12

（昆山高新区（玉山镇）村志系列丛书）

ISBN 978-7-5672-4667-6

Ⅰ. ①新… Ⅱ. ①顾… ②昆… Ⅲ. ①村史−昆山 Ⅳ. ①K295. 35

中国国家版本馆 CIP 数据核字（2023）第 239754 号

新生村志　村民家庭记载

编　　者　昆山高新区（玉山镇）村志系列丛书编纂委员会
主　　编　顾立华
责任编辑　刘　俊
助理编辑　周　麒
装帧设计　刘　俊
出版发行　苏州大学出版社
地　　址　苏州市十梓街 1 号
邮　　编　215006
电　　话　0512-67481020
网　　址　http：// www.sudapress.com
邮　　箱　sdcbs@ suda.edu.cn
印　　刷　苏州市越洋印刷有限公司
开　　本　787 mm×1 092 mm　1/16　插页 16　印张 35. 5（共两册）　字数 597 千
版　　次　2023 年 12 月第 1 版
印　　次　2023 年 12 月第 1 次印刷
书　　号　ISBN 978-7-5672-4667-6
定　　价　120. 00 元（共两册）

目 录

村民家庭记载

村民家庭记载

新生村域，中华人民共和国成立前没有独立建制与命名。1958 年 9 月人民公社成立时，村域分属周墅公社陆桥大队与渔业大队。1959 年 6 月，周墅公社将陆桥大队分拆，新建一个农业生产大队，取名为“新生”，下辖 12 个生产队。1983 年 4 月，农村撤社建乡，生产大队改为建制村，村域归属陆杨乡新生村及水丰村。2001 年 8 月，陆杨镇建制村区划撤并，水丰村并入新生村。2003 年 8 月，昆山市区划调整，新生村划归玉山镇（2010 年更名昆山高新区）。是年 12 月，原陆杨镇陆桥村 1 组并入新生村。2020 年，新生村有 19 个村民小组，共 415 户，户籍人口 1456 人，村民均集中居住在美陆佳园——杨林社区。

《村民家庭记载》列表收集 397 户 1 800 名村民（含部分非新生户籍家庭成员）资料，悉数载入每户家庭的人口状况及重大事情，年限为 1949 年 10 月至 2020 年 12 月（部分家庭因各种缘由，不愿记载，故未收集）。所载“家庭成员”，以常住户籍登记为主，辅以部分迁移户及家属，旨在反映村落与宗族的人口延续性；所载“家庭大事”，记录每个家庭在住房、置产、创业、参军、学习、晋职、获奖等方面发生的大事喜事，以彰显中华人民共和国成立以来农民生活的发展与变化；“已故家属”一栏，主要录入昆山解放以后去世人员姓名，以示怀念。编撰本册，上可告慰祖宗，下可惠泽后代。

一、新生村村民小组、户数、人数一览表

新生村村民小组、户数、人数一览表

组别	户数/户	人数/人	男/人	女/人	组别	户数/户	人数/人	男/人	女/人
1	24	71	36	35	11	30	114	54	60
2	20	76	35	41	12	37	105	52	53
3	19	64	29	35	13	13	52	22	30
4	16	52	24	28	14	22	85	38	47
5	30	99	45	54	15	20	83	37	46
6	12	39	21	18	16	12	65	32	33
7	20	65	29	36	17	29	102	47	55
8	21	68	36	32	18	10	44	22	22
9	29	121	61	60	19	35	85	39	46
10	16	66	30	36	合计	415	1456	689	767

二、新生村村民家庭记载

新生村第 1 村民小组

	现有家属				已故家属（1949—2020 年）	
	姓名	与户主关系	出生年月	性别	称呼	姓名
家庭成员	周建生	户主	1958 年 2 月	男	祖父	陆志明
	陆巧珍	妻子	1961 年 11 月	女	祖母	陆梅玲
	陆秋育	女儿	1983 年 9 月	女	岳父	陆培良
	沈雪华	女婿	1982 年 12 月	男		
	沈熙诺	孙子	2007 年 10 月	男		
	陆熙泽	孙子	2014 年 11 月	男		
	陆菊兰	岳母	1940 年 12 月	女		
家庭大事	1978 年，周建生入伍，1983 年退伍 1982 年，翻建楼房 2008 年，购汽车 1 辆 2011 年，得动迁房 3 套					

<table>
<tr><td rowspan="8">家庭成员</td><td colspan="4">现有家属</td><td colspan="2">已故家属
(1949—2020 年)</td></tr>
<tr><td>姓名</td><td>与户主关系</td><td>出生年月</td><td>性别</td><td>称呼</td><td>姓名</td></tr>
<tr><td>陆雪良</td><td>户主</td><td>1965 年 1 月</td><td>男</td><td>祖父</td><td>陆志明</td></tr>
<tr><td>陆花珍</td><td>妻子</td><td>1966 年 4 月</td><td>女</td><td>祖母</td><td>陆梅玲</td></tr>
<tr><td>陆文杰</td><td>儿子</td><td>1988 年 3 月</td><td>男</td><td>岳父</td><td>陆培良</td></tr>
<tr><td>吴晓红</td><td>儿媳</td><td>1987 年 11 月</td><td>女</td><td></td><td></td></tr>
<tr><td>吴奕可</td><td>孙女</td><td>2013 年 10 月</td><td>女</td><td></td><td></td></tr>
<tr><td>陆菊兰</td><td>岳母</td><td>1940 年 12 月</td><td>女</td><td></td><td></td></tr>
<tr><td>家庭大事</td><td colspan="6">1982 年，翻建楼房
2006 年，陆文杰考入大学，2011 年获学士学位，同年进事业编参加工作
2006 年，吴晓红考入大学，2010 年获学士学位，同年进事业编参加工作
2008 年，动迁；2011 年，得动迁房 3 套
2011 年，购汽车 1 辆
2014 年，陆文杰获得苏州市五一劳动奖章
2016 年，购房屋 1 套</td></tr>
</table>

<table>
<tr><td rowspan="6">家庭成员</td><td colspan="4">现有家属</td><td colspan="2">已故家属
(1949—2020 年)</td></tr>
<tr><td>姓名</td><td>与户主关系</td><td>出生年月</td><td>性别</td><td>称呼</td><td>姓名</td></tr>
<tr><td>徐树伟</td><td>户主</td><td>1967 年 2 月</td><td>男</td><td></td><td></td></tr>
<tr><td>王　霞</td><td>妻子</td><td>1968 年 12 月</td><td>女</td><td></td><td></td></tr>
<tr><td>徐雁翔</td><td>长子</td><td>1994 年 5 月</td><td>男</td><td></td><td></td></tr>
<tr><td>徐雁南</td><td>次子</td><td>1995 年 8 月</td><td>男</td><td></td><td></td></tr>
<tr><td>家庭大事</td><td colspan="6">1993 年，购买楼房
2013 年，徐雁翔考入江苏理工大学，2017 年毕业
2013 年，徐雁南考入徐州医科大学，2017 年毕业
2016 年，购汽车 1 辆</td></tr>
</table>

<table>
<tr><td rowspan="8">家庭成员</td><td colspan="4">现有家属</td><td colspan="2">已故家属
（1949—2020 年）</td></tr>
<tr><td>姓名</td><td>与户主关系</td><td>出生年月</td><td>性别</td><td>称呼</td><td>姓名</td></tr>
<tr><td>陆小龙</td><td>户主</td><td>1954 年 11 月</td><td>男</td><td>父亲</td><td>陆招生</td></tr>
<tr><td>朱玉英</td><td>妻子</td><td>1953 年 6 月</td><td>女</td><td>母亲</td><td>陆大妹</td></tr>
<tr><td>陆建珍</td><td>女儿</td><td>1977 年 10 月</td><td>女</td><td></td><td></td></tr>
<tr><td>张庆标</td><td>女婿</td><td>1972 年 8 月</td><td>男</td><td></td><td></td></tr>
<tr><td>陆文雅</td><td>孙女</td><td>2001 年 7 月</td><td>女</td><td></td><td></td></tr>
<tr><td>张晓轩</td><td>孙女</td><td>2010 年 10 月</td><td>女</td><td></td><td></td></tr>
<tr><td>家庭大事</td><td colspan="6">2008 年，购汽车 1 辆
2010 年，购汽车 1 辆
2011 年，得动迁房 3 套
2019 年，陆文雅考入扬州大学</td></tr>
</table>

<table>
<tr><td rowspan="6">家庭成员</td><td colspan="4">现有家属</td><td colspan="2">已故家属
（1949—2020 年）</td></tr>
<tr><td>姓名</td><td>与户主关系</td><td>出生年月</td><td>性别</td><td>称呼</td><td>姓名</td></tr>
<tr><td>吴建清</td><td>户主</td><td>1969 年 9 月</td><td>男</td><td>祖父</td><td>吴品贤</td></tr>
<tr><td>沈建珍</td><td>妻子</td><td>1968 年 8 月</td><td>女</td><td>祖母</td><td>蒋巧妹</td></tr>
<tr><td>吴晓冬</td><td>儿子</td><td>1992 年 10 月</td><td>男</td><td>父亲</td><td>吴大毛</td></tr>
<tr><td>赵秀英</td><td>母亲</td><td>1948 年 6 月</td><td>女</td><td></td><td></td></tr>
<tr><td>家庭大事</td><td colspan="6">1985 年，翻建楼房
2011 年，得动迁房 3 套
2011 年，吴晓冬考入南京林业大学
2018 年，购汽车 1 辆</td></tr>
</table>

	现有家属				已故家属（1949—2020 年）	
	姓名	与户主关系	出生年月	性别	称呼	姓名
家庭成员	吴小毛	户主	1946 年 11 月	男		
	陆素英	妻子	1948 年 5 月	女		
	吴黎明	儿子	1975 年 1 月	男		
	张春红	儿媳	1975 年 9 月	女		
	吴张诺亚	孙子	2001 年 12 月	男		
家庭大事	1984 年，翻建楼房 2011 年，得动迁房 3 套 2011 年，购商品房 1 套 2014 年，购汽车 1 辆					

	现有家属				已故家属（1949—2020 年）	
	姓名	与户主关系	出生年月	性别	称呼	姓名
家庭成员	吴建良	户主	1946 年 6 月	男	岳父	吴金男
	吴妹花	妻子	1950 年 11 月	女	岳母	吴安娣
	项水忠	长婿	1968 年 12 月	男		
	吴月珍	长女	1969 年 1 月	女		
	吴峥嵘	孙子	1991 年 10 月	男		
	王仙琦	孙媳	1990 年 6 月	女		
	吴语照	重孙女	2015 年 12 月	女		
家庭大事	1974 年，草房改建瓦房 1982 年，建造楼房，面积为 250 平方米 1991 年，吴建良进教师编制 2011 年，得动迁房 3 套 2013 年，购汽车 1 辆 2014 年，购汽车 1 辆 2016 年，购汽车 2 辆					

	现有家属				已故家属（1949—2020 年）	
	姓名	与户主关系	出生年月	性别	称呼	姓名
家庭成员	吴金龙	户主	1952 年 5 月	男		
	吴　敏	女儿	1978 年 1 月	女		
	吴　强	儿子	1979 年 8 月	男		
	周　磊	儿媳	1980 年 2 月	女		
	吴　昊	孙子	2005 年 1 月	男		
家庭大事	1990 年，翻建楼房 1998 年，吴强入伍，2000 年退伍 2011 年，得动迁房 3 套					

	现有家属				已故家属（1949—2020 年）	
	姓名	与户主关系	出生年月	性别	称呼	姓名
家庭成员	吴雪弟	户主	1954 年 3 月	男	父亲	吴定伯
	姚大宝	妻子	1956 年 1 月	女	母亲	朱腊妹
	吴建刚	儿子	1981 年 5 月	男		
	张敬艳	儿媳	1980 年 7 月	女		
	吴宇航	孙子	2005 年 10 月	男		
家庭大事	1987 年，平房翻建楼房 2008 年，购汽车 1 辆 2014 年，购商品房 1 套					

	现有家属				已故家属（1949—2020年）	
	姓名	与户主关系	出生年月	性别	称呼	姓名
家庭成员	陆惠明	户主	1955年7月	男	妻子	盛雪珍
	陆　清	儿子	1978年6月	男		
	花　梅	儿媳	1978年8月	女		
	陆宇辰	孙子	2002年10月	男		
	陆　萍	女儿	1981年3月	女		
家庭大事	1974年，陆惠明入伍，1977年退伍 1985年，翻建三上三下楼房 2008年，购汽车1辆 2011年，得动迁房3套 2019年，购商品房1套					

	现有家属				已故家属（1949—2020年）	
	姓名	与户主关系	出生年月	性别	称呼	姓名
家庭成员	陆会中	户主	1964年9月	男	祖父	陆文华
	顾凤妹	妻子	1964年10月	女	祖母	朱氏
	陆　敏	女儿	1996年5月	女		
	陆弟观	父亲	1937年2月	男		
	龚梅英	母亲	1937年2月	女		
家庭大事	1959年4月14日，陆弟观在拓浚浏河工程中被苏州浏河水利工程昆山团评为一等水利模范 1979年，陆弟观被昆山县革命委员会评为农业劳动模范 1980年2月，陆弟观当选江苏省农业劳动模范先进单位代表 1990年，翻建楼房 2011年，得动迁房4套 2018年，陆敏从南京晓庄学院毕业 2019年，购汽车1辆					

	现有家属				已故家属（1949—2020年）	
	姓名	与户主关系	出生年月	性别	称呼	姓名
家庭成员	姚永兴	户主	1955年1月	男		
	吴雪珍	妻子	1956年2月	女		
	姚丽琴	女儿	1980年7月	女		
	姚佳怡	孙女	2002年9月	女		
	陈星佑	孙子	2012年1月	男		
家庭大事	2011年，得动迁房2套					

	现有家属				已故家属（1949—2020年）	
	姓名	与户主关系	出生年月	性别	称呼	姓名
家庭成员	吴林宝	户主	1949年10月	男		
	吴宝妹	妻子	1949年8月	女		
	吴　英	长女	1977年2月	女		
	吴逸霄	孙子	1998年8月	男		
	吴　洁	次女	1979年8月	女		
	蔡希雯	外孙女	2001年8月	女		
家庭大事	1980年，自建4间平房 1988年，建两层楼房 2017年，吴逸霄考入大学					

<table>
<tr><td rowspan="7">家庭成员</td><td colspan="4">现有家属</td><td colspan="2">已故家属
（1949—2020 年）</td></tr>
<tr><td>姓名</td><td>与户主关系</td><td>出生年月</td><td>性别</td><td>称呼</td><td>姓名</td></tr>
<tr><td>吴林生</td><td>户主</td><td>1947 年 7 月</td><td>男</td><td>父亲</td><td>吴祖康</td></tr>
<tr><td>浦玲妹</td><td>妻子</td><td>1948 年 6 月</td><td>女</td><td>母亲</td><td>李小妹</td></tr>
<tr><td>吴建平</td><td>儿子</td><td>1973 年 3 月</td><td>男</td><td></td><td></td></tr>
<tr><td>张学珍</td><td>儿媳</td><td>1972 年 4 月</td><td>女</td><td></td><td></td></tr>
<tr><td>吴　超</td><td>孙子</td><td>1996 年 12 月</td><td>男</td><td></td><td></td></tr>
<tr><td>家庭大事</td><td colspan="6">2010 年，购汽车 1 辆
2011 年，得动迁房 4 套
2015 年，吴超到宿迁读大学，2019 年毕业
2019 年，购汽车 1 辆</td></tr>
</table>

<table>
<tr><td rowspan="4">家庭成员</td><td colspan="4">现有家属</td><td colspan="2">已故家属
（1949—2020 年）</td></tr>
<tr><td>姓名</td><td>与户主关系</td><td>出生年月</td><td>性别</td><td>称呼</td><td>姓名</td></tr>
<tr><td>陆凤珍</td><td>户主</td><td>1968 年 8 月</td><td>女</td><td></td><td></td></tr>
<tr><td>顾潇彬</td><td>儿子</td><td>1991 年 9 月</td><td>男</td><td></td><td></td></tr>
<tr><td>家庭大事</td><td colspan="6">2010 年，顾潇彬考入盐城师范学院；2014 年毕业
2012 年，购商品房 1 套
2017 年，购汽车 1 辆</td></tr>
</table>

	现有家属				已故家属（1949—2020 年）	
家庭成员	姓名	与户主关系	出生年月	性别	称呼	姓名
	陆菊林	户主	1950 年 3 月	男	父亲	陆云良
	文传秀	妻子	1960 年 4 月	女	母亲	陆四宝
	陆建峰	儿子	1982 年 3 月	男		
家庭大事	2002 年，陆建峰考入新疆大学；2007 年考上新疆大学硕士研究生 2010 年，得动迁房 3 套 2010 年，购汽车 1 辆 2014 年，购商品房 1 套					

	现有家属				已故家属（1949—2020 年）	
家庭成员	姓名	与户主关系	出生年月	性别	称呼	姓名
	刘晓远	户主	1970 年 6 月	男		
	吴月芬	妻子	1974 年 7 月	女		
	刘嘉鹏	儿子	2000 年 9 月	男		
家庭大事	2008 年，购汽车 1 辆 2019 年，刘嘉鹏入伍					

	现有家属				已故家属（1949—2020 年）	
家庭成员	姓名	与户主关系	出生年月	性别	称呼	姓名
	陆小明	户主	1968 年 8 月	男		
	胡杏妹	母亲	1936 年 11 月	女		
家庭大事	1989 年，购吴大弟家老宅 1 套					

	现有家属				已故家属（1949—2020 年）	
家庭成员	姓名	与户主关系	出生年月	性别	称呼	姓名
	吴建龙	户主	1964 年 4 月	男		
	杜林珍	妻子	1965 年 5 月	女		
	吴　静	女儿	1987 年 10 月	女		
家庭大事	1986 年，翻建三下二上楼房 2006 年，吴静考入大学；2010 年毕业					

	现有家属				已故家属（1949—2020 年）	
家庭成员	姓名	与户主关系	出生年月	性别	称呼	姓名
	吴宝龙	户主	1962 年 10 月	男	母亲	邵小妹
	平金英	妻子	1962 年 6 月	女		
	吴燕华	女儿	1985 年 7 月	女		
家庭大事	2003 年，吴燕华考入南京师范大学；2007 年毕业 2011 年，得动迁房 2 套 2016 年，购汽车 1 辆					

	现有家属				已故家属（1949—2020 年）	
家庭成员	姓名	与户主关系	出生年月	性别	称呼	姓名
	吴伯元	户主	1955 年 8 月	男		
	陆雪英	妻子	1955 年 11 月	女		
	吴建峰	儿子	1980 年 4 月	男		
	吴葭陆	孙子	2006 年 2 月	男		
家庭大事	1985 年，购汽车 1 辆 2008 年，购别墅 1 幢 2011 年，得动迁房 3 套					

家庭成员	现有家属				已故家属（1949—2020 年）	
	姓名	与户主关系	出生年月	性别	称呼	姓名
	陆建华	户主	1967 年 1 月	男		
家庭大事	1982 年，建造三上三下楼房 1987 年，购商品房 1 套					

家庭成员	现有家属				已故家属（1949—2020 年）	
	姓名	与户主关系	出生年月	性别	称呼	姓名
	覃金芳	户主	1963 年 8 月	女		
	陆海平	儿子	1992 年 2 月	男		
家庭大事						

新生村第 2 村民小组

	现有家属				已故家属（1949—2020 年）	
	姓名	与户主关系	出生年月	性别	称呼	姓名
家庭成员	陆雪明	户主	1962 年 3 月	男	父亲	陆水根
	郁玲凤	妻子	1962 年 11 月	女	母亲	陆爱弟
	陆　剑	儿子	1985 年 1 月	男		
	宋齐齐	儿媳	1987 年 3 月	女		
	陆擎磊	孙子	2010 年 3 月	男		
家庭大事	1990 年，翻建两层楼房					

	现有家属				已故家属（1949—2020 年）	
	姓名	与户主关系	出生年月	性别	称呼	姓名
家庭成员	陆凤明	户主	1968 年 11 月	男	祖父	陆火宝
	朱惠珍	妻子	1966 年 3 月	女	祖母	陆桂妹
	陆佳娟	女儿	1991 年 10 月	女	父亲	陆阿其
	杨平平	女婿	1989 年 10 月	男		
	杨雨彤	孙女	2013 年 7 月	女		
	陆雨馨	孙女	2015 年 10 月	女		
家庭大事	1990 年，翻建二上二下楼房 2011 年，动迁至美陆佳园 2017 年，购汽车 1 辆					

	现有家属				已故家属（1949—2020 年）	
	姓名	与户主关系	出生年月	性别	称呼	姓名
家庭成员	陆永伯	户主	1943 年 4 月	男	父亲	陆志诚
	吴妹兰	妻子	1943 年 6 月	女	母亲	陆小娥
	陆卫星	儿子	1967 年 1 月	男		
	唐宝芳	儿媳	1966 年 3 月	女		
	陆嘉明	孙子	1990 年 12 月	男		
	陈　莉	孙媳	1990 年 12 月	女		
	陆一涵	重孙女	2018 年 2 月	女		
家庭大事	1988 年，翻建两层楼房 2002 年，购商品房 1 套 2008 年，购汽车 1 辆 2016 年，购商品房 1 套 2016 年，购汽车 1 辆					

	现有家属				已故家属（1949—2020 年）	
	姓名	与户主关系	出生年月	性别	称呼	姓名
家庭成员	龚凤元	户主	1968 年 11 月	男	祖父	龚弟生
	顾彩华	妻子	1967 年 7 月	女	祖母	王杏金
	龚豪杰	儿子	1992 年 10 月	男	叔父	龚惠宝
	周丁玉	父亲	1944 年 1 月	男		
	龚婉芬	母亲	1945 年 10 月	女		
家庭大事	1989 年，建两层楼房 2005 年，购商品房 1 套 2011 年，龚豪杰考入大学；2015 年毕业 2014 年，购汽车 1 辆					

<table>
<tr><td rowspan="7">家庭成员</td><td colspan="4">现有家属</td><td colspan="2">已故家属（1949—2020 年）</td></tr>
<tr><td>姓名</td><td>与户主关系</td><td>出生年月</td><td>性别</td><td>称呼</td><td>姓名</td></tr>
<tr><td>陆永兴</td><td>户主</td><td>1964 年 5 月</td><td>男</td><td>父亲</td><td>陆泉生</td></tr>
<tr><td>邹雪珍</td><td>妻子</td><td>1963 年 9 月</td><td>女</td><td>母亲</td><td>陆妹娣</td></tr>
<tr><td>陆敏嫌</td><td>女儿</td><td>1987 年 9 月</td><td>女</td><td></td><td></td></tr>
<tr><td>贺小飞</td><td>女婿</td><td>1987 年 10 月</td><td>男</td><td></td><td></td></tr>
<tr><td>贺谦润</td><td>外孙</td><td>2015 年 9 月</td><td>男</td><td></td><td></td></tr>
<tr><td>家庭大事</td><td colspan="6">1994 年，翻建三上三下楼房
2007 年，购商品房 1 套
2007 年，陆敏嫌考入大学；2011 年毕业
2008 年，得动迁房 3 套</td></tr>
</table>

<table>
<tr><td rowspan="5">家庭成员</td><td colspan="4">现有家属</td><td colspan="2">已故家属（1949—2020 年）</td></tr>
<tr><td>姓名</td><td>与户主关系</td><td>出生年月</td><td>性别</td><td>称呼</td><td>姓名</td></tr>
<tr><td>陆菊明</td><td>户主</td><td>1965 年 9 月</td><td>男</td><td>父亲</td><td>陆阿金</td></tr>
<tr><td>袁秋萍</td><td>妻子</td><td>1967 年 12 月</td><td>女</td><td></td><td></td></tr>
<tr><td>陆　燕</td><td>女儿</td><td>1989 年 7 月</td><td>女</td><td></td><td></td></tr>
<tr><td>家庭大事</td><td colspan="6">2001 年，翻建房屋
2008 年，陆燕考入大学
2012 年，陆燕购汽车 1 辆
2012 年，陆燕进教师编制</td></tr>
</table>

	现有家属				已故家属（1949—2020年）	
	姓名	与户主关系	出生年月	性别	称呼	姓名
家庭成员	陆建青	户主	1968年12月	男	父亲	陆阿雪
	张文玲	妻子	1967年10月	女		
	陆火音	女儿	1992年11月	女		
	唐文雄	女婿	1989年10月	男		
	唐奕芯	孙女	2015年1月	女		
	陆奕旸	孙子	2019年3月	男		
	浦爱玲	母亲	1946年12月	女		
家庭大事	1984年，建造三上三下楼房					

	现有家属				已故家属（1949—2020年）	
	姓名	与户主关系	出生年月	性别	称呼	姓名
家庭成员	许建华	户主	1965年6月	男	祖父	陆云良
	陆安琴	妻子	1965年12月	女	祖母	陆四宝
	陆　婷	女儿	1988年2月	女		
	陈　庆	女婿	1987年1月	男		
	陈星羽	孙女	2013年12月	女		
	陆星辰	孙子	2017年8月	男		
	陆菊良	岳父	1937年9月	男		
	唐彩珍	岳母	1933年10月	女		
家庭大事	1990年，翻建两层楼房 2006年，陈庆考入南京财经大学 2007年，陆婷考入泰州师范学院；2012年毕业进教师编制 2015年，购汽车1辆					

	现有家属				已故家属（1949—2020 年）	
	姓名	与户主关系	出生年月	性别	称呼	姓名
家庭成员	陆云龙	户主	1965 年 9 月	男	祖母	吴凤宝
	谭金英	妻子	1966 年 7 月	女	父亲	陆阿同
	陆　俊	儿子	1988 年 2 月	男		
	夏晓文	儿媳	1988 年 10 月	女		
	陆钇含	孙女	2019 年 5 月	女		
	陆秀珍	母亲	1944 年 4 月	女		
家庭大事	2007 年，陆俊考入大学；2011 年毕业 2007 年，夏晓文考入西安财经大学；2011 年毕业 2009 年，夏晓文加入中国共产党 2011 年，陆俊购汽车 1 辆 2018 年，夏晓文购汽车 1 辆					

	现有家属				已故家属（1949—2020 年）	
	姓名	与户主关系	出生年月	性别	称呼	姓名
家庭成员	陆阿龙	户主	1950 年 1 月	男	父亲	陆银生
	陆爱珍	妻子	1950 年 1 月	女	母亲	陆巧英
	陆建明	儿子	1971 年 1 月	男		
	李　珍	儿媳	1968 年 12 月	女		
	陆建珍	女儿	1973 年 3 月	女		
	陆旭怡	孙女	1993 年 9 月	女		
	陆辰浩	重孙	2016 年 4 月	男		
家庭大事	1988 年，翻建两层楼房 2006 年，购商品房 1 套 2008 年，购汽车 1 辆					

	现有家属				已故家属（1949—2020 年）	
	姓名	与户主关系	出生年月	性别	称呼	姓名
家庭成员	陆友龙	户主	1954 年 2 月	男	父亲	陆佰琴
	朱引珍	妻子	1953 年 5 月	女	母亲	陆大妹
	陆　丰	儿子	1979 年 2 月	男	儿媳	顾伟英
	陆文婕	孙女	2004 年 9 月	女		
	陆梓涵	孙女	2013 年 8 月	女		
家庭大事	1990 年，建三层楼房 2009 年，购别墅 1 幢 2011 年，动迁至美陆佳园 2012 年，购汽车 1 辆					

	现有家属				已故家属（1949—2020 年）	
	姓名	与户主关系	出生年月	性别	称呼	姓名
家庭成员	周宝兴	户主	1958 年 5 月	男	岳母	邢根英
	陆妹珍	妻子	1959 年 3 月	女		
	余　永	女婿	1982 年 9 月	男		
	陆　芳	女儿	1982 年 3 月	女		
	陆益州	孙子	2008 年 11 月	男		
	余致滔	孙子	2011 年 3 月	男		
家庭大事	1991 年，翻建三层楼房 2002 年，余永、陆芳考入南京人口管理干部学院；2006 年毕业 2005 年，购商品房 1 套 2010 年，购商品房 1 套 2013 年，购汽车 1 辆 2018 年，购汽车 1 辆 2020 年，购汽车 1 辆					

	现有家属				已故家属（1949—2020 年）	
家庭成员	姓名	与户主关系	出生年月	性别	称呼	姓名
	陆阿二	户主	1936 年 6 月	男	父亲	陆福生
	陆　斌	儿子	1977 年 9 月	男	母亲	陆大妹
	何　婧	儿媳	1978 年 12 月	女	妻子	邢根英
	陆启豪	孙子	2008 年 3 月	男		
家庭大事	1991 年，翻建三层楼房 2010 年，购商品房 1 套 2013 年，购汽车 1 辆 2016 年，购汽车 1 辆					

	现有家属				已故家属（1949—2020 年）	
家庭成员	姓名	与户主关系	出生年月	性别	称呼	姓名
	陆加清	户主	1956 年 2 月	男	父亲	陆阿三
	沈小妹	妻子	1957 年 3 月	女	母亲	陆小妹
	陆　翼	女儿	1981 年 11 月	女		
	陆吴琛	孙子	2016 年 3 月	男		
家庭大事	1951 至 1953 年，陆阿三参加志愿军抗美援朝 1989 年，翻建两层楼房 2016 年，购汽车 1 辆					

	现有家属				已故家属（1949—2020 年）	
家庭成员	姓名	与户主关系	出生年月	性别	称呼	姓名
	陆永林	户主	1950 年 1 月	男	父亲	陆泉生
	朱阿六	妻子	1950 年 10 月	女	母亲	陆妹娣
家庭大事	1979 年，翻建平房					

	现有家属				已故家属（1949—2020 年）	
	姓名	与户主关系	出生年月	性别	称呼	姓名
家庭成员	陆凤生	户主	1971 年 9 月	男	祖父	陆火宝
	董秀英	母亲	1945 年 11 月	女	祖母	陆桂妹
	施春兰	妻子	1969 年 3 月	女	父亲	陆阿其
	陆静静	女儿	1996 年 2 月	女		
家庭大事	2011 年，得美陆佳园动迁房 1 套 2015 年，购商品房 1 套					

	现有家属				已故家属（1949—2020 年）	
	姓名	与户主关系	出生年月	性别	称呼	姓名
家庭成员	陆其明	户主	1965 年 1 月	男		
	刘荧峻	儿子	1993 年 10 月	男		
家庭大事	2016 年，购汽车 1 辆					

	现有家属				已故家属（1949—2020 年）	
	姓名	与户主关系	出生年月	性别	称呼	姓名
家庭成员	陆雪男	户主	1967 年 2 月	男		
	徐金芬	妻子	1968 年 6 月	女		
	陆莹莹	女儿	1990 年 5 月	女		
	徐逸轩	外孙	2015 年 1 月	男		
家庭大事	1986 年，翻建平房					

<table>
<tr><td rowspan="5">家庭成员</td><td colspan="4">现有家属</td><td colspan="2">已故家属
（1949—2020 年）</td></tr>
<tr><td>姓名</td><td>与户主关系</td><td>出生年月</td><td>性别</td><td>称呼</td><td>姓名</td></tr>
<tr><td>龚凤泉</td><td>户主</td><td>1970 年 10 月</td><td>男</td><td></td><td></td></tr>
<tr><td>芦云桂</td><td>妻子</td><td>1970 年 10 月</td><td>女</td><td></td><td></td></tr>
<tr><td>龚思敏</td><td>女儿</td><td>1994 年 10 月</td><td>女</td><td></td><td></td></tr>
<tr><td>家庭大事</td><td colspan="6">1989 年，翻造两层楼房
2004 年，购商品房 1 套
2011 年，购汽车 1 辆
2013 年，龚思敏考入上海财经大学浙江学院；2017 年毕业</td></tr>
</table>

<table>
<tr><td rowspan="3">家庭成员</td><td colspan="4">现有家属</td><td colspan="2">已故家属
（1949—2020 年）</td></tr>
<tr><td>姓名</td><td>与户主关系</td><td>出生年月</td><td>性别</td><td>称呼</td><td>姓名</td></tr>
<tr><td>周菊妹</td><td>户主</td><td>1946 年 9 月</td><td>女</td><td>丈夫</td><td>陆永康</td></tr>
<tr><td>家庭大事</td><td colspan="6">2007 年，翻建平房</td></tr>
</table>

	现有家属				已故家属（1949—2020 年）	
	姓名	与户主关系	出生年月	性别	称呼	姓名
家庭成员	李　林	户主	1959 年 11 月	男	祖母	李佩珍
	顾凤花	妻子	1962 年 9 月	女	祖父	李鹏程
	李志英	长女	1987 年 10 月	女		
	蔡歆妍	孙女	2013 年 6 月	女		
	李志红	次女	1991 年 3 月	女		
	田国青	次婿	1989 年 10 月	男		
	李田馨	孙女	2013 年 1 月	女		
	田　甜	孙女	2016 年 1 月	女		
家庭大事	1997 年，翻建四下三上楼房 2010 年，购汽车 1 辆					

	现有家属				已故家属（1949—2020 年）	
	姓名	与户主关系	出生年月	性别	称呼	姓名
家庭成员	邵全宝	户主	1963 年 3 月	男	岳父	吴永泉
	吴雪琴	妻子	1965 年 1 月	女		
	吴兆君	长女	1986 年 4 月	女		
	邵　倩	次女	1990 年 8 月	女		
	吴云宝	岳母	1940 年 5 月	女		
家庭大事	1986 年，建造三下三上楼房 1997 年，建造平房三间					

	现有家属				已故家属（1949—2020 年）	
	姓名	与户主关系	出生年月	性别	称呼	姓名
家庭成员	陈雪元	户主	1946 年 4 月	男		
	沈凤金	妻子	1948 年 9 月	女		
	陈文琴	女儿	1967 年 12 月	女		
	陈泓宇	孙子	1990 年 9 月	男		
	陈佳暄	曾孙女	2019 年 9 月	女		
	朱珈玲	外孙女	2000 年 7 月	女		
家庭大事	1997 年，翻建三上三下楼房 2016 年，购汽车 1 辆					

	现有家属				已故家属（1949—2020 年）	
	姓名	与户主关系	出生年月	性别	称呼	姓名
家庭成员	戚桂平	户主	1945 年 10 月	男		
	吴婉金	妻子	1949 年 3 月	女		
	戚　勤	儿子	1971 年 5 月	男		
	项　青	儿媳	1971 年 2 月	女		
	戚诗语	孙女	1994 年 2 月	女		
家庭大事	1983 年，翻建四下三上楼房 2000 年，购汽车 1 辆 2017 年，戚勤和项青购别墅 1 幢					

	现有家属				已故家属（1949—2020 年）	
	姓名	与户主关系	出生年月	性别	称呼	姓名
家庭成员	周召龙	户主	1955 年 3 月	男		
	陈玉英	妻子	1958 年 4 月	女		
	周正华	儿子	1981 年 6 月	男		
	冯月华	儿媳	1980 年 11 月	女		
	周梓涵	孙子	2015 年 7 月	男		
	周　婷	孙女	2005 年 3 月	女		
家庭大事	1983 年，翻建三下三上楼房 2016 年，购汽车 1 辆					

	现有家属				已故家属（1949—2020 年）	
	姓名	与户主关系	出生年月	性别	称呼	姓名
家庭成员	吴建忠	户主	1969 年 5 月	男		
	徐美玲	妻子	1970 年 9 月	女		
	吴骏清	儿子	1992 年 10 月	男		
	吴可馨	孙女	2015 年 11 月	女		
家庭大事	1992 年，翻建三上三下楼房 2016 年，购汽车 1 辆					

	现有家属				已故家属（1949—2020年）	
	姓名	与户主关系	出生年月	性别	称呼	姓名
家庭成员	吴建国	户主	1972年1月	男		
	徐梅英	妻子	1970年12月	女		
	吴君涛	儿子	1995年3月	男		
	吴阿雪	父亲	1942年12月	男		
	周婉珍	母亲	1947年11月	女		
家庭大事	1992年，翻建三上三下楼房 2008年，动迁至美陆佳园 2014年，购汽车1辆 2016年，购汽车1辆					

	现有家属				已故家属（1949—2020年）	
	姓名	与户主关系	出生年月	性别	称呼	姓名
家庭成员	周召虎	户主	1948年8月	男	父亲	周仁宝
	李惠英	妻子	1953年1月	女	母亲	金云玉
	周振刚	长子	1974年10月	男		
	咸婉萍	长媳	1974年2月	女		
	周彦成	长孙	1998年6月	男		
家庭大事	1983年，翻建三上三下楼房 2016年，购汽车1辆					

<table>
<tr><td rowspan="9">家庭成员</td><td colspan="4">现有家属</td><td colspan="2">已故家属
（1949—2020 年）</td></tr>
<tr><td>姓名</td><td>与户主关系</td><td>出生年月</td><td>性别</td><td>称呼</td><td>姓名</td></tr>
<tr><td>吴三宝</td><td>户主</td><td>1939 年 7 月</td><td>女</td><td>丈夫</td><td>吴小弟</td></tr>
<tr><td>吴雪英</td><td>女儿</td><td>1962 年 8 月</td><td>女</td><td></td><td></td></tr>
<tr><td>王水明</td><td>女婿</td><td>1962 年 9 月</td><td>男</td><td></td><td></td></tr>
<tr><td>吴　清</td><td>孙子</td><td>1985 年 7 月</td><td>男</td><td></td><td></td></tr>
<tr><td>郭　聪</td><td>孙媳</td><td>1985 年 11 月</td><td>女</td><td></td><td></td></tr>
<tr><td>吴逸芝</td><td>重孙女</td><td>2011 年 7 月</td><td>女</td><td></td><td></td></tr>
<tr><td>郭逸明</td><td>重孙子</td><td>2015 年 11 月</td><td>男</td><td></td><td></td></tr>
<tr><td>家庭大事</td><td colspan="6">2003 年，吴清考入南京林业大学；2007 年毕业
2004 年，郭聪考入江南大学太湖学院；2008 年毕业
2005 年，购商品房 1 套
2008 年，得美陆佳园桂苑动迁房 2 套
2009 年，购汽车 1 辆
2010 年，购汽车 1 辆</td></tr>
</table>

<table>
<tr><td rowspan="7">家庭成员</td><td colspan="4">现有家属</td><td colspan="2">已故家属
（1949—2020 年）</td></tr>
<tr><td>姓名</td><td>与户主关系</td><td>出生年月</td><td>性别</td><td>称呼</td><td>姓名</td></tr>
<tr><td>吴解明</td><td>户主</td><td>1949 年 9 月</td><td>男</td><td>父亲</td><td>吴伯云</td></tr>
<tr><td>徐月英</td><td>妻子</td><td>1951 年 9 月</td><td>女</td><td>母亲</td><td>吴婉珍</td></tr>
<tr><td>吴　燕</td><td>女儿</td><td>1972 年 11 月</td><td>女</td><td></td><td></td></tr>
<tr><td>周　敏</td><td>女婿</td><td>1972 年 3 月</td><td>男</td><td></td><td></td></tr>
<tr><td>吴蕴慧</td><td>孙女</td><td>1995 年 6 月</td><td>女</td><td></td><td></td></tr>
<tr><td>家庭大事</td><td colspan="6">1983 年，翻建三上三下楼房
1990 年，周敏入伍；1993 年退伍
2008 年，吴蕴慧进教师编制
2013 年，购汽车 1 辆</td></tr>
</table>

家庭成员	现有家属				已故家属（1949—2020年）	
	姓名	与户主关系	出生年月	性别	称呼	姓名
	吴友强	户主	1971年2月	男		
	李勤萍	妻子	1972年11月	女		
	吴　成	儿子	1995年6月	男		
	吴伯良	父亲	1931年10月	男		
家庭大事	1985年，建造三上三下楼房					

家庭成员	现有家属				已故家属（1949—2020年）	
	姓名	与户主关系	出生年月	性别	称呼	姓名
	吴友兴	户主	1954年4月	男		
	吴玲珍	妻子	1954年2月	女		
家庭大事	1974年，吴友兴入伍；1978年退伍 1997年，建造平房三间					

家庭成员	现有家属				已故家属（1949—2020年）	
	姓名	与户主关系	出生年月	性别	称呼	姓名
	范水民	户主	1961年12月	男	父亲	范炳荣
	徐凤娟	妻子	1962年4月	女	母亲	许桃妹
	范亚婷	女儿	1986年2月	女		
家庭大事	1997年，翻建三上三下楼房					

家庭成员	现有家属				已故家属（1949—2020 年）	
	姓名	与户主关系	出生年月	性别	称呼	姓名
	吴友明	户主	1962 年 3 月	男		
	陈月琴	妻子	1963 年 6 月	女		
	吴佳怡	女儿	1985 年 6 月	女		
家庭大事	1997 年，建造平房 3 间 2015 年，购汽车 1 辆 2020 年，得动迁房 2 套					

家庭成员	现有家属				已故家属（1949—2020 年）	
	姓名	与户主关系	出生年月	性别	称呼	姓名
	李玉奇	户主	1945 年 9 月	男	妻子	吴全英
家庭大事	1983 年，翻建平房 4 间					

家庭成员	现有家属				已故家属（1949—2020 年）	
	姓名	与户主关系	出生年月	性别	称呼	姓名
	陆水生	户主	1965 年 1 月	男	岳父	范炳荣
	范水芳	妻子	1966 年 1 月	女	岳母	许桃妹
	范　健	儿子	1987 年 4 月	男	高职	
家庭大事	1953 至 1955 年，范炳荣参加抗美援朝志愿军 1954 年，范炳荣所在连队荣立集体三等功 1983 年，翻建三上三下楼房					

新生村第4村民小组

	现有家属				已故家属（1949—2020年）	
	姓名	与户主关系	出生年月	性别	称呼	姓名
家庭成员	王学明	户主	1958年7月	男	岳父	唐兴宝
	唐雪珍	妻子	1962年9月	女	岳母	唐小妹
	唐耀华	儿子	1983年7月	男		
	陶　金	儿媳	1985年3月	女		
	唐钰轩	孙子	2012年3月	男		
家庭大事	1990年，翻建四下三上楼房 2003年，唐耀华考入大学 2008年，购汽车1辆 2012年，在昆山市区购商品房1套					

	现有家属				已故家属（1949—2020年）	
	姓名	与户主关系	出生年月	性别	称呼	姓名
家庭成员	唐水全	户主	1945年12月	男	父亲	唐炳生
	张招玲	妻子	1948年11月	女	母亲	贾阿红
	唐丽萍	长女	1968年12月	女		
	凌永刚	长婿	1967年3月	男		
	唐丽惠	次女	1970年10月	女		
	唐莉英	三女	1973年7月	女		
	唐四妹	四女	1977年12月	女		
	唐　雯	孙女	1992年1月	女		
家庭大事	1976年，翻建平房4间 2015年，购汽车1辆					

<table>
<tr><td rowspan="5">家庭成员</td><td colspan="4">现有家属</td><td colspan="2">已故家属
（1949—2020 年）</td></tr>
<tr><td>姓名</td><td>与户主关系</td><td>出生年月</td><td>性别</td><td>称呼</td><td>姓名</td></tr>
<tr><td>唐凤岐</td><td>户主</td><td>1955 年 4 月</td><td>男</td><td>父亲</td><td>唐炳生</td></tr>
<tr><td>吴丽花</td><td>妻子</td><td>1958 年 1 月</td><td>女</td><td>母亲</td><td>贾阿红</td></tr>
<tr><td>唐晓梦</td><td>女儿</td><td>2004 年 11 月</td><td>女</td><td>儿子</td><td>唐晓亮</td></tr>
<tr><td>家庭大事</td><td colspan="6">1974 年 7 月，唐凤岐获苏州地区田径运动会 5000 米比赛第一名，创苏州市纪录，同年 9 月，参加江苏省第八届田径运动会
1975 至 1979 年，唐凤岐多次获昆山县环城长跑比赛第一名
1994 年 9 月 5 日，唐凤岐被评为昆山市优秀教育工作者
1997 年 6 月 13 日，唐凤岐被昆山市人民政府授予三等功
2003 年 9 月，唐凤岐被评为昆山市优秀教育工作者
2008 年 9 月，唐凤岐获昆山市农村教育贡献奖
2014 年，唐晓梦获“第四届‘青春中国’中港国际青少年文化艺术交流活动”香港总决赛小学组钢琴比赛金奖
2015 年，唐晓梦获“中华情艺术风采电视展演活动”华东赛区总决赛小学 B 组钢琴项目金奖
2016 年 9 月，唐凤岐获从事乡村教育工作满三十年荣誉证书
2017 年 12 月，唐晓梦获“2017 桃李智星・星耀未来——全国校园才艺展演活动”华东赛区总决赛初中组舞蹈项目金奖</td></tr>
</table>

<table>
<tr><td rowspan="7">家庭成员</td><td colspan="4">现有家属</td><td colspan="2">已故家属
（1949—2020 年）</td></tr>
<tr><td>姓名</td><td>与户主关系</td><td>出生年月</td><td>性别</td><td>称呼</td><td>姓名</td></tr>
<tr><td>吴周忠</td><td>户主</td><td>1960 年 2 月</td><td>男</td><td>父亲</td><td>吴泽民</td></tr>
<tr><td>刘艳云</td><td>妻子</td><td>1958 年 11 月</td><td>女</td><td></td><td></td></tr>
<tr><td>吴婷婷</td><td>女儿</td><td>1983 年 2 月</td><td>女</td><td></td><td></td></tr>
<tr><td>顾永刚</td><td>女婿</td><td>1981 年 5 月</td><td>男</td><td></td><td></td></tr>
<tr><td>顾君豪</td><td>孙子</td><td>2004 年 11 月</td><td>男</td><td></td><td></td></tr>
<tr><td>家庭大事</td><td colspan="6">1975 年，翻建平房 5 间
2016 年，购汽车 1 辆</td></tr>
</table>

家庭成员	现有家属				已故家属（1949—2020 年）	
	姓名	与户主关系	出生年月	性别	称呼	姓名
	唐建清	户主	1971 年 1 月	男	母亲	唐小白
	陶培菊	妻子	1970 年 11 月	女		
	唐　萍	女儿	1994 年 8 月	女		
	阚家麟	女婿	1992 年 11 月	男		
	阚昀芮	孙女	2020 年 1 月	女		
	唐后生	父亲	1937 年 2 月	男		
家庭大事	1980 年 3 月，建造平房 4 间一转居 1987 年，翻造四下三上楼房 2011 年，购汽车 1 辆					

家庭成员	现有家属				已故家属（1949—2020 年）	
	姓名	与户主关系	出生年月	性别	称呼	姓名
	徐坤林	户主	1956 年 8 月	男	父亲	徐小弟
	龚叙珍	妻子	1958 年 12 月	女		
	徐金华	儿子	1981 年 12 月	男		
	吴惠萍	儿媳	1979 年 12 月	女		
	徐馨怡	孙女	2009 年 7 月	女		
	徐昕辰	孙子	2012 年 2 月	男		
家庭大事	2000 年，徐金华考入北京理工大学 2011 年，购汽车 1 辆 2019 年，购汽车 1 辆					

	现有家属				已故家属（1949—2020 年）	
	姓名	与户主关系	出生年月	性别	称呼	姓名
家庭成员	王雪坤	户主	1954 年 8 月	男	祖父	徐义山
	费金翠	妻子	1953 年 11 月	女	祖母	李桂妹
	夏金伟	女婿	1979 年 11 月	男	祖父	王金根
	王勤芳	女儿	1978 年 1 月	女	祖母	王巧英
	夏子蓉	孙女	2004 年 4 月	女		
	王子恩	孙女	2004 年 4 月	女		
	王才生	父亲	1937 年 2 月	男		
	徐水英	母亲	1938 年 2 月	女		
家庭大事	1970 年 8 月，翻建平房 5 间 1982 年 5 月，改建楼房 3 上 4 下 1 平台、1 阁楼、3 间平瓦房 1996 年，被评为昆山市“五好家庭”，并出席表彰会议 2015 年，购汽车 1 辆、老人代步车 1 辆					

	现有家属				已故家属（1949—2020 年）	
	姓名	与户主关系	出生年月	性别	称呼	姓名
家庭成员	顾学文	户主	1969 年 1 月	男	父亲	顾海金
	陆雪英	妻子	1967 年 12 月	女		
	顾云蛟	儿子	1992 年 11 月	男		
	殷　虹	儿媳	1993 年 1 月	女		
	顾小妹	母亲	1937 年 9 月	女		
家庭大事	1987 年，顾学文入伍；1992 年退伍，其间荣立集体二等功 1 次 2011 年，顾云蛟考入大学；2015 年毕业，获法学、管理学双学士学位 2015 年，购商品房 1 套					

家庭成员	现有家属				已故家属（1949—2020年）	
	姓名	与户主关系	出生年月	性别	称呼	姓名
	顾立华	户主	1967年9月	男		
	唐建英	妻子	1967年12月	女		
	顾晓峰	儿子	1990年7月	男		
	姚宗菊	儿媳	1990年8月	女		
	顾子芊	孙女	2015年6月	女		
家庭大事	2014年，购汽车1辆 2016年，购商品房1套					

家庭成员	现有家属				已故家属（1949—2020年）	
	姓名	与户主关系	出生年月	性别	称呼	姓名
	顾宝明	户主	1957年8月	男	父亲	顾叙生
	龚玉英	妻子	1957年4月	女		
	顾爱金	母亲	1937年12月	女		
家庭大事	1988年，翻建四下三上楼房 2016年，购汽车1辆					

家庭成员	现有家属				已故家属（1949—2020年）	
	姓名	与户主关系	出生年月	性别	称呼	姓名
	顾学明	户主	1966年5月	男		
	宣小娟	妻子	1964年7月	女		
	顾维欢	女儿	1989年10月	女		
家庭大事	1993年，翻建三上三下楼房					

家庭成员	现有家属				已故家属（1949—2020 年）	
	姓名	与户主关系	出生年月	性别	称呼	姓名
	徐伯根	户主	1938 年 11 月	男		
	徐素珍	妻子	1938 年 7 月	女		
	徐　伟	儿子	1986 年 1 月	男		
家庭大事	1985 年，翻建三下二上楼房					

家庭成员	现有家属				已故家属（1949—2020 年）	
	姓名	与户主关系	出生年月	性别	称呼	姓名
	沈月芳	户主	1965 年 12 月	女	丈夫	徐凤清
	徐　敏	女儿	1988 年 12 月	女		
家庭大事	1984 年，徐凤清入伍；1987 年退伍；2009 年去世 1985 年，翻建三下二上楼房					

家庭成员	现有家属				已故家属（1949—2020 年）	
	姓名	与户主关系	出生年月	性别	称呼	姓名
	戴胜强	户主	1950 年 4 月	男	父亲	戴兆正
	张英萍	妻子	1955 年 8 月	女	母亲	孙梅娣
家庭大事	1991 年，翻建三上三下楼房					

家庭成员	现有家属				已故家属（1949—2020年）	
	姓名	与户主关系	出生年月	性别	称呼	姓名
	顾林华	户主	1970年7月	男		
	张月芳	妻子	1969年2月	女		
	顾　杰	儿子	1994年2月	男		
家庭大事	1990年，翻建二层楼房，面积共计180平方米 2014年，顾杰考入盐城工学院，毕业后获旅游管理学位证书 2017年，购汽车1辆					

家庭成员	现有家属				已故家属（1949—2020年）	
	姓名	与户主关系	出生年月	性别	称呼	姓名
	王永福	户主	1940年5月	男		
	顾大妹	妻子	1949年3月	女		
	顾立新	长子	1965年9月	男		
	顾妹华	四子	1973年6月	男		
家庭大事	1992年，翻造二上二下楼房					

新生村第 5 村民小组

	现有家属				已故家属（1949—2020 年）	
	姓名	与户主关系	出生年月	性别	称呼	姓名
家庭成员	张建兴	户主	1963 年 4 月	男	祖父	张仁伯
	张　晴	女儿	1986 年 8 月	女	父亲	张阿良
	王　祥	女婿	1984 年 11 月	男		
	张煜泽	孙子	2009 年 10 月	男		
	王宇成	孙子	2017 年 4 月	男		
家庭大事	1986 年，翻建二上二下楼房 2005 年，购汽车 1 辆					

	现有家属				已故家属（1949—2020 年）	
	姓名	与户主关系	出生年月	性别	称呼	姓名
家庭成员	张建平	户主	1970 年 2 月	男		
	徐玉芳	妻子	1972 年 8 月	女		
	张智涛	儿子	1994 年 6 月	男		
	张灏辰	孙子	2019 年 6 月	男		
	王阿玉	母亲	1942 年 10 月	女		
家庭大事	1998 年，建造房屋 4 间 2016 年，购汽车 1 辆					

	现有家属				已故家属（1949—2020年）	
家庭成员	姓名	与户主关系	出生年月	性别	称呼	姓名
	顾企良	户主	1942年8月	男	岳母	顾阿秀
	顾金兰	妻子	1941年4月	女	岳父	顾福泉
	顾惠明	儿子	1965年6月	男		
	王美娟	儿媳	1964年7月	女		
	顾文菁	孙女	1989年8月	女		
	顾恒竹	曾孙子	2016年11月	男		
家庭大事	1984年，翻建三上四下楼房 1991年，王美娟进行政编					

	现有家属				已故家属（1949—2020年）	
家庭成员	姓名	与户主关系	出生年月	性别	称呼	姓名
	周爱凤	户主	1950年5月	女	丈夫	宗来沙
	宗海芳	女儿	1974年6月	女		
	李世贤	女婿	1966年4月	男		
	宗　悦	孙女	1996年6月	女		
家庭大事	1992年，翻建四下三上楼房					

	现有家属				已故家属（1949—2020 年）	
	姓名	与户主关系	出生年月	性别	称呼	姓名
家庭成员	陆益昌	户主	1949 年 10 月	男	父亲	陆万华
	朱巧英	妻子	1949 年 4 月	女		
	陆文炳	儿子	1970 年 11 月	男		
	仇正琴	儿媳	1970 年 12 月	女		
	陆晨玲	孙女	1995 年 5 月	女		
家庭大事	1986 年，翻建四下三上楼房 2019 年，陆晨玲到韩国读书					

	现有家属				已故家属（1949—2020 年）	
	姓名	与户主关系	出生年月	性别	称呼	姓名
家庭成员	陆益明	户主	1965 年 5 月	男	母亲	陆秀英
	徐兰珍	妻子	1965 年 11 月	女		
	陆　伟	儿子	1988 年 7 月	男		
	陆檀君	孙女	2017 年 11 月	女		
家庭大事	1988 年，翻建四下三上楼房					

	现有家属				已故家属（1949—2020 年）	
	姓名	与户主关系	出生年月	性别	称呼	姓名
家庭成员	平建康	户主	1969 年 8 月	男	祖父	平巧元
	范培芳	妻子	1969 年 4 月	女	祖母	平宜宝
	平　叶	女儿	1992 年 10 月	女	祖母	蔡大妹
	平浦生	父亲	1947 年 1 月	男		
	陆巧女	母亲	1945 年 8 月	女		
家庭大事	1985 年，翻建四下三上楼房 2012 年，被评为昆山高新区第二届“文明和谐家庭”示范户 2014 年，平叶进教师编制 2016 年，购汽车 1 辆					

	现有家属				已故家属（1949—2020 年）	
	姓名	与户主关系	出生年月	性别	称呼	姓名
家庭成员	平　原	户主	1966 年 4 月	男	祖父	平松元
	娄　云	妻子	1978 年 11 月	女	祖母	平阿白
	平家钰	儿子	2006 年 1 月	男		
	平阿龙	父亲	1946 年 4 月	男		
	陆惠珍	母亲	1944 年 12 月	女		
家庭大事	1986 年，翻建三上三下楼房 2006 年，购汽车 1 辆					

	现有家属				已故家属（1949—2020 年）	
	姓名	与户主关系	出生年月	性别	称呼	姓名
家庭成员	平炳泉	户主	1964 年 10 月	男	父亲	平仁兴
	杜建芬	妻子	1966 年 12 月	女		
	平　娅	女儿	1990 年 2 月	女		
	平小妹	母亲	1937 年 1 月	女		
家庭大事	1980 年，翻建平房 4 间					

	现有家属				已故家属（1949—2020 年）	
	姓名	与户主关系	出生年月	性别	称呼	姓名
家庭成员	平建良	户主	1963 年 1 月	男	祖父	平仲良
	章建珍	妻子	1963 年 1 月	女		
	平　萍	女儿	1985 年 12 月	女		
	平陈怡	孙女	2009 年 5 月	女		
	徐艺歆	孙女	2016 年 3 月	女		
	平金男	父亲	1938 年 9 月	男		
	陆阿桃	母亲	1938 年 3 月	女		
家庭大事	1985 年，翻建楼房 2000 年，购商品房 1 套					

	现有家属				已故家属（1949—2020 年）	
	姓名	与户主关系	出生年月	性别	称呼	姓名
家庭成员	平建明	户主	1964 年 11 月	男		
	许雪琴	妻子	1965 年 11 月	女		
	平　华	女儿	1987 年 10 月	女		
	汪泽雨	孙子	2016 年 11 月	男		
家庭大事	1985 年，翻建楼房 1995 年，购汽车 1 辆 2018 年，购商品房 1 栋					

	现有家属				已故家属（1949—2020 年）	
	姓名	与户主关系	出生年月	性别	称呼	姓名
家庭成员	黄云林	户主	1962 年 10 月	男	父亲	黄春芝
	陆月珍	妻子	1962 年 7 月	女		
	黄　静	女儿	1989 年 5 月	女		
	黄依涵	孙女	2012 年 10 月	女		
	黄连喜	母亲	1936 年 12 月	女		
家庭大事	1983 年，建三上三下楼房					

<table>
<tr><td rowspan="8">家庭成员</td><td colspan="4">现有家属</td><td colspan="2">已故家属（1949—2020 年）</td></tr>
<tr><td>姓名</td><td>与户主关系</td><td>出生年月</td><td>性别</td><td>称呼</td><td>姓名</td></tr>
<tr><td>周　平</td><td>户主</td><td>1958 年 10 月</td><td>男</td><td></td><td></td></tr>
<tr><td>平凤珍</td><td>妻子</td><td>1960 年 6 月</td><td>女</td><td></td><td></td></tr>
<tr><td>周　清</td><td>儿子</td><td>1983 年 4 月</td><td>男</td><td></td><td></td></tr>
<tr><td>周　萍</td><td>儿媳</td><td>1984 年 2 月</td><td>女</td><td></td><td></td></tr>
<tr><td>周紫怡</td><td>孙女</td><td>2007 年 12 月</td><td>女</td><td></td><td></td></tr>
<tr><td>周梓宁</td><td>孙女</td><td>2014 年 7 月</td><td>女</td><td></td><td></td></tr>
<tr><td>家庭大事</td><td colspan="6">1989 年，翻建四下三上楼房
2009 年，购商品房 1 套
2015 年，购汽车 1 辆</td></tr>
</table>

<table>
<tr><td rowspan="6">家庭成员</td><td colspan="4">现有家属</td><td colspan="2">已故家属（1949—2020 年）</td></tr>
<tr><td>姓名</td><td>与户主关系</td><td>出生年月</td><td>性别</td><td>称呼</td><td>姓名</td></tr>
<tr><td>刁品华</td><td>户主</td><td>1961 年 10 月</td><td>男</td><td></td><td></td></tr>
<tr><td>刁永健</td><td>儿子</td><td>1986 年 11 月</td><td>男</td><td></td><td></td></tr>
<tr><td>黄传妹</td><td>妻子</td><td>1964 年 10 月</td><td>女</td><td></td><td></td></tr>
<tr><td>刁奕斐</td><td>孙女</td><td>2010 年 6 月</td><td>女</td><td></td><td></td></tr>
<tr><td>家庭大事</td><td colspan="6">1989 年，翻建四下三上楼房</td></tr>
</table>

<table>
<tr><td rowspan="4">家庭成员</td><td colspan="4">现有家属</td><td colspan="2">已故家属（1949—2020 年）</td></tr>
<tr><td>姓名</td><td>与户主关系</td><td>出生年月</td><td>性别</td><td>称呼</td><td>姓名</td></tr>
<tr><td>肖为伦</td><td>户主</td><td>1952 年 3 月</td><td>男</td><td>父亲</td><td>肖阿金</td></tr>
<tr><td></td><td></td><td></td><td></td><td>母亲</td><td>范秀珍</td></tr>
<tr><td>家庭大事</td><td colspan="6">1980 年，建造平房 2 间</td></tr>
</table>

家庭成员	现有家属				已故家属（1949—2020 年）	
	姓名	与户主关系	出生年月	性别	称呼	姓名
	肖伟仁	户主	1954 年 8 月	男	儿子	肖斌
家庭大事	1980 年，建造平房 2 间					

家庭成员	现有家属				已故家属（1949—2020 年）	
	姓名	与户主关系	出生年月	性别	称呼	姓名
	黄云亚	户主	1957 年 8 月	男	妻子	孙惠芳
	黄　强	儿子	1981 年 11 月	男		
	侯雅文	儿媳	1984 年 3 月	女		
	黄婧怡	孙女	2006 年 12 月	女		
家庭大事	1990 年，翻建三上四下楼房 2014 年，购汽车 1 辆					

家庭成员	现有家属				已故家属（1949—2020 年）	
	姓名	与户主关系	出生年月	性别	称呼	姓名
	宗雪琴	户主	1968 年 9 月	女		
	宗　妹	女儿	1990 年 9 月	女		
家庭大事	1994 年，翻建三上三下楼房 2009 年，宗妹考入江苏大学					

家庭成员	现有家属				已故家属（1949—2020 年）	
	姓名	与户主关系	出生年月	性别	称呼	姓名
	徐进文	户主	1955 年 2 月	男	岳父	陆金松
	陆小妹	妻子	1958 年 12 月	女	岳母	顾阿娥
	陆　萍	女儿	1981 年 5 月	女		
家庭大事	1990 年，翻建三上三下楼房					

家庭成员	现有家属				已故家属（1949—2020 年）	
	姓名	与户主关系	出生年月	性别	称呼	姓名
	平雪泉	户主	1967 年 12 月	男		
家庭大事	1988 年，翻建三下二上楼房					

家庭成员	现有家属				已故家属（1949—2020 年）	
	姓名	与户主关系	出生年月	性别	称呼	姓名
	宗雪林	户主	1971 年 3 月	男	祖父	宗云龙
	丁玉英	妻子	1973 年 3 月	女	父亲	宗阿水
	宗嘉斌	儿子	1994 年 4 月	男	母亲	奚小兰
					母亲	王小凤
家庭大事	1990 年，翻建四下三上楼房					

<table>
<tr><td rowspan="5">家庭成员</td><td colspan="4">现有家属</td><td colspan="2">已故家属
（1949—2020 年）</td></tr>
<tr><td>姓名</td><td>与户主关系</td><td>出生年月</td><td>性别</td><td>称呼</td><td>姓名</td></tr>
<tr><td>王宏芬</td><td>户主</td><td>1969 年 1 月</td><td>女</td><td></td><td></td></tr>
<tr><td>平伟东</td><td>丈夫</td><td>1968 年 10 月</td><td>男</td><td></td><td></td></tr>
<tr><td>平依芸</td><td>女儿</td><td>1992 年 7 月</td><td>女</td><td></td><td></td></tr>
<tr><td>家庭大事</td><td colspan="6">1986 年，平伟东入伍；1990 年退伍
2011 年，平依芸考入大学；2015 年参加工作；2018 年进教师编制</td></tr>
</table>

<table>
<tr><td rowspan="5">家庭成员</td><td colspan="4">现有家属</td><td colspan="2">已故家属
（1949—2020 年）</td></tr>
<tr><td>姓名</td><td>与户主关系</td><td>出生年月</td><td>性别</td><td>称呼</td><td>姓名</td></tr>
<tr><td>平建华</td><td>户主</td><td>1968 年 6 月</td><td>男</td><td>父亲</td><td>平阿雪</td></tr>
<tr><td>徐雪芬</td><td>妻子</td><td>1970 年 1 月</td><td>女</td><td>母亲</td><td>平巧林</td></tr>
<tr><td>平振佳</td><td>儿子</td><td>1996 年 11 月</td><td>男</td><td></td><td></td></tr>
<tr><td>家庭大事</td><td colspan="6">1992 年，翻建三下二上楼房
2015 年，平振佳考入江苏师范大学</td></tr>
</table>

<table>
<tr><td rowspan="4">家庭成员</td><td colspan="4">现有家属</td><td colspan="2">已故家属
（1949—2020 年）</td></tr>
<tr><td>姓名</td><td>与户主关系</td><td>出生年月</td><td>性别</td><td>称呼</td><td>姓名</td></tr>
<tr><td>祖菊妹</td><td>户主</td><td>1971 年 3 月</td><td>女</td><td></td><td></td></tr>
<tr><td>平婉琴</td><td>女儿</td><td>1994 年 6 月</td><td>女</td><td></td><td></td></tr>
<tr><td>家庭大事</td><td colspan="6">1988 年，翻建三下二上楼房
1999 年，购汽车 1 辆</td></tr>
</table>

家庭成员	现有家属				已故家属（1949—2020年）	
	姓名	与户主关系	出生年月	性别	称呼	姓名
	张林成	户主	1965年9月	男		
	平建芳	妻子	1967年9月	女		
	张　婷	女儿	1988年5月	女		
家庭大事	1986年，翻建三上五下楼房					

家庭成员	现有家属				已故家属（1949—2020年）	
	姓名	与户主关系	出生年月	性别	称呼	姓名
	祁　华	户主	1977年1月	男	母亲	沈红妹
	祁士洪	父亲	1951年2月	男		
家庭大事	1990年，翻建平房4间					

家庭成员	现有家属				已故家属（1949—2020年）	
	姓名	与户主关系	出生年月	性别	称呼	姓名
	查凤花	户主	1965年8月	女		
	朱仁杰	儿子	2004年1月	男		
家庭大事						

<table>
<tr><td rowspan="5">家庭成员</td><td colspan="4">现有家属</td><td colspan="2">已故家属（1949—2020 年）</td></tr>
<tr><td>姓名</td><td>与户主关系</td><td>出生年月</td><td>性别</td><td>称呼</td><td>姓名</td></tr>
<tr><td>张建国</td><td>户主</td><td>1966 年 7 月</td><td>男</td><td></td><td></td></tr>
<tr><td>房　艳</td><td>妻子</td><td>1979 年 10 月</td><td>女</td><td></td><td></td></tr>
<tr><td>张心茹</td><td>女儿</td><td>1999 年 8 月</td><td>女</td><td></td><td></td></tr>
<tr><td>家庭大事</td><td colspan="6">1986 年，建二上二下楼房</td></tr>
</table>

<table>
<tr><td rowspan="5">家庭成员</td><td colspan="4">现有家属</td><td colspan="2">已故家属（1949—2020 年）</td></tr>
<tr><td>姓名</td><td>与户主关系</td><td>出生年月</td><td>性别</td><td>称呼</td><td>姓名</td></tr>
<tr><td>平联宇</td><td>户主</td><td>1989 年 1 月</td><td>男</td><td></td><td></td></tr>
<tr><td>刘亚兰</td><td>妻子</td><td>1990 年 7 月</td><td>女</td><td></td><td></td></tr>
<tr><td>平欣悦</td><td>女儿</td><td>2016 年 12 月</td><td>女</td><td></td><td></td></tr>
<tr><td>家庭大事</td><td colspan="6">2016 年，购汽车 1 辆</td></tr>
</table>

<table>
<tr><td rowspan="6">家庭成员</td><td colspan="4">现有家属</td><td colspan="2">已故家属（1949—2020 年）</td></tr>
<tr><td>姓名</td><td>与户主关系</td><td>出生年月</td><td>性别</td><td>称呼</td><td>姓名</td></tr>
<tr><td>平伟清</td><td>户主</td><td>1970 年 10 月</td><td>男</td><td></td><td></td></tr>
<tr><td>沈美芳</td><td>妻子</td><td>1970 年 3 月</td><td>女</td><td></td><td></td></tr>
<tr><td>平振强</td><td>儿子</td><td>1994 年 3 月</td><td>男</td><td></td><td></td></tr>
<tr><td>沈丽婷</td><td>儿媳</td><td>1994 年 5 月</td><td>女</td><td></td><td></td></tr>
<tr><td>家庭大事</td><td colspan="6">1985 年，翻造四下三上楼房
2012 年，平振强考入吉林师范大学博达学院；2016 年毕业</td></tr>
</table>

新生村第 6 村民小组

	现有家属				已故家属（1949—2020 年）	
	姓名	与户主关系	出生年月	性别	称呼	姓名
家庭成员	赵建良	户主	1964 年 2 月	男		
	沈婉英	妻子	1965 年 4 月	女		
	赵　烨	儿子	1986 年 10 月	男		
	赵思羽	孙女	2014 年 11 月	女		
家庭大事	1985 年，翻建三下二上楼房 2005 年，购汽车 1 辆 2006 年，赵烨考入大学 2008 年，购商品房 1 套					

	现有家属				已故家属（1949—2020 年）	
	姓名	与户主关系	出生年月	性别	称呼	姓名
家庭成员	赵金元	户主	1964 年 1 月	男		
	唐雪琴	妻子	1964 年 8 月	女		
	赵妤玥	女儿	1987 年 8 月	女		
	赵伯林	父亲	1932 年 2 月	男		
	赵爱玲	母亲	1932 年 1 月	女		
家庭大事	1985 年，翻建三上三下楼房 2007 年，赵妤玥考入大学 2011 年，购汽车 1 辆					

	现有家属				已故家属（1949—2020 年）	
	姓名	与户主关系	出生年月	性别	称呼	姓名
家庭成员	张永新	户主	1972 年 2 月	男	母亲	华桂珍
	陆叶华	妻子	1974 年 10 月	女		
	张雨虹	女儿	1998 年 5 月	女		
	张春国	父亲	1936 年 4 月	男		
家庭大事	1985 年，购商品房 1 套					

	现有家属				已故家属（1949—2020 年）	
	姓名	与户主关系	出生年月	性别	称呼	姓名
家庭成员	张永明	户主	1966 年 4 月	男	母亲	华桂珍
	朱林妹	妻子	1966 年 8 月	女		
	张　斌	儿子	1990 年 3 月	男		
	张恩译	孙子	2013 年 1 月	男		
	薛封冠	孙子	2016 年 9 月	男		
家庭大事	1992 年，翻建三上三下楼房 2010 年，得 3 套动迁房 2016 年，购商品房 1 套					

	现有家属				已故家属（1949—2020 年）	
	姓名	与户主关系	出生年月	性别	称呼	姓名
家庭成员	李荣林	户主	1948 年 9 月	男		
	陆惠芳	妻子	1950 年 10 月	女		
	李　明	儿子	1977 年 4 月	男		
	严玉洁	儿媳	1980 年 3 月	女		
	李天城	孙子	2008 年 6 月	男		
家庭大事	1970 年，李荣林入伍；1975 年退伍 1986 年，翻建四下三上楼房 1997 年，李明考入大学 2011 年，得 3 套动迁房					

	现有家属				已故家属（1949—2020 年）	
	姓名	与户主关系	出生年月	性别	称呼	姓名
家庭成员	梅振康	户主	1970 年 9 月	男	父亲	梅仁雷
	李雪琴	妻子	1973 年 6 月	女		
	梅宝灵	儿子	1996 年 2 月	男		
	梅金珍	母亲	1949 年 10 月	女		
	唐惠龙	继父	1950 年 12 月	男		
家庭大事	1989 年，梅振康入伍；1992 年退伍 2011 年，梅宝灵读大专 2019 年，购商品房 1 套 2019 年，购汽车 1 辆					

	现有家属				已故家属（1949—2020年）	
	姓名	与户主关系	出生年月	性别	称呼	姓名
家庭成员	赵金龙	户主	1954年8月	男		
	王友花	妻子	1962年10月	女		
	赵　华	长子	1977年10月	男		
	赵　亮	次子	1979年12月	男		
	赵乐怡	女儿	1986年7月	女		
家庭大事	1983年，翻建三上三下楼房 2005年，购汽车1辆					

	现有家属				已故家属（1949—2020年）	
	姓名	与户主关系	出生年月	性别	称呼	姓名
家庭成员	赵建明	户主	1956年10月	男	父亲	赵小白
	荣凤兰	妻子	1958年3月	女		
	赵　娟	女儿	1981年10月	女		
	赵培兰	母亲	1934年8月	女		
家庭大事	1998年，翻建四上四下楼房 1999年，赵建明被评为昆山市劳动模范 2000年，赵娟考入扬州大学；2004年毕业后入教师编制 2003年，购商品房1套 2007年，购汽车1辆 2011年，得动迁房4套					

家庭成员	现有家属				已故家属（1949—2020 年）	
	姓名	与户主关系	出生年月	性别	称呼	姓名
	赵惠明	户主	1969 年 2 月	男	祖父	赵其宝
	赵心怡	女儿	1996 年 10 月	女	祖母	赵梅宝
	赵小妹	母亲	1936 年 10 月	女		
家庭大事						

家庭成员	现有家属				已故家属（1949—2020 年）	
	姓名	与户主关系	出生年月	性别	称呼	姓名
	赵建林	户主	1965 年 8 月	男		
	赵　友	儿子	1989 年 11 月	男		
	赵旭峰	孙子	2013 年 3 月	男		
家庭大事	1990 年 8 月，翻建三上三下楼房					

家庭成员	现有家属				已故家属（1949—2020 年）	
	姓名	与户主关系	出生年月	性别	称呼	姓名
	赵建生	户主	1968 年 1 月	男		
	龚玉英	妻子	1968 年 9 月	女		
	赵　琦	女儿	1992 年 10 月	女		
家庭大事	1986 年，建造四下三上楼房 2007 年，购汽车 1 辆 2008 年，购商品房 1 套					

	现有家属				已故家属（1949—2020年）	
家庭成员	姓名	与户主关系	出生年月	性别	称呼	姓名
	赵建平	户主	1966年12月	男		
	杜妹娟	妻子	1968年7月	女		
	赵静静	女儿	1989年4月	女		
家庭大事	1991年，翻建三上三下楼房 2011年，得动迁房3套 2008年，赵静静考入大学；2012年毕业					

新生村第 7 村民小组

家庭成员	现有家属				已故家属（1949—2020 年）	
	姓名	与户主关系	出生年月	性别	称呼	姓名
	周菊芳	户主	1952 年 9 月	女	婆婆	顾云娣
	顾瑞年	丈夫	1946 年 6 月	男	公公	顾爱福
	顾敏华	女儿	1977 年 12 月	女		
家庭大事	1970 年，造平房 3 间 1985 年，翻建四上四下楼房 1995 年，顾瑞年获评昆山市多管局先进个人 1997 年，顾瑞年省考进行政编					

家庭成员	现有家属				已故家属（1949—2020 年）	
	姓名	与户主关系	出生年月	性别	称呼	姓名
	顾金元	户主	1962 年 6 月	男	父亲	顾阿兴
	吴玲芬	妻子	1962 年 12 月	女		
	顾晓峰	儿子	1985 年 6 月	男		
	李晓岚	儿媳	1985 年 4 月	女		
	顾博文	孙子	2012 年 2 月	男		
	顾凤英	母亲	1938 年 7 月	女		
家庭大事	1987 年，翻建三上四下楼房 2003 年，顾晓峰考入南京工业大学；2007 年毕业 2003 年，李晓岚考入南京财经大学；2007 年毕业；2009 年硕士研究生毕业 2010 年，李晓岚入教师编制 2015 年，购别墅 1 幢 2017 年，购汽车 1 辆					

家庭成员	现有家属				已故家属（1949—2020 年）	
	姓名	与户主关系	出生年月	性别	称呼	姓名
	顾雪明	户主	1966 年 8 月	男	父亲	顾阿毛
	蔡雪芳	妻子	1966 年 1 月	女		
	顾雅萍	女儿	1989 年 2 月	女		
	龚阿金	母亲	1939 年 12 月	女		
家庭大事	1988 年，翻建三上四下楼房 2007 年，顾雅萍考入大学；2012 年参加工作；2013 年进事业编					

家庭成员	现有家属				已故家属（1949—2020 年）	
	姓名	与户主关系	出生年月	性别	称呼	姓名
	顾建强	户主	1971 年 11 月	男	祖父	顾佰楼
	杨锦华	妻子	1971 年 2 月	女	祖母	顾阿大
	顾煦晨	儿子	1995 年 3 月	男	父亲	顾祥云
	顾美娟	母亲	1948 年 12 月	女		
家庭大事	1980 年，翻建三间一转平房 1991 年，翻建三上三下楼房 2019 年，购汽车 1 辆					

	现有家属				已故家属（1949—2020 年）	
	姓名	与户主关系	出生年月	性别	称呼	姓名
家庭成员	顾建林	户主	1962 年 5 月	男		
	陆菊珍	妻子	1963 年 4 月	女		
	顾　萍	女儿	1985 年 6 月	女		
	任　达	女婿	1985 年 3 月	男		
	任哲彧	外孙女	2014 年 10 月	女		
	顾葭彧	外孙女	2019 年 10 月	女		
	顾阿玉	父亲	1930 年 6 月	男		
	顾阿翠	母亲	1933 年 9 月	女		
家庭大事	2000 年，购商品房 1 套 2003 年，顾萍考入大学；2007 年毕业，同年进行政编 2003 年，任达考入大学；2007 年毕业，同年进行政编 2013 年，购汽车 1 辆					

	现有家属				已故家属（1949—2020 年）	
	姓名	与户主关系	出生年月	性别	称呼	姓名
家庭成员	顾阿二	户主	1953 年 11 月	男		
	陆婉琴	妻子	1957 年 6 月	女		
	顾　明	儿子	1979 年 10 月	男		
	张卫群	儿媳	1978 年 8 月	女		
	顾景荣	孙子	2007 年 9 月	男		
家庭大事	1971 年，顾阿二入伍；1975 年退伍 1986 年，翻建楼房 2011 年，购汽车 1 辆					

<table>
<tr><td rowspan="5">家庭成员</td><td colspan="4">现有家属</td><td colspan="2">已故家属
（1949—2020 年）</td></tr>
<tr><td>姓名</td><td>与户主关系</td><td>出生年月</td><td>性别</td><td>称呼</td><td>姓名</td></tr>
<tr><td>顾凤明</td><td>户主</td><td>1964 年 9 月</td><td>男</td><td></td><td></td></tr>
<tr><td>戴玉珍</td><td>妻子</td><td>1966 年 2 月</td><td>女</td><td></td><td></td></tr>
<tr><td>顾　莹</td><td>女儿</td><td>1992 年 1 月</td><td>女</td><td></td><td></td></tr>
<tr><td>家庭大事</td><td colspan="6">1991 年，翻建三上三下楼房
2012 年，顾莹考入江苏大学；2016 年毕业参加工作，同年进事业编
2014 年，购汽车 1 辆
2014 年，购商品房 1 套</td></tr>
</table>

<table>
<tr><td rowspan="7">家庭成员</td><td colspan="4">现有家属</td><td colspan="2">已故家属
（1949—2020 年）</td></tr>
<tr><td>姓名</td><td>与户主关系</td><td>出生年月</td><td>性别</td><td>称呼</td><td>姓名</td></tr>
<tr><td>顾凤元</td><td>户主</td><td>1958 年 2 月</td><td>男</td><td>父亲</td><td>顾再福</td></tr>
<tr><td>沈妹芳</td><td>妻子</td><td>1957 年 7 月</td><td>女</td><td>母亲</td><td>顾月妹</td></tr>
<tr><td>顾　燕</td><td>女儿</td><td>1981 年 9 月</td><td>女</td><td></td><td></td></tr>
<tr><td>崔光耀</td><td>女婿</td><td>1975 年 11 月</td><td>男</td><td></td><td></td></tr>
<tr><td>顾菁瑶</td><td>孙女</td><td>2003 年 11 月</td><td>女</td><td></td><td></td></tr>
<tr><td>家庭大事</td><td colspan="6">1968 年，建三间一转平房
1990 年，翻建三上三下楼房
2017 年，购汽车 1 辆</td></tr>
</table>

	现有家属				已故家属（1949—2020 年）	
	姓名	与户主关系	出生年月	性别	称呼	姓名
家庭成员	戴奎元	户主	1963 年 1 月	男		
	顾建芬	妻子	1964 年 4 月	女		
	顾　丹	女儿	1988 年 4 月	女		
	顾妹珍	母亲	1938 年 10 月	女		
家庭大事	1982 年，戴奎元入伍；1987 年退伍 1988 年，翻建三层楼房 2014 年，顾丹进事业编 2014 年，购汽车 1 辆					

	现有家属				已故家属（1949—2020 年）	
	姓名	与户主关系	出生年月	性别	称呼	姓名
家庭成员	顾雪林	户主	1968 年 10 月	男	父亲	顾叙兴
	戴卫娟	妻子	1967 年 2 月	女		
	顾卓珺	女儿	1991 年 6 月	女		
	赵秀珍	母亲	1946 年 7 月	女		
家庭大事	1990 年，翻建三上四下楼房 2010 年，顾卓珺考入大学；2014 年毕业 2019 年，购汽车 1 辆					

家庭成员	现有家属				已故家属（1949—2020 年）	
	姓名	与户主关系	出生年月	性别	称呼	姓名
	顾卫元	户主	1965 年 8 月	男		
	倪小珍	妻子	1967 年 11 月	女		
	顾毅杰	儿子	1988 年 11 月	男		
	汪凤莉	儿媳	1989 年 11 月	女		
	顾胜涵	孙子	2012 年 5 月	男		
	汪泽宇	孙子	2014 年 8 月	男		
家庭大事	1987 年，翻建三上四下楼房 2008 年，顾毅杰入伍；2010 年退伍 2010 年，顾毅杰获优秀士兵荣誉 2010 年，购汽车 1 辆					

家庭成员	现有家属				已故家属（1949—2020 年）	
	姓名	与户主关系	出生年月	性别	称呼	姓名
	顾士龙	户主	1953 年 4 月	男		
	张玲妹	妻子	1956 年 8 月	女		
	顾　茜	女儿	1979 年 12 月	女		
	顾斯祎	孙子	2004 年 2 月	男		
家庭大事	1989 年，翻建三上四下楼房					

	现有家属				已故家属（1949—2020 年）	
	姓名	与户主关系	出生年月	性别	称呼	姓名
家庭成员	赵瑞菊	户主	1954 年 9 月	女	父亲	张普生
	张金林	丈夫	1953 年 4 月	男	母亲	陈爱娣
	张　燕	女儿	1977 年 4 月	女		
	周　萌	女婿	1973 年 12 月	男		
	张　琴	女儿	1979 年 1 月	女		
家庭大事	1960 年，张普生荣获全国水利先进生产者称号 1969 年，张金林入伍；1971 年退伍 1976 年，新建三上三下二层楼房 1978 年，张金林到昆山农机修造厂工作 2018 年，购汽车 1 辆					

	现有家属				已故家属（1949—2020 年）	
	姓名	与户主关系	出生年月	性别	称呼	姓名
家庭成员	陆雪芳	户主	1955 年 9 月	女	母亲	王梅兰
	顾琴华	女儿	1979 年 8 月	女	丈夫	顾全忠
	梁宝丰	女婿	1972 年 12 月	男		
	顾丽亚	孙女	1996 年 8 月	女	父亲	顾厚良
	顾梁梁	孙子	2007 年 1 月	男		
家庭大事	1988 年，翻建四上四下楼房					

家庭成员	现有家属				已故家属（1949—2020 年）	
	姓名	与户主关系	出生年月	性别	称呼	姓名
	金银娥	户主	1963 年 6 月	女		
	顾祝霞	女儿	1987 年 4 月	女		
家庭大事	1987 年，翻建三上三下楼房 2014 年，购汽车 1 辆					

家庭成员	现有家属				已故家属（1949—2020 年）	
	姓名	与户主关系	出生年月	性别	称呼	姓名
	顾雪娥	户主	1966 年 5 月	女		
	朱雨辰	儿子	1987 年 10 月	男		
	朱恒睿	孙子	2016 年 5 月	男		
家庭大事	2009 年，购商品房 1 套 2012 年，购汽车 1 辆					

家庭成员	现有家属				已故家属（1949—2020 年）	
	姓名	与户主关系	出生年月	性别	称呼	姓名
	顾建明	户主	1962 年 4 月	男		
	顾金花	妹妹	1964 年 11 月	女		
家庭大事	1985 年，翻建二层楼房 2006 年，购商品房 1 套 2014 年，购汽车 1 辆					

家庭成员	现有家属				已故家属（1949—2020 年）	
	姓名	与户主关系	出生年月	性别	称呼	姓名
	顾建英	户主	1962 年 4 月	女	父亲	顾阿文
	顾　斌	儿子	1985 年 8 月	男		
	顾梓祺	孙女	2009 年 10 月	女		
家庭大事	1988 年，翻建三层楼房 2009 年，购汽车 1 辆					

家庭成员	现有家属				已故家属（1949—2020 年）	
	姓名	与户主关系	出生年月	性别	称呼	姓名
	顾雪华	户主	1964 年 2 月	男		
家庭大事	1987 年，翻建三上三下二层楼房					

新生村第 8 村民小组

	现有家属				已故家属（1949—2020 年）	
	姓名	与户主关系	出生年月	性别	称呼	姓名
家庭成员	王忠林	户主	1973 年 10 月	男		
	张　千	妻子	1975 年 6 月	女		
	王　立	女儿	1996 年 3 月	女		
	胡凤英	母亲	1952 年 10 月	女		
家庭大事	1984 年，翻建四上四下楼房 2011 年，王立考入苏州医药科技学校 2018 年，购汽车 1 辆					

	现有家属				已故家属（1949—2020 年）	
	姓名	与户主关系	出生年月	性别	称呼	姓名
家庭成员	王阿全	户主	1950 年 2 月	男	妻子	刘翠英
	王丽君	女儿	1979 年 8 月	女		
	汪继锋	女婿	1979 年 5 月	男		
	王雯萱	孙女	2006 年 1 月	女		
家庭大事	1986 年，翻建三上三下楼房 1986 年，购商品房 1 套 2016 年，购汽车 1 辆					

	现有家属				已故家属（1949—2020 年）	
	姓名	与户主关系	出生年月	性别	称呼	姓名
家庭成员	王宝歧	户主	1956 年 6 月	男	父亲	王友生
	张雪宝	妻子	1958 年 7 月	女	母亲	王阿娥
	王　吉	儿子	1981 年 10 月	男		
	周　佳	儿媳	1982 年 2 月	女		
	王适宸	孙女	2006 年 5 月	女		
家庭大事	2000 年，王吉考入东南大学 2004 年，王吉被选调到苏州质量技术监督局工作 2012 年，王吉考入美国华盛顿大学商学院；2014 年硕士毕业后暂留美国工作					

	现有家属				已故家属（1949—2020 年）	
	姓名	与户主关系	出生年月	性别	称呼	姓名
家庭成员	王福明	户主	1949 年 9 月	男		
	陈巧珍	妻子	1952 年 4 月	女		
	王　华	儿子	1974 年 5 月	男		
	洪春香	儿媳	1975 年 3 月	女		
	王思琦	孙女	2000 年 11 月	女		
家庭大事	1988 年，建造三上三下楼房					

	现有家属				已故家属（1949—2020 年）	
	姓名	与户主关系	出生年月	性别	称呼	姓名
家庭成员	王建明	户主	1957 年 2 月	男	父亲	王平生
	张彩萍	妻子	1957 年 4 月	女	母亲	陈阿月
	王　斌	儿子	1981 年 7 月	男		
	姜林林	儿媳	1984 年 4 月	女		
	王文昊	孙子	2005 年 9 月	男		
家庭大事	1980 年，翻造四上四下楼房 1999 年，购商品房 1 套					

	现有家属				已故家属（1949—2020 年）	
	姓名	与户主关系	出生年月	性别	称呼	姓名
家庭成员	王阿二	户主	1949 年 4 月	男	父亲	王友生
	陆凤娟	妻子	1952 年 6 月	女	母亲	王阿娥
	王　建	儿子	1973 年 11 月	男		
	倪凤珍	儿媳	1974 年 3 月	女		
	王希正	孙女	2014 年 2 月	女		
	王　蕴	孙女	1997 年 1 月	女		
家庭大事	1999 年，翻建三上三下楼房 2007 年，购商品房 1 套					

	现有家属				已故家属（1949—2020 年）	
	姓名	与户主关系	出生年月	性别	称呼	姓名
家庭成员	王阿小	户主	1947 年 9 月	男	妻子	俞小琴
	王卫国	儿子	1972 年 6 月	男		
	胡主琴	儿媳	1976 年 12 月	女		
	王一琨	孙子	2000 年 3 月	男		
家庭大事	1992 年，翻建两层楼房 1998 年，购商品房 1 套					

	现有家属				已故家属（1949—2020 年）	
	姓名	与户主关系	出生年月	性别	称呼	姓名
家庭成员	耿存娣	户主	1965 年 1 月	女	丈夫	王伟忠
	王大明	长子	1986 年 7 月	男		
	王大权	次子	1989 年 9 月	男		
	张亚飞	次媳	1992 年 9 月	女		
家庭大事	1992 年，购王金龙三上四下楼房 2017 年，购汽车 1 辆					

	现有家属				已故家属（1949—2020年）	
	姓名	与户主关系	出生年月	性别	称呼	姓名
家庭成员	刘春山	户主	1953年4月	男	父亲	刘基银
	朱巧珍	妻子	1954年11月	女	母亲	刘菊英
	刘胜华	长子	1976年5月	男		
	周　燕	长媳	1979年10月	女		
	刘　奥	孙子	2001年7月	男		
	刘建华	次子	1978年5月	男		
家庭大事	1993年，刘胜华考入大学；1996年任教师至今 1996年，翻建两层楼房 1996年，买汽车1辆 1996年，刘建华入伍；1999年退伍 2004年，刘建华自己办厂至今 2015年，刘胜华购商品房1套					

	现有家属				已故家属（1949—2020年）	
	姓名	与户主关系	出生年月	性别	称呼	姓名
家庭成员	袁建明	户主	1962年6月	男	父亲	袁家宽
	徐水勤	妻子	1962年8月	女		
	袁玉婷	女儿	1985年11月	女		
	马立华	女婿	1983年12月	男		
	袁　泽	孙子	2010年12月	男		
	马　译	孙子	2016年12月	男		
	朱小扣	母亲	1934年4月	女		
家庭大事	2003年，袁玉婷、马立华考入大学 2009年，购商品房1套 2015年，购别墅1幢 2017年，购汽车1辆					

家庭成员	现有家属				已故家属（1949—2020 年）	
	姓名	与户主关系	出生年月	性别	称呼	姓名
	王宝林	户主	1963 年 12 月	男		
	干杏英	妻子	1964 年 3 月	女		
	王　维	儿子	1988 年 4 月	男		
家庭大事	1982 年，王宝林入伍；1986 年退伍 1986 年，翻建四下三上楼房 1998 年，购红峰二村店面房 2005 年，购商品房 1 套 2007 年，王维考入吉林建筑工程学院 2010 年，购汽车 1 辆					

家庭成员	现有家属				已故家属（1949—2020 年）	
	姓名	与户主关系	出生年月	性别	称呼	姓名
	刘　勇	户主	1961 年 3 月	男	父亲	刘金裕
	谢玲妹	妻子	1964 年 8 月	女	母亲	杨德娟
	刘　佳	女儿	1988 年 8 月	女		
	施小平	女婿	1987 年 9 月	男		
	施丞远	外孙	2014 年 8 月	男		
	刘致远	外孙	2019 年 9 月	男		
家庭大事	1979 年，刘勇入伍；1984 年退伍，曾参加对越自卫反击临战训练 1983 年，刘勇入党 1986 年，第 1 次建房，将泥草屋翻建成三间砖瓦房 1994 年，第 2 次建房，将砖瓦房翻建成两层楼房 2000 年，刘佳从江西财经大学毕业 2000 年，刘佳考入中国建设银行工作 2003 年，购商品房 1 套 2008 年，购汽车 1 辆 2008 年，购商品房 1 套					

	现有家属				已故家属（1949—2020 年）	
	姓名	与户主关系	出生年月	性别	称呼	姓名
家庭成员	刘宝根	户主	1964 年 9 月	男	父亲	刘金裕
	沈月萍	妻子	1969 年 1 月	女	母亲	杨德娟
	刘雨鑫	儿子	1991 年 6 月	男		
	王晓婷	儿媳	1991 年 10 月	女		
	刘铄源	孙子	2017 年 3 月	男		
	王铄寒	孙子	2019 年 1 月	男		
家庭大事	1990 年，翻建三下二上房屋 2010 年，刘雨鑫考入南京金陵学院 2010 年，购商品房 1 套 2015 年，购汽车 1 辆 2017 年，购汽车 1 辆					

	现有家属				已故家属（1949—2020 年）	
	姓名	与户主关系	出生年月	性别	称呼	姓名
家庭成员	王宏明	户主	1964 年 8 月	男	父亲	王德华
	王平香	妻子	1963 年 11 月	女	母亲	翟小龙
	王伟成	儿子	1989 年 7 月	男		
	张　静	儿媳	1989 年 5 月	女		
	王昱杰	孙子	2016 年 4 月	男		
家庭大事	1987 年，购陈建强三上四下楼房 2008 年，张静到淮安读大学；2012 年毕业 2010 年，购商品房 1 套 2015 年，购汽车 1 辆 2016 年，购汽车 1 辆					

	现有家属				已故家属（1949—2020 年）	
	姓名	与户主关系	出生年月	性别	称呼	姓名
家庭成员	王鹤荣	户主	1955 年 12 月	男	父亲	王成桃
	沈苏兰	妻子	1959 年 2 月	女	母亲	沈粉英
	王红斌	儿子	1984 年 12 月	男		
	陈　玲	媳妇	1985 年 6 月	女		
	王子鑫	孙子	2008 年 2 月	男		
	陈子怡	孙女	2010 年 7 月	女		
	王红琴	女儿	1980 年 12 月	女		
	闻建龙	女婿	1984 年 3 月	男		
	闻若彤	外孙女	2011 年 11 月	女		
家庭大事	1999 年，翻建四下三上楼房 2019 年，王红斌购汽车 1 辆 2019 年，购商品房 1 套					

	现有家属				已故家属（1949—2020 年）	
家庭成员	姓名	与户主关系	出生年月	性别	称呼	姓名
	刘广友	户主	1962 年 3 月	男	父亲	刘基银
	陈银娣	妻子	1964 年 4 月	女	母亲	刘菊英
	刘　伟	儿子	1986 年 9 月	男		
家庭大事	1981 年，刘广友入伍；1983 年退伍 1988 年，建造三上四下楼房 2005 年，刘伟考入大学；2009 年毕业					

家庭成员	现有家属				已故家属（1949—2020 年）	
	姓名	与户主关系	出生年月	性别	称呼	姓名
	王永兴	户主	1955 年 2 月	男	父亲	王伯根
	陆金珍	妻子	1957 年 7 月	女		
	王云云	女儿	1980 年 12 月	女		
	邵大妹	母亲	1934 年 12 月	女		
家庭大事	1984 年，翻建三上四下二层楼房					

家庭成员	现有家属				已故家属（1949—2020 年）	
	姓名	与户主关系	出生年月	性别	称呼	姓名
	邹金兰	户主	1940 年 8 月	女	丈夫	芦双喜
	邹小萍	儿子	1973 年 5 月	男		
	邹秋萍	女儿	1964 年 8 月	女		
	杨奇闻	外孙女	1990 年 10 月	女		
家庭大事						

家庭成员	现有家属				已故家属（1949—2020 年）	
	姓名	与户主关系	出生年月	性别	称呼	姓名
	王金传	户主	1953 年 4 月	男		
	朱根翠	妻子	1956 年 3 月	女		
家庭大事	2015 年，得动迁房 1 套					

	现有家属				已故家属（1949—2020 年）	
	姓名	与户主关系	出生年月	性别	称呼	姓名
家庭成员	唐卫龙	户主	1957 年 4 月	男		
	项秀玲	妻子	1961 年 8 月	女		
	唐建峰	儿子	1984 年 12 月	男		
	罗欢欢	儿媳	1987 年 1 月	女		
	唐圣杰	孙子	2010 年 8 月	男		
家庭大事	1996 年，翻建三上三下楼房 2004 年，唐建峰入伍；2006 年退伍，其间获评优秀士兵、荣获三等功 2017 年，购汽车一辆					

	现有家属				已故家属（1949—2020 年）	
	姓名	与户主关系	出生年月	性别	称呼	姓名
家庭成员	唐金宝	户主	1950 年 1 月	男		
	冯大妹	妻子	1951 年 5 月	女		
	唐理洲	儿子	1974 年 12 月	男		
	陈月琴	儿媳	1975 年 12 月	女		
	唐　菲	孙女	1997 年 11 月	女		
家庭大事	1998 年，翻建三上三下楼房 2007 年，购商品房 1 套 2011 年，购汽车一辆 2013 年，唐菲考入苏州建设交通高等职业技术学院 2018 年，唐菲考入苏州大学					

	现有家属				已故家属（1949—2020 年）	
	姓名	与户主关系	出生年月	性别	称呼	姓名
家庭成员	吴根梅	户主	1949 年 9 月	男		
	王服林	妻子	1953 年 7 月	女		
	吴学忠	儿子	1975 年 7 月	男		
	黄　辉	儿媳	1976 年 1 月	女		
	吴浩正	孙子	1998 年 11 月	男		
	吴浩闻	孙子	2010 年 4 月	男		
家庭大事	1996 年，购商铺 1 间 1999 年，购商品房 1 套 2000 年，翻建房屋 2002 年，购汽车 1 号 2004 年，购商品房 1 套 2005 年，购商品房 1 套 2009 年，自行创办企业 2010 年，购汽车 1 辆 2017 年，吴浩正考入河南工业大学 2018 年，购汽车 2 辆 2019 年，吴浩正入党					

	现有家属				已故家属（1949—2020 年）	
	姓名	与户主关系	出生年月	性别	称呼	姓名
家庭成员	唐建林	户主	1970 年 7 月	男	祖父	唐荣生
	唐勤芳	妻子	1971 年 6 月	女	祖母	冯云娣
	唐夏君	女儿	1994 年 6 月	女	母亲	沈阿英
	唐根宝	父亲	1935 年 7 月	男		
家庭大事	1998 年，翻建 2 层楼房 2012 年，唐夏君考入南通大学；2016 年获学士学位					

	现有家属				已故家属（1949—2020 年）	
	姓名	与户主关系	出生年月	性别	称呼	姓名
家庭成员	邹雪明	户主	1965 年 4 月	男	祖父	邹长宝
	朱兰珍	妻子	1965 年 2 月	女	祖母	李爱宝
	邹晔扬	儿子	1991 年 5 月	男	父亲	邹梅良
	王　静	儿媳	1993 年 10 月	女		
	邹晗玥	孙女	2019 年 8 月	女		
家庭大事	1984 年，邹雪明入伍；1989 年退伍 1986 年，邹雪明在部队荣获三等功 2000 年，翻建三上三下房屋 2010 年，邹晔扬考入淮阴工学院 2015 年，购商品房 1 套 2015 年，购汽车 1 辆					

	现有家属				已故家属（1949—2020 年）	
	姓名	与户主关系	出生年月	性别	称呼	姓名
家庭成员	周雪峰	户主	1966 年 12 月	男		
	丁文娟	妻子	1967 年 5 月	女		
	邹叶青	儿子	1989 年 8 月	男		
	甘丽静	儿媳	1988 年 3 月	女		
	邹　奕	孙子	2016 年 10 月	男		
家庭大事	2008 年，邹叶青考入大学；2012 年毕业 2011 年，购商品房 1 套 2014 年，购汽车 1 辆					

<table>
<tr><td rowspan="8">家庭成员</td><th colspan="4">现有家属</th><th colspan="2">已故家属
（1949—2020 年）</th></tr>
<tr><th>姓名</th><th>与户主关系</th><th>出生年月</th><th>性别</th><th>称呼</th><th>姓名</th></tr>
<tr><td>邹小弟</td><td>户主</td><td>1950 年 12 月</td><td>男</td><td>父亲</td><td>邹月礼</td></tr>
<tr><td>周阿白</td><td>妻子</td><td>1952 年 5 月</td><td>女</td><td>母亲</td><td>夏阿六</td></tr>
<tr><td>周　华</td><td>长子</td><td>1977 年 5 月</td><td>男</td><td></td><td></td></tr>
<tr><td>丁米芳</td><td>儿媳</td><td>1978 年 6 月</td><td>女</td><td></td><td></td></tr>
<tr><td>邹静雅</td><td>孙女</td><td>2001 年 12 月</td><td>女</td><td></td><td></td></tr>
<tr><td>邹　林</td><td>次子</td><td>1978 年 11 月</td><td>男</td><td></td><td></td></tr>
<tr><td>家庭大事</td><td colspan="6">1971 年，邹小弟入伍；1976 年退伍
1994 年，翻建三上三下楼房
2011 年，购汽车 1 辆</td></tr>
</table>

<table>
<tr><td rowspan="7">家庭成员</td><th colspan="4">现有家属</th><th colspan="2">已故家属
（1949—2020 年）</th></tr>
<tr><th>姓名</th><th>与户主关系</th><th>出生年月</th><th>性别</th><th>称呼</th><th>姓名</th></tr>
<tr><td>邹雪元</td><td>户主</td><td>1966 年 1 月</td><td>男</td><td>曾祖母</td><td>邹梅保</td></tr>
<tr><td>黄小妹</td><td>妻子</td><td>1968 年 2 月</td><td>女</td><td>父亲</td><td>邹佰良</td></tr>
<tr><td>邹晨怡</td><td>女儿</td><td>1988 年 12 月</td><td>女</td><td></td><td></td></tr>
<tr><td>邹子瑞</td><td>孙子</td><td>2016 年 12 月</td><td>男</td><td></td><td></td></tr>
<tr><td>张瑞娣</td><td>母亲</td><td>1937 年 4 月</td><td>女</td><td></td><td></td></tr>
<tr><td>家庭大事</td><td colspan="6">1994 年，翻建房屋
2011 年，邹晨怡考取大学；2015 年获学士学位
2012 年，购汽车 1 辆</td></tr>
</table>

	现有家属				已故家属（1949—2020 年）	
	姓名	与户主关系	出生年月	性别	称呼	姓名
家庭成员	邹雪昌	户主	1968 年 7 月	男		
	田颂文	妻子	1970 年 12 月	女		
	邹凌远	儿子	1992 年 10 月	男		
	邹渊渟	孙子	2018 年 7 月	男		
	周会云	母亲	1945 年 6 月	女		
家庭大事	2003 年，翻建房屋 2011 年，邹凌远考入南京工程学院					

	现有家属				已故家属（1949—2020 年）	
	姓名	与户主关系	出生年月	性别	称呼	姓名
家庭成员	张兴元	户主	1954 年 8 月	男	妻子	邹惠珍
	邹　燕	长女	1980 年 11 月	女	岳父	邹叙宝
	黄永杰	长婿	1981 年 11 月	男	岳母	邹阿三
	黄邹晨	孙女	2007 年 7 月	女		
	邹　洁	次女	1986 年 3 月	女		
	马　斌	次婿	1986 年 6 月	男		
	马　寅	孙子	2011 年 9 月	男		
	邹舒然	孙女	2015 年 12 月	女		
家庭大事	1986 年，翻建四上四下楼房 1999 年，邹燕考入中国人民解放军炮兵学院 2005 年，邹洁考入南京财经大学 2012 年，购汽车 1 辆 2017 年，购汽车 1 辆					

家庭成员	现有家属				已故家属（1949—2020年）	
	姓名	与户主关系	出生年月	性别	称呼	姓名
	徐惠芬	户主	1959年11月	女	丈夫	邹阿毛
	邹　斌	儿子	1981年8月	男	公公	邹永福
	丁志林	儿媳	1982年5月	女		
	邹振宇	孙子	2004年9月	男		
家庭大事	1990年，翻建三上三下楼房 2015年，购汽车1辆 2020年，购商品房1套					

家庭成员	现有家属				已故家属（1949—2020年）	
	姓名	与户主关系	出生年月	性别	称呼	姓名
	丁大美	户主	1953年4月	男	妻子	杨龙珍
	丁党林	女儿	1976年11月	女		
	李俊林	女婿	1972年2月	男		
	丁海鹏	孙子	1996年1月	男		
家庭大事	2000年，购平房3间					

	现有家属				已故家属（1949—2020年）	
	姓名	与户主关系	出生年月	性别	称呼	姓名
家庭成员	王国伟	户主	1957年10月	男	父亲	王正情
	黄春兰	妻子	1956年2月	女	母亲	沈小忙
	王广燕	长女	1981年11月	女		
	焦洪禹	长婿	1978年10月	男		
	焦子奥	长孙	2008年10月	男		
家庭大事	2004年，王广燕从长春理工大学本科毕业 2007年，购商品房1套 2011年，购汽车1辆					

	现有家属				已故家属（1949—2020年）	
	姓名	与户主关系	出生年月	性别	称呼	姓名
家庭成员	张建新	户主	1964年10月	男	曾祖母	邹白妹
	邹友芬	妻子	1967年2月	女	祖父	张守成
	张　斌	儿子	1987年11月	男	祖母	陆引娣
	叶维洁	儿媳	1984年2月	女	母亲	张芬英
	张佑怡	孙女	2013年6月	女		
	叶元麒	孙子	2016年1月	男		
	张克勤	父亲	1940年12月	男		
家庭大事	1982年，翻建三上三下楼房 1996年，购商品房1套 2004年，购商品房1套 2016年，购汽车1辆					

<table>
<tr><td rowspan="8">家庭成员</td><td colspan="4">现有家属</td><td colspan="2">已故家属
（1949—2020 年）</td></tr>
<tr><td>姓名</td><td>与户主关系</td><td>出生年月</td><td>性别</td><td>称呼</td><td>姓名</td></tr>
<tr><td>张建平</td><td>户主</td><td>1967 年 10 月</td><td>男</td><td>曾祖母</td><td>邹白妹</td></tr>
<tr><td>丁丽芳</td><td>妻子</td><td>1970 年 11 月</td><td>女</td><td>祖父</td><td>张守成</td></tr>
<tr><td>张艳泓</td><td>女儿</td><td>1991 年 8 月</td><td>女</td><td>祖母</td><td>陆引娣</td></tr>
<tr><td>邹鹤卿</td><td>女婿</td><td>1992 年 3 月</td><td>男</td><td>母亲</td><td>张芬英</td></tr>
<tr><td>邹语欣</td><td>孙女</td><td>2020 年 6 月</td><td>女</td><td></td><td></td></tr>
<tr><td>张克勤</td><td>父亲</td><td>1940 年 12 月</td><td>男</td><td></td><td></td></tr>
<tr><td>家庭大事</td><td colspan="6">1983 年，建造楼房，面积为 240 平方米
2005 年，购别墅 1 幢
2010 年，张艳泓考入苏州大学应用技术学院
2010 年，购汽车 1 辆
2012 年，邹鹤卿入伍；2014 年退伍
2015 年，购汽车 1 辆</td></tr>
</table>

<table>
<tr><td rowspan="6">家庭成员</td><td colspan="4">现有家属</td><td colspan="2">已故家属
（1949—2020 年）</td></tr>
<tr><td>姓名</td><td>与户主关系</td><td>出生年月</td><td>性别</td><td>称呼</td><td>姓名</td></tr>
<tr><td>张炳泉</td><td>户主</td><td>1963 年 7 月</td><td>男</td><td>父亲</td><td>张生林</td></tr>
<tr><td>赵建芬</td><td>妻子</td><td>1966 年 12 月</td><td>女</td><td></td><td></td></tr>
<tr><td>张　超</td><td>儿子</td><td>1988 年 11 月</td><td>男</td><td></td><td></td></tr>
<tr><td>俞四宝</td><td>母亲</td><td>1942 年 4 月</td><td>女</td><td></td><td></td></tr>
<tr><td>家庭大事</td><td colspan="6">2005 年，购汽车 1 辆
2006 年，张超考入江苏大学
2014 年，购商品房 1 套</td></tr>
</table>

	现有家属				已故家属（1949—2020年）	
	姓名	与户主关系	出生年月	性别	称呼	姓名
家庭成员	张建良	户主	1957年11月	男		
	俞梅芳	妻子	1958年2月	女		
	张　瑜	女儿	1981年7月	女		
	张子琦	孙女	2004年10月	女		
家庭大事	1989年，翻建三上三下楼房 1997年，张瑜考入苏州市艺术学校 2000年，购商品房1套 2014年，购商品房1套					

	现有家属				已故家属（1949—2020年）	
	姓名	与户主关系	出生年月	性别	称呼	姓名
家庭成员	唐惠明	户主	1952年12月	男	母亲	陆阿六
	唐玉英	妻子	1955年7月	女		
	唐雪峰	儿子	1979年1月	男		
	查永燕	儿媳	1981年5月	女		
	唐佳怡	孙女	2004年3月	女		
家庭大事	1987年，建造两层楼房 2000年，购商品房1套 2013年，购商品房1套 2016年，购汽车1辆 2018年，购汽车1辆					

	现有家属				已故家属（1949—2020年）	
	姓名	与户主关系	出生年月	性别	称呼	姓名
家庭成员	于渭华	户主	1936年5月	男		
	于五金	妻子	1938年2月	女		
	于汉荣	儿子	1968年7月	男		
	杨运菊	儿媳	1971年1月	女		
	于海明	孙子	1991年8月	男		
家庭大事	1980年，建造平房3间					

	现有家属				已故家属（1949—2020年）	
	姓名	与户主关系	出生年月	性别	称呼	姓名
家庭成员	张生堂	户主	1952年7月	男		
	王桂英	妻子	1955年9月	女		
	张树琴	女儿	1978年8月	女		
	张梓强	孙子	1999年12月	男		
	张晓琴	女儿	1982年2月	女		
	孙颢洋	外孙	2004年4月	男		
家庭大事	1973年，张生堂入伍；1976年退伍 1976年，张生堂入党 1992年，建造楼房 2010年，购商品房1套 2013年，购汽车1辆 2020年，张梓强入伍					

	现有家属				已故家属（1949—2020 年）	
	姓名	与户主关系	出生年月	性别	称呼	姓名
家庭成员	张根富	户主	1956 年 4 月	男	祖父	张惠生
	张玉珍	妻子	1958 年 6 月	女	岳父	张阿全
	张　莉	长女	1981 年 8 月	女		
	田　松	长婿	1979 年 2 月	男		
	田张怡	孙女	2005 年 9 月	女		
	张　静	次女	1987 年 5 月	女		
	李　晶	次婿	1987 年 8 月	男		
	张雨诺	孙女	2015 年 9 月	女		
	张雨辰	孙女	2018 年 6 月	女		
家庭大事	1985 年，建三上三下楼房 2019 年，购汽车 1 辆 2020 年，购汽车 1 辆					

	现有家属				已故家属（1949—2020 年）	
	姓名	与户主关系	出生年月	性别	称呼	姓名
家庭成员	张友良	户主	1961 年 3 月	男	祖母	许桂英
	方　梅	妻子	1961 年 8 月	女	父亲	张冬生
	张工博	儿子	1993 年 5 月	男	母亲	邵雪英
	宋晨燕	儿媳	1993 年 3 月	女		
	张颂南夕	孙女	2020 年 4 月	女		
	张　方	女儿	1985 年 7 月	女		
	冯　义	女婿	1987 年 4 月	男		
	冯子旬	外孙	2013 年 12 月	男		
	冯予旬	外孙	2017 年 12 月	男		
家庭大事	2008 年，张方从淮阴工学院本科毕业 2013 年，购汽车 1 辆 2016 年，张工博从南京财经大学本科毕业 2016 年，购汽车 1 辆 2017 年，购商品房 1 套					

	现有家属				已故家属（1949—2020 年）	
	姓名	与户主关系	出生年月	性别	称呼	姓名
家庭成员	张宝良	户主	1963 年 11 月	男	祖母	许桂英
	黄丽君	妻子	1970 年 10 月	女	父亲	张冬生
	张　锦	女儿	1990 年 5 月	女	母亲	邵雪英
	黄徐敏	女儿	1994 年 12 月	女		
家庭大事	1980 年，张宝良入伍；1984 年退伍 1989 年，建造房屋 2009 年，张锦考入江苏师范大学 2012 年，购汽车 1 辆 2013 年，黄徐敏考入南京医科大学					

	现有家属				已故家属（1949—2020 年）	
	姓名	与户主关系	出生年月	性别	称呼	姓名
家庭成员	邹大弟	户主	1948 年 2 月	男	父亲	邹月礼
	杨惠芬	妻子	1951 年 10 月	女	母亲	夏阿六
	邹雪娟	长女	1969 年 12 月	女		
	姚金荣	女婿	1965 年 4 月	男		
	姚　晨	孙女	1993 年 4 月	女		
	邹　剑	长子	1972 年 1 月	男		
	莫晓萍	儿媳	1973 年 4 月	女		
	邹涵旭	孙子	1999 年 7 月	男		
家庭大事	1997 年，购汽车 1 辆 2005 年，购汽车 1 辆 2010 年，购亭林路店面房，面积为 1000 平方米 2012 年，购别墅 1 幢 2012 年，购汽车 1 辆 2013 年，姚晨考入南京师范大学 2017 年，邹涵旭至美国留学					

	现有家属				已故家属（1949—2020 年）	
	姓名	与户主关系	出生年月	性别	称呼	姓名
家庭成员	唐玉林	户主	1962 年 7 月	男	祖父	邹祖生
	邹雪琴	妻子	1964 年 9 月	女	祖母	邹星娥
	邹　浩	儿子	1985 年 10 月	男	岳母	邹婉金
	杜月花	儿媳	1986 年 1 月	女		
	邹梓轩	孙子	2011 年 12 月	男		
	邹福明	岳父	1941 年 12 月	男		
家庭大事	1987 年，翻建四上四下楼房 1998 年，购商品房 1 套 2004 年，邹浩考入中国人民解放军南京政治学院 2006 年，购汽车 1 辆 2008 年，购别墅 1 幢 2019 年，购汽车 2 辆					

	现有家属				已故家属（1949—2020 年）	
	姓名	与户主关系	出生年月	性别	称呼	姓名
家庭成员	邹　敏	户主	1985 年 8 月	男		
	陈红梅	妻子	1985 年 5 月	女		
	邹陈晨	女儿	2008 年 12 月	女		
	邹陈锦	儿子	2014 年 7 月	男		
	盛玉琴	母亲	1963 年 9 月	女		
家庭大事	1994 年，翻建三上三下楼房 2000 年，邹敏考入常州机械学校 2004 年，购汽车 1 辆 2007 年，购商品房 1 套					

	现有家属				已故家属（1949—2020 年）	
家庭成员	姓名	与户主关系	出生年月	性别	称呼	姓名
	王鹤华	户主	1969 年 4 月	男		
	王秀平	妻子	1972 年 11 月	女		
	王红君	儿子	1994 年 3 月	男		
家庭大事	1991 年，翻建三上三下楼房 2017 年，王红君从常州大学本科毕业 2018 年，购汽车 1 辆					

	现有家属				已故家属（1949—2020 年）	
家庭成员	姓名	与户主关系	出生年月	性别	称呼	姓名
	唐惠川	户主	1945 年 12 月	男		
	张打扣	妻子	1947 年 7 月	女		
	唐小平	儿子	1971 年 12 月	男		
家庭大事	1987 年，翻建三上三下楼房					

	现有家属				已故家属（1949—2020 年）	
家庭成员	姓名	与户主关系	出生年月	性别	称呼	姓名
	张雪娟	户主	1966 年 3 月	女		
	王建华	丈夫	1967 年 7 月	男		
	王　芳	女儿	1990 年 1 月	女		
家庭大事	2006 年，购丰田汽车 1 辆 2007 年，王芳考入苏州大学 2012 年，购别墅 1 幢					

新生村第 10 村民小组

	现有家属				已故家属（1949—2020 年）	
	姓名	与户主关系	出生年月	性别	称呼	姓名
家庭成员	赵阿兴	户主	1949 年 12 月	男	父亲	赵银生
	沈梅珍	妻子	1953 年 11 月	女	母亲	赵小金
	赵　刚	儿子	1975 年 12 月	男		
	查洪芳	儿媳	1975 年 2 月	女		
	赵思雨	孙女	1998 年 11 月	女		
家庭大事	1985 年，翻建三上三下楼房 2012 年，购昆山港龙建材商铺 1 套 2014 年，赵思雨考入苏州市吴中技师学院会计专业 2016 年，购汽车 1 辆 2019 年，购汽车 1 辆					

	现有家属				已故家属（1949—2020 年）	
	姓名	与户主关系	出生年月	性别	称呼	姓名
家庭成员	赵建华	户主	1969 年 12 月	男	祖父	赵阿泾
	徐小英	妻子	1970 年 2 月	女	祖母	朱小妹
	赵炯霞	女儿	1992 年 11 月	女		
	赵阿招	父亲	1943 年 5 月	男		
	钱娣妹	母亲	1944 年 10 月	女		
家庭大事	1980 年，翻建平房，面积为 130 平方米 2014 年，购汽车 1 辆					

	现有家属				已故家属（1949—2020 年）	
	姓名	与户主关系	出生年月	性别	称呼	姓名
家庭成员	唐玉娟	户主	1958 年 9 月	女	公公	刘三孝
	刘明华	儿子	1981 年 2 月	男	丈夫	刘一飞
	杨筱瑜	儿媳	1981 年 3 月	女		
	刘昊洋	孙女	2009 年 8 月	女		
	刘昊明	孙子	2013 年 9 月	男		
家庭大事	1981 年，建造房屋，面积为 260 平方米 1999 年，刘明华、杨筱瑜考入大学 2014 年，购汽车 1 辆					

	现有家属				已故家属（1949—2020 年）	
	姓名	与户主关系	出生年月	性别	称呼	姓名
家庭成员	陆桂英	户主	1948 年 1 月	女	丈夫	刘美涛
	刘永康	儿子	1968 年 12 月	男		
	朱建芬	儿媳	1970 年 5 月	女		
	刘　园	孙女	1993 年 3 月	女		
	童　画	重孙女	2019 年 3 月	女		
家庭大事	1993 年，翻建房屋，面积为 205 平方米 2012 年，购商品房 1 套 2015 年，得美陆佳园菊苑动迁房 1 套 2015 年，购汽车 1 辆 2016 年，购商品房 1 套 2017 年，购汽车 1 辆					

	现有家属				已故家属（1949—2020年）	
	姓名	与户主关系	出生年月	性别	称呼	姓名
家庭成员	刘一明	户主	1968年8月	男	父亲	刘林福
	邵雪英	妻子	1968年12月	女		
	刘佳慧	女儿	1991年6月	女		
	刘莹希	孙女	2018年10月	女		
	李春娣	母亲	1935年2月	女		
家庭大事	1987年，翻造楼房 2009年，购商品房1套 2014年，购汽车1辆					

	现有家属				已故家属（1949—2020年）	
	姓名	与户主关系	出生年月	性别	称呼	姓名
家庭成员	赵建良	户主	1963年4月	男	祖父	赵阿波
	赵介华	妻子	1964年11月	女	祖母	赵阿秀
	赵丽丽	女儿	1987年10月	女		
	赵梓彤	孙女	2019年8月	女		
	赵林生	父亲	1942年6月	男		
	孙凤珍	母亲	1943年1月	女		
家庭大事	1990年，翻造两层楼房 2011年，购汽车1辆					

	现有家属				已故家属（1949—2020 年）	
	姓名	与户主关系	出生年月	性别	称呼	姓名
家庭成员	赵永坤	户主	1949 年 1 月	男		
	夏培培	妻子	1948 年 9 月	女		
	赵　峰	儿子	1970 年 6 月	男		
	陆玉芬	儿媳	1970 年 6 月	女		
	赵　婷	孙女	1993 年 7 月	女		
家庭大事	1986 年，翻建三上三下楼房 2011 年，赵婷考入苏州工业职业技术学院 2015 年，购商品房 1 套 2016 年，购汽车 1 辆 2020 年，赵婷自考考入南京大学					

	现有家属				已故家属（1949—2020 年）	
	姓名	与户主关系	出生年月	性别	称呼	姓名
家庭成员	赵雪生	户主	1947 年 12 月	男	父亲	赵阿荣
	陆小妹	妻子	1950 年 11 月	女	母亲	张杏宝
	赵黎明	儿子	1970 年 12 月	男		
	李玉芹	儿媳	1978 年 6 月	女		
	赵臻胤	孙子	1994 年 10 月	男		
	赵臻蕊	孙女	2005 年 11 月	女		
家庭大事	1986 年，翻建三上三下楼房 2001 年，购商品房 1 套 2005 年，购商品房 1 套 2013 年，购汽车 1 辆 2017 年，购汽车 1 辆					

	现有家属				已故家属（1949—2020 年）	
	姓名	与户主关系	出生年月	性别	称呼	姓名
家庭成员	顾云龙	户主	1963 年 1 月	男		
	莫凤英	妻子	1963 年 5 月	女		
	顾　健	儿子	1985 年 11 月	男		
	顾嘉珩	孙子	2012 年 10 月	男		
家庭大事	1990 年，建造三上三下楼房 2004 年，顾健考入九州职业技术学院 2008 年，购商品房 1 套 2015 年，购汽车 1 辆					

	现有家属				已故家属（1949—2020 年）	
	姓名	与户主关系	出生年月	性别	称呼	姓名
家庭成员	刘美文	户主	1944 年 4 月	男		
	顾凤英	妻子	1947 年 3 月	女		
	顾雪龙	儿子	1967 年 5 月	男		
	顾　杰	孙子	1992 年 3 月	男		
	顾赵翊	重孙	2020 年 7 月	男		
家庭大事						

	现有家属				已故家属（1949—2020 年）	
	姓名	与户主关系	出生年月	性别	称呼	姓名
家庭成员	张凤根	户主	1969 年 3 月	男		
	赵云娟	妻子	1968 年 8 月	女		
	张　杰	儿子	1993 年 3 月	男		
	张冯昱	孙子	2018 年 9 月	男		
	张伯林	父亲	1940 年 8 月	男		
	徐小妹	母亲	1937 年 10 月	女		
家庭大事	1990 年，购张福平房，面积为 130 平方米 2016 年，购汽车 1 辆					

	现有家属				已故家属（1949—2020 年）	
	姓名	与户主关系	出生年月	性别	称呼	姓名
家庭成员	张凤明	户主	1965 年 3 月	男		
	莫利芳	妻子	1970 年 5 月	女		
	张　涛	儿子	1995 年 7 月	男		
	张伯林	父亲	1940 年 8 月	男		
	徐小妹	母亲	1937 年 10 月	女		
家庭大事	1982 年，翻建 4 间平房 2014 年，购汽车 1 辆					

	现有家属				已故家属（1949—2020 年）	
家庭成员	姓名	与户主关系	出生年月	性别	称呼	姓名
	赵介平	户主	1954 年 5 月	男	父亲	赵祖良
	赵雪珍	妻子	1954 年 8 月	女	母亲	赵桂英
	赵　明	儿子	1983 年 6 月	男		
	张　贝	儿媳	1984 年 7 月	女		
	赵恩馨	孙女	2012 年 6 月	女		
家庭大事	1981 年，翻建楼房，面积为 280 平方米 2019 年，购汽车 1 辆					

	现有家属				已故家属（1949—2020 年）	
家庭成员	姓名	与户主关系	出生年月	性别	称呼	姓名
	赵　红	户主	1971 年 8 月	男		
	赵　霞	妻子	1970 年 12 月	女		
	赵心颖	女儿	1994 年 9 月	女		
家庭大事	2012 年，赵心颖考入湖南科技大学 2017 年，赵心颖考入昆山高新区姜巷小学事业编制 2017 年，购汽车 1 辆 2020 年，赵心颖购商品房 1 套					

	现有家属				已故家属（1949—2020 年）	
家庭成员	姓名	与户主关系	出生年月	性别	称呼	姓名
	钱惠英	户主	1965 年 7 月	女	父亲	钱桂兴
	周建荣	丈夫	1965 年 7 月	男	母亲	钱梅宝
	周　程	儿子	1993 年 7 月	男		
家庭大事	1995 年，购赵建忠 2 层楼房，面积为 208 平方米					

家庭成员	现有家属				已故家属（1949—2020 年）	
	姓名	与户主关系	出生年月	性别	称呼	姓名
	冯雪芳	户主	1968 年 12 月	女		
家庭大事						

新生村第 11 村民小组

	现有家属				已故家属（1949—2020 年）	
	姓名	与户主关系	出生年月	性别	称呼	姓名
家庭成员	唐招生	户主	1949 年 7 月	男	父亲	唐阿巧
	杜月妹	妻子	1953 年 12 月	女		
	唐惠清	儿子	1974 年 10 月	男		
	吴媚娜	儿媳	1978 年 8 月	女		
	唐誉天	孙女	2010 年 8 月	女		
	唐小玉	母亲	1937 年 5 月	女		
家庭大事	1996 年，翻建三上四下楼房 2014 年，购汽车 1 辆					

	现有家属				已故家属（1949—2020 年）	
	姓名	与户主关系	出生年月	性别	称呼	姓名
家庭成员	唐友生	户主	1955 年 1 月	男	妻子	盛美珍
	唐利民	儿子	1981 年 1 月	男		
	罗　群	儿媳	1982 年 1 月	女		
	唐可馨	孙女	2015 年 10 月	女		
	唐小玉	母亲	1937 年 5 月	女		
家庭大事	1988 年，翻建三上三下楼房 2018 年，购汽车 1 辆					

	现有家属				已故家属（1949—2020 年）	
	姓名	与户主关系	出生年月	性别	称呼	姓名
家庭成员	唐伯金	户主	1954 年 8 月	男		
	卞玉凤	妻子	1954 年 10 月	女		
	唐兰英	女儿	1979 年 2 月	女		
	周宪永	女婿	1972 年 8 月	男		
	唐周嘉	孙子	2002 年 11 月	男		
家庭大事	1987 年，翻建三上三下楼房 2005 年，购商品房 1 套 2010 年，购汽车 1 辆					

	现有家属				已故家属（1949—2020 年）	
	姓名	与户主关系	出生年月	性别	称呼	姓名
家庭成员	唐培金	户主	1952 年 12 月	男		
	王雪珍	妻子	1962 年 5 月	女		
	唐宗兴	儿子	1983 年 11 月	男		
	陈爱凤	儿媳	1985 年 9 月	女		
	唐雨雯	孙女	2006 年 4 月	女		
	唐宇轩	孙子	2016 年 12 月	男		
家庭大事	2003 年，翻建三上三下楼房 2016 年，购汽车 1 辆					

<table>
<tr><td rowspan="7">家庭成员</td><td colspan="4">现有家属</td><td colspan="2">已故家属（1949—2020 年）</td></tr>
<tr><td>姓名</td><td>与户主关系</td><td>出生年月</td><td>性别</td><td>称呼</td><td>姓名</td></tr>
<tr><td>刘　进</td><td>户主</td><td>1961 年 5 月</td><td>男</td><td>母亲</td><td>陈香子</td></tr>
<tr><td>周成芬</td><td>妻子</td><td>1963 年 2 月</td><td>女</td><td></td><td></td></tr>
<tr><td>刘晓梅</td><td>女儿</td><td>1985 年 7 月</td><td>女</td><td></td><td></td></tr>
<tr><td>赖德军</td><td>女婿</td><td>1981 年 9 月</td><td>男</td><td></td><td></td></tr>
<tr><td>赖柏润</td><td>孙子</td><td>2011 年 2 月</td><td>男</td><td></td><td></td></tr>
<tr><td>家庭大事</td><td colspan="6">1979 年，刘进入伍；1984 年退伍
1994 年，翻建三上三下楼房
2003 年，刘晓梅考入大学
2014 年，购商品房 1 套
2015 年，刘晓梅进国企工作
2018 年，购汽车 1 辆</td></tr>
</table>

<table>
<tr><td rowspan="6">家庭成员</td><td colspan="4">现有家属</td><td colspan="2">已故家属（1949—2020 年）</td></tr>
<tr><td>姓名</td><td>与户主关系</td><td>出生年月</td><td>性别</td><td>称呼</td><td>姓名</td></tr>
<tr><td>邓友宝</td><td>户主</td><td>1973 年 11 月</td><td>男</td><td>母亲</td><td>王莲英</td></tr>
<tr><td>陈银娟</td><td>妻子</td><td>1972 年 2 月</td><td>女</td><td>祖父</td><td>邓兆红</td></tr>
<tr><td>邓佳睿</td><td>儿子</td><td>2007 年 6 月</td><td>男</td><td>祖母</td><td>夏米粉</td></tr>
<tr><td>邓国银</td><td>父亲</td><td>1947 年 10 月</td><td>男</td><td></td><td></td></tr>
<tr><td>家庭大事</td><td colspan="6">1991 年，邓友宝入伍；1994 年退伍
2011 年，购汽车 1 辆
2017 年，购商品房 1 套</td></tr>
</table>

	现有家属				已故家属（1949—2020 年）	
	姓名	与户主关系	出生年月	性别	称呼	姓名
家庭成员	邹阿小	户主	1947 年 2 月	男	父亲	周品荣
	唐惠芬	妻子	1949 年 12 月	女	母亲	邹阿月
	徐炳岗	女婿	1966 年 3 月	男		
	邹　芳	女儿	1967 年 12 月	女		
	柯家举	孙女婿	1989 年 5 月	男		
	邹徐琳	孙女	1989 年 12 月	女		
	柯亦舟	重孙子	2020 年 4 月			
家庭大事	1982 年，翻建三上三下楼房 2009 年，购商品房 1 套 2011 年，邹徐琳考入南京审计学院 2012 年，购汽车 1 辆 2013 年，购汽车 1 辆					

	现有家属				已故家属（1949—2020 年）	
	姓名	与户主关系	出生年月	性别	称呼	姓名
家庭成员	邹全林	户主	1952 年 10 月	男	父亲	邹纪良
	魏苗珍	妻子	1953 年 6 月	女	母亲	邹娣男
	邹叶青	儿子	1976 年 1 月	男		
	莫静芳	儿媳	1976 年 2 月	女		
	邹祎仁	孙子	1998 年 8 月	男		
家庭大事	1970 年，邹全林入伍；1975 年退伍 1986 年，翻建楼房 2018 年，邹祎仁购商品房 1 套					

	现有家属				已故家属（1949—2020 年）	
	姓名	与户主关系	出生年月	性别	称呼	姓名
家庭成员	邹云生	户主	1967 年 3 月	男	祖父	邹品芝
	俞风妹	妻子	1968 年 4 月	女	祖母	柳月娥
	邹励昌	儿子	1990 年 2 月	男	父亲	邹惠水
	江静洁	儿媳	1991 年 6 月	女	母亲	邹阿和
	邹语澜	孙女	2015 年 6 月	女		
家庭大事	1994 年，翻建房屋 1995 年，邹云生被评为昆山市文明职工 2009 年，购商品房 1 套 2015 年，购汽车 1 辆					

	现有家属				已故家属（1949—2020 年）	
	姓名	与户主关系	出生年月	性别	称呼	姓名
家庭成员	魏建发	户主	1962 年 9 月	男	父亲	魏月良
	张月珍	妻子	1963 年 4 月	女		
	钮　魏	儿子	1985 年 6 月	男		
	张　宏	儿媳	1983 年 11 月	女		
	钮安琪	孙女	2010 年 5 月	女		
	钮牧之	孙子	2018 年 11 月	男		
	魏妹英	母亲	1934 年 1 月	女		
家庭大事	1980 年，翻建二上二下楼房 2003 年，钮魏考入江苏大学 2010 年，钮魏考取律师资格证 2012 年，购商品房 1 套 2018 年，购汽车 1 辆					

家庭成员	现有家属				已故家属（1949—2020年）	
	姓名	与户主关系	出生年月	性别	称呼	姓名
	魏　平	户主	1965年11月	男	父亲	魏月良
	许莉萍	妻子	1964年4月	女		
	魏亚锋	儿子	1990年8月	男		
	潘文馨	儿媳	1991年1月	女		
	魏希宸	孙女	2018年7月	女		
	魏妹英	母亲	1934年1月	女		
家庭大事	1985年，魏平入伍；1990年退伍 1998年，购商品房1套 2008年，购商品房1套 2014年，购汽车一辆 2017年，购商品房1套					

家庭成员	现有家属				已故家属（1949—2020年）	
	姓名	与户主关系	出生年月	性别	称呼	姓名
	魏福兴	户主	1958年7月	男		
	龚和芬	妻子	1959年6月	女		
	魏　星	儿子	1981年6月	男		
	张艳艳	儿媳	1983年6月	女		
	魏淑婷	孙女	2007年10月	女		
	魏舒焓	孙子	2011年3月	男		
家庭大事	1988年，翻建三上三下楼房 2004年，购汽车1辆 2010年，购店面房1套					

	现有家属				已故家属（1949—2020年）	
	姓名	与户主关系	出生年月	性别	称呼	姓名
家庭成员	魏弟明	户主	1971年6月	男	父亲	魏阿良
	戴彩珍	妻子	1972年11月	女	母亲	唐金娥
	魏　超	女儿	1994年11月	女	祖母	魏媛男
	张　毅	女婿	1995年1月	男		
	张一翕	孙女	2019年9月	女		
家庭大事	1991年，翻建房屋 2013年，魏超考入南京师范大学泰州学院 2017年，魏超考取教师编制 2017年，购汽车1辆 2018年，购汽车1辆 2019年，购汽车1辆					

	现有家属				已故家属（1949—2020年）	
	姓名	与户主关系	出生年月	性别	称呼	姓名
家庭成员	许　明	户主	1963年3月	男		
	邹金珍	妻子	1963年5月	女		
	许晓红	女儿	1986年3月	女		
	丁　渊	女婿	1983年8月	男		
	丁梓权	孙子	2012年1月	男		
家庭大事	1996年，翻建三上三下楼房 2005年，许晓红考入江西财经大学 2013年，购商品房1套 2015年，购汽车1辆 2017年，购商品房1套					

	现有家属				已故家属（1949—2020 年）	
	姓名	与户主关系	出生年月	性别	称呼	姓名
家庭成员	邹雪林	户主	1956 年 11 月	男		
	袁米芬	妻子	1956 年 9 月	女		
	邹成益	儿子	1981 年 1 月	男		
	张书琴	儿媳	1981 年 8 月	女		
	邹奕雯	孙女	2005 年 6 月	女		
	邹廷耀	孙子	2011 年 9 月	男		
家庭大事	1987 年，翻建楼房 1999 年，邹成益考入大学 2009 年，购商品房 1 套 2012 年，动迁至美陆佳园 2012 年，购汽车 1 辆 2018 年，购商品房 1 套					

	现有家属				已故家属（1949—2020 年）	
	姓名	与户主关系	出生年月	性别	称呼	姓名
家庭成员	邹林生	户主	1957 年 11 月	男		
	徐凤妹	妻子	1956 年 1 月	女		
	邹利华	儿子	1981 年 10 月	男		
	蔡玲华	儿媳	1983 年 11 月	女		
	邹昊晨	孙子	2005 年 6 月	男		
	邹皓珺	孙子	2012 年 11 月	男		
家庭大事	1987 年，翻建三上三下楼房 2010 年，购商品房 1 套 2015 年，购汽车 1 辆					

	现有家属				已故家属（1949—2020 年）	
	姓名	与户主关系	出生年月	性别	称呼	姓名
家庭成员	邹雪明	户主	1967 年 10 月	男		
	唐凤玉	妻子	1968 年 11 月	女		
	顾晨霞	女儿	1990 年 7 月	女		
	陈燕扬	女婿	1986 年 6 月	男		
	陈锦晗	孙女	2018 年 11 月	女		
家庭大事	1998 年，翻建三上三下楼房 2009 年，顾晨霞考入南京财经大学 2016 年，购汽车 1 辆 2019 年，购商品房 1 套					

	现有家属				已故家属（1949—2020 年）	
	姓名	与户主关系	出生年月	性别	称呼	姓名
家庭成员	王国健	户主	1951 年 12 月	男		
	蔡扣纲	妻子	1954 年 11 月	女		
	王广明	儿子	1975 年 1 月	男		
	王广英	女儿	1977 年 9 月	女		
家庭大事	1987 年，购商品房 1 套 2000 年，购店面房 1 套 2010 年，购汽车 1 辆					

	现有家属				已故家属（1949—2020 年）	
	姓名	与户主关系	出生年月	性别	称呼	姓名
家庭成员	王国兴	户主	1962 年 7 月	男		
	沈昌粉	妻子	1963 年 2 月	女		
	王晓霞	女儿	1984 年 12 月	女		
	王晓青	女儿	1987 年 5 月	女		
	吴一然	孙女	2012 年 3 月	女		
	王一柔	孙女	2015 年 11 月	女		
	赖蔚文	孙子	2012 年 7 月	男		
家庭大事	2002 年，王晓青考入太仓师范学校 2003 年，王晓霞考入淮海工学院 2009 年，购商品房 1 套 2012 年，购汽车 1 辆 2017 年，购商品房 1 套 2019 年，购汽车 1 辆					

	现有家属				已故家属（1949—2020 年）	
	姓名	与户主关系	出生年月	性别	称呼	姓名
家庭成员	刘红平	户主	1971 年 3 月	女		
	邓　杰	儿子	1993 年 11 月	男		
	陶雨晴	儿媳	1993 年 3 月	女		
	邓亦陶	孙子	2020 年 4 月	男		
家庭大事	2013 年，购汽车 1 辆 2015 年，购别墅 1 幢					

	现有家属				已故家属（1949—2020 年）	
家庭成员	姓名	与户主关系	出生年月	性别	称呼	姓名
	邓友华	户主	1973 年 11 月	男		
	郁静珍	妻子	1973 年 7 月	女		
	邓玉婷	女儿	1997 年 12 月	女		
家庭大事	1991 年，邓友华入伍；1995 年退伍 1996 年，购商品房 1 套 2013 年，邓玉婷考入江苏省南通卫生高等职业技术学校 2017 年，购汽车 1 辆					

	现有家属				已故家属（1949—2020 年）	
家庭成员	姓名	与户主关系	出生年月	性别	称呼	姓名
	龚小玉	户主	1968 年 12 月	女	父亲	龚阿元
	龚魏康	儿子	1990 年 7 月	男	母亲	陆巧珍
	赵　琦	儿媳	1990 年 8 月	女		
	龚梓骞	孙子	2016 年 3 月	男		
	龚梓锘	孙女	2014 年 9 月	女		
家庭大事	1990 年，翻建三上三下楼房 2010 年，龚魏康入伍；2012 年退伍 2013 年，购汽车 1 辆 2014 年，购商品房 1 套					

	现有家属				已故家属（1949—2020 年）	
	姓名	与户主关系	出生年月	性别	称呼	姓名
家庭成员	吉万里	户主	1951 年 11 月	男		
	刘凤英	妻子	1955 年 11 月	女		
	刘吉吉	儿子	1978 年 8 月	男		
	刘达美	女儿	1981 年 10 月	女		
	陈良华	女婿	1978 年 12 月	男		
家庭大事	1988 年，翻建三上三下楼房 1998 年，陈良华考入大学 2016 年，购汽车 1 辆					

	现有家属				已故家属（1949—2020 年）	
	姓名	与户主关系	出生年月	性别	称呼	姓名
家庭成员	王奎彬	户主	1963 年 9 月	男		
	魏　勤	妻子	1966 年 6 月	女		
	魏　涛	儿子	1987 年 11 月	男		
	诸超君	儿媳	1987 年 6 月	女		
	魏君宸	孙子	2014 年 7 月	男		
家庭大事	1979 年，翻建三上三下楼房 1980 年，王奎彬入伍；1985 年退伍 2006 年，魏涛考入江苏省无锡交通高等职业技术学校 2012 年，购汽车 1 辆 2016 年，购商品房 1 套					

	现有家属				已故家属（1949—2020年）	
	姓名	与户主关系	出生年月	性别	称呼	姓名
家庭成员	魏　忠	户主	1963年8月	男	父亲	魏天农
	夏凤娣	妻子	1963年7月	女	母亲	刘红英
	魏　霞	女儿	1986年1月	女		
	徐　君	女婿	1987年4月	男		
	徐诚泽	孙子	2014年7月	男		
家庭大事	1987年，翻建三上四下楼房 1998年，购商品房1套 2005年，魏霞考入江苏技术师范学院 2005年，购汽车1辆 2010年，购商品房1套 2015年，购汽车1辆					

	现有家属				已故家属（1949—2020年）	
	姓名	与户主关系	出生年月	性别	称呼	姓名
家庭成员	邹丽益	户主	1975年10月	男		
	邵雪娟	妻子	1977年2月	女		
	邹淑琪	女儿	1999年4月	女		
	邹俊逸	儿子	2014年3月	男		
	邹勤生	父亲	1952年2月	男		
	顾妹芝	母亲	1951年4月	女		
家庭大事	1998年，翻建三上三下楼房 2012年，购汽车1辆 2014年，邹淑琪考入苏州市吴中技师学院					

家庭成员	现有家属				已故家属（1949—2020 年）	
	姓名	与户主关系	出生年月	性别	称呼	姓名
	邹丽妹	户主	1973 年 10 月	女		
	栾利业	丈夫	1981 年 6 月	男		
	邹星钰	女儿	1996 年 4 月	女		
	栾春钰	女儿	2010 年 12 月	女		
家庭大事	1983 年，翻建三上三下楼房 2015 年，邹星钰考入苏州大学 2018 年，建别墅 1 幢 2018 年，购汽车 1 辆					

家庭成员	现有家属				已故家属（1949—2020 年）	
	姓名	与户主关系	出生年月	性别	称呼	姓名
	邹雪兴	户主	1962 年 11 月	男	女儿	邹叶萍
	魏美娟	妻子	1962 年 9 月	女		
	邹雅萍	次女	1999 年 12 月	女		
家庭大事	1989 年，翻建楼房，面积为 256 平方米 2018 年，邹雅萍考入江苏海洋大学					

家庭成员	现有家属				已故家属（1949—2020 年）	
	姓名	与户主关系	出生年月	性别	称呼	姓名
	邓友明	户主	1970 年 12 月	男		
	邓梓音	女儿	2017 年 9 月	女		
家庭大事						

家庭成员	现有家属				已故家属（1949—2020 年）	
	姓名	与户主关系	出生年月	性别	称呼	姓名
	魏福云	户主	1967 年 12 月	男		
家庭大事						

新生村第 12 村民小组

	现有家属				已故家属（1949—2020 年）	
	姓名	与户主关系	出生年月	性别	称呼	姓名
家庭成员	张美霞	户主	1964 年 3 月	女	丈夫	张群英
	张　晨	儿子	1991 年 11 月	男		
	朱　妍	儿媳	1991 年 11 月	女		
	张栩豪	孙子	2011 年 2 月	男		
	张栩闻	孙女	2011 年 2 月	女		
家庭大事	2002 年，建造二上二下楼房					

	现有家属				已故家属（1949—2020 年）	
	姓名	与户主关系	出生年月	性别	称呼	姓名
家庭成员	吴大弟	户主	1958 年 12 月	男	父亲	吴小男
	赵培珍	妻子	1958 年 8 月	女	母亲	陆招娣
	荣毅强	女婿	1978 年 4 月	男		
	吴乔华	女儿	1982 年 8 月	女		
家庭大事	1989 年，建造三上四下楼房 1993 年，开办私企昆山市陆杨嘉盛电讯材料厂；2020 年更名为昆山市嘉盛电讯材料有限公司 1998 年，荣毅强考入武汉工业大学；2002 年毕业 2001 年，吴乔华考入苏州教育学院 2005 年，购汽车 1 辆 2007 年，吴乔华进教师编制					

<table>
<tr><td rowspan="7">家庭成员</td><td colspan="4">现有家属</td><td colspan="2">已故家属（1949—2020 年）</td></tr>
<tr><td>姓名</td><td>与户主关系</td><td>出生年月</td><td>性别</td><td>称呼</td><td>姓名</td></tr>
<tr><td>陆雪元</td><td>户主</td><td>1946 年 10 月</td><td>男</td><td>父亲</td><td>陆招生</td></tr>
<tr><td>吴月妹</td><td>妻子</td><td>1946 年 11 月</td><td>女</td><td>母亲</td><td>陆大妹</td></tr>
<tr><td>陆建林</td><td>儿子</td><td>1969 年 1 月</td><td>男</td><td></td><td></td></tr>
<tr><td>顾建芳</td><td>儿媳</td><td>1968 年 9 月</td><td>女</td><td></td><td></td></tr>
<tr><td>陆文菘</td><td>孙子</td><td>1991 年 11 月</td><td>男</td><td></td><td></td></tr>
<tr><td>家庭大事</td><td colspan="6">1988 年，陆雪元入党
1990 年，建造三上四下楼房
2011 年，陆文菘考入大学；2015 年毕业
2013 年，陆文菘入党；2014 年转正
2015 年，购汽车 1 辆</td></tr>
</table>

<table>
<tr><td rowspan="8">家庭成员</td><td colspan="4">现有家属</td><td colspan="2">已故家属（1949—2020 年）</td></tr>
<tr><td>姓名</td><td>与户主关系</td><td>出生年月</td><td>性别</td><td>称呼</td><td>姓名</td></tr>
<tr><td>许冬生</td><td>户主</td><td>1955 年 11 月</td><td>男</td><td>父亲</td><td>许国章</td></tr>
<tr><td>徐碗珍</td><td>妻子</td><td>1954 年 7 月</td><td>女</td><td></td><td></td></tr>
<tr><td>许　琴</td><td>女儿</td><td>1979 年 1 月</td><td>女</td><td></td><td></td></tr>
<tr><td>吴国强</td><td>女婿</td><td>1979 年 6 月</td><td>男</td><td></td><td></td></tr>
<tr><td>许继勇</td><td>长孙</td><td>2002 年 7 月</td><td>男</td><td></td><td></td></tr>
<tr><td>许继烽</td><td>次孙</td><td>2013 年 10 月</td><td>男</td><td></td><td></td></tr>
<tr><td>家庭大事</td><td colspan="6">1990 年，建造三上三下楼房
2013 年，购汽车 1 辆
2016 年，购汽车 1 辆</td></tr>
</table>

	现有家属				已故家属（1949—2020 年）	
	姓名	与户主关系	出生年月	性别	称呼	姓名
家庭成员	邵永昶	户主	1969 年 3 月	男	父亲	邵广山
	许连英	妻子	1972 年 7 月	女		
	邵　晨	儿子	1993 年 8 月	男		
	周大宝	母亲	1940 年 9 月	女		
家庭大事	1986 年，建造三上四下楼房 2012 年，邵晨考入大学；2016 年毕业 2018 年，购汽车 1 辆					

	现有家属				已故家属（1949—2020 年）	
	姓名	与户主关系	出生年月	性别	称呼	姓名
家庭成员	葛志林	户主	1962 年 10 月	男		
	王秀英	妻子	1958 年 1 月	女		
	葛晓东	儿子	1985 年 10 月	男		
	曹　镒	儿媳	1986 年 9 月	女		
	葛璐宁	孙女	2008 年 1 月	女		
	葛子瑄	孙女	2015 年 6 月	女		
家庭大事	1989 年，建造三上三下楼房					

家庭成员	现有家属				已故家属（1949—2020 年）	
	姓名	与户主关系	出生年月	性别	称呼	姓名
	许连生	户主	1968 年 1 月	男	父亲	许国章
	龚卫珍	妻子	1968 年 7 月	女		
	许　佳	女儿	1990 年 6 月	女		
	王扣宝	母亲	1937 年 8 月	女		
家庭大事	1999 年，建造三上三下楼房 2009 年，许佳考入大学；2013 年毕业 2013 年，许佳进教师编制					

家庭成员	现有家属				已故家属（1949—2020 年）	
	姓名	与户主关系	出生年月	性别	称呼	姓名
	杜建清	户主	1970 年 4 月	男	父亲	杜祖福
	陈作梅	妻子	1973 年 12 月	女	母亲	杜凤英
	杜燨霆	长子	1994 年 6 月	男		
	何英杰	次子	1995 年 11 月	男		
	杜甯珩	孙女	2019 年 12 月	女		
家庭大事	1999 年，建造二上二下楼房 2013 年，杜燨霆考入吉林建筑工程学院城建学院；2017 年毕业 2015 年，何英杰考入云南大学滇池学院；2019 年毕业 2019 年，购汽车 1 辆 2020 年，购汽车 1 辆					

	现有家属				已故家属（1949—2020 年）	
	姓名	与户主关系	出生年月	性别	称呼	姓名
家庭成员	邹　华	户主	1972 年 12 月	男	父亲	邹荷生
	周　燕	妻子	1975 年 10 月	女	祖父	邹阿松
	邹辰龙	儿子	2000 年 6 月	男	祖母	陶园妹
	顾云媛	母亲	1939 年 7 月	女	儿子	邹铁松
家庭大事	1995 年，建造二上三下楼房 2019 年，邹辰龙入伍					

	现有家属				已故家属（1949—2020 年）	
	姓名	与户主关系	出生年月	性别	称呼	姓名
家庭成员	赵　星	户主	1978 年 5 月	男	母亲	曹彩英
	常维慧	妻子	1979 年 10 月	女		
	赵天昊	儿子	2009 年 2 月	男		
	赵麒麟	女儿	2006 年 3 月	女		
	赵水泉	父亲	1955 年 3 月	男		
家庭大事	1982 年，赵水泉进陆杨中学做校工，同年进教师编制 1988 年，建造二上三下楼房 2020 年，购汽车 1 辆					

<table>
<tr><td rowspan="6">家庭成员</td><td colspan="4">现有家属</td><td colspan="2">已故家属
（1949—2020 年）</td></tr>
<tr><td>姓名</td><td>与户主关系</td><td>出生年月</td><td>性别</td><td>称呼</td><td>姓名</td></tr>
<tr><td>浦全根</td><td>户主</td><td>1953 年 12 月</td><td>男</td><td>岳父</td><td>宁玉秀</td></tr>
<tr><td>宁妹花</td><td>妻子</td><td>1953 年 12 月</td><td>女</td><td>岳母</td><td>宁阿二</td></tr>
<tr><td>宁　亮</td><td>儿子</td><td>1979 年 6 月</td><td>男</td><td></td><td></td></tr>
<tr><td>宁佳晟</td><td>孙子</td><td>2002 年 10 月</td><td>男</td><td></td><td></td></tr>
<tr><td>家庭大事</td><td colspan="6">1984 年，建造二上二下楼房
2007 年，购商品房 1 套</td></tr>
</table>

<table>
<tr><td rowspan="5">家庭成员</td><td colspan="4">现有家属</td><td colspan="2">已故家属
（1949—2020 年）</td></tr>
<tr><td>姓名</td><td>与户主关系</td><td>出生年月</td><td>性别</td><td>称呼</td><td>姓名</td></tr>
<tr><td>俞建华</td><td>户主</td><td>1968 年 5 月</td><td>男</td><td></td><td></td></tr>
<tr><td>宁妹英</td><td>妻子</td><td>1969 年 9 月</td><td>女</td><td></td><td></td></tr>
<tr><td>俞　虹</td><td>女儿</td><td>1995 年 7 月</td><td>女</td><td></td><td></td></tr>
<tr><td>家庭大事</td><td colspan="6">1987 年，建造三上三下楼房
2014 年，俞虹考入大学；2018 年毕业
2018 年，俞虹进教师编制
2019 年，购汽车 1 辆</td></tr>
</table>

家庭成员	现有家属				已故家属（1949—2020年）	
	姓名	与户主关系	出生年月	性别	称呼	姓名
	邹惠兴	户主	1954年12月	男	父亲	邹阿水
	顾建珍	妻子	1957年3月	女	母亲	邹妹子
	邹　萍	女儿	1980年9月	女		
家庭大事	1986年，建造三上三下楼房 1999年，邹萍考入嘉兴学院；2002年毕业 2010年，购商品房1套 2010年，购汽车1辆					

家庭成员	现有家属				已故家属（1949—2020年）	
	姓名	与户主关系	出生年月	性别	称呼	姓名
	李觉明	户主	1955年12月	男	父亲	李葛鹏
	袁玉珍	妻子	1958年5月	女	母亲	刘春英
	李永刚	儿子	1982年12月	男		
	李　彬	孙女	2008年3月	女		
家庭大事	1977年，李觉明入伍；1980年退伍，其间获团嘉奖3次、三等功1次 1979年，李觉明入党 1982年，建造平房4间 1989年，翻建二上三下楼房					

	现有家属				已故家属（1949—2020 年）	
	姓名	与户主关系	出生年月	性别	称呼	姓名
家庭成员	吴建华	户主	1961 年 10 月	男	父亲	吴佰年
	龚永芬	妻子	1962 年 8 月	女	祖父	唐志明
	吴　杰	儿子	1985 年 7 月	男	祖母	唐风娣
	毛丹华	儿媳	1985 年 9 月	女		
	吴欣霓	孙女	2011 年 1 月	女		
	吴佳凝	孙女	2019 年 5 月	女		
	唐风英	母亲	1943 年 10 月	女		
家庭大事	1989 年，建造三层楼房 1990 年，龚永芬成为公务员 2003 年，吴杰考入中国人民解放军南京政治学院；2007 年毕业 2009 年，购汽车 1 辆 2010 年，吴杰进入中国人民解放军江苏省昆山市人民武装部工作；2012 年获三等功一次 2013 年，购汽车 1 辆 2014 年，购汽车 1 辆 2015 年，购商品房 1 套 2015 年，吴杰转业到昆山市教育局					

	现有家属				已故家属（1949—2020 年）	
	姓名	与户主关系	出生年月	性别	称呼	姓名
家庭成员	唐福兴	户主	1963 年 10 月	男	父亲	唐友生
	邹　玲	妻子	1968 年 2 月	女		
	唐文雄	儿子	1989 年 10 月	男		
	陆火音	儿媳	1992 年 11 月	女		
	唐奕芯	孙女	2015 年 1 月	女		
	陆奕晹	孙子	2019 年 3 月	男		
	唐爱林	母亲	1940 年 4 月	女		
家庭大事	1988 年，建造三上三下楼房 2010 年，购汽车 1 辆 2017 年，购汽车 1 辆					

	现有家属				已故家属（1949—2020 年）	
	姓名	与户主关系	出生年月	性别	称呼	姓名
家庭成员	翁水根	户主	1954 年 9 月	男	岳父	顾勤生
	顾美玉	妻子	1957 年 3 月	女	祖父	顾泉元
	顾　萍	女儿	1980 年 12 月	女	祖母	顾宝林
	瞿进华	女婿	1985 年 6 月	男		
	瞿顾羽	外孙女	2007 年 12 月	女		
	顾金娥	岳母	1937 年 7 月	女		
家庭大事	1986 年，建造二上三下楼房 2002 年，购商品房 1 套 2017 年，购汽车 1 辆 2018 年，购汽车 1 辆					

<table>
<tr><td rowspan="5">家庭成员</td><td colspan="4">现有家属</td><td colspan="2">已故家属
（1949—2020 年）</td></tr>
<tr><td>姓名</td><td>与户主关系</td><td>出生年月</td><td>性别</td><td>称呼</td><td>姓名</td></tr>
<tr><td>葛裕春</td><td>户主</td><td>1972 年 2 月</td><td>男</td><td></td><td></td></tr>
<tr><td>顾美芬</td><td>妻子</td><td>1970 年 8 月</td><td>女</td><td></td><td></td></tr>
<tr><td>葛俊逸</td><td>儿子</td><td>1994 年 10 月</td><td>男</td><td></td><td></td></tr>
<tr><td>家庭大事</td><td colspan="6">2009 年，购房屋 1 套
2013 年，购汽车 1 辆
2017 年，购汽车 1 辆
2018 年，葛俊逸到昆山市南港中心幼儿园做校医</td></tr>
</table>

<table>
<tr><td rowspan="7">家庭成员</td><td colspan="4">现有家属</td><td colspan="2">已故家属
（1949—2020 年）</td></tr>
<tr><td>姓名</td><td>与户主关系</td><td>出生年月</td><td>性别</td><td>称呼</td><td>姓名</td></tr>
<tr><td>赵佰金</td><td>户主</td><td>1951 年 2 月</td><td>男</td><td></td><td></td></tr>
<tr><td>邹梅珍</td><td>妻子</td><td>1949 年 2 月</td><td>女</td><td></td><td></td></tr>
<tr><td>赵雪刚</td><td>儿子</td><td>1975 年 3 月</td><td>男</td><td></td><td></td></tr>
<tr><td>丁丽华</td><td>儿媳</td><td>1977 年 5 月</td><td>女</td><td></td><td></td></tr>
<tr><td>赵文清</td><td>孙子</td><td>1999 年 5 月</td><td>男</td><td></td><td></td></tr>
<tr><td>家庭大事</td><td colspan="6">1987 年，新建三上四下楼房
2018 年，赵文清考入大学</td></tr>
</table>

<table>
<tr><td rowspan="8">家庭成员</td><td colspan="4">现有家属</td><td colspan="2">已故家属
（1949—2020 年）</td></tr>
<tr><td>姓名</td><td>与户主关系</td><td>出生年月</td><td>性别</td><td>称呼</td><td>姓名</td></tr>
<tr><td>平兴官</td><td>户主</td><td>1954 年 8 月</td><td>男</td><td>父亲</td><td>平云生</td></tr>
<tr><td>沈美勤</td><td>妻子</td><td>1955 年 10 月</td><td>女</td><td>母亲</td><td>顾玉英</td></tr>
<tr><td>平　芳</td><td>女儿</td><td>1979 年 6 月</td><td>女</td><td>祖母</td><td>平四宝</td></tr>
<tr><td>张　骋</td><td>女婿</td><td>1975 年 2 月</td><td>男</td><td></td><td></td></tr>
<tr><td>平　凡</td><td>孙女</td><td>2007 年 1 月</td><td>女</td><td></td><td></td></tr>
<tr><td>张　婳</td><td>孙女</td><td>2010 年 6 月</td><td>女</td><td></td><td></td></tr>
<tr><td>家庭大事</td><td colspan="6">1976 年，新建平房 1 套
1994 年，翻建二上三下楼房
2013 年，购汽车 1 辆
2018 年，购汽车 1 辆</td></tr>
</table>

<table>
<tr><td rowspan="6">家庭成员</td><td colspan="4">现有家属</td><td colspan="2">已故家属
（1949—2020 年）</td></tr>
<tr><td>姓名</td><td>与户主关系</td><td>出生年月</td><td>性别</td><td>称呼</td><td>姓名</td></tr>
<tr><td>平　晨</td><td>户主</td><td>1985 年 12 月</td><td>男</td><td>母亲</td><td>俞芬英</td></tr>
<tr><td>张文君</td><td>妻子</td><td>1986 年 2 月</td><td>女</td><td></td><td></td></tr>
<tr><td>平　安</td><td>儿子</td><td>2020 年 10 月</td><td>男</td><td></td><td></td></tr>
<tr><td>平三男</td><td>父亲</td><td>1962 年 7 月</td><td>男</td><td></td><td></td></tr>
<tr><td>家庭大事</td><td colspan="6">1992 年，建造二上三下楼房
2004 年，平晨考入东南大学；2008 年毕业
2005 年，张文君考入淮阴工学院；2009 年毕业
2010 年，购汽车 1 辆</td></tr>
</table>

	现有家属				已故家属（1949—2020年）	
	姓名	与户主关系	出生年月	性别	称呼	姓名
家庭成员	龚晓龙	户主	1966年1月	男	岳父	王仁宝
	赵丽芬	妻子	1965年10月	女	岳母	赵丽英
	赵　龚	女儿	1988年8月	女	祖父	赵巧生
					祖母	赵二妹
家庭大事	1992年，翻建三上三下楼房 2017年，购汽车1辆					

	现有家属				已故家属（1949—2020年）	
	姓名	与户主关系	出生年月	性别	称呼	姓名
家庭成员	赵雪明	户主	1962年3月	男	父亲	赵友生
	俞玉芬	妻子	1962年3月	女	祖母	陈秀娥
	赵　杰	儿子	1985年8月	男		
	王文君	儿媳	1987年8月	女		
	赵珺灏	孙子	2010年9月	男		
	王歆艺	孙女	2012年5月	女		
	赵巧英	母亲	1937年12月	女		
家庭大事	1951年，赵友生（又名赵文元）入伍；1956年退伍，其间参加抗美援朝战争，荣立三等功1次、四等功1次，并入党 1991年，翻建三上四下楼房 2004年，赵杰考入无锡科技职业学院；2008年毕业 2012年，购汽车1辆					

	现有家属				已故家属（1949—2020 年）	
家庭成员	姓名	与户主关系	出生年月	性别	称呼	姓名
	平向健	户主	1970 年 12 月	男		
	戴雪芳	妻子	1968 年 8 月	女		
	平　怡	女儿	1994 年 9 月	女		
家庭大事	1988 年，建造二上三下楼房 2000 年，购商品房 1 套 2013 年，平怡考入扬州大学；2017 年毕业 2014 年，购汽车 1 辆 2017 年，平怡进教师编制					

	现有家属				已故家属（1949—2020 年）	
家庭成员	姓名	与户主关系	出生年月	性别	称呼	姓名
	平启旺	户主	1949 年 6 月	男		
	蒋种子	妻子	1950 年 5 月	女		
	平彩红	长女	1971 年 10 月	女		
	钱成海	长婿	1971 年 7 月	男		
	平德强	长孙	1993 年 2 月	男		
	平梦珣	长孙女	1992 年 10 月	女		
	平彩芹	次女	1975 年 9 月	女		
	董永其	次婿	1974 年 12 月	男		
	董　樑	次孙	2000 年 8 月	男		
	平彩堂	三女	1985 年 8 月	女		
家庭大事	1982 年，购赵志军房屋 2004 年，平彩堂考入江西财经大学；2008 年毕业 2014 年，购汽车 1 辆					

	现有家属				已故家属（1949—2020 年）	
家庭成员	姓名	与户主关系	出生年月	性别	称呼	姓名
	平振华	户主	1967 年 3 月	男		
	沈文娟	妻子	1968 年 11 月	女		
	平　虹	女儿	1989 年 12 月	女		
家庭大事	1988 年，建造二上三下楼房 2013 年，购汽车 1 辆					

	现有家属				已故家属（1949—2020 年）	
家庭成员	姓名	与户主关系	出生年月	性别	称呼	姓名
	苏秀珍	户主	1955 年 11 月	女	公公	袁佰洋
	袁建中	丈夫	1954 年 11 月	男	婆婆	王菊英
	袁　靓	女儿	1978 年 10 月	女		
家庭大事	2019 年，购商品房 1 套					

	现有家属				已故家属（1949—2020 年）	
家庭成员	姓名	与户主关系	出生年月	性别	称呼	姓名
	俞兴元	户主	1951 年 3 月	男		
	杜彩珍	妻子	1958 年 2 月	女		
	俞敏娟	女儿	1982 年 6 月	女		
家庭大事	1990 年，建造三上三下楼房 2019 年，购汽车 1 辆					

家庭成员	现有家属				已故家属（1949—2020 年）	
	姓名	与户主关系	出生年月	性别	称呼	姓名
	张文芳	户主	1971 年 4 月	女		
	刘建华	丈夫	1969 年 1 月	男		
	刘佳敏	女儿	1998 年 1 月	女		
家庭大事	2008 年，购单身公寓 1 套 2017 年，购汽车 1 辆					

家庭成员	现有家属				已故家属（1949—2020 年）	
	姓名	与户主关系	出生年月	性别	称呼	姓名
	项雪英	户主	1945 年 7 月	女	丈夫	赵根宝
					公公	赵银生
					婆婆	赵小金
家庭大事	1987 年，建造三上三下楼房					

家庭成员	现有家属				已故家属（1949—2020 年）	
	姓名	与户主关系	出生年月	性别	称呼	姓名
	徐阿玉	户主	1945 年 9 月	女	丈夫	钱金官
	钱洪元	儿子	1966 年 9 月	男		
家庭大事	2009 年，得安置房 1 套					

家庭成员	现有家属				已故家属（1949—2020 年）	
	姓名	与户主关系	出生年月	性别	称呼	姓名
	钱雪英	户主	1956 年 10 月	女		
	戴阿小	丈夫	1954 年 4 月	男		
家庭大事	1966 年，建造平房 3 间 1990 年，购商品房 1 套					

新生村第 13 村民小组

	现有家属				已故家属（1949—2020 年）	
	姓名	与户主关系	出生年月	性别	称呼	姓名
家庭成员	李海林	户主	1958 年 8 月	男	父亲	李金荣
	徐凤英	妻子	1960 年 6 月	女	母亲	张凤英
	李惠玉	女儿	1973 年 2 月	女		
	李　莉	孙女	1994 年 8 月	女		
	莫利华	女婿	1971 年 10 月	男		
家庭大事	1985 年，翻建四上四下楼房 2004 年，得动迁房 3 套 2015 年，购汽车 1 辆					

	现有家属				已故家属（1949—2020 年）	
	姓名	与户主关系	出生年月	性别	称呼	姓名
家庭成员	李觉明	户主	1964 年 12 月	男	祖父	李爱生
	陆惠琴	妻子	1964 年 11 月	女	祖母	李惠英
	李　健	儿子	1987 年 9 月	男	父亲	李大雪
	李易恒	孙子	2013 年 11 月	男		
	陆三宝	母亲	1939 年 8 月	女		
家庭大事	1986 年，翻建三上四下楼房 2003 年，购商品房 1 套 2005 年，得动迁房 2 套 2006 年，李健入伍；2008 年退伍					

家庭成员	现有家属				已故家属（1949—2020 年）	
	姓名	与户主关系	出生年月	性别	称呼	姓名
	李卫生	户主	1953 年 3 月	男		
	唐小平	妻子	1954 年 2 月	女		
	李　琴	长女	1977 年 12 月	女		
	李　娟	次女	1979 年 12 月	女		
	张李欣	孙女	2009 年 4 月	女		
家庭大事	1985 年，翻建平房 4 间 2005 年，得动迁房 2 套					

家庭成员	现有家属				已故家属（1949—2020 年）	
	姓名	与户主关系	出生年月	性别	称呼	姓名
	李　强	户主	1976 年 3 月	男	父亲	李伯根
	徐正绘	妻子	1979 年 12 月	女		
	李峻宇	儿子	2001 年 3 月	男		
	陆巧兰	母亲	1947 年 9 月	女		
家庭大事	1987 年，翻建三上三下楼房 2011 年，得动迁房 3 套 2018 年，购商品房 1 套					

	现有家属				已故家属（1949—2020 年）	
	姓名	与户主关系	出生年月	性别	称呼	姓名
家庭成员	李建华	户主	1962 年 8 月	男		
	张大妹	妻子	1963 年 7 月	女		
	李　清	儿子	1985 年 7 月	男		
	金丹丹	儿媳	1986 年 2 月	女		
	李金宇	孙子	2011 年 8 月	男		
	金李泽	孙子	2018 年 1 月	男		
家庭大事	1991 年，翻建三上三下楼房 2003 年，购商品房 1 套 2011 年，得动迁房 3 套					

	现有家属				已故家属（1949—2020 年）	
	姓名	与户主关系	出生年月	性别	称呼	姓名
家庭成员	钱婉英	户主	1952 年 10 月	女	公公	李培生
	李　丰	长子	1977 年 6 月	男	婆婆	李三妹
	张泽容	长媳	1980 年 2 月	女	丈夫	李炳根
	李玉茹	孙女	2001 年 9 月	女		
	李　冬	次子	1979 年 12 月	男		
家庭大事	1953 年，李培生入伍；1956 年退伍 2011 年，得动迁房 3 套 2016 年，购汽车 1 辆					

	现有家属				已故家属（1949—2020年）	
	姓名	与户主关系	出生年月	性别	称呼	姓名
家庭成员	周建忠	户主	1962年9月	男	母亲	周惠宝
	张彩珍	妻子	1962年1月	女		
	周　燕	女儿	1986年6月	女		
	周鑫宜	孙女	2009年1月	女		
家庭大事	1992年，翻建三上三下楼房 1996年，购店面房1套 2007年，得动迁房3套					

	现有家属				已故家属（1949—2020年）	
	姓名	与户主关系	出生年月	性别	称呼	姓名
家庭成员	李必正	户主	1951年12月	男	父亲	李淦范
	李梅月	妻子	1955年2月	女	母亲	沈未宝
	李　斌	长子	1977年5月	男		
	李　勇	次子	1979年3月	男		
	刘玉莲	次媳	1978年9月	女		
	李　想	孙子	2005年10月	男		
家庭大事	1971年，李必正入伍；1975年退伍					

	现有家属				已故家属（1949—2020 年）	
	姓名	与户主关系	出生年月	性别	称呼	姓名
家庭成员	李必兴	户主	1957 年 12 月	男		
	沈秀英	妻子	1957 年 12 月	女		
	李佐君	儿子	1981 年 5 月	男		
	郭志凤	儿媳	1984 年 5 月	女		
	李夕瑶	孙女	2009 年 8 月	女		
	李欣妍	孙女	2015 年 4 月	女		
家庭大事	1990 年，翻建三上四下楼房 2011 年，得动迁房 3 套 2015 年，购店面房 1 套					

	现有家属				已故家属（1949—2020 年）	
	姓名	与户主关系	出生年月	性别	称呼	姓名
家庭成员	周阿明	户主	1949 年 9 月	男	父亲	周阿龙
	杜妹子	妻子	1952 年 1 月	女		
	周　清	儿子	1975 年 1 月	男		
	胡雪芳	儿媳	1976 年 12 月	女		
	周文豪	孙子	1999 年 12 月	男		
家庭大事	1986 年，翻建三上四下楼房 1994 年，周清入伍；1998 年退伍 2011 年，得动迁房 3 套					

家庭成员	现有家属				已故家属（1949—2020 年）	
	姓名	与户主关系	出生年月	性别	称呼	姓名
	李雪林	户主	1969 年 11 月	男	父亲	李祥荣
	郁金英	妻子	1968 年 4 月	女	母亲	陈月娥
	李梦怡	女儿	1994 年 4 月	女		
家庭大事	2012 年，李梦怡考入大学 2017 年，购汽车 1 辆					

家庭成员	现有家属				已故家属（1949—2020 年）	
	姓名	与户主关系	出生年月	性别	称呼	姓名
	吴伟芬	户主	1976 年 3 月	女		
	李俊飞	儿子	2002 年 2 月	男		
家庭大事	1975 年，翻建平房 4 间 2011 年，得动迁房 2 套					

新生村第 14 村民小组

	现有家属				已故家属（1949—2020 年）	
	姓名	与户主关系	出生年月	性别	称呼	姓名
家庭成员	陆秧根	户主	1965 年 6 月	男		
	陈龙妹	妻子	1964 年 9 月	女		
	陆梓轩	儿子	1988 年 5 月	男		
	陆水根	父亲	1923 年 9 月	男		
家庭大事	2007 年，陆梓轩考入淮阴工学院 2016 年，购汽车 1 辆					

	现有家属				已故家属（1949—2020 年）	
	姓名	与户主关系	出生年月	性别	称呼	姓名
家庭成员	王伯弟	户主	1940 年 3 月	男	父亲	王俊良
	唐惠珍	妻子	1945 年 10 月	女	母亲	王桃妹
	王建林	儿子	1964 年 12 月	男		
	金小萍	儿媳	1966 年 8 月	女		
	朱悦文	孙女婿	1987 年 9 月	男		
	王舒婷	孙女	1988 年 2 月	女		
	王晞昂	重孙子	2017 年 9 月	男		
	朱晞维	重孙女	2013 年 9 月	女		
家庭大事	1980 年，翻建三上四下楼房 2013 年，购商品房 1 套					

	现有家属				已故家属（1949—2020 年）	
	姓名	与户主关系	出生年月	性别	称呼	姓名
家庭成员	王雪忠	户主	1969 年 11 月	男	父亲	王泉龙
	王星怡	儿子	1992 年 9 月	男		
	徐晓薇	儿媳	1993 年 7 月	女		
	王雪刚	弟弟	1975 年 9 月	男		
	邹秀珍	母亲	1948 年 3 月	女		
家庭大事	1988 年，翻建三上四下楼房 2011 年，王星怡考入常熟理工学院；2015 年毕业					

	现有家属				已故家属（1949—2020 年）	
	姓名	与户主关系	出生年月	性别	称呼	姓名
家庭成员	邹建良	户主	1970 年 7 月	男	父亲	邹水明
	陆小萍	妻子	1971 年 4 月	女		
	邹　雯	女儿	1993 年 10 月	女		
	张　伟	女婿	1993 年 6 月	男		
	赵小妹	母亲	1948 年 4 月	女		
家庭大事	1991 年，翻建楼房 7 间 2008 年，购商品房 1 套					

	现有家属				已故家属（1949—2020 年）	
	姓名	与户主关系	出生年月	性别	称呼	姓名
家庭成员	邹伯兴	户主	1951 年 11 月	男		
	陆寿珍	妻子	1950 年 12 月	女		
	邹元明	儿子	1973 年 10 月	男		
	潘小劲	儿媳	1975 年 5 月	女		
	邹　熠	孙子	1996 年 9 月	男		
家庭大事	1986 年，翻建三上四下楼房 2001 年，购商品房 1 套 2010 年，购汽车 1 辆 2011 年，购商品房 1 套 2015 年，邹熠考入武汉理工大学；2019 年毕业，毕业后考入昆山农村商业银行					

	现有家属				已故家属（1949—2020 年）	
	姓名	与户主关系	出生年月	性别	称呼	姓名
家庭成员	邹建明	户主	1955 年 6 月	男	父亲	邹伯生
	邹　洁	女儿	1978 年 7 月	女	母亲	邹金珠
	缪玉永	女婿	1974 年 7 月	男	妻子	王秀珍
	缪若岚	孙女	2004 年 2 月	女		
	邹蔚青	孙女	2009 年 2 月	女		
家庭大事	1988 年，翻建三上三下楼房 1997 年，邹洁考入常州工学院 2010 年，购商品房 1 套 2015 年，购汽车 1 辆					

	现有家属				已故家属（1949—2020 年）	
	姓名	与户主关系	出生年月	性别	称呼	姓名
家庭成员	邹根林	户主	1949 年 9 月	男	父亲	邹伯生
	荣明菊	妻子	1950 年 8 月	女	母亲	邹金珠
	邹志华	儿子	1971 年 9 月	男		
	邹　瑜	孙女	1994 年 8 月	女		
家庭大事	1985 年，翻建四上六下楼房 2012 年，邹瑜考入大学；2016 年毕业 2016 年，购汽车 1 辆 2019 年，购汽车 1 辆					

	现有家属				已故家属（1949—2020 年）	
	姓名	与户主关系	出生年月	性别	称呼	姓名
家庭成员	刘广才	户主	1955 年 3 月	男	父亲	刘恢和
	崔年珍	妻子	1954 年 1 月	女	母亲	刘香宝
	刘　剑	长子	1978 年 9 月	男		
	路耀英	长媳	1979 年 5 月	女		
	刘　斌	次子	1979 年 11 月	男		
	王文秀	次媳	1983 年 6 月	女		
	刘璐翎	孙女	2001 年 5 月	女		
	刘　誉	孙子	2005 年 10 月	男		
	刘睿捷	孙子	2017 年 1 月	男		
	刘　澈	孙子	2018 年 6 月	男		
家庭大事	1988 年，翻建四上四下楼房 2001 年，购商品房 1 套 2013 年，购汽车 1 辆					

<table>
<tr><th rowspan="2"></th><th colspan="4">现有家属</th><th colspan="2">已故家属
（1949—2020 年）</th></tr>
<tr><th>姓名</th><th>与户主关系</th><th>出生年月</th><th>性别</th><th>称呼</th><th>姓名</th></tr>
<tr><td rowspan="7">家庭成员</td><td>刘小春</td><td>户主</td><td>1956 年 10 月</td><td>男</td><td>父亲</td><td>刘基银</td></tr>
<tr><td>邵凤英</td><td>妻子</td><td>1956 年 5 月</td><td>女</td><td>母亲</td><td>刘菊英</td></tr>
<tr><td>刘　平</td><td>儿子</td><td>1985 年 3 月</td><td>男</td><td></td><td></td></tr>
<tr><td>刘同媛</td><td>儿媳</td><td>1985 年 9 月</td><td>女</td><td></td><td></td></tr>
<tr><td>刘呈奥</td><td>孙子</td><td>2008 年 9 月</td><td>男</td><td></td><td></td></tr>
<tr><td>刘丰宁</td><td>孙女</td><td>2017 年 9 月</td><td>女</td><td></td><td></td></tr>
<tr><td>刘小弟</td><td>弟弟</td><td>1963 年 10 月</td><td>男</td><td></td><td></td></tr>
<tr><td>家庭大事</td><td colspan="6">1994 年，翻建房屋，面积为 320 平方米
1998 年，购汽车 1 辆
2003 年，刘平入伍；2005 年退伍
2004 年，刘平在部队获嘉奖 1 次
2005 年，刘平在部队获三等功 1 次
2005 年，刘平入党</td></tr>
</table>

<table>
<tr><th rowspan="2"></th><th colspan="4">现有家属</th><th colspan="2">已故家属
（1949—2020 年）</th></tr>
<tr><th>姓名</th><th>与户主关系</th><th>出生年月</th><th>性别</th><th>称呼</th><th>姓名</th></tr>
<tr><td rowspan="7">家庭成员</td><td>陆林根</td><td>户主</td><td>1947 年 12 月</td><td>男</td><td></td><td></td></tr>
<tr><td>刘龙女</td><td>妻子</td><td>1952 年 12 月</td><td>女</td><td></td><td></td></tr>
<tr><td>陆　峰</td><td>儿子</td><td>1979 年 11 月</td><td>男</td><td></td><td></td></tr>
<tr><td>陆爱萍</td><td>女儿</td><td>1975 年 5 月</td><td>女</td><td></td><td></td></tr>
<tr><td>查雪锋</td><td>女婿</td><td>1976 年 12 月</td><td>男</td><td></td><td></td></tr>
<tr><td>查　巡</td><td>孙子</td><td>2000 年 2 月</td><td>男</td><td></td><td></td></tr>
<tr><td>陆　毅</td><td>孙子</td><td>2011 年 7 月</td><td>男</td><td></td><td></td></tr>
<tr><td>家庭大事</td><td colspan="6">1988 年，建造三上四下楼房
2020 年，查巡入伍</td></tr>
</table>

	现有家属				已故家属（1949—2020 年）	
	姓名	与户主关系	出生年月	性别	称呼	姓名
家庭成员	刘三孝	户主	1948 年 10 月	男	父亲	刘恢和
	丁连英	妻子	1950 年 9 月	女	母亲	刘香宝
	刘国华	长子	1973 年 8 月	男		
	刘冬梅	女儿	1978 年 11 月	女		
	刘雨欣	外孙女	2009 年 8 月	女		
	朱慧慧	外孙女	2004 年 11 月	女		
家庭大事	1988 年，建造三上四下楼房					

	现有家属				已故家属（1949—2020 年）	
	姓名	与户主关系	出生年月	性别	称呼	姓名
家庭成员	陆友明	户主	1963 年 6 月	男	父亲	陆佰琴
	邹菊芳	妻子	1967 年 12 月	女	母亲	陆大妹
	吴静文	女婿	1995 年 12 月	男	儿子	陆　华
	陆　瑾	女儿	1995 年 5 月	女		
	吴亦烽	孙子	2019 年 1 月	男		
家庭大事	1990 年，建造二上二下楼房					

	现有家属				已故家属（1949—2020 年）	
	姓名	与户主关系	出生年月	性别	称呼	姓名
家庭成员	刘广福	户主	1962 年 3 月	男	父亲	刘基俊
	顾爱玲	妻子	1963 年 11 月	女	母亲	袁桂香
	刘晓刚	儿子	1985 年 7 月	男		
	蒋　雪	儿媳	1984 年 5 月	女		
	刘梦瑶	孙女	2011 年 1 月	女		
	刘君泽	孙子	2014 年 7 月	男		
家庭大事	1996 年，建造三上三下楼房 2003 年，刘晓刚、蒋雪考入大学 2012 年，购汽车 1 辆 2016 年，购商品房 1 套 2016 年，购汽车 1 辆					

	现有家属				已故家属（1949—2020 年）	
	姓名	与户主关系	出生年月	性别	称呼	姓名
家庭成员	王凤明	户主	1955 年 9 月	男		
	单扣琴	妻子	1954 年 7 月	女		
	王新华	儿子	1980 年 2 月	男		
	董艳云	儿媳	1979 年 12 月	女		
	王梓昂	孙子	2004 年 7 月	男		
家庭大事	1981 年，建造平房 4 间 2015 年，购汽车 1 辆					

	现有家属				已故家属（1949—2020 年）	
	姓名	与户主关系	出生年月	性别	称呼	姓名
家庭成员	唐菊明	户主	1964 年 10 月	男	父亲	唐永林
	王建芬	妻子	1965 年 12 月	女		
	唐　力	儿子	1989 年 1 月	男		
	龚鸿玉	儿媳	1989 年 6 月	女		
	唐嘉奕	孙子	2016 年 3 月	男		
	唐巧英	母亲	1941 年 10 月	女		
家庭大事	1990 年，建造三上三下楼房 2009 年，购商品房 1 套					

	现有家属				已故家属（1949—2020 年）	
	姓名	与户主关系	出生年月	性别	称呼	姓名
家庭成员	邹阿凤	户主	1949 年 2 月	女		
	王伯明	丈夫	1947 年 7 月	男		
	邹　峰	长子	1968 年 11 月	男		
	王艳琴	长媳	1970 年 3 月	女		
	邹思予	长孙女	1992 年 5 月	女		
	王　浩	次子	1970 年 10 月	男		
	陆　芳	次媳	1971 年 8 月	女		
	王则予	小孙女	1996 年 5 月	女		
家庭大事	2014 年，王浩购商品房 1 套 2015 年，邹峰购商品房 1 套 2016 年，王浩购汽车 1 辆 2017 年，邹峰购汽车 1 辆 2017 年，王则予购汽车 1 辆 2020 年，陆芳购汽车 1 辆					

	现有家属				已故家属（1949—2020 年）	
	姓名	与户主关系	出生年月	性别	称呼	姓名
家庭成员	朱碗明	户主	1961 年 10 月	男		
	王小妹	妻子	1963 年 3 月	女		
	朱晓燕	女儿	1985 年 7 月	女		
	王至成	女婿	1981 年 7 月	男		
	王卓闻	大孙子	2008 年 11 月	男		
	朱睿闻	小孙子	2014 年 7 月	男		
家庭大事	1985 年，建造平房 4 间					

	现有家属				已故家属（1949—2020 年）	
	姓名	与户主关系	出生年月	性别	称呼	姓名
家庭成员	凌婉琴	户主	1954 年 3 月	女	丈夫	邹根兴
	邹　敏	女儿	1978 年 1 月	女		
	房金华	女婿	1964 年 10 月	男		
	房盈希	孙女	2012 年 10 月	女		
家庭大事	1998 年，购商品房 1 套 2004 年，购汽车 1 辆 2017 年，建造三上三下楼房					

	现有家属				已故家属（1949—2020 年）	
	姓名	与户主关系	出生年月	性别	称呼	姓名
家庭成员	邹雪林	户主	1953 年 11 月	男	父亲	邹金男
	龚月萍	妻子	1955 年 5 月	女	母亲	张桂林
	邹　杰	儿子	1979 年 10 月	男		
	朱　秋	儿媳	1987 年 10 月	女		
	邹文卿	孙女	2008 年 6 月	女		
	邹文君	孙女	2014 年 7 月	女		
家庭大事	1972 年，邹雪林入伍；1976 年退伍 2000 年，购商品房 1 套 2008 年，购汽车 1 辆 2013 年，购汽车 1 辆 2014 年，购商品房 1 套					

	现有家属				已故家属（1949—2020 年）	
	姓名	与户主关系	出生年月	性别	称呼	姓名
家庭成员	凌永林	户主	1965 年 4 月	男		
	项素芬	妻子	1967 年 2 月	女		
	凌　莉	女儿	1990 年 12 月	女		
家庭大事	1992 年，购邹根兴三上四下楼房 2008 年，购商品房 1 套 2013 年，购汽车 1 辆					

<table>
<tr><td rowspan="5">家庭成员</td><td colspan="4">现有家属</td><td colspan="2">已故家属
（1949—2020 年）</td></tr>
<tr><td>姓名</td><td>与户主关系</td><td>出生年月</td><td>性别</td><td>称呼</td><td>姓名</td></tr>
<tr><td>刘广红</td><td>户主</td><td>1967 年 1 月</td><td>男</td><td>父亲</td><td>刘恢和</td></tr>
<tr><td>汪代凤</td><td>妻子</td><td>1969 年 4 月</td><td>女</td><td>母亲</td><td>刘香宝</td></tr>
<tr><td>刘倩霞</td><td>女儿</td><td>1993 年 9 月</td><td>女</td><td></td><td></td></tr>
<tr><td>家庭大事</td><td colspan="6">1990 年，购买姐夫平房</td></tr>
</table>

新生村第 15 村民小组

	现有家属				已故家属（1949—2020 年）	
	姓名	与户主关系	出生年月	性别	称呼	姓名
家庭成员	赵志亚	户主	1993 年 12 月	女		
	俞佳年	丈夫	1989 年 9 月	男		
	俞允浠	儿子	2014 年 7 月	男		
	赵允沫	女儿	2017 年 7 月	女		
家庭大事						

	现有家属				已故家属（1949—2020 年）	
	姓名	与户主关系	出生年月	性别	称呼	姓名
家庭成员	赵冲勇	户主	1947 年 8 月	男		
	赵凤琴	妻子	1946 年 1 月	女		
	赵雪元	次子	1973 年 8 月	男		
	赵雪平	三子	1976 年 8 月	男		
	余尚云	三媳	1977 年 12 月	女		
	赵晨曦	孙女	2000 年 7 月	女		
	赵晨阳	孙子	2004 年 12 月	男		
家庭大事	1968 年，自建平房，面积为 20 平方米 1982 年，翻建楼房 2019 年，购汽车 1 辆					

家庭成员	现有家属				已故家属（1949—2020 年）	
	姓名	与户主关系	出生年月	性别	称呼	姓名
	赵耀英	户主	1972 年 2 月	女		
	赵　佳	女儿	1997 年 9 月	女		
家庭大事						

家庭成员	现有家属				已故家属（1949—2020 年）	
	姓名	与户主关系	出生年月	性别	称呼	姓名
	潘建明	户主	1956 年 11 月	男		
	潘小妹	妻子	1955 年 8 月	女		
	潘雅琴	女儿	1979 年 11 月	女		
	沈海华	女婿	1977 年 11 月	男		
	潘　婷	孙女	2004 年 2 月	女		
	沈　婕	孙女	2015 年 3 月	女		
	潘菊芬	女儿	1982 年 5 月	女		
	张心成	外孙	2008 年 1 月	男		
家庭大事	1968 年，自建平房，面积为 20 平方米 1982 年，建造楼房 1986 年，翻建楼房 2015 年，购汽车 1 辆					

	现有家属				已故家属（1949—2020 年）	
	姓名	与户主关系	出生年月	性别	称呼	姓名
家庭成员	徐月明	户主	1954 年 5 月	男		
	赵小中	妻子	1951 年 2 月	女		
	徐丽芳	女儿	1980 年 9 月	女		
	潘利明	女婿	1978 年 8 月	男		
	徐梓言	孙女	2002 年 8 月	女		
家庭大事	1975 年，徐月明入伍；1977 年退伍 1982 年，建造楼房 2014 年，购汽车 1 辆					

	现有家属				已故家属（1949—2020 年）	
	姓名	与户主关系	出生年月	性别	称呼	姓名
家庭成员	潘建文	户主	1966 年 11 月	男	父亲	潘祥宝
	戴　芳	妻子	1965 年 2 月	女		
	潘西蒙	儿子	1996 年 10 月	男		
	潘　虹	女儿	1991 年 2 月	女		
	赵露仙	母亲	1940 年 11 月	女		
家庭大事	1982 年，建造楼房 1986 年，翻建楼房 2019 年，购汽车 1 辆					

	现有家属				已故家属（1949—2020 年）	
	姓名	与户主关系	出生年月	性别	称呼	姓名
家庭成员	潘弟林	户主	1954 年 1 月	男	父亲	潘年生
	潘妹花	妻子	1954 年 2 月	女	母亲	戴二宝
	潘雪金	长女	1979 年 8 月	女		
	李晓东	长婿	1980 年 5 月	男		
	潘伊雯	孙女	2004 年 9 月	女		
	潘雪芬	次女	1982 年 5 月	女		
	杨福伟	次婿	1981 年 8 月	男		
	杨思语	外孙女	2009 年 5 月	女		
家庭大事	1975 年，潘弟林入伍；1978 年退伍 1968 年，建造平房，面积为 20 平方米 1982 年，建造楼房 1985 年，翻建楼房 2011 年，购汽车 1 辆					

	现有家属				已故家属（1949—2020 年）	
	姓名	与户主关系	出生年月	性别	称呼	姓名
家庭成员	潘建华	户主	1959 年 1 月	男	父亲	潘学明
	范月珍	妻子	1964 年 3 月	女	祖父	潘凤良
	潘志青	儿子	1986 年 10 月	男	祖母	潘小妹
	焦伯兰	儿媳	1991 年 9 月	女		
	潘靖宁	孙子	2013 年 2 月	男		
	潘佳怡	孙女	2016 年 2 月	女		
	许桃花	母亲	1933 年 5 月	女		
家庭大事	1982 年，建造楼房 2006 年，购房 1 套 2012 年，被昆山高新区评为第二届文明和谐家庭 2018 年，购汽车 1 辆					

家庭成员	现有家属				已故家属（1949—2020年）	
	姓名	与户主关系	出生年月	性别	称呼	姓名
	赵国峰	户主	1968年10月	男	祖父	赵爱宝
	赵凤娟	妻子	1972年3月	女	祖母	赵爱媛
	赵　强	儿子	1993年10月	男		
	周美莉	儿媳	1992年1月	女		
	赵　岩	孙子	2018年6月	男		
	赵伯元	岳父	1947年5月	男		
	朱维英	岳母	1948年8月	女		
家庭大事	1968年，建造平房，面积为20平方米 1982年，建造楼房 2017年，购汽车1辆					

家庭成员	现有家属				已故家属（1949—2020年）	
	姓名	与户主关系	出生年月	性别	称呼	姓名
	赵志强	户主	1970年9月	男	父亲	赵林福
	潘琴珍	妻子	1967年11月	女		
	赵丽娟	女儿	1995年1月	女		
	赵林妹	母亲	1932年5月	女		
家庭大事	1982年，建造楼房					

	现有家属				已故家属（1949—2020 年）	
	姓名	与户主关系	出生年月	性别	称呼	姓名
家庭成员	赵菊英	户主	1959 年 3 月	女	丈夫	赵小良
	赵丽华	女儿	1981 年 10 月	女		
	罗文华	女婿	1977 年 3 月	男		
	赵礼平	儿子	1982 年 10 月	男		
	李　芹	儿媳	1983 年 3 月	女		
	赵舒蓉	孙女	2008 年 7 月	女		
	赵天赐	孙子	2016 年 5 月	男		
家庭大事	1982 年，建造楼房 2018 年，购汽车 1 辆					

	现有家属				已故家属（1949—2020 年）	
	姓名	与户主关系	出生年月	性别	称呼	姓名
家庭成员	张月清	户主	1969 年 9 月	女		
	潘雪龙	丈夫	1967 年 3 月	男		
	潘志鹏	儿子	1990 年 8 月	男		
	徐许圆	儿媳	1991 年 9 月	女		
家庭大事	1982 年，建造楼房 1985 年，翻建楼房 1989 年，潘雪龙大学毕业进教师编制，被分配至陆杨中学任教。后陆杨中学与周市中学合并，潘雪龙转至周市中学任教 2016 年，购汽车 1 辆					

	现有家属				已故家属（1949—2020年）	
	姓名	与户主关系	出生年月	性别	称呼	姓名
家庭成员	陆凤珍	户主	1944年2月	女	丈夫	潘祥弟
	潘雪锋	儿子	1971年11月	男	公公	潘小弟
	周建芬	儿媳	1972年11月	女		
	潘振东	孙子	1995年10月	男		
家庭大事	1968年，建造平房，面积为20平方米 1982年，建造楼房 1985年，翻建楼房 2019年，购汽车1辆					

	现有家属				已故家属（1949—2020年）	
	姓名	与户主关系	出生年月	性别	称呼	姓名
家庭成员	徐建洪	户主	1973年3月	男	父亲	徐菊生
	吴彩英	妻子	1976年8月	女		
	徐　磊	儿子	1998年9月	男		
	陆秀珍	母亲	1947年1月	女		
家庭大事	1982年，建造楼房 1986年，翻建楼房					

家庭成员	现有家属				已故家属（1949—2020年）	
	姓名	与户主关系	出生年月	性别	称呼	姓名
	赵国芳	户主	1966年2月	男		
	赵小英	妻子	1966年6月	女		
	赵亚明	儿子	1990年10月	男		
	巩丽兰	儿媳	1995年12月	女		
	赵珈南	孙子	2018年4月	男		
家庭大事	1982年，建造平房，面积为28平方米					

家庭成员	现有家属				已故家属（1949—2020年）	
	姓名	与户主关系	出生年月	性别	称呼	姓名
	赵国良	户主	1965年4月	男	父亲	赵凤瑞
	赵林英	母亲	1944年12月	女		
	赵　伟	儿子	1990年10月	男		
家庭大事	1968年，建造平房，面积为20平方米 1982年，建造平房，面积为32平方米					

家庭成员	现有家属				已故家属（1949—2020年）	
	姓名	与户主关系	出生年月	性别	称呼	姓名
	赵宋琴	户主	1969年10月	女		
家庭大事						

家庭成员	现有家属				已故家属（1949—2020 年）	
	姓名	与户主关系	出生年月	性别	称呼	姓名
	赵国中	户主	1963 年 8 月	男	父亲	赵三男
	徐林珍	妻子	1966 年 3 月	女	母亲	汤富妹
	周　威	女婿	1985 年 11 月	男		
	赵亚萍	女儿	1987 年 12 月	女		
	赵璇逸	外孙女	2014 年 7 月	女		
	赵玄朗	外孙子	2017 年 9 月	男		
家庭大事	1982 年，建造楼房 2018 年，购汽车 1 辆					

家庭成员	现有家属				已故家属（1949—2020 年）	
	姓名	与户主关系	出生年月	性别	称呼	姓名
	赵雪刚	户主	1971 年 3 月	男		
	陈春艳	妻子	1978 年 4 月	女		
	赵陈杰	儿子	2009 年 9 月	男		
家庭大事	1982 年，建造平房，面积为 28 平方米					

家庭成员	现有家属				已故家属（1949—2020 年）	
	姓名	与户主关系	出生年月	性别	称呼	姓名
	陆小春	户主	1970 年 7 月	女		
家庭大事						

家庭成员	现有家属				已故家属（1949—2020 年）	
	姓名	与户主关系	出生年月	性别	称呼	姓名
	赵和福	户主	1929 年 3 月	男	妻子	赵金妹
家庭大事	1966 年，赵和福成为中共党员 1968 年，自建平房，面积为 20 平方米 1982 年，建造楼房					

家庭成员	现有家属				已故家属（1949—2020 年）	
	姓名	与户主关系	出生年月	性别	称呼	姓名
	徐小弟	户主	1968 年 7 月	男	父亲	徐杏弟
	戴琴芬	妻子	1968 年 5 月	女	母亲	范花珍
	徐思辰	女儿	1993 年 3 月	女		
家庭大事	1982 年，建造楼房					

新生村第16村民小组

	现有家属				已故家属（1949—2020年）	
	姓名	与户主关系	出生年月	性别	称呼	姓名
家庭成员	赵金明	户主	1974年2月	男		
	赵明英	妻子	1971年1月	女		
	赵雨梦	女儿	1996年12月	女		
	吴熠宸	外孙	2019年2月	男		
	赵中明	父亲	1946年4月	男		
	汤彩珍	母亲	1950年2月	女		
家庭大事	1968年，建造平房，面积为20平方米 1982年，建造平房，面积为28平方米 1986年，翻建楼房					

	现有家属				已故家属（1949—2020年）	
	姓名	与户主关系	出生年月	性别	称呼	姓名
家庭成员	沈玉明	户主	1963年5月	男		
	赵建芬	妻子	1968年1月	女		
	赵　斌	儿子	1989年4月	男		
	陈　欢	儿媳	1992年6月	女		
	赵熠然	孙子	2018年4月	男		
	赵俊南	岳父	1946年1月	男		
	赵秀金	岳母	1947年3月	女		
家庭大事	1968年，建造平房，面积为20平方米 1982年，建造平房，面积为28平方米 1986年，翻建楼房 2016年，购汽车1辆					

	现有家属				已故家属（1949—2020年）	
	姓名	与户主关系	出生年月	性别	称呼	姓名
家庭成员	赵福民	户主	1951年2月	男	父亲	赵祥林
	朱龙英	妻子	1951年6月	女		
	卢光宝	女婿	1978年1月	男		
	赵丽芳	女儿	1979年2月	女		
	赵君豪	孙子	2002年1月	男		
家庭大事	1968年，建造平房，面积为20平方米 1982年，建造平房，面积为28平方米 1985年，翻建楼房 2010年，购汽车1辆					

	现有家属				已故家属（1949—2020年）	
	姓名	与户主关系	出生年月	性别	称呼	姓名
家庭成员	徐金华	户主	1962年3月	男		
	潘建英	妻子	1964年1月	女		
	徐　芳	女儿	1988年1月	女		
	张馨蕊	外孙女	2014年9月	女		
家庭大事	1982年，建造楼房 2012年，徐芳在重庆大学读硕士研究生 2017年，徐芳进入太仓法院，进行政编 2017年，购汽车1辆					

	现有家属				已故家属（1949—2020年）	
	姓名	与户主关系	出生年月	性别	称呼	姓名
家庭成员	徐金龙	户主	1969年5月	男	父亲	徐福生
	周雪妹	妻子	1966年10月	女		
	徐佳文	儿子	1995年1月	男		
	殷菊妹	母亲	1940年11月	女		
家庭大事	1982年，建造平房，面积为28平方米 1986年，建造楼房 2017年，购汽车1辆					

	现有家属				已故家属（1949—2020年）	
	姓名	与户主关系	出生年月	性别	称呼	姓名
家庭成员	戴勤民	户主	1962年7月	男	父亲	范传生
	范秀珍	妻子	1968年3月	女		
	范丽华	女儿	1989年7月	女		
	范翊涵	孙子	2014年2月	男		
	范二妹	母亲	1942年7月	女		
家庭大事	1982年，建造楼房					

	现有家属				已故家属（1949—2020 年）	
	姓名	与户主关系	出生年月	性别	称呼	姓名
家庭成员	赵国弟	户主	1966 年 10 月	男	祖父	赵巧弟
	赵妹英	妻子	1968 年 1 月	女		
	赵　刚	儿子	1989 年 9 月	男		
	赵夫元	父亲	1946 年 6 月	男		
	赵林妹	母亲	1946 年 2 月	女		
家庭大事	1968 年，建造平房，面积为 20 平方米 1982 年，建造平房，面积为 28 平方米					

	现有家属				已故家属（1949—2020 年）	
	姓名	与户主关系	出生年月	性别	称呼	姓名
家庭成员	潘弟南	户主	1944 年 9 月	男		
	潘大妹	妻子	1946 年 5 月	女		
	潘雪兰	次女	1970 年 12 月	女		
	周文建	次婿	1970 年 12 月	男		
	潘新颖	孙女	1993 年 7 月	女		
家庭大事	1968 年，建造平房，面积为 20 平方米 1982 年，建造平房，面积为 28 平方米 1985 年，翻建楼房 2017 年，购汽车 1 辆					

	现有家属				已故家属（1949—2020 年）	
家庭成员	姓名	与户主关系	出生年月	性别	称呼	姓名
	赵中良	户主	1950 年 4 月	男		
	朱枫其	妻子	1949 年 8 月	女		
	赵德强	长子	1974 年 6 月	男		
	赵建英	长媳	1972 年 3 月	女		
	赵丽菲	孙女	1997 年 7 月	女		
	赵志强	次子	1976 年 12 月	男		
	陈艳琴	次媳	1980 年 3 月	女		
	赵雨新	孙子	2003 年 7 月	男		
家庭大事	1968 年，建造平房，面积为 20 平方米 1982 年，建造平房，面积为 28 平方米 1985 年，翻建楼房 2018 年，购汽车 1 辆					

	现有家属				已故家属（1949—2020 年）	
家庭成员	姓名	与户主关系	出生年月	性别	称呼	姓名
	潘雪华	户主	1966 年 4 月	男		
	周勤英	妻子	1969 年 1 月	女		
	潘星蕾	女儿	1990 年 9 月	女		
家庭大事	2016 年，购汽车 1 辆					

家庭成员	现有家属				已故家属（1949—2020年）	
	姓名	与户主关系	出生年月	性别	称呼	姓名
	赵良元	户主	1953年4月	男	妻子	俞芳琴
	赵志英	女儿	1984年11月	女		
家庭大事	1982年，建造平房，面积为28平方米 1985年，翻建楼房					

新生村第 17 村民小组

	现有家属				已故家属（1949—2020 年）	
	姓名	与户主关系	出生年月	性别	称呼	姓名
家庭成员	范学中	户主	1958 年 1 月	男		
	潘月秀	妻子	1957 年 2 月	女		
	范　星	儿子	1981 年 12 月	男		
	朱梅琴	儿媳	1980 年 4 月	女		
	范静怡	孙女	2006 年 9 月	女		
	范　磊	孙子	2013 年 6 月	男		
家庭大事	1982 年，建造平房，面积为 28 平方米 1986 年，建造楼房 2014 年，购汽车 1 辆					

	现有家属				已故家属（1949—2020 年）	
	姓名	与户主关系	出生年月	性别	称呼	姓名
家庭成员	俞介宝	户主	1954 年 10 月	男	父亲	俞生福
	赵秀芳	妻子	1956 年 3 月	女		
	俞惠琴	长女	1978 年 10 月	女		
	俞惠芬	次女	1982 年 2 月	女		
	陈义国	次婿	1982 年 9 月	男		
	俞　悦	外孙女	2006 年 3 月	女		
	陈梦琪	外孙女	2013 年 10 月	女		
	章子斐瑜	外孙	2009 年 7 月	男		
家庭大事	1982 年，建造平房，面积为 28 平方米 1984 年，翻建楼房 1991 年，购商品房 1 套 1993 年，购汽车 1 辆					

	现有家属				已故家属（1949—2020 年）	
	姓名	与户主关系	出生年月	性别	称呼	姓名
家庭成员	赵明国	户主	1955 年 3 月	男		
	赵布妹	妻子	1959 年 4 月	女		
	赵　峰	儿子	1982 年 2 月	男		
	余尚燕	儿媳	1981 年 8 月	女		
	赵舒婉	孙女	2005 年 4 月	女		
	赵舒航	孙子	2013 年 8 月	男		
家庭大事	1976 年，赵明国入伍；1978 年退伍 1982 年，建造平房，面积为 28 平方米 1994 年，翻建楼房，面积为 253 平方米					

	现有家属				已故家属（1949—2020 年）	
	姓名	与户主关系	出生年月	性别	称呼	姓名
家庭成员	赵凤明	户主	1948 年 11 月	男		
	徐妹珍	妻子	1958 年 2 月	女		
	赵妹娟	女儿	1977 年 11 月	女		
	赵　方	儿子	1982 年 7 月	男		
	张露亚	儿媳	1983 年 12 月	女		
	戴晟昱	外孙	2001 年 12 月	男		
	张赵睿	孙子	2007 年 5 月	男		
家庭大事	1968 年，自建平房，面积为 20 平方米 1982 年，翻建平房，面积为 28 平方米 1995 年，购汽车 1 辆 1996 年，新建楼房					

	现有家属				已故家属（1949—2020年）	
	姓名	与户主关系	出生年月	性别	称呼	姓名
家庭成员	赵阿良	户主	1960年5月	男		
	潘桃花	妻子	1963年4月	女		
	赵　晶	儿子	1987年1月	男		
	周芙蓉	儿媳	1989年11月	女		
	赵熠轩	孙子	2012年10月	男		
	周言希	孙子	2016年11月	男		
家庭大事	1982年，建造平房，面积为28平方米 1992年，翻建楼房 1994年，购汽车1辆 2005年，赵晶在淮安读大学 2009年，赵晶在哈尔滨工业大学读硕士研究生					

	现有家属				已故家属（1949—2020年）	
	姓名	与户主关系	出生年月	性别	称呼	姓名
家庭成员	盛雪明	户主	1964年8月	男	岳父	潘新林
	潘秀英	妻子	1961年5月	女	岳母	潘金宝
	潘　玮	儿子	1987年8月	男		
	潘秀林	内姐	1958年5月	女		
	潘秀珍	内姐	1956年8月	女		
家庭大事	1975年，自建平房 1982年，建造平房，面积为28平方米					

	现有家属				已故家属（1949—2020年）	
家庭成员	姓名	与户主关系	出生年月	性别	称呼	姓名
	赵雪龙	户主	1968年7月	男		
	孙　燕	妻子	1968年4月	女		
	赵　依	女儿	1991年6月	女		
家庭大事	1982年，建造平房，面积为28平方米 1983年，翻建楼房 1998年，购汽车1辆 2014年，赵依从江苏理工学院毕业					

	现有家属				已故家属（1949—2020年）	
家庭成员	姓名	与户主关系	出生年月	性别	称呼	姓名
	潘建清	户主	1968年4月	男		
	潘玉花	妻子	1971年8月	女		
	潘秋童	女儿	1994年8月	女		
	潘俊辉	儿子	2007年7月	男		
	潘弟明	父亲	1934年9月	男		
	俞六妹	母亲	1937年7月	女		
家庭大事	1968年，建造平房，面积为20平方米 1982年，翻建平房，面积为28平方米 1998年，购汽车1辆 2000年，翻建楼房，面积为280平方米 2016年，潘秋童考入宿迁学院					

	现有家属				已故家属（1949—2020 年）	
	姓名	与户主关系	出生年月	性别	称呼	姓名
家庭成员	赵菊良	户主	1959 年 2 月	男		
	赵林勤	妻子	1961 年 3 月	女		
	赵芬英	女儿	1984 年 7 月	女		
	赵菊珍	妹妹	1963 年 3 月	女		
	潘晨安	外甥	1986 年 10 月	男		
	赵亦南	父亲	1937 年 3 月	男		
	赵根妹	母亲	1937 年 2 月	女		
家庭大事	1968 年，建造平房，面积为 20 平方米 1982 年，翻建平房，面积为 28 平方米 1985 年，翻建楼房					

	现有家属				已故家属（1949—2020 年）	
	姓名	与户主关系	出生年月	性别	称呼	姓名
家庭成员	赵明龙	户主	1965 年 10 月	男	父亲	赵银福
	赵惠珍	妻子	1965 年 12 月	女		
	赵菊花	女儿	1988 年 10 月	女		
	杨世友	女婿	1983 年 12 月	男		
	赵瑾阳	孙子	2013 年 6 月	男		
	杨瑾玥	外孙女	2018 年 2 月	女		
家庭大事	1982 年，建造平房，面积为 28 平方米 2000 年，翻建楼房，面积为 260 平方米 2012 年，购汽车 1 辆 2017 年，购商品房 1 套					

家庭成员	现有家属				已故家属（1949—2020 年）	
	姓名	与户主关系	出生年月	性别	称呼	姓名
	范学其	户主	1954 年 12 月	男		
	潘琴芬	妻子	1951 年 7 月	女		
	范建珍	女儿	1978 年 9 月	女		
	沈雪元	女婿	1974 年 1 月	男		
	范林峰	孙子	1999 年 11 月	男		
家庭大事	1968 年，建造平房，面积为 20 平方米 1982 年，翻建楼房，面积为 56 平方米 2013 年，购汽车 1 辆					

家庭成员	现有家属				已故家属（1949—2020 年）	
	姓名	与户主关系	出生年月	性别	称呼	姓名
	赵君南	户主	1942 年 7 月	男		
	赵梅林	妻子	1945 年 11 月	女		
	赵文龙	儿子	1971 年 9 月	男		
	赵红春	儿媳	1969 年 3 月	女		
	赵亚金	孙子	1994 年 11 月	男		
家庭大事	1968 年，建造平房，面积为 20 平方米 1982 年，翻建平房，面积为 28 平方米 2017 年，赵亚金从扬州大学毕业					

	现有家属				已故家属（1949—2020年）	
	姓名	与户主关系	出生年月	性别	称呼	姓名
家庭成员	徐云南	户主	1942年3月	男	父亲	徐卫生
	潘姚妹	妻子	1949年11月	女	母亲	周金珍
	徐　杰	长子	1970年4月	男		
	王月芬	长媳	1970年3月	女		
	徐　勇	次子	1975年5月	男		
	李　颜	次媳	1980年2月	女		
	徐雨婷	孙女	1993年2月	女		
	徐宇轩	孙子	2001年3月	男		
家庭大事	1980年，购孔雀牌9英寸电视机1台，为陆桥公社渔业大队第一家 1987年，翻建楼房，是水丰村第一户 2011年，徐雨婷考入扬州大学 2015年，徐雨婷入进教师编制 2019年，徐宇轩考入江苏第二师范学院中文系					

	现有家属				已故家属（1949—2020年）	
	姓名	与户主关系	出生年月	性别	称呼	姓名
家庭成员	潘宝龙	户主	1968年12月	男	父亲	潘永弟
	潘琴珍	妻子	1969年5月	女		
	潘晓超	儿子	1993年1月	男		
	顾梦湄	儿媳	1993年9月	女		
	潘晏硕	孙子	2018年6月	男		
家庭大事	1981年，建造楼房 1995年，购商品房1套 2014年，购汽车1辆					

家庭成员	现有家属				已故家属（1949—2020 年）	
	姓名	与户主关系	出生年月	性别	称呼	姓名
	潘宝明	户主	1972 年 7 月	男		
家庭大事	1975 年，翻建楼房 1990 年，购汽车 1 辆 1991 年，购商品房 1 套					

家庭成员	现有家属				已故家属（1949—2020 年）	
	姓名	与户主关系	出生年月	性别	称呼	姓名
	徐小兰	户主	1973 年 7 月	女		
	潘思嘉	女儿	1996 年 2 月	女		
家庭大事						

家庭成员	现有家属				已故家属（1949—2020 年）	
	姓名	与户主关系	出生年月	性别	称呼	姓名
	赵德强	户主	1973 年 8 月	男	父亲	赵凤奇
	赵丽琴	妻子	1973 年 9 月	女		
	赵秋梦	女儿	1997 年 8 月	女		
	赵永琴	母亲	1951 年 4 月	女		
家庭大事	1968 年，建造平房，面积为 20 平方米 1982 年，翻建平房，面积为 28 平方米					

家庭成员	现有家属				已故家属（1949—2020 年）	
	姓名	与户主关系	出生年月	性别	称呼	姓名
	赵建龙	户主	1968 年 3 月	男		
	潘宋英	妻子	1966 年 10 月	女		
	赵怡静	女儿	1990 年 1 月	女		
家庭大事	1982 年，建造平房，面积为 28 平方米 1984 年，建造楼房					

家庭成员	现有家属				已故家属（1949—2020 年）	
	姓名	与户主关系	出生年月	性别	称呼	姓名
	徐菊林	户主	1960 年 4 月	男	父亲	徐国良
	徐　碧	女儿	1986 年 2 月	女		
	潘章妹	母亲	1924 年 11 月	女		
家庭大事	1968 年，自建平房，面积为 20 平方米 1982 年，翻建平房，面积为 28 平方米 1992 年，建造楼房					

家庭成员	现有家属				已故家属（1949—2020 年）	
	姓名	与户主关系	出生年月	性别	称呼	姓名
	范学华	户主	1962 年 5 月	男		
	潘美玉	妻子	1965 年 3 月	女		
	范　婷	女儿	1987 年 8 月	女		
家庭大事	1982 年，建造平房，面积为 28 平方米 2000 年，翻建楼房					

家庭成员	现有家属				已故家属（1949—2020年）	
	姓名	与户主关系	出生年月	性别	称呼	姓名
	俞妹姐	户主	1935年2月	女	丈夫	俞生福
家庭大事	1968年，建造平房，面积为20平方米 1982年，翻建平房，面积为28平方米					

家庭成员	现有家属				已故家属（1949—2020年）	
	姓名	与户主关系	出生年月	性别	称呼	姓名
	赵秀英	户主	1943年6月	女	丈夫	赵银福
家庭大事	1968年，建造平房，面积为20平方米 1975年，翻建楼房					

家庭成员	现有家属				已故家属（1949—2020年）	
	姓名	与户主关系	出生年月	性别	称呼	姓名
	范士民	户主	1933年12月	男		
	范金花	妻子	1934年7月	女		
家庭大事	1968年，建造平房，面积为20平方米 1982年，翻建平房，面积为28平方米					

家庭成员	现有家属				已故家属（1949—2020年）	
	姓名	与户主关系	出生年月	性别	称呼	姓名
	赵亚弟	户主	1969年3月	男		
	范惠珍	妻子	1970年4月	女		
	赵子龙	儿子	1992年10月	男		
家庭大事	1985年，建造楼房，面积为100平方米 2015年，购汽车1辆					

家庭成员	现有家属				已故家属（1949—2020年）	
	姓名	与户主关系	出生年月	性别	称呼	姓名
	俞介弟	户主	1963年12月	男		
	潘小妹	妻子	1967年2月	女		
	俞　静	女儿	1988年8月	女		
家庭大事	1982年，建造平房，面积为28平方米					

家庭成员	现有家属				已故家属（1949—2020年）	
	姓名	与户主关系	出生年月	性别	称呼	姓名
	徐月琴	户主	1946年5月	女	丈夫	潘永弟
家庭大事	1968年，建造平房，面积为20平方米 1982年，翻建平房，面积为28平方米					

家庭成员	现有家属				已故家属（1949—2020年）	
	姓名	与户主关系	出生年月	性别	称呼	姓名
	王二妹	户主	1965年7月	女		
家庭大事						

家庭成员	现有家属				已故家属（1949—2020年）	
	姓名	与户主关系	出生年月	性别	称呼	姓名
	潘祥生	户主	1951年10月	男		
	赵冲英	妻子	1954年10月	女		
	潘琴芳	女儿	1978年8月	女		
	潘勤青	儿子	1981年6月	男		
	潘佳琪	孙子	2012年10月	男		
家庭大事	1987年，翻建楼房					

新生村第 18 村民小组

	现有家属				已故家属（1949—2020 年）	
	姓名	与户主关系	出生年月	性别	称呼	姓名
家庭成员	徐明南	户主	1951 年 3 月	男		
	沈彩林	妻子	1954 年 6 月	女		
	徐　刚	儿子	1981 年 7 月	男		
	吴红英	儿媳	1982 年 12 月	女		
	徐雯慧	孙女	2005 年 12 月	女		
	徐文昊	孙子	2014 年 8 月	男		
	徐　英	女儿	1977 年 2 月	女		
家庭大事	1968 年，建造平房，面积为 20 平方米 1982 年，翻建平房，面积为 28 平方米 1989 年，购商品房 1 套 1995 年，翻建楼房，面积为 236 平方米 2010 年，购汽车 1 辆					

	现有家属				已故家属（1949—2020 年）	
	姓名	与户主关系	出生年月	性别	称呼	姓名
家庭成员	潘菊明	户主	1957 年 7 月	男		
	俞冬英	妻子	1956 年 1 月	女		
	潘金花	女儿	1981 年 11 月	女		
	潘士林	父亲	1930 年 1 月	男		
	戴秀英	母亲	1932 年 9 月	女		
家庭大事	1985 年，翻建楼房					

	现有家属				已故家属（1949—2020年）	
	姓名	与户主关系	出生年月	性别	称呼	姓名
家庭成员	戴勤良	户主	1957年2月	男		
	赵阿妹	妻子	1962年11月	女		
	戴　明	儿子	1982年7月	男		
	朱迎春	儿媳	1984年12月	女		
	戴梦婷	孙女	2008年4月	女		
	戴梦哲	孙子	2017年4月	男		
家庭大事	1982年，建造平房，面积为28平方米 1985年，翻建楼房 1993年，购汽车1辆					

	现有家属				已故家属（1949—2020年）	
	姓名	与户主关系	出生年月	性别	称呼	姓名
家庭成员	徐雪明	户主	1963年12月	男		
	苏正花	妻子	1968年5月	女		
	徐泽欢	女儿	1992年11月	女		
	王泓昨	孙子	2019年11月	男		
家庭大事	1982年，建造平房，面积为28平方米					

	现有家属				已故家属（1949—2020 年）	
	姓名	与户主关系	出生年月	性别	称呼	姓名
家庭成员	徐雪龙	户主	1967 年 2 月	男		
	张　燕	妻子	1963 年 4 月	女		
	徐　玲	女儿	1989 年 12 月	女		
	赵阿敏	女婿	1990 年 2 月	男		
	赵夕瑶	外孙女	2013 年 6 月	女		
	徐子航	孙子	2015 年 1 月	男		
家庭大事	2012 年，购汽车 1 辆 2020 年，购商品房 1 套					

	现有家属				已故家属（1949—2020 年）	
	姓名	与户主关系	出生年月	性别	称呼	姓名
家庭成员	戴勤龙	户主	1953 年 3 月	男	母亲	潘玲妹
	徐明秀	妻子	1955 年 3 月	女	父亲	戴惠林
	戴治国	长子	1977 年 9 月	男		
	戴春豪	孙子	2001 年 4 月	男		
	戴治平	次子	1981 年 5 月	男		
	蒋翠萍	次媳	1982 年 4 月	女		
	戴玲芳	孙女	2006 年 8 月	女		
家庭大事	2019 年，戴春豪考入大学					

家庭成员	现有家属				已故家属（1949—2020 年）	
	姓名	与户主关系	出生年月	性别	称呼	姓名
	潘祥林	户主	1943 年 9 月	男		
	徐大妹	妻子	1947 年 10 月	女		
家庭大事	1968 年，建造平房，面积为 20 平方米 1982 年，翻建平房，面积为 28 平方米					

家庭成员	现有家属				已故家属（1949—2020 年）	
	姓名	与户主关系	出生年月	性别	称呼	姓名
	徐祥生	户主	1942 年 5 月	男		
	潘白妹	妻子	1940 年 6 月	女		
家庭大事	1968 年，建造平房，面积为 20 平方米 1982 年，翻建平房，面积为 28 平方米 1986 年，翻建楼房					

家庭成员	现有家属				已故家属（1949—2020 年）	
	姓名	与户主关系	出生年月	性别	称呼	姓名
	潘金龙	户主	1969 年 6 月	男		
	许雪琴	妻子	1970 年 2 月	女		
	潘芋佳	儿子	1993 年 8 月	男		
家庭大事	1982 年，建造平房，面积为 28 平方米 2013 年，潘芋佳赴日本自费留学（硕士研究生），现在日本谋业，有私家车 1 辆					

	现有家属				已故家属（1949—2020 年）	
家庭成员	姓名	与户主关系	出生年月	性别	称呼	姓名
	潘勤芳	户主	1971 年 8 月	女		
	俞　晨	儿子	1993 年 5 月	男		
家庭大事	1982 年，建造平房，面积为 28 平方米 2018 年，购汽车 1 辆					

新生村第 19 村民小组

	现有家属				已故家属（1949—2020 年）	
	姓名	与户主关系	出生年月	性别	称呼	姓名
家庭成员	蔡会明	户主	1962 年 9 月	男	父亲	蔡雪兴
	茅二宝	妻子	1963 年 5 月	女	母亲	苏月英
	蔡志英	女儿	1986 年 1 月	女		
	蔡梓希	外孙女	2017 年 1 月	女		
	臧梓涵	外孙女	2015 年 5 月	女		
	蔡银凤	妹妹	1967 年 5 月	女		
家庭大事	1980 年，蔡会明入伍；1984 年退伍 1989 年，建造楼房，面积为 300 平方米 2004 年，蔡志英考入大学					

	现有家属				已故家属（1949—2020 年）	
	姓名	与户主关系	出生年月	性别	称呼	姓名
家庭成员	高爱生	户主	1937 年 11 月	男		
	王秀珍	妻子	1941 年 3 月	女		
	王耀明	儿子	1964 年 11 月	男		
	王　麒	孙子	1987 年 10 月	男		
	王蔚杰	曾孙	2011 年 4 月	男		
家庭大事	1982 年，建造楼房					

	现有家属				已故家属（1949—2020 年）	
	姓名	与户主关系	出生年月	性别	称呼	姓名
家庭成员	王凤玉	户主	1947 年 4 月	女		
	孙冠雄	丈夫	1944 年 9 月	男		
	孙　芳	女儿	1967 年 7 月	女		
	陶春华	女婿	1966 年 2 月	男		
	孙欣悦	孙女	1991 年 1 月	女		
家庭大事	1990 年，建造楼房 2010 年，孙欣悦考入大学；2014 年毕业 2018 年，购汽车 1 辆 2020 年，购汽车 1 辆					

	现有家属				已故家属（1949—2020 年）	
	姓名	与户主关系	出生年月	性别	称呼	姓名
家庭成员	荣菊玲	户主	1946 年 11 月	女		
	陆一阳	丈夫	1944 年 11 月	男		
	陆俊琪	长子	1973 年 10 月	男		
	夏蓉亚	长媳	1977 年 12 月	女		
	夏博轩	孙子	2003 年 1 月	男		
	陆俊华	次子	1975 年 1 月	男		
	凌晓丽	次媳	1979 年 11 月	女		
	陆奕菲	孙女	2005 年 11 月	女		
家庭大事	1985 年，建造三上三下楼房					

	现有家属				已故家属（1949—2020 年）	
	姓名	与户主关系	出生年月	性别	称呼	姓名
家庭成员	钱弟林	户主	1963 年 4 月	男		
	苏二妹	妻子	1961 年 12 月	女		
	钱　芳	女儿	1986 年 2 月	女		
	曹丙耀	女婿	1985 年 6 月	男		
	钱曹阳	孙女	2008 年 11 月	女		
	曹汐阳	外孙女	2015 年 1 月	女		
家庭大事	2009 年，购汽车 1 辆					

	现有家属				已故家属（1949—2020 年）	
	姓名	与户主关系	出生年月	性别	称呼	姓名
家庭成员	陆　峰	户主	1967 年 7 月	男	父亲	陆志刚
	韦兆英	妻子	1970 年 12 月	女		
	陆稀珺	女儿	1995 年 3 月	女		
	陆小萍	妹妹	1970 年 12 月	女		
	赵曼邑	外甥女	1995 年 6 月	女		
	金彩珍	母亲	1940 年 12 月	女		
	傅元英	岳母	1939 年 9 月	女		
家庭大事	1982 年，建造三层楼房 2015 年，陆稀珺考入大学，毕业后进教师编制 2015 年，赵曼邑考入北京大学，毕业后进教师编制					

	现有家属				已故家属（1949—2020 年）	
	姓名	与户主关系	出生年月	性别	称呼	姓名
家庭成员	沈　明	户主	1958 年 8 月	男	父亲	沈祖德
	王　妹	妻子	1960 年 4 月	女		
	沈晓晶	儿子	1982 年 9 月	男		
	沈可馨	孙女	2009 年 1 月	女		
家庭大事	1987 年，建造楼房 2007 年，购汽车 1 辆					

	现有家属				已故家属（1949—2020 年）	
	姓名	与户主关系	出生年月	性别	称呼	姓名
家庭成员	朱雪良	户主	1962 年 2 月	男	母亲	朱阿小
	李学英	妻子	1978 年 1 月	女		
	朱丽亚	长女	1985 年 5 月	女		
	朱星玥	次女	2010 年 4 月	女		
	朱昱娇	三女	2012 年 11 月	女		
	朱纪宗	父亲	1937 年 12 月	男		
家庭大事	1989 年，建造楼房					

	现有家属				已故家属（1949—2020 年）	
	姓名	与户主关系	出生年月	性别	称呼	姓名
家庭成员	顾梅花	户主	1963 年 1 月	女	丈夫	倪俊荣
	倪晓亮	儿子	1984 年 11 月	男		
	张雪芳	儿媳	1987 年 6 月	女		
	张倪彦	孙子	2011 年 9 月	男		
	倪芯妍	孙女	2014 年 4 月	女		
家庭大事	1986 年，购楼房 1 套 2016 年，购商品房 1 套 2017 年，购汽车 1 辆 2019 年，购汽车 1 辆					

	现有家属				已故家属（1949—2020 年）	
	姓名	与户主关系	出生年月	性别	称呼	姓名
家庭成员	苏泉龙	户主	1954 年 6 月	男	父亲	苏阿荣
	苏雪珍	妻子	1958 年 1 月	女	母亲	许杏宝
	苏　静	女儿	1980 年 3 月	女		
	韩雪林	女婿	1977 年 7 月	男		
	韩苏鹏	外孙	2006 年 10 月	男		
	苏韩鲲	外孙	2016 年 5 月	男		
家庭大事	1997 年，增建平房 4 间 1996 年，韩雪林入伍；1999 年退伍 1999 年，苏静考入大学，毕业后进教师编制，工作时完成硕士研究生学业 2006 年，购汽车 1 辆					

	现有家属				已故家属（1949—2020 年）	
	姓名	与户主关系	出生年月	性别	称呼	姓名
家庭成员	薛元龙	户主	1963 年 11 月	男	父亲	薛水泉
	金苏妹	妻子	1963 年 8 月	女		
	薛　琪	儿子	1986 年 9 月	男		
	梁青青	儿媳	1986 年 2 月	女		
	朱小妹	母亲	1940 年 5 月	女		
家庭大事	1990 年，建造二上二下楼房 2002 年至 2004 年，薛元龙进中国共产党昆山市委员会党校读书，经管专业毕业 2006 年，薛琪考入南通大学化工系；2010 年毕业 2012 年，购商品房 1 套 2017 年，购汽车 1 辆					

	现有家属				已故家属（1949—2020 年）	
	姓名	与户主关系	出生年月	性别	称呼	姓名
家庭成员	苏仁良	户主	1963 年 11 月	男		
	张大妹	妻子	1964 年 3 月	女		
	苏冬冬	儿子	1986 年 7 月	男		
	苏弋洲	孙子	2012 年 5 月	男		
	王乙萱	孙女	2015 年 5 月	女		
	苏锦龙	父亲	1934 年 12 月	男		
	陈梅英	母亲	1940 年 1 月	女		
家庭大事	2005 年，翻建楼房 2005 年，苏冬冬考入大学；2009 年毕业 2012 年，购汽车 1 辆					

	现有家属				已故家属（1949—2020 年）	
	姓名	与户主关系	出生年月	性别	称呼	姓名
家庭成员	苏金凤	户主	1951 年 3 月	女		
	朱中川	丈夫	1945 年 5 月	男		
	朱洁平	儿子	1973 年 10 月	男		
	杨莉芳	儿媳	1972 年 6 月	女		
	朱丽萍	女儿	1979 年 11 月	女		
	沈　华	女婿	1979 年 5 月	男		
家庭大事	1990 年，杨莉芳考入南京医科大学，毕业后进第一人民医院事业编 1999 年，建造楼房 1999 年，朱丽萍考入常州大学 2011 年，购汽车 1 辆 2013 年，朱洁平考入中国共产党昆山市委员会党校 2013 年，购汽车 1 辆 2015 年，购汽车 1 辆 2016 年，购商品房 1 套 2017 年，购汽车 1 辆					

	现有家属				已故家属（1949—2020 年）	
	姓名	与户主关系	出生年月	性别	称呼	姓名
家庭成员	苏栋良	户主	1940 年 12 月	男	父亲	苏秉章
	王腊妹	妻子	1946 年 12 月	女	母亲	蔡小妹
	苏　琴	女儿	1970 年 3 月	女	儿子	苏　俭
	徐悦心	孙子	1994 年 4 月	男		
家庭大事	1985 年，翻建楼房 2013 年，徐悦心考入大学，毕业后进入苏州市昆山生态环境综合行政执法局工作 2017 年，购汽车 1 辆					

	现有家属				已故家属（1949—2020 年）	
	姓名	与户主关系	出生年月	性别	称呼	姓名
家庭成员	王丽菊	户主	1954 年 1 月	女	丈夫	季裕根
	季小强	长子	1974 年 12 月	男	公公	季朝春
	彭海燕	长媳	1978 年 6 月	女	婆婆	陈秀英
	季天豪	孙子	2000 年 6 月	男		
	季小明	次子	1979 年 2 月	男		
	陆雅萍	次媳	1981 年 6 月	女		
	陆季杰	孙子	2013 年 10 月	男		
家庭大事	1982 年，建造楼房 1997 年，季小明入伍；1999 年退伍 2012 年，季小明购汽车 1 辆 2015 年，季小强购汽车 1 辆 2018 年，季天豪考入大学 2019 年，购汽车 1 辆					

	现有家属				已故家属（1949—2020 年）	
	姓名	与户主关系	出生年月	性别	称呼	姓名
家庭成员	沈　华	户主	1961 年 12 月	男	父亲	沈祖德
	吴玉珍	妻子	1961 年 7 月	女		
	沈晓蕾	女儿	1985 年 11 月	女		
	陈飞跃	女婿	1983 年 11 月	男		
	陈子庆	外孙	2009 年 10 月	男		
	沈子贺	外孙	2016 年 11 月	男		
	孙桂芳	母亲	1937 年 8 月	女		
家庭大事	1969 年，建造平房 1979 年，沈华入伍；1983 年退伍 1984 年，吴玉珍进入陆杨中心幼儿园工作，后进事业编 2007 年，翻建平房 2008 年，购汽车 1 辆 2014 年，购商品房 1 套 2014 年，购汽车 1 辆					

	现有家属				已故家属（1949—2020年）	
	姓名	与户主关系	出生年月	性别	称呼	姓名
家庭成员	束弟明	户主	1954年9月	男	父亲	束振洪
	彭秀英	妻子	1952年12月	女		
	黄　刚	女婿	1980年1月	男		
	束　娟	女儿	1983年4月	女		
	束骏绎	孙子	2010年1月	男		
	黄思韵	孙女	2019年12月	女		
	陆小妹	母亲	1934年5月	女		
家庭大事	1990年，建造楼房 1999年，黄刚入伍、入党、荣立三等功；2007年退伍 2002年，束娟考入大学；2007年毕业，进教师编制 2014年，购汽车1辆 2017年，购汽车1辆 2018年，购汽车1辆					

	现有家属				已故家属（1949—2020年）	
	姓名	与户主关系	出生年月	性别	称呼	姓名
家庭成员	杨志明	户主	1948年10月	男	岳父	胡瑞亭
	胡婉林	妻子	1950年8月	女	岳母	徐弟妹
	胡雪刚	儿子	1970年11月	男		
	王朝霞	儿媳	1972年7月	女		
	胡雪琴	女儿	1973年6月	女		
	刘文强	孙子	1992年6月	男		
	胡丹丹	孙女	1993年9月	女		
	胡杨轩	曾孙	2014年11月	男		
家庭大事	1990年，建造楼房 2016年，购汽车1辆 2017年，购汽车1辆					

家庭成员	现有家属				已故家属（1949—2020 年）	
	姓名	与户主关系	出生年月	性别	称呼	姓名
	马桂英	户主	1962 年 12 月	女		
	潘　露	儿子	1990 年 7 月	男		
家庭大事						

家庭成员	现有家属				已故家属（1949—2020 年）	
	姓名	与户主关系	出生年月	性别	称呼	姓名
	马桂新	户主	1958 年 6 月	男		
	茅荣花	妻子	1958 年 10 月	女		
	马　锦	儿子	1981 年 5 月	男		
	梁　梅	儿媳	1987 年 7 月	女		
	马博闻	孙子	2013 年 3 月	男		
家庭大事						

家庭成员	现有家属				已故家属（1949—2020 年）	
	姓名	与户主关系	出生年月	性别	称呼	姓名
	唐凤林	户主	1959 年 5 月	男		
家庭大事						

家庭成员	现有家属				已故家属（1949—2020 年）	
	姓名	与户主关系	出生年月	性别	称呼	姓名
	潘文龙	户主	1955 年 4 月	男	父亲	潘继宗
	徐勤芳	妻子	1961 年 5 月	女	母亲	苏月娥
	潘　青	女儿	1983 年 4 月	女		
家庭大事	1991 年，购商品房 1 套 2019 年，购汽车 1 辆					

家庭成员	现有家属				已故家属（1949—2020 年）	
	姓名	与户主关系	出生年月	性别	称呼	姓名
	董国柱	户主	1943 年 6 月	男	父亲	董介凡
	唐玉妹	妻子	1949 年 9 月	女	母亲	李素珍
家庭大事	1989 年，建造楼房					

家庭成员	现有家属				已故家属（1949—2020 年）	
	姓名	与户主关系	出生年月	性别	称呼	姓名
	沈　吉	户主	1964 年 1 月	男		
	俞雪英	妻子	1964 年 8 月	女		
	俞博文	儿子	1986 年 9 月	男		
家庭大事	1995 年，建造楼房 2002 年，购商品房 1 套					

	现有家属				已故家属（1949—2020 年）	
	姓名	与户主关系	出生年月	性别	称呼	姓名
家庭成员	魏晓明	户主	1963 年 4 月	男	父亲	魏振南
	盛桂芬	妻子	1963 年 11 月	女		
	魏　芳	女儿	1985 年 10 月	女		
	魏静芬	妹妹	1965 年 4 月	女		
	陆鸿雁	外甥	1988 年 10 月	男		
	包凤英	母亲	1940 年 4 月	女		
家庭大事	1982 年，翻建楼房 2006 年，陆鸿雁入伍；2008 年退伍，加入中国共产党					

	现有家属				已故家属（1949—2020 年）	
	姓名	与户主关系	出生年月	性别	称呼	姓名
家庭成员	莫雪芬	户主	1953 年 7 月	女	丈夫	潘菊亮
	潘　平	儿子	1978 年 9 月	男	公公	潘继宗
	王　玲	儿媳	1978 年 8 月	女	婆婆	苏阿娥
	潘志文	孙子	2002 年 5 月	男		
家庭大事	1987 年，建造三上三下楼房					

	现有家属				已故家属（1949—2020 年）	
家庭成员	姓名	与户主关系	出生年月	性别	称呼	姓名
	周小弟	户主	1936 年 10 月	男		
	陈夫英	妻子	1944 年 4 月	女		
家庭大事	2000 年，建造楼房					

家庭成员	现有家属				已故家属（1949—2020 年）	
	姓名	与户主关系	出生年月	性别	称呼	姓名
	朱雪芳	户主	1964 年 1 月	女		
	顾雪明	丈夫	1964 年 3 月	男		
	顾　杰	儿子	1995 年 11 月	男		
家庭大事	1988 年，购房屋 1 套 2014 年，顾杰考入南京师范大学泰州学院；2008 年毕业					

家庭成员	现有家属				已故家属（1949—2020 年）	
	姓名	与户主关系	出生年月	性别	称呼	姓名
	胡雪平	户主	1968 年 7 月	男		
	陆雪芬	妻子	1968 年 4 月	女		
	胡　薇	女儿	1992 年 3 月	女		
家庭大事	1993 年，购楼房，面积为 160 平方米 2008 年，购商品房 1 套 2008 年，购汽车 1 辆 2011 年，胡薇考入大学，毕业后进昆山当代昆剧院					

家庭成员	现有家属				已故家属（1949—2020 年）	
	姓名	与户主关系	出生年月	性别	称呼	姓名
	徐梅良	户主	1964 年 2 月	女		
家庭大事						

家庭成员	现有家属				已故家属（1949—2020 年）	
	姓名	与户主关系	出生年月	性别	称呼	姓名
	姚惠珍	户主	1961 年 11 月	女		
家庭大事						